Rainer Hank Hg.

Was Sie schon immer über Wirtschaft wissen wollten

Rainer Hank Hg.

Erklär' mir die Welt

Was Sie schon immer über Wirtschaft wissen wollten

Frankfurter Allgemeine Buch

Bibliografische Information der Deutschen Nationalbibliothek
Die Deutsche Nationalbibliothek verzeichnet diese Publikation in der Deutschen Nationalbibliografie; detaillierte bibliografische Daten sind im Internet über http://dnb.d-nb.de abrufbar.

Rainer Hank Hg.

Was Sie schon immer über Wirtschaft wissen wollten

Erklär' mir die Welt

Die versammelten Beiträge sind in der Serie „Erklär' mir die Welt" der Frankfurter Allgemeinen Sonntagszeitung erschienen.

Wir danken der F.A.Z.-Grafik / Infografik für die Überlassung der Abbildungen.

F.A.Z.-Institut für Management-, Markt- und Medieninformationen,

2. Auflage
Frankfurt am Main 2008

ISBN: 978-3-89981-156-8

Frankfurter Allgemeine Buch

Gestaltung/Satz Umschlag: F.A.Z., Verlagsgrafik
Titelbild/ Geldkugel Innen: Getty Images
Satz Innen: Nicole Bergmann
Druck und Bindung: Messedruck Leipzig GmbH, Leipzig

Printed in Germany

Inhalt

Warum ist die Wirtschaft unser Schicksal? 9

Geld regiert die Welt

1 Warum brauchen wir Geld? 14
2 Warum brauchen wir Aktienmärkte? 16
3 Warum machen Anleger immer alles falsch? 19
4 Warum kaufen die Deutschen keine Aktien? 22
5 Warum schwanken die Wechselkurse? 25
6 Warum fließt so viel Geld um die Welt? 28
7 Warum gibt es nicht nur eine Währung auf der Welt? 31
8 Warum sind Spekulanten nützlich? 34
9 Warum sollen Zentralbanken unabhängig sein? 37

Gehen Sie mit der Konjunktur

10 Warum geht die Wirtschaft mal rauf und mal runter? 42
11 Warum ist Inflation gefährlich? 45
12 Warum wird nicht mehr Geld gedruckt? 48
13 Warum sind hohe Löhne schlecht? 51
14 Warum liegen die Konjunkturprognosen oft daneben? 54
15 Warum gibt es eigentlich Zinsen? 57

Arbeit ist das halbe Leben

16 Warum verdienen Frauen weniger als Männer? 62
17 Warum ist Vollbeschäftigung möglich? 65
18 Warum verdienen Fußballspieler so viel Geld? 68
19 Warum gibt es Schwarzarbeit? 71
20 Warum verdienen Manager so viel Geld? 74
21 Warum steigt nach Entlassungen der Aktienkurs? 77
22 Warum brauchen wir Gewerkschaften? 80
23 Warum ist mit 67 Jahren schon Schluss? 83

Der Staat, Dein Feind und Helfer

24 Warum brauchen wir einen Staat? 88
25 Warum müssen wir Steuern zahlen? 91
26 Warum fördert der Staat Familien? 94
27 Warum mögen die Menschen Reformen nicht? 97
28 Warum gibt es so viele unterschiedliche Steuern? 100
29 Warum machen Bund und Länder Schulden? 103
30 Warum ist Gesundheit so teuer? 106
31 Warum verfolgen Politiker nicht das Gemeinwohl? 109
32 Warum ist Umverteilung so beliebt? 112
33 Warum sind Privatfirmen besser als Staatsunternehmen? 115

Was ich nicht weiß, macht mich nervös

34 Warum macht Bildung reich? 120
35 Warum wissen wir so wenig über Wirtschaft? 123
36 Warum ist die staatliche Schulpflicht unnötig? 126
37 Warum sind Patente schädlich? 129
38 Warum lohnt sich die Raumfahrt nicht? 132
39 Warum geht uns das Öl nicht aus? 135
40 Warum ist es nicht schlimm, dass es immer mehr Menschen gibt? 138
41 Warum machen Bodenschätze arm? 141
42 Warum gibt es ohne Innovation keinen Wohlstand? 144
43 Warum sind Risiken beherrschbar? 147

Bunt ist alle Theorie

44 Warum ist Arbeitsteilung sinnvoll? 152
45 Warum ist Wettbewerb so unbeliebt? 155
46 Warum ist Egoismus gut? 158
47 Warum ist der Marxismus außer Mode? 161
48 Warum brauchen wir Märkte? 164
49 Warum sind Monopole gefährlich? 167
50 Warum gibt es Angebot und Nachfrage? 170
51 Warum wissen Ökonomen so wenig über die Zukunft? 173
52 Warum gibt es immer wieder Finanzkrisen? 176
53 Warum versagt der Markt beim Klimaschutz? 179

54 Warum brauchen wir Belohnungen, um uns anzustrengen? 182
55 Warum ist das Wachstum grenzenlos? 185
56 Warum schmeckt das erste Bier besser als das fünfte? 188
57 Warum sind Ökonomen so selten einer Meinung? 191

Meine Firma, Deine Firma
58 Warum brauchen wir Unternehmer? 196
59 Warum haben Manager Appetit auf Übernahmen? 199
60 Warum braucht es Banken? 202
61 Warum ist Werbung sinnvoll? 205
62 Warum müssen wir Private Equity nicht fürchten? 208
63 Warum gibt es im Internet so viele Monopole? 211
64 Warum sind Firmenpleiten gut? 214
65 Warum läuft in der Wirtschaft ohne Kredite nichts? 217
66 Warum ist Tante Emma nicht totzukriegen? 220
67 Warum gibt es Gewinne? 223

Der Preis ist ziemlich heiß
68 Warum sind Operkarten billiger als Musicaltickets? 228
69 Warum ist zeitgenössische Kunst so teuer? 231
70 Warum ist das Teuerste nicht immer das Beste? 234
71 Warum ist Gold so teuer? 237
72 Warum lohnt sich das eigene Häuschen nicht? 240
73 Warum gibt es Jeans für 9 und für 900 Euro? 243
74 Warum haben die Preise nichts mit den Kosten zu tun? 246
75 Warum ist Cola am Flughafen so teuer? 249
76 Warum ist es billiger, neue Schuhe zu kaufen? 252

Wir fahren übern See
77 Warum darf nicht jeder Deutscher werden? 256
78 Warum gibt es arme Länder? 259
79 Warum sind kleine Länder erfolgreicher als große? 262
80 Warum unterscheiden wir zwischen In- und Ausland? 265
81 Warum müssen wir Elefanten töten, um sie zu retten? 268

Vater, Mutter, Kind

82 Warum sind Kinder (k)ein ökonomisches Gut? 272
83 Warum gibt es nur so wenige Kinder? 275
84 Warum sollen Erbschaften steuerfrei sein? 278
85 Warum verdient Dein Papa mehr als meiner? 281

Und die Moral von der Geschicht'

86 Warum ist Reichtum keine Sünde? 286
87 Warum ist Kontrolle gut, Vertrauen aber besser? 289
88 Warum ist Überalterung unser Glück? 292
89 Warum lohnt es sich, fair zu sein? 295
90 Warum ist Sparen nicht immer eine Tugend? 298
91 Warum ist Ungleichheit prima? 301
92 Warum ist Geiz keine Sünde? 304
93 Warum macht Geld nicht wirklich glücklich? 307
94 Warum machen Frieden und Demokratie reich? 310
95 Warum macht Globalisierung Angst? 313
96 Warum mögen wir den Kapitalismus nicht? 316
97 Warum schadet Protektionismus? 318
98 Warum nützt Entwicklungshilfe nichts? 321
99 Warum und wozu verpflichtet Eigentum? 324

Stichwortverzeichnis 327

Die Autoren 329

Warum ist die Wirtschaft unser Schicksal?

Rainer Hank

Warum gibt es Reichtum und Armut? Das ist eine entscheidende moralische Frage der Menschheitsgeschichte. Wer heute, bedingt durch Zufall der Geburt, in Deutschland, Amerika oder Singapur wohnt, lebt in Wohlstand. Wer hingegen das Pech hat, in Afrika auf die Welt zu kommen, bleibt aller Wahrscheinlichkeit nach sein Leben lang arm.

So war es nicht immer. Dass zwischen reichen und armen Ländern eine gigantische Einkommenslücke klafft, ist historisch eine neue Erfahrung. Um das Jahr 1000 nach Christus betrug die durchschnittliche Lebenserwartung eines neugeborenen Kindes mehr oder weniger überall auf der Welt 24 Jahre. Ein Drittel aller Säuglinge starb bereits bei der Geburt. Hunger und Krankheit quälte all jene, die überlebt hatten.

An diesen – aus heutiger Sicht miserablen – Lebensbedingungen sollte sich weitere achthundert Jahre nichts Entscheidendes ändern. Das Pro-Kopf-Einkommen der Menschheit stagnierte. Während eine zahlenmäßig kleine Elite ein behagliches Leben führte, verharrte die große Masse in bitterem Elend. Wann immer der Fortschritt das Wachstum antrieb, wurden diese Erfolge sogleich von einer steigenden Geburtenrate buchstäblich aufgezehrt.

So blieb die Welt bis zum Jahr 1800. Da hatte sich in England plötzlich die Lebenserwartung auf durchschnittlich 36 Jahre verbessert. Und das Pro-Kopf-Einkommen zog gewaltig an. In allen anderen Ländern wurden dagegen allenfalls marginale Wohlstandsgewinne erzielt. Fortan wuchs die Ungleichheit zwischen den Staaten dramatisch, während sie innerhalb der Bevölkerung eines Staates nicht minder dramatisch zurückging. Von den Erfolgen der industriellen Revolution profitierten alsbald auch die breiten Massen in Kontinentaleuropa und Amerika. Der Rest der Welt blieb arm – so lange, bis sich am Ende des 20. Jahrhunderts auch in Südostasien eine aufregende wirtschaftliche Revolution abspielte.

„Die Wirtschaft ist unser Schicksal“, wusste der deutsche Industrielle und Politiker Walther Rathenau (1867 bis 1922). Sein Diktum wird gemeinhin depressiv interpretiert: als ob gegen die Mächte des Marktes kein Kraut gewachsen und die Menschen einem anonymen Schicksal von Armut oder Reichtum passiv ausgeliefert wären. Doch der Wohlstand, den die Nationen Europas seit dem frühen 19. Jahrhundert schufen, war überraschend, aber nicht ohne ihr Zutun über die Menschheit gekommen. Von diesem Wachstum profitieren wir alle bis heute: durch ein langes und, im Vergleich zu früher, viel gesünderes Leben und eine unvergleichlich größere Fülle unserer Lebensoptionen: Wir reisen an alle Ecken der Erde, üben Berufe aus, die uns körperlich viel weniger beanspruchen als früher, dafür aber intellektuell umso mehr erfüllen, und gehen abends nach dem Konzert eines kaukasischen Geigers essen in einem türkischen Lokal oder einer japanischen Sushi-Bar. Wir können, wenn wir wollen. Niemand zwingt uns. Die Wirtschaft ist das Schicksal. Wir können es beeinflussen, auch wenn wir es nicht komplett in der Hand haben.

Wissen hat die Welt verändert. Seit der europäischen Renaissance waren die Menschen beseelt vom Glauben, sie könnten die Kräfte der Natur durch Experiment und rationale Untersuchung zu ihrem eigenen Wohle verändern. Wissenschaft, Technik und Markt beeinflussen einander. Es waren die aufgeklärten Werte der Sparsamkeit, Tugendhaftigkeit und Risikofreude, welche die industrielle Revolution allererst möglich gemacht haben. Aus Geschichte wurde Fortschrittsgeschichte. Menschliche Neugierde entdeckte ihre wirtschaftliche Nützlichkeit.

Nicht zu unterschätzen ist – ein Beispiel – die Erfindung des Buchdrucks. Denn Gutenbergs Idee garantierte die Verbreitung eines Wissens, welches zuvor nur den Eliten vorbehalten war. Mehr noch: Der Buchdruck – die mechanische Reproduzierbarkeit von Wissen – gab entscheidenden Anreiz, Neues zu denken und zu erfinden. Denn was nützt ein neuer Gedanke, der nicht nützlich zu werden vermag, weil niemand von ihm Kenntnis erhalten kann?

Die ökonomische Bedeutung nützlichen Wissens hängt davon ab, wie hoch die Zugangskosten zu diesem Wissen sind, sagt der Wirtschaftshistoriker Joel Mokyr. Ein intellektuelles Klima, welches häretische Ideen offen begrüßt, dürfte allemal fortschritts- und wachstumsfreundlicher sein als eine monopolistische Orthodoxie, welche mit Zensurmaßnahmen Abweichler bestraft. Konservative Lobbys, welche ihr veraltetes technisches Wissen verteidigen, schaden dem Wohlstand. Protektionismus bedeutet Armut.

Neben den bürgerlichen Tugenden Neugier, Risikofreude oder Offenheit für Häresien und den genannten technologischen Voraussetzungen (Buchdruck!) der Wissensverbreitung sind es vor allem die guten Institutionen, welche dafür sorgen, dass nützliches Wissen sich rasch verbreiten und seine wohlstandsfördernden Wirkungen entfalten kann. Institutionen, die dies ermöglichen, sind an erster Stelle der Schutz des (geistigen) Privateigentums und die Vertragsfreiheit für jedermann. Eine so gesicherte rechtsstaatliche Ordnung gibt Anreize für unternehmerisches Handeln: Denn sie garantiert, dass, wer investiert, auch die zu erwartenden Gewinne einbehalten und nach Gusto verteilen darf und dass niemand ungerechtfertigt Privilegien genießt, die anderen den Zugang zum Handel und Wandel untersagen.

Ein Staat, der seine Bürger vor äußeren Feinden schützt und zugleich dafür sorgt, dass ihnen vor Gericht Recht geschieht, wenn sie gegen ihre

Mitbürger klagen, wird sich über deren wirtschaftliche Aktivitäten freuen dürfen: Denn Sicherheit schafft Vertrauen. Und Vertrauen ist ein Wachstumsmotor. Für diesen öffentlichen Schutz sind die Bürger bereit, einen angemessenen Preis (Steuern und Abgaben) zu entrichten. Dort, wo sie sich zugleich an der Gestaltung des Gemeinwesens aktiv beteiligen dürfen, wächst über die demokratische Partizipation auch das wirtschaftliche Engagement. (Direkte) demokratische Mitwirkungsrechte und wirtschaftliches Wachstum bedingen einander.

Die Wirtschaft ist unser Schicksal. Aber Reichtum oder Armut müssen wir nicht fatalistisch hinnehmen. Es ist das ökonomische Wunder Europas, dass es hier den Menschen seit 200 Jahren um so vieles besser geht als in langen Zeiten zuvor. Um das Geheimnis dieses Wirtschaftswunders zu ergründen, bedarf es keiner Magie. Es genügen gute Institutionen, eine ordentliche Politik und die unstillbare Kraft der menschlichen Neugier.

Die Ordnung der Wirtschaft ist kein Naturgesetz. Sie ist von Menschen gemacht. Doch diese Ordnung ist in Jahrhunderten gewachsen. Wer mitspielen will, sollte sie verstehen. Und wer sie verstehen will, muss wissen, nach welchen Gesetzen sie funktioniert. Der Zins ist jene geniale Erfindung, womit der Unternehmer seine Ideen auch ohne eigenes Kapital auf den Markt bringen kann: Er muss sich nur einen Kredit besorgen und bereit sein, für seine Verschuldung seinem Gläubiger einen Preis zu entrichten: eben den Zins. Zinszahlung und Kredittilgung werden ihn entsprechend disziplinieren, umsichtig zu wirtschaften. Und die Aktienbörse ist jene nicht minder geniale Einrichtung, welche es den Eigentümern eines Unternehmens zu jedem gewünschten Zeitpunkt erlaubt, ihr Eigentum zu Marktpreisen – also gemäß Angebot und Nachfrage – zu verkaufen, ohne dass das Unternehmen selbst (seine Mitarbeiter, Manager oder Kunden) dadurch Schaden nähme. Doch zugleich nötigt allein schon die pure Verkaufsdrohung der Aktionäre das Management, seine Strategie zu überdenken.

Das Wissen über solche wirtschaftlichen Wirkmechanismen ist hierzulande nicht sehr verbreitet. Schlimm genug, dass viele Menschen der Marktwirtschaft mit äußerster Skepsis begegnen. Schlimmer noch, dass sie sich nicht einmal die Mühe machen, sie zu verstehen. Dass es an ökonomischer Bildung gebricht, ist in hohem Maße ein Verschulden der Schule. Der Antikapitalismus beruht (auch) auf der früh eingeübten und lange verbreiteten Ignoranz der kapitalistischen Welt.

Unser Buch „Was Sie schon immer über Wirttschaft wissen wollten" verspricht, die kapitalistische Welt zu erklären. Es stellt Fragen, die so voraussetzungslos wie möglich daher kommen. Dabei mischen sich deskriptive und normative Herangehensweisen: Was ein Kredit ist, muss man erklären. Um aber zu zeigen, dass Vollbeschäftigung möglich ist, braucht es Argumente, die zu bestreiten jedermann selbstverständlich erlaubt ist, sofern er der Meinung ist, er habe bessere Argumente.

Die Autoren dieses Sammelbandes sind der Meinung, dass für alle ihre Weisen der Welterklärung die besten Beschreibungen und Argumente gerade gut genug waren. Mitgearbeitet an diesem Buch haben Wissenschaftler und Journalisten, die allesamt in der Pflicht standen zu beweisen, dass Marktwirtschaft nicht nur Wohlstand für alle schafft, sondern dass es sogar Freude macht, über die Welt der Märkte nachzudenken und sie zu verstehen.

Die Fragen dieses Buches sind Ergebnis einer erfolgreichen Serie in der Frankfurter Allgemeinen Sonntagszeitung. Dass es gerade 99 Fragen geworden sind, soll andeuten: Es hätten auch ein paar mehr oder weniger sein können. Es sollte nur keine wichtige Frage vergessen werden.

Geld regiert die Welt

1 Warum brauchen wir Geld?

Gerald Braunberger

Stellen wir uns vor, wir wollten auf einem Wochenmarkt Brot kaufen, ohne dass Geld existierte. In diesem Fall müssten wir auf dem Markt selbst Güter verkaufen können, um das Brot zu bezahlen. Nehmen wir an, wir hätten uns auf die Herstellung von Runkelrüben spezialisiert. Nun wäre es aus unserer Sicht natürlich am einfachsten, wir könnten Brot gegen unsere Runkelrüben tauschen. Aber was geschieht, wenn der Brotverkäufer gar keine Runkelrüben mag? Dann kommt das Geschäft nicht zustande, zumindest nicht direkt.

Es mag sein, dass wir durch die Einschaltung eines Dritten doch noch Brot erhalten. Wenn der Brotverkäufer zwar keine Runkelrüben, dafür aber Kichererbsen mag und ein auf dem Markt anwesender Produzent von Kichererbsen Interesse zeigte, das eingetauschte Brot gegen unsere Runkelrüben zu tauschen, kämen wir auf diesem Umweg doch noch zu unserem Brot. Aber das ist alles sehr kompliziert und unsicher.

Mit einer Ware, die von allen Beteiligten akzeptiert wird, kommen die Geschäfte dagegen ganz leicht zustande. Geld vereinfacht den Tausch von Gütern (und Dienstleistungen) ganz erheblich. Erst Geld lässt einen Markt (und damit auch eine ganze Marktwirtschaft) effizient funktionieren.

Doch die Funktion des Geldes beschränkt sich nicht auf die eines Zahlungsmittels. Anders als die schnell verderblichen Runkelrüben oder Kichererbsen ermöglicht Geld, Werte zu speichern, zu bewahren und damit auch zu akkumulieren und zu verleihen. Die Bildung erheblicher Vermögen und die Finanzierung großer Investitionen waren erst in der Geldwirtschaft möglich. Geld ist eine der Grundvoraussetzungen für eine dynamische Ökonomie. Lenin wird der Satz zugeschrieben, wer den Kapitalismus vernichten wolle, müsse sein Geld vernichten. Das war nicht absurd.

Um als Wertaufbewahrungsmittel zu dienen, darf Geld nicht beliebig vermehrbar sein. Aus diesem Grund dienten Metalle wie Gold und Silber lange Zeit als Geld, Kieselsteine dagegen nie.

In unsere Zeit übertragen hat diesen Gedanken der Nobelpreisträger Milton Friedman. Was passiert, fragte Friedman, wenn ein Hubschrauber so viele Banknoten abwirft, dass sich das umlaufende Geld verdoppelt? Viele Menschen mögen glauben, der unverhoffte Geldsegen würde sie reicher machen. Weit gefehlt, sagt Friedman. Denn die Produzenten würden die Gelegenheit nutzen, um ihre Preise deutlich zu erhöhen. Am Ende hätten die Menschen zwar mehr Geld in der Tasche, könnten aber nicht mehr Güter kaufen.

Geld ohne Wert ist kein Geld mehr. Der deutsche Ökonom Georg Friedrich Knapp (1842 bis 1926) entwickelte vor rund 90 Jahren die damals populäre „Staatliche Theorie des Geldes", in der er postulierte, Geld entstehe und existiere durch Anordnung des Staates. Zwar wird Geld bis heute überwiegend von Staaten ausgegeben, doch seine Verwendung lässt sich nicht anordnen, sobald das Geld seinen Wert verloren hat, wie jede große Inflation zeigt. Wo das Geld nichts mehr taugt, hat der Staat sein Recht verloren.

Wie das Geld unter die Menschen kam, ist nicht eindeutig. Viele Ökonomen meinen, die Menschen hätten beim Gütertausch den Nutzen eines allseits anerkannten Tausch- und Wertaufbewahrungsmittels erkannt und sich nach einem geeigneten Material umgesehen. In Europa und Kleinasien, wo schon vor Jahrtausenden Metalle abgebaut wurden, setzten sich Metallstücke, die Münzen, durch, weil sie solide, problemlos untereinander vergleichbar und leicht transportierbar waren. Auf der im Pazifik gelegenen Insel Yap, wo es keine Metalle gibt, benutzten die Eingeborenen ein aus einem seltenen Kalk bestehendes Steingeld, anderswo fanden Vogelfedern, Metallringe oder auch Rinder Verwendung.

Eine alternative Theorie stammt von dem deutschen Wissenschaftler Bernhard Laum (1884 bis 1974), der von der These nichts hielt, Geld sei aus Nützlichkeitserwägungen entstanden. Laum vertrat die in dem Buch „Heiliges Geld" entwickelte Sakraltheorie: Danach entstand Geld als ein religiöses Opfer, indem in der Antike Priester durch die Hingabe von Metallen Gegenleistungen von den Göttern erhofften, wobei sich im Laufe der Zeit feste „Tarife" für bestimmte göttliche Leistungen herausgebildet hätten.

Im Laufe der Zeit sei dann der Staat an die Stelle der Gottheit getreten und der Beamte an die Stelle des Priesters, behauptet Laum. Das Ergebnis bestand in der Verweltlichung und Ausbreitung der Geldwirtschaft. Laums Erklärung ist sehr umstritten, aber noch vor 20 Jahren gehörte sie zum Standardstoff deutscher Lehrbücher über das Geldwesen.

Um seine nutzenstiftende Rolle als Zahlungsmittel und Wertspeicher zu wahren, musste das Geld im Laufe der wirtschaftlichen Entwicklung mehrfach sein Gewand wechseln. Münzgeld war für antike und mittelalterliche Gesellschaften ideal, aber der spätestens mit der Industrialisierung einsetzende sehr rasch wachsende Geldbedarf erforderte einen neuen, leichter vermehrbaren und handlicheren „Stoff".

Hier erwies sich das Papier als optimales Rohmaterial, auch wenn die „Zettel", wie man Banknoten anfangs abschätzend nannte, lange um Anerkennung kämpfen mussten. Mit dem Papiergeld wurden auch Manipulationen des Geldes leichter, und nicht zufällig fallen alle großen Inflationen in die Zeit der Banknote. Derweil kommt auch die Banknote langsam außer Mode – ein immer größerer Teil der Zahlungen findet unbar statt.

2 Warum brauchen wir Aktienmärkte?

Jan Pieter Krahnen

Angenommen, es gäbe keine Banken und keine Börsen. Was wäre dann? Verbraucher und Arbeitnehmer könnten ihr Geld weder aufs Sparbuch legen noch in Aktien, Anleihen oder Investmentfonds investieren. Unternehmen würden nicht mal eben einen Kredit bei einer Bank aufnehmen oder sich relativ schnell Kapital besorgen, indem sie Wertpapiere ausgeben.

Alle müssten in Geldfragen unmittelbar miteinander handeln – und alle würden dabei viel Zeit verlieren und wohl auch hohe Kosten für jedes Geschäft in Kauf nehmen. Schließlich müsste jeder Haushalt viele Einzelbeziehungen pflegen, wenn er sein Geld nicht bloß auf ein Unternehmen verteilen möchte. Und sich immer fragen: Wem ist zu trauen, wem nicht? Wie kann eine durchschnittlich informierte Familie ein gutes von einem schlecht geführten Unternehmen unterscheiden?

In einer Welt ohne Banken und Börsen wäre es daher eine gute Idee, genau so ein Institut zu gründen, um damit Geld zu verdienen. Denn der Banken- oder Börsenunternehmer nimmt nicht nur den anderen unangenehme Arbeiten ab, sondern steigert auch den Wohlstand aller, weil sich nun jeder auf das konzentrieren kann, was er am besten beherrscht.

Die Leistungen von Börsen liegen vor allem auf vier Gebieten. Sie lenken das Kapital der Anleger in sinnvolle Verwendungen, sie verwandeln das „Klumpen"-Risiko eines großen Unternehmens in viele Kleinrisiken, sie erzeugen kurzfristig liquide und handelbare Finanzanlagen aus langfristigen Sachanlagen und als wichtigste Aufgabe schließlich: Sie bewerten Unternehmen, indem sie den aktuellen Marktpreis feststellen.

Regelmäßig ermitteln sie – ein- oder mehrmals täglich – den Preis, der nach Stand der eingegangenen Kauf- und Verkaufsaufträge einen größtmöglichen Umsatz erlaubt. Hieraus ergibt sich idealerweise ein Marktpreis, der zu jedem Zeitpunkt den „fairen" Wert der Aktie abbildet. Als „fair" gilt der Marktwert, wenn er den heutigen Wert aller zukünftigen Dividendeneinkommen wiedergibt. Ist der Preis einer einzelnen Aktie bekannt, so lässt sich leicht berechnen, als wie wertvoll heute das Eigenkapital des Unternehmens angesehen wird. Der Börsenwert ergibt sich aus dem Einzelpreis der Aktie multipliziert mit der Anzahl aller ausgegebenen Aktien.

Je höher er ist, desto positiver bewertet die Börse die Erfolgsaussichten eines Unternehmens. Die Entwicklung des Aktienkurses besitzt daher einen hohen Informationswert – nicht nur für die Anleger und Aktionäre, sondern auch für das Management und dessen Kontrolleure im Aufsichtsrat.

Dabei ist zu berücksichtigen, dass Börsenkurse stark schwanken und vielen Einflüssen unterliegen. Man denke an die großen Börsenkräche 1929 und 1987 oder die Interneteuphorie um die Jahrtausendwende. Diese dramatischen Kursbewegungen haben die Investitionstätigkeit und die Konjunktur weltweit erheblich beeinflusst. Nicht zuletzt, weil viele Menschen ganz unerwartet reich und schnell wieder arm wurden.

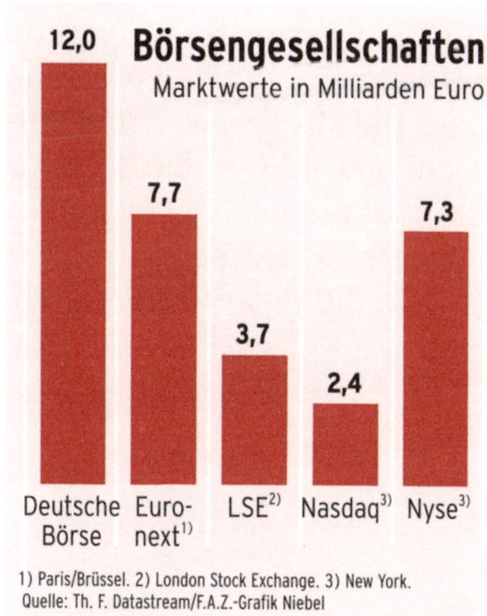

Nicht nur wirtschaftliche Entwicklungen beeinflussen die Börsenpreise, auch gut informierte Anleger tun dies. Investoren mit Informationsvorsprüngen werden als Insider bezeichnet. Sie handeln womöglich zu „unfairen" Preisen. Schließlich gibt es immer wieder Versuche, Kurse zu manipulieren.

Damit es nicht zu solchen Auswüchsen kommt und sich Preise effizient bilden können, brauchen Börsen einen guten rechtlichen Rahmen. Dazu gehören: strikte Zulassungsstandards für Börsenneulinge; Offenlegung der wirtschaftlichen Verhältnisse aller notierten Unternehmen (Transparenz) und die Überwachung der Händler an der Börse. Kein Handelsteilnehmer darf über einen Informationsvorsprung vor potentiellen Handelspartnern verfügen (Insiderhandelsverbot).

Diese Regeln werden in Deutschland durch die Bundesanstalt für Finanzaufsicht (Bafin) durchgesetzt. Sie tragen dazu bei, dass die Börsenpreise „fair" zustande kommen und der Markt Informationen effizient verarbeitet. Das ist wichtig: Wo Marktpreise effizient sind, dort darf auch der über ein einzelnes Unternehmen schlecht informierte Kleinanleger (wie der Autor dieses Beitrags) vertrauensvoll seine Kauf- oder Verkaufsaufträge einreichen. Er muss dann nicht damit rechnen, dass er von einer besser informierten Gegenpartei über den Tisch gezogen wird. „Faire" Preise sind daher eine Voraussetzung, damit der Kapitalmarkt anhaltend wachsen kann und für die breite Bevölkerung interessant wird.

Diese Bedingungen sind keineswegs selbstverständlich. In Deutschland etwa ist der Insiderhandel erst seit 1995 gesetzlich geregelt (und unter Strafe gestellt), während Insiderhandel in Amerika schon sehr viel länger verboten ist und zum Teil drakonisch bestraft wird. Der unterschiedliche Stellenwert „fairer" Börsenpreise hat möglicherweise mit der unterschiedlichen Bedeutung von börsengehandelten Wertpapieren für die Vermögensbildung und die Altersversorgung in beiden Ländern zu tun.

Künftig werden Börsen vermutlich noch wichtiger, gerade in Ländern mit vergleichsweise bescheidenen Aktienmärkten wie etwa Deutschland. Die Marktbewertung der Deutschen Börse AG ist ein Beleg. Sie ist hoch, obwohl der deutsche Kapitalmarkt relativ klein ist. Ein Zeichen dafür, dass die Wachstumsaussichten hierzulande als besonders positiv eingeschätzt werden. Ob Fusionen, Kapitalerhöhungen, Fonds oder Zertifikate, die Vermittlung durch die Börsen wird mehr denn je gebraucht.

3 Warum machen Anleger immer alles falsch?

Catherine Hoffmann

Wir haben wieder einmal den Einstieg verpasst. Dabei hatten wir uns doch geschworen, dass es diesmal besser läuft.

„Die Mehrheit der Marktteilnehmer verdient zwangsläufig nicht das große Geld", sagt Joachim Goldberg, Experte für Kapitalmarktanalyse. „Vielmehr ist sie es, die die großen Gewinne Einzelner finanziert." Goldberg beschäftigt sich seit vielen Jahren mit „Behavioral Finance", einer verhaltenswissenschaftlich orientierten Forschungsrichtung für Finanzmärkte. Die Wissenschaftler nutzen Erkenntnisse der Psychologie, um zu untersuchen, warum Anleger immer wieder die gleichen Fehler machen – und wie sich diese vermeiden lassen.

Erstes Ergebnis: Börsianer sind nicht rational. Die Kapitalmarktforscher haben herausgefunden, dass die Psyche den Anlegern oft böse Streiche spielt. Der gemeine Privatanleger ist vom Idealtyp des Homo oeconomicus, der streng rational denkt, so weit entfernt wie der Affe vom Menschen. Dabei hatten sich die Ökonomen das so schön ausgedacht: Alle Entscheidungen der Wirtschaftsakteure zielen allein darauf ab, ihren persönlichen Nutzen zu maximieren. Sie werden nur auf Basis vernünftiger Überlegungen und unter Berücksichtigung aller verfügbaren Informationen getroffen. Doch mehr und mehr akademische Studien zeigen, dass sich die Menschen irrational verhalten und – schlimmer noch – immer wieder die gleichen Fehler machen.

Peter L. Bernstein erzählt in seinem Buch „Against The Gods" („Wider die Götter"), wie sich „Muster der Unvernunft, Inkonsequenz und Inkompetenz wiederholen, wenn Menschen Entscheidungen bei Ungewissheit treffen". Und nichts anderes ist ja der Aktienkauf und überhaupt die Geldanlage: eine Entscheidung über den Erwerb oder Verkauf eines Wertpapiers bei Ungewissheit über die künftige Kursentwicklung.

Dank der Behavioral Finance verstehen wir heute besser, wie Gefühle Anleger beeinflussen. Viele Forscher glauben sogar, dass die Behavioral Finance ein düsteres Licht auf die These von der Effizienz der Finanzmärkte wirft und dass sie gut erklären kann, warum immer wieder spekulative Blasen entstehen, die dann platzen – wie zum Beispiel Ende der 90er Jahre am Neuen Markt. Vor allem aber weiß die Behavioral Finance, warum der durchschnittliche Anleger ein glückloses Wesen ist.

Die schlimmste Psychofalle ist, dass Menschen Verluste offensichtlich schwerer bewerten als Gewinne in gleicher Höhe. Ein Verlust von 1000 Euro schmerzt ungefähr zweieinhalbmal so sehr, wie ein Gewinn von 1000 Euro glücklich stimmt. Das führt dazu, dass Anleger Verluste bis zum bitteren Ende aussitzen, weil sie sie nicht realisieren wollen, und Gewinner-Aktien viel zu früh verkaufen. Der Psychologe und Nobelpreisträger Daniel Kahneman hat herausgefunden, dass der Mensch weniger riskieren will, wenn er sich auf der Gewinnerseite befindet. Hofft er dagegen, einen Verlust wettzumachen, geht er eher Risiken ein. Das ist genau die falsche Strategie.

Die Psychologen haben auch eine Erklärung dafür, dass es uns so schwerfällt, unsere T-Aktien nach 20 Prozent Verlust zu verkaufen. „Die meisten Menschen können sich nicht vorstellen, wie leidensfähig sie sind", sagt Goldberg. „Sie passen lieber ihre Wahrnehmung ihrer Entscheidung an als umgekehrt – bis hin zu vollständiger Ignoranz." Unter dem Schock eines Verlustes blenden Anleger widersprüchliche Informationen aus, färben andere schön, glauben bereitwillig Analysten und Journalisten, die sie ermutigen durchzuhalten. Leon Festinger beschrieb das Phänomen der kognitiven Dissonanz bereits in den 50er Jahren.

Es ist nicht die einzige Dummheit, die Anleger begehen. Ähnlich fatal auf die Rendite wirkt sich eine andere Schwäche aus: Der Mensch neigt zur Selbstüberschätzung. Das gilt für Autofahrer genauso wie für Investoren. Der allzu selbstsichere Anleger meint, dass er den Markt schlagen kann. Wenn er an der Börse erfolgreich ist, liegt das an seiner brillanten Strategie. Gehen seine Wetten am Finanzmarkt ein paarmal hintereinander auf, denkt er: Das kann doch kein Zufall sein. Erfolge rechnen wir gern unseren eigenen Fähigkeiten zu. Wenn es mit der Wette nicht klappt, sind meist äußere Faktoren schuld. Deshalb lernen wir auch nicht aus unseren Fehlern – wir sehen sie gar nicht als solche.

Und deshalb glauben Anleger auch, dass sie in der Lage sind, Aktien zu entdecken, die sich in Zukunft überdurchschnittlich entwickeln. Das Problem dabei: Der Aktienmarkt ist fast so unberechenbar wie das Roulettespiel, Aktienkurse und Renditen sind zufällig. Das akzeptieren begnadete Privatanleger – und welcher Normalsterbliche zählt sich nicht dazu? – nur ungern. Weil die Kursverläufe von Aktien häufig schwieriger zu prognostizieren sind, als viele glauben, schneidet der durchschnittliche Investor schlechter ab als ein Aktienindex. Eine Renditebremse sind dabei auch die hohen Gebühren, die Kleinanleger für Transaktionen und Depotführung zahlen.

Hinzu kommt: Die Privatanleger kaufen und verkaufen Aktien viel zu häufig. Terrance Odean hat bei der Analyse von Zehntausenden Aktiendepots festgestellt, dass die Rendite umso niedriger ausfällt, je aktiver ein Investor handelt – auch weil bei jedem Kauf und Verkauf Gebühren anfallen. Ein typischer Anleger schichtet in einem Jahr 70 Prozent seines Portfolios um, viel zu viel.

Die meisten Anleger haben zu wenige verschiedene Aktien im Depot. Das ist riskant. Privatanleger konzentrieren sich nur auf wenige Unternehmen, favorisieren zwei oder drei Lieblingsbranchen, setzen patriotisch nur auf Deutschland oder lassen Nebenwerte links liegen. Wer sein Risiko nicht streut, wird anfällig für Krisen. Durch gute Diversifikation, also eine ausgewogene Mischung der Titel, lässt sich das Risiko eines Portfolios deutlich senken, bei gleicher erwarteter Rendite.

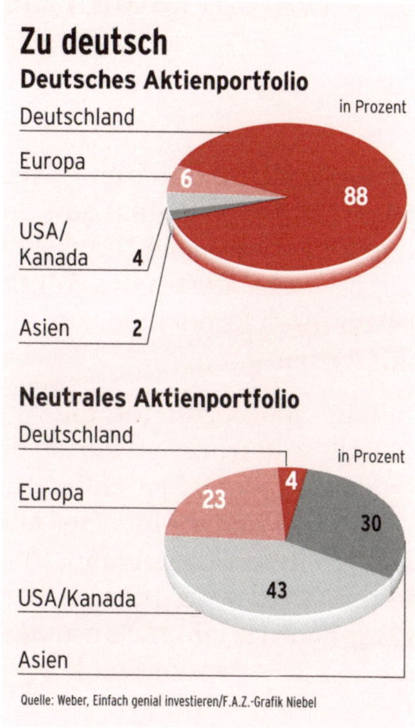

Die vielen Bankberater wird es kaum stören, dass die Anleger nicht so schlau sind. Sie finden immer noch einen Dummen, der ihnen überteuerte Finanzprodukte abkauft, die Schutz vor Verlusten versprechen. Und die professionellen Händler in den Großbanken wird es freuen, dass es stets Unbedarfte gibt, die ihnen Aktien zum Höchstkurs abnehmen.

Dass wir finanzielle Analphabeten sind, liegt nicht nur an den Streichen, die uns eine übermächtige Psyche spielt. Wir sind auch einfach faul. Eine Studie der Commerzbank passt ins Bild: Während die Deutschen in den Kauf eines Autos im Durchschnitt 37 Stunden Überlegungen investieren, wenden sie für die Planung des Vermögensaufbaus gerade einmal 20 Stunden auf. Die Entscheidung für die falsche Geldanlage kann am Ende aber viel teurer kommen als das Auto. Denn zwischen einer Rendite von fünf und sieben Prozent liegen genau 329 032 Euro, wenn man 100.000 Euro für 30 Jahre anlegt.

Ein bisschen mehr Verstand bei der Geldanlage kann also nicht schaden. Vertreter der Behavioral Finance raten Privatanlegern: „Investieren Sie Ihr Geld in Indexfonds!" Das minimiert die Transaktionskosten und erlaubt, das Geld breit auf viele Anlagen zu streuen. Und wer auf den Kitzel des Aktienhandels nicht ganz verzichten will, der nimmt eben fünf Prozent seines Portfolios als Spielgeld.

4 Warum kaufen die Deutschen keine Aktien?

Patrick Bernau

Ein Volk von Aktionären waren die Deutschen nie, auch wenn es vielleicht zeitweise einmal so schien. Ende der 90er Jahre zum Beispiel: Damals erklomm der Dax fast täglich neue Rekorde; Manfred Krug warb mit Fernsehspots für die Volksaktie der Deutschen Telekom; Taxifahrer gaben ihren Kunden Börsentipps; und die „Bild"-Zeitung titelte: „Reich mit Aktien".

Anfang 2000 erreichte die Aktieneuphorie hierzulande ihren Höhepunkt – und trotzdem hatten damals gerade mal acht Prozent der Deutschen eine Aktie. In anderen Ländern wie den Vereinigten Staaten oder Frankreich ist der Anteil der Aktionäre selbst heute noch deutlich höher als damals in Deutschland. Und hierzulande ist die Zahl der Aktionäre seither wieder gesunken – trotz des starken Kursanstiegs in den vergangenen vier Jahren. Ein anderes Bild ergibt sich auch nicht, wenn man die Fondsbesitzer mitzählt.

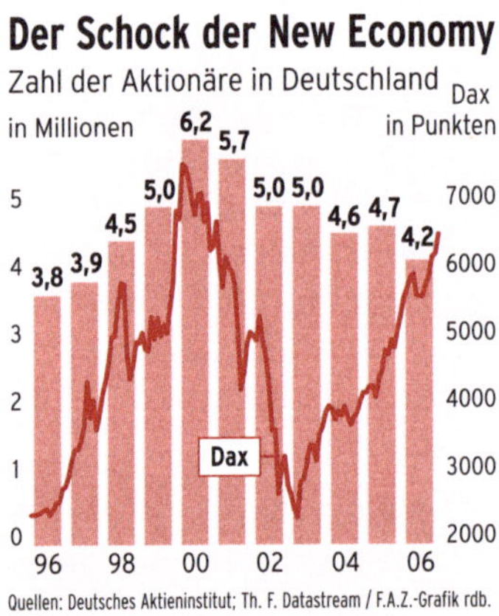

Die Deutschen wollen einfach keine Aktien in ihrem Depot haben. Sie legen Geld lieber aufs Sparbuch, allenfalls noch auf ein Tagesgeldkonto. Das hat einen einfachen Grund: Wir mögen Risiken nicht – und viele von uns haben keine Ahnung, wie sich die Risiken von Aktien am besten verringern lassen.

Grundsätzlich sind Aktien sicher eine recht gefährliche Geldanlage. Die Aktien eines Unternehmens sind so viel wert wie das Geld, das diese Firma in Zukunft verdienen wird. Gewinne können sinken. Also geht auch der Kurs zurück, wenn die Zukunftsperspektiven des Unternehmens schlechter werden.

So ein Risiko tragen die Deutschen nur ungern, wie ein Forscherteam der Universität Zürich und des Deutschen Instituts für Wirtschaftsforschung in einer Umfrage herausgefunden hat, die demnächst veröffentlicht wird: Rund die Hälfte der Deutschen findet sich generell eher risikoscheu, bei den Amerikanern ist das nicht einmal ein Drittel. Und wenn es ums Geld geht, sind die Deutschen noch ängstlicher. Umfragen privater Fondsgesellschaften zeigen ähnliche Ergebnisse im Vergleich mit europäischen Ländern wie Frankreich und Großbritannien.

Darum betonen die Deutschen vor allem die negativen Ergebnisse, die Aktien bringen können. „An der Börse kann man schnell ein kleines Vermögen machen", sagen sie gerne, „wenn man mit einem großen anfängt." Solche Sprüche sind verinnerlicht worden. Entsprechend wird Geld angelegt.

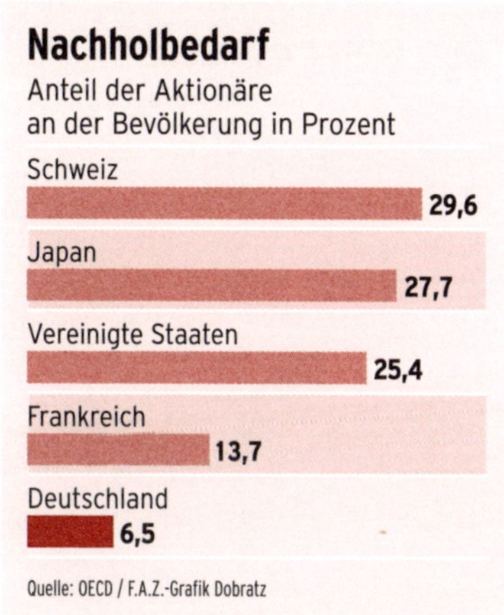

Viele setzen derzeit auf Zertifikate: Wertpapiere, die sich so ähnlich entwickeln wie eine bestimmte Aktie oder ein bestimmter Index, die aber auch von deren Entwicklung abweichen können. In den Vereinigten Staaten gibt es kaum eine Nachfrage nach solchen Produkten, die Menschen investieren lieber direkt in Aktien. In Deutschland dagegen wächst der Markt dafür stetig – und besonders beliebt sind Zertifikate, die zusätzliche Sicherheit gegen Verluste bieten. Dafür bezahlen die Anleger gerne, indem sie auf die Dividende oder einen Teil der Kursgewinne verzichten.

Oft vergessen sie dabei, dass das Risiko aus Aktien gar nicht so groß ist, wenn die Strategie stimmt. Erstens sollten Anleger Geduld mitbringen: Nach spätestens 15 Jahren waren die deutschen Aktien einer Auswertung des Deutschen Aktieninstituts zufolge immer wieder im Plus. Zweitens sollten die Anleger ihr Geld auf möglichst viele unterschiedliche Aktien verteilen – wenn das eigene Geld dazu nicht reicht, dann zum Beispiel über einen Fonds.

Wenn sie diese Regeln beachten, haben Privatanleger in der Aktie den besten Arbeitsplatz für ihr Geld. Denn nur durch Aktien und Aktienfonds erhalten die Anleger einen Anteil an den Gewinnen, die die Unternehmen machen. Im Durchschnitt brachte das zwischen 1979 und 2003 knapp 14 Prozent Rendite im Jahr – das schafft kein Sparbuch, kein Tagesgeldkonto und kein Rentenfonds.

Doch viele Deutsche wissen nicht, wie sie mit Aktien umgehen sollen. „Es hat ihnen nie jemand ordentlich beigebracht", schimpft Wolfgang Gerke, ehemaliger Finanzprofessor an der Universität Erlangen-Nürnberg. „Wir werden in der Schule miserabel auf die wichtigen Fragen des täglichen Lebens vorbereitet." So kommt es, dass sich einer Umfrage des Bankenverbands zufolge zwar mehr als 80 Prozent der Deutschen für Wirtschaft interessieren, aber die meisten keine Ahnung haben, was an der Börse passiert.

Es war ja auch lange nicht nötig, sich um die Börse zu kümmern. Schließlich mussten die Deutschen kein Geld für ihre Rente anlegen.

Hier bleibt das Geld

Ersparnis in Milliarden Euro

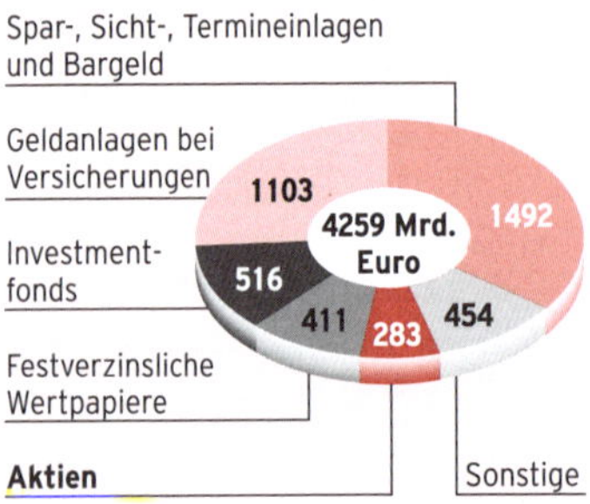

Quelle: Bundesverband Deutscher Banken / F.A.Z.-Grafik Dobratz

Um die Altersvorsorge hat sich der Staat gekümmert, manchmal spendierte der Arbeitgeber noch zusätzlich eine Betriebsrente. „Man war gar nicht gezwungen, für höhere Renditen zu sorgen“, sagt Professor Gerke.

In den Vereinigten Staaten dagegen liegt die Altersvorsorge in der Hand der Bürger. Dies macht viele zu Aktionären. So ist eine Tradition entstanden: Die Menschen kümmern sich selbst darum, wie viel Geld sie verdienen wollen, um für das Alter ein Polster zu haben.

Inzwischen hält auch der deutsche Staat seine Rente nicht mehr für ausreichend und erlässt Steuern, wenn die Bürger privat vorsorgen, zum Beispiel mit der Riester-Rente. Und was machen die Deutschen? Sie lassen sich Riester-Versicherungsverträge verkaufen. Fondssparpläne bezuschusst der Staat eigentlich auch. Aber dafür interessieren sich die Deutschen einfach nicht.

5 Warum schwanken die Wechselkurse?

Gerald Braunberger

Der Euro befindet sich im Höhenflug – jedenfalls gegenüber dem Dollar. Seit mehreren Jahren schon steigt der Wechselkurs der europäischen Gemeinschaftswährung, wenn auch immer wieder einmal von Rückschlägen unterbrochen. Der Kurs zwischen Euro und Dollar ist heute der vielleicht wichtigste aller Wechselkurse, weil er das Austauschverhältnis der Währungen der beiden bedeutendsten Wirtschaftsblöcke der Welt bezeichnet.

Die Wechselkurse bilden sich heute meist frei an den Devisenmärkten, auch wenn vor allem asiatische Länder wie China noch auf staatlichen Handelsbeschränkungen bestehen. Die Umsätze sind gewaltig und werden auf mehr als 2000 Milliarden Dollar am Tag geschätzt. Der überwiegende Teil des Devisenhandels entfällt auf kurzfristige Geschäfte zwischen Finanzhäusern; die Abwicklung der Ausfuhr von Gütern und Dienstleistungen spielt nur noch eine geringe Rolle. Kritiker des modernen Kapitalismus stoßen sich unter anderem an den hohen Umsätzen im Devisenhandel. Die Wechselkurse seien vor allem das Resultat von Spekulationsgeschäften, klagen sie, und hätten nichts mehr mit der realen Wirtschaft zu tun. Als Regulierung wurde die von dem amerikanischen Nobelpreisträger James Tobin erfundene Tobin-Steuer vorgeschlagen: Eine milde Besteuerung des Devisenhandels soll kurzfristige Spekulationsgeschäfte uninteressant machen. Bisher bleibt die Tobin-Steuer ein theoretisches Konstrukt ohne Aussicht auf Realisierung.

Nach welchen Kriterien bewegen sich die Wechselkurse? Die Antwort auf diese Frage fällt ziemlich enttäuschend aus: Die Ökonomen haben zwar im Verlauf mehrerer Jahrhunderte eine ganze Reihe mehr oder weniger plausibler Theorien der Wechselkursbildung entwickelt, doch finden diese Theorien in der Praxis nur selten eine Bestätigung. Daraus folgt auch, dass die Prognose von Wechselkursen mit sehr vielen Unsicherheiten behaftet ist.

Die bekannteste und wohl älteste Erklärung der Wechselkurse ist die Kaufkraftparitätentheorie. Sie besagt etwas vereinfacht: Die Wechselkurse sollen dafür sorgen, dass sich in offenen, miteinander verflochtenen Marktwirtschaften die Preise von Gütern im In- und Ausland angleichen. Denn wenn ein Gut im Ausland deutlich billiger ist, würde es im Ausland gekauft und nicht im Inland. Und wenn sich viele Menschen so verhalten, wird sich der Wechselkurs so anpassen, dass sich die Güterpreise angleichen.

Eine praktische Überprüfung bietet der „Hamburger-Index", der die Preise von Hamburgern einer großen Schnellrestaurantkette in verschiedenen Ländern überprüft. Und siehe da: Die Preise unterscheiden sich zum Teil erheblich. Die Kaufkraftparitätentheorie scheint falsch zu sein.

Doch halt, ganz so einfach geht es nicht. Kaum jemand würde wohl ins Ausland fahren, nur weil dort Hamburger billig sind. Viel sinnvoller ist es, die Theorie nur anhand international handelbarer Güter zu überprüfen. Dazu zählen vor allem Ausrüstungsgüter für Unternehmen, aber gelegentlich auch Verbrauchsgüter: Der „Tanktourismus" in grenznahen Gebieten liefert hierfür ein Beispiel. Nun passt die Theorie schon besser, aber ihre praktische Prüfung zeigt sehr gemischte Resultate. Die Kaufkraftparitätentheorie alleine kann die Wechselkursbewegungen nicht erklären.

Eine andere Möglichkeit besteht darin, sich anstatt Preisen von Gütern die gesamten Handelsströme eines Landes oder eines Währungsraums anzuschauen. Hierbei fällt auf, dass die Vereinigten Staaten seit Jahrzehnten sehr viel mehr Güter und Dienstleistungen importieren als exportieren, was sich in einem sehr hohen Defizit ihrer Leistungsbilanz ausdrückt. Umgekehrt weisen viele Handelspartner der Vereinigten Staaten hohe Überschüsse ihrer Leistungsbilanz aus. Nach einer alten Theorie sollten sich diese Salden im Laufe der Zeit ausgleichen, und zwar durch eine Anpassung der Wechselkurse. Damit die Amerikaner aber mehr exportieren und weniger importieren, müsste der Dollar billiger werden. Nun lässt sich zwar seit einiger Zeit eine Abwertung des Dollar gegenüber dem Euro (und einigen anderen Währungen) feststellen; diese Abwertungen reichen aber bei weitem nicht aus, um das riesige Defizit in der amerikanischen Leistungsbilanz spürbar zu reduzieren. Auch hier wirkt die Theorie nachvollziehbar, aber ihre praktische Überprüfung lässt Wünsche offen.

Irgendwann kamen Ökonomen auf die Idee, dass es nicht ausreicht, sich internationale Güterströme anzusehen. Schließlich wird immer mehr Geld grenzüberschreitend angelegt: Amerikanische Pensionsfonds etwa kaufen deutsche Aktien, asiatische Notenbanken kaufen amerikanische Staatsanleihen. Sollte die Erklärung für Wechselkursbewegungen vielleicht in der Finanzsphäre zu suchen sein? Aus dieser Überlegung entstanden mehrere Ansätze, deren einfachster die sogenannte Zinsparitätentheorie ist. Sie geht davon aus, dass international ausgerichtete Großanleger die Verzinsungen vergleichbarer Anlagen miteinander vergleichen und ihr Geld dann dort anlegen, wo höhere Renditen locken. Auch diese Theorie lässt sich in der Praxis nicht immer bestätigen, aber abwegig ist sie nicht.

Nachdem die bisher angeführten Theorien Wünsche offen ließen, suchten die Ökonomen in den achtziger Jahren nach weiteren Erklärungen. Dabei stießen sie auf das Phänomen der Kursblasen. Ihre Ursache bildet der Herdentrieb der Anleger, der in Phasen der Gier die Kurse außerordentlich stark steigen lässt und in Phasen der Angst zu schlimmen Kurseinbrüchen führt. Der Boom und der Crash der New Economy liefern ein Beispiel für den Aktienmarkt. Auch an den Devisenmärkten hat es solche Kursblasen gegeben, ihre frühzeitige Identifikation scheitert jedoch an einer Erkenntnis des früheren EZB-Chefvolkswirts Otmar Issing: „Eine Blase erkennt man erst dann, wenn sie platzt."

Für kurzfristige Prognosen verwenden Analysten in Banken und anderen großen Finanzhäusern heute technische Modelle, die in der Regel auf keinen Theorien beruhen, sondern in der Untersuchung vergangener Kurse Muster erkennen wollen, die in der Zukunft wiederkehren könnten. Die Annahme, künftige Kurse ließen sich aus vergangenen Kursen erklären, steht zwar im Widerspruch zu verbreiteten ökonomischen Theorien, doch scheint es, als funktionierten manche technischen Modelle gar nicht so schlecht, auch wenn sie keine erfolgreiche Prognose garantieren.

Trotz zahlreicher Theorien und Analysen bleibt die Erklärung von Bewegungen der Wechselkurse eine ziemlich unbefriedigende Angelegenheit.

6 Warum fließt so viel Geld um die Welt?

Catherine Hoffmann

Das Emirat Abu Dhabi steckt seine Ölmilliarden in die angeschlagene amerikanische Großbank Citigroup. Am chinesischen Aktienmarkt verfünffacht sich der Börsenwert nach einer einzigartigen und Jahre anhaltenden Rally. Der Wert des Dollar verfällt zusehends. Milliarden von Dollar fließen täglich um die Welt – und es werden immer mehr.

Der Wert des globalen Finanzvermögens wuchs im Jahr 2006 um beinahe ein Fünftel auf 167 Billionen Dollar, rechnen die Finanzexperten der Unternehmensberatung McKinsey in einer gerade erschienenen Studie vor. Das übersteigt die Vorstellungskraft. Eine Million ist ja schon eine hübsche Summe, und eine Milliarde – ja, das wäre etwas. Aber eine Billion? Das ist eine Eins mit zwölf Nullen: 1.000.000.000.000. Die Kosten für eine Landung auf dem Mars werden auf eine Billion Dollar geschätzt. Und in 100 Billionen Jahren sollen alle Sonnen des Universums erloschen sein.

167 Billionen Dollar also haben die Menschen gespart – in Aktien, Staats- und Unternehmensanleihen gesteckt oder schlicht auf dem Konto deponiert. Dem steht ein weltweites Bruttoinlandsprodukt von gerade einmal 48,3 Billionen gegenüber. Das Finanzvermögen übersteigt also den Wert aller Güter und Dienstleistungen, die auf der Welt in einem Jahr hergestellt werden, um das 3,5-fache. 1980 noch lagen beide gleichauf – und betrugen wenig mehr als zehn Billionen Dollar.

Wieso haben Vermögen und Kapitalströme in den vergangenen Jahren so rasant zugenommen? Wer spart so viel? Und warum? Viele Ökonomen haben sich den Kopf darüber zerbrochen, wo die globale Woge der Liquidität auf einmal herkommt, auf der die Weltwirtschaft surft. Sie haben zwei alternative Erklärungen präsentiert: die These von der kollektiven „Sparwut“ (savings glut) und die Theorie von der „Geldschwemme“ (money glut).

Beide Ideen haben einiges gemeinsam. Erstens: Das viele Kapital ist vor allem das Resultat der Globalisierung, die nicht nur die Warenmärkte, sondern auch die Finanzmärkte erfasst hat. Nicht nur Handelshemmnisse und Zölle sind gefallen, auch der Kapitalverkehr wurde in den neunziger Jahren großzügig liberalisiert. Kapital ist heute wesentlich mobiler als noch vor Jahren – und das über alle Grenzen hinweg.

Hinzu kommt zweitens eine Revolution der Finanzwelt: Gewaltige Fortschritte in der Kommunikationstechnologie beschleunigen den Informationsfluss. Internet, Computerhandel und blitzschneller Datenverkehr treiben den Handel von Wertpapieren rund um den Globus voran. Der Trend zu einer verstärkten Verbriefung der Kapitalströme forcierte diese Entwicklung: Bankkredite werden zunehmend durch leichter handelbare Anleihen ersetzt.

Drittens und viertens schließlich begünstigten der Aufstieg Chinas zur wirtschaftlichen Supermacht sowie die niedrige Inflation das Anschwellen der internationalen Zahlungsströme. Seit 1990 nahmen die Kapitalmassen, die regelmäßig über die Grenzen fließen, jährlich um mehr als 14 Prozent zu – von knapp einer Billion Dollar auf mehr als acht Billionen im Jahr 2006. Die Kapitalflut stieg viel schneller als das globale Bruttoinlandsprodukt. Globalisierung, Finanzinnovationen, der Boom in China und anderen aufstrebenden Volkswirtschaften sowie ein außerordentlich günstiges konjunkturelles Klima – niedrige Inflation und hohes Wachstum – haben die Supersparwelle also angeschoben. So weit sind sich die Anhänger der beiden Theorien einig. Doch wie hängt das alles zusammen? Hier scheiden sich die Geister.

Kern des Arguments von der „Sparwut" ist, dass die asiatischen Schwellenländer und die ölexportierenden Nationen seit einigen Jahren viel höhere Ersparnisse bilden, als sie sicher und ertragreich an den lokalen Finanzmärkten anlegen können. Deshalb fluten die Japaner, Chinesen und Araber die Industrieländer mit ihren Ersparnissen. Sie investieren das Geld in Aktien, Anleihen und ganze Unternehmen. Weil sich aber die rentierlichen Geldanlagen nicht unbegrenzt vermehren lassen, treibt die Finanzkapitalschwemme aus den Schwellenländern die Preise vieler Vermögenswerte nach oben. Einem weltweiten Überangebot an Ersparnissen steht ein relativer Mangel von Investitionsmöglichkeiten gegenüber. Das ist im Übrigen der Stoff, aus dem Finanzmarktblasen entstehen. Das Missverhältnis aus Ersparnissen und Anlagemöglichkeiten drückt langfristig die Renditen. Besonders gut ist dies am Markt für amerikanische Staatsanleihen zu beobachten.

Die Vereinigten Staaten schlucken schätzungsweise 70 Prozent der überschüssigen Ersparnisse, die auf der Suche nach Rendite um die Welt vagabundieren. Die „Sparwut" in einem Teil der Welt weckt den Konsumrausch in einem anderen Teil: Amerika. Denn die niedrigen realen Zinsen, die als Folge der gewaltigen Kapitalzuflüsse entstehen, machen Kredite verlockend günstig. Das billige Geld, das in China gespart wird, wird in Amerika mit Freuden ausgegeben.

Der amerikanische Notenbankchef Ben Bernanke ist ein Anhänger dieser Theorie der savings glut. Das ist nicht verwunderlich, denn die Schuld an dem massiven Kapitalstrom aus den Schwellenländern – und damit an den Aktien-, Kredit- und Immobilienmarktblasen – tragen dieser Lehre zufolge die Regierungen Asiens und Arabiens. Sie erlauben entweder ihrem Volk nicht, das Ersparte im Ausland anzulegen – wie China, oder sie häufen gewaltige Erlöse aus dem Ölexport an – wie die Golfstaaten. In beiden Fällen türmen die Staaten gewaltige Devisenreserven

auf – einen Überschuss an Geld. In dieser Theoriewelt ist Amerika das Opfer, und die fleißigen Sparer sind die Bösewichte, die Blasen an den Finanzmärkten erst möglich machen.

Die Fed war in den vergangenen Jahren ziemlich großzügig mit dem Geld. Die Notenbank bekämpfte – und bekämpft – Börsenbaisse und Rezessionsängste mit extrem niedrigen Zinsen. Die lockere Geldpolitik hat in Amerika das Kreditwachstum angekurbelt und zu einem Zusammenbruch der Sparquote geführt. Denn wer will schon sparen, wenn Geld in Hülle und Fülle vorhanden ist? Alan Greenspan und sein Nachfolger Ben Bernanke sind in dieser Geschichte die Hauptverantwortlichen für die niedrigen Zinsen, die den Konsum antreiben. Weil aber mehr konsumiert als produziert wird, kauft Amerika kräftig im Ausland ein. Deshalb klafft ein immer größeres Loch in der Handelsbilanz. Das schwächt den Dollar.

Eigentlich müssten nun andere Währungen aufwerten – so wie der Euro. Aber in Schwellenländern wie China dürfen sich die Wechselkurse nicht frei bewegen. Sie sind mehr oder weniger festgezurrt. Um dem Aufwertungsdruck zu begegnen, interveniert die chinesische Notenbank fortwährend am Devisenmarkt. Wie das funktioniert? Die Zentralbank kauft den Geschäftsbanken Dollar ab und stellt ihnen im Gegenzug Guthaben in der eigenen Währung zur Verfügung. Das Zentralbankgeld dafür kann die örtliche Notenbank selber schaffen. Es gibt für eine Notenbank, die eine Aufwertung ihrer Währung verhindern will, im Grunde keine Grenze. Deswegen sitzen Chinesen und Japaner auf Reserven im Eintausend-Milliarden-Dollar-Bereich. Die gewaltig wachsenden Devisenreserven – vulgo: Ersparnisse – in Asien und den ölexportierenden Ländern sind nichts als ein Spiegelbild des kreditfinanzierten Konsums in Amerika.

7 Warum gibt es nicht nur eine Währung auf der Welt?

Gerald Braunberger

Wer hat sich nicht schon auf Reisen über die Kosten geärgert, die beim Tausch heimischer Euro gegen Dollar, Pfund, Franken oder andere Fremdwährungen anfallen? Für Banken, Geldwechsler und Hotels mag der Währungstausch ein wunderbares Geschäft darstellen, für den Reisenden ist er unangenehm. Daher liegt die Frage nahe: Wäre es nicht einfacher, wir hätten nur noch eine einzige Währung auf der Welt? Der Gedanke mag utopisch klingen, aber er spricht nicht nur weltfremde Träumer an. Auch erstklassige Fachleute haben schon über Sinn oder Unsinn einer Weltwährung nachgedacht. Die Debatten zeigen, dass mehr dagegen spricht als dafür.

Die Idee wurde im 19. Jahrhundert populär, als mit der Industrialisierung eine erste Globalisierungswelle begann und sich Ökonomen wie Geschäftsleute fragten, ob die Einführung einer globalen Einheitswährung nicht dazu geeignet wäre, den internationalen Handel zu beschleunigen und somit weiteren Wohlstand zu schaffen. „Das Geschäftsleben ist überall identisch. Kaufen und verkaufen, leihen und verleihen funktioniert stets nach dem gleichen Muster“, schrieb Walter Bagehot, der bedeutendste britische Wirtschaftsjournalist des 19. Jahrhunderts. „Daher sollte alles, was den Handel betrifft, ebenfalls überall gleich sein.“ Aus dieser Perspektive erscheint der Gedanke an ein globales Geld nicht völlig abwegig, denn noch in unserer Zeit belegen Studien einen den Handel hemmenden Effekt von Währungsgrenzen.

Im Laufe der Zeit kamen weitere Argumente für eine Einheitswährung hinzu. So verhindere sie den Missbrauch einer nationalen Währung durch eine nationale Regierung, wie er sich in einigen Entwicklungs- und Schwellenländern beobachten lasse, sagen Befürworter. Für Menschen, die in einem Land mit chronisch hoher Inflation leben, wäre eine stabile Weltwährung sicherlich eine lockende Alternative.

Hinzu tritt eine politische Hoffnung, die einer Weltwährung zutraut, zum Abbau von Spannungen in der Welt beizutragen und die politische Integration zu fördern. Das Argument ist aus der Entstehungsgeschichte des Euro bekannt, den manche Befürworter als Vehikel für ein politisches Zusammenwachsen Europas gedeutet haben. Was hatte der französische Währungsfachmann Jacques Rueff schon kurz nach dem Zweiten Weltkrieg prophezeit? „Ein geeintes Europa wird durch eine Währung entstehen oder überhaupt nicht.“ In diesem Sinne: Was spräche dagegen, die Idee des Euro auf die ganze Welt zu übertragen?

Einiges. Es ist wohl kein Zufall, dass es eine richtige Weltwährung niemals gegeben hat. Am ehesten entsprach ihr noch das Geld der Römer während der Glanzzeit des Imperium Romanum. Später erlangten zunächst das Gold und heute der Dollar eine gewisse Prominenz im internationalen Währungswesen. Aber von einem richtigen globalen Geld, das eine mit Vertretern aus aller Welt besetzte Zentralbank ausgibt, sind wir weit entfernt.

Der Harvard-Ökonom Richard Cooper, der vor Jahrzehnten ein solches Geld zumindest für die Industrienationen vorgeschlagen hatte, lieferte damals bereits ein Gegenargument mit: Eine Weltwährung müsste Staaten mit unterschiedlichen politischen Regimes, Traditionen und Wertvorstellungen friedlich zusammenführen – und das wird wohl so rasch nicht geschehen. „Es ist höchst zweifelhaft, dass das amerikanische Volk, um nur ein Beispiel zu nennen, jemals akzeptieren könnte, dass Vertreter eines totalitären Regimes Einfluss auf eine Geldpolitik nehmen könnten, die auch für die Vereinigten Staaten eine Zuständigkeit besitzt", bemerkte Cooper.

Auf die Spur eines weiteren gewichtigen Problems führt eine Äußerung des Kölner Volkswirts Christian Watrin, der einmal, auf die ebenfalls utopische Idee eines Weltstaates angesprochen, meinte: „Wohin kann man ins Exil gehen, wenn es einem in diesem Weltstaat nicht gefällt?" Dieser typisch liberale Gedankengang lässt sich auch auf die Weltwährung anwenden: Es stünde kein alternatives Geld zur Verfügung, wenn die Weltwährung entgegen allen Erwartungen nichts taugen sollte und als Folge hoher Inflation stetig an Wert verlöre. Das wäre kein erstrebenswerter Zustand. Das Wettbewerbsprinzip gilt für Staaten wie für Währungen. Es ist gut, wenn es mehrere davon gibt. Nicht jede Harmonisierung stellt sich als vorteilhaft heraus.

Das ist nicht alles. Die Ökonomen Michael Bordo und Harold James haben kürzlich in einem gemeinsamen Papier weitere Gründe gegen eine Weltwährung zusammengetragen. So sehen sie durch die Globalisierung zwei Typen von Ländern entstehen. Das sind zum einen die rasch wachsenden, exportstarken Schwellenländer wie China, deren extreme wirtschaftliche Dynamik mit Inflationsgefahren einhergeht. Demgegenüber stehen reife, nur mehr langsam wachsende Länder (zu denen man Deutschland zählen könnte), die angesichts billiger Importe aus den Schwellenländern und ins Ausland abwandernder Arbeitsplätze mehr Angst vor einer Deflation als vor einer Inflation haben.

Wie, so fragen Bordo und James, passten dynamische Schwellenländer und reife Industrienationen angesichts dieser erheblichen Unterschiede unter das Dach einer gemeinsamen Währung? Überhaupt nicht, lautet ihre Antwort. Das Ergebnis eines solchen Unterfangens wären wirtschaftliche und politische Spannungen mit der Gefahr eines Aufbaus von Handelsbarrieren. Diese Überlegungen gestatten einen Schluss: An einer Gemeinschaftswährung sollten sich nur Staaten mit einem vergleichbaren wirtschaftlichen Entwicklungsstand, ähnlichen politischen Systemen und Wertvorstellungen beteiligen.

Wie sieht es nun in der Wirklichkeit des frühen 21. Jahrhunderts aus? Sie tendiert weder zu einer Weltwährung noch zu währungspolitischer Kleinstaaterei, sondern zu einem Zwischenzustand: dem regionalen Währungsblock, in dem sich Währungen kleiner Staaten an eine große Währung anbinden. So existiert ein Dollarblock, zu dem Teile Lateinamerikas zählen und der bis in den pazifischen Raum reicht. Der Euroblock umfasst neben der Eurozone als Zentrum Länder in Ost- und Südosteuropa sowie in Schwarzafrika. Ein ähnlicher Block hat sich in Asien noch nicht gebildet, aber er mag noch folgen. Ob diese regionalen Währungsblöcke einmal zu einer Weltwährung fusionieren werden, lässt sich nicht für alle Zukunft vorhersagen. In einer absehbaren Zeit dürfte es jedenfalls nicht geschehen.

WELTWÄHRUNGEN?

Das Geld der Römer

Der Begriff Weltwährung lässt sich in der Geschichte am ehesten auf das Geld der Römer anwenden. Die römischen Münzen, vom teuren Aureus (Gold) über den silbernen Denar und die Sesterz (Messing) bis zum kleinen As Kupfer oder Bronze), zirkulierten zwar nicht auf dem gesamten Globus, aber doch im größten Teil der damals bekannten Welt. Die Versorgung aller Provinzen eines Weltreichs mit Münzen war ein logistisches Meisterwerk. Nach dem Ende des Römer-Reiches zirkulierten deren Münzen aber noch lange weiter.

Das Gold

Gold diente seit mehreren Jahrtausenden in vielen Zivilisationen als Geld, aber seine Rolle als geschätztes Währungsmetall trat vor allem während der zweiten Hälfte des 19. Jahrhunderts im sogenannten Goldstandard hervor. Damals war der Wert der wichtigsten Währungen in der Welt (Pfund, Dollar, Mark, Franc) an den Wert des Goldes gekoppelt. Nach 1918 verlor das Gold allmählich seine Bedeutung für das Währungswesen - heute, im Zeitalter des elektronischen Geldes, spielt es dort keine Rolle mehr.

Der Dollar

Seit Jahrzehnten besitzt der Dollar Elemente einer Weltwährung, die ihn aus dem Kreis der anderen Währungen hervorheben. Er ist nicht nur nationales Geld der Vereinigten Staaten. Er dient als führende Währung an den internationalen Kapitalmärkten und als Fluchtwährung für internationale Anleger in Krisenzeiten. Zudem kursiert der Dollar in Schwellen- und Entwicklungsländern als Zweitwährung, und Ölgeschäfte werden in Dollar bezahlt.

8 Warum sind Spekulanten nützlich?

Catherine Hoffmann

Spekulant – das Wort hat in Deutschland einen schlechten Klang: Abscheu und Misstrauen schlagen dem Spekulanten entgegen. Das Volk beschimpft Spekulanten als skrupellose Profitgeier und Abzocker, Hasardeure und Spielernaturen, kurz als nutzlose Blutsauger der Wirtschaft, die ohne Leistung Gewinne einstreichen und damit anderen schaden.

Wer sind Spekulanten wirklich? Sie handeln mit allem: mit Wertpapieren, Devisen, Grundstücken oder Rohstoffen. Und sie versuchen, durch Kauf und Verkauf zum richtigen Zeitpunkt Geld zu verdienen. Bei fallenden Kursen kauft der Spekulant eine Aktie oder Devise in der Annahme, dass ihr Kurs in Zukunft steigen wird – und er sie dann mit Profit veräußern kann.

Dabei geht der Spekulant keine blinde Wette ein, vielmehr kalkuliert er sein Risiko genau. Er beschafft sich die besten Informationen, die zu haben sind, und beobachtet die Märkte gewissenhaft, um die künftige Preisentwicklung möglichst präzise vorhersehen zu können. Für seine Mühe fordert der Spekulant einen Preis, den Gewinn. Denn sein Risiko ist groß: Schätzt er die Preisentwicklung falsch ein, verliert er viel Geld.

Anders als dem Investor geht es dem Spekulanten ausschließlich ums Geld – er will keine Autos bauen, keine Container von A nach B verfrachten, weder Gold noch Wolkenkratzer besitzen. Gerade deshalb wurde er zum Feind des Volksempfindens: Wer keine Werte schaffe, solle auch nichts verdienen, heißt es.

Dabei verkennen die Kritiker, was Spekulanten leisten – am Ölmarkt zum Beispiel. Der Preis für den wichtigsten Rohstoff des Industriezeitalters steigt und steigt. Mittlerweile kostet ein Fass Rohöl mehr als 70 Dollar, und nichts deutet darauf hin, dass das Öl in naher Zukunft billiger wird. Sind es die bösen Spekulanten, die sich an den Ölbörsen tummeln und auf Kosten der Verbraucher bereichern? Tatsächlich agieren auf den Ölmärkten in London und New York neben jenen Händlern, die wirklich Öl kaufen oder verkaufen wollen, auch zahlreiche Spekulanten. Sie haben nur ein Ziel: aus dem Auf und Ab der Preise schnellen Profit zu schlagen. Setzen sie darauf, dass der Ölpreis weiter klettert, dann kaufen sie Öl in der Erwartung, es in Zukunft zu einem noch höheren Preis verkaufen zu können. Das kann den Preis in die Höhe treiben.

Sinnlos ist das nicht. Denn die Spekulanten signalisieren, dass der Rohstoff auf lange Sicht teuer bleiben wird. Die Nachfrage nach Öl ist hoch, das Angebot knapp. Die Weltwirtschaft arbeitet mit voller Kraft. Aufstrebende Länder wie China oder Indien haben einen schier unstillbaren Durst nach dem schwarzen Gold. Doch der Ölhahn ist schon weit aufgedreht. Wollen die Multis noch mehr Öl liefern, müssen sie riesige Summen investieren, um neue Ölfelder zu erschließen und alte besser auszubeuten. Das lohnt sich nur, wenn der Ölpreis hoch bleibt.

Dafür sorgen die Spekulanten. Sie machen auf ökonomische Missstände aufmerksam, legen den Finger in die Wunde. Dass das niemandem behagt, ist zu verstehen. Hilfreich ist es aber doch: So können sich Unternehmer und Verbraucher frühzeitig auf ein neues Energieszenario einstellen, eine Welt mit hohen Ölpreisen. Insofern leisten die Spekulanten, vielleicht ungewollt, den Volkswirtschaften einen guten Dienst. Wer Öl fördert, erhält das Signal, neue Quellen zu erschließen. Für die Verbraucher ist es auf einmal attraktiv, Energie zu sparen und alternative Energiequellen zu entwickeln. Der nötige Strukturwandel wird befördert.

Der Anstieg der Vermögenspreise, der regelmäßig mit einer Spekulation einhergeht, lenkt Kapital dorthin, wo sich neue Möglichkeiten ergeben. Die Eisenbahn-Hausse Anfang der 1840er Jahre beschleunigte den Ausbau des Eisenbahnnetzes in England und Deutschland. Der starke Anstieg der Aktienkurse der Bahngesellschaften half, das notwendige Kapital zu mobilisieren. Auch wenn viele Gesellschaften nie Geld verdient haben und bald pleite gingen – die Schienen waren verlegt und dienten über Jahrzehnte der Infrastruktur und dem Wirtschaftswachstum. Davon profitieren wir heute noch.

Kann die massive Spekulationslust nicht auch verheerende Folgen für die Wirtschaft haben? Ins Visier der Kritiker sind heutzutage insbesondere die Hedge-Fonds geraten. Sie gelten als der Inbegriff des gefährlichen Spekulanten und Schrecken vieler Notenbanker. Hedge-Fonds können rund eine Billion Dollar lockermachen, um zu wetten – auf den Verfall einer Währung, die Fusion zweier Firmen, den Finanzkollaps eines ganzen Landes und seiner Staatsanleihen. Ihre Mittel sind schier unbegrenzt, ihre Methoden undurchsichtig. Das schürt die Angst, sie könnten eines Tages Weltwirtschaft und Börsen aus den Angeln heben.

Beinahe war es einmal schon soweit. 1998 hat sich der Hedge-Fonds Long-Term Capital Management (LTCM) verspekuliert und die Welt ganz dicht an eine Kernschmelze des internationalen Bankensystems gebracht. Wenn die amerikanische Zentralbank nicht eingegriffen hätte, wären Kreditrisiken entstanden, auf die niemand vorbereitet war.

Auch die Notenbanken selbst sind nicht gegen Angriffe gefeit. 1992 wurde die Bank von England prominentes Opfer des gebürtigen Ungarn George Soros. Seine Hedge-Fonds setzten zehn Milliarden Dollar gegen das britische Pfund, das er für überbewertet hielt. Das Pfund wurde abgewertet und aus dem Europäischen Wechselkursverbund katapultiert. Soros verdiente eine Milliarde Dollar und gelangte zu weltweitem Ruhm.

Seither werden Hedge-Fonds immer wieder als Sündenbock für unerwünschte Entwicklungen an den Börsen gegeißelt. Natürlich wollen Spekulanten vor allem eines: Geld verdienen. Sie wählen ihr Angriffsziel aber nicht nach dem Zufallsprinzip aus. Sie gewinnen nur, wenn das Spekulationsobjekt geschickt gewählt ist, wenn die Währung, auf deren Verfall sie setzen, tatsächlich hoffnungslos überbewertet ist und ihr Kurs jeder ökonomischen Grundlage entbehrt.

Die Spekulanten waren lediglich die ersten, die erkannt haben, dass ein Kurswechsel fällig ist. Zugegebenermaßen haben sie ihn dann auch ausgelöst. So war es bei der Abwertung des britischen Pfundes im Jahr 1992, dem Verfall des mexikanischen Peso zwei Jahre später und der Talfahrt vieler südostasiatischer Wechselkurse 1997. Die Spekulanten sorgten lediglich dafür, wie Soros einmal formulierte, „dass das Unvermeidliche eintritt".

DIE GROSSEN SPEKULANTEN

George Soros

Auf mehr als sieben Milliarden Dollar wird sein Privatvermögen geschätzt. Gut eine Milliarde Dollar verdiente er 1992, als er gegen das britische Pfund wettete - und gewann. Soros zwang Großbritannien aus dem Europäischen Währungssystem und war fortan „der Mann, der die Bank von England knackte". Seither hat er immer wieder für Unruhe an den Börsen gesorgt. 1997 trieb er die asiatischen Tigerstaaten in die Krise; der damalige malaysische Premier Mahathir beschimpfte ihn als „Räuber und Banditen". Privat stiftet der gebürtige Ungar mit seinem Geld allerdings auch viel Gutes.

André Kostolany

Generationen von Anlegern gilt der weltgewandte Herr, der nie um ein Bonmot verlegen war, als der Börsenspekulant schlechthin. Kostolany handelte mit allem, was es gab, seien es Aktien, Rohstoffe oder Optionen. Legendär sind seine Spekulationen mit notleidenden Anleihen, mit denen er nach dem Krieg angeblich ein Vermögen machte. Als Vorbild taugt er nicht: Kostolany kokettierte damit, mehrmals bankrott und hochverschuldet gewesen zu sein. Insgesamt habe er bei seinen Spekulationen zu 49 Prozent verloren, aber zu 51 Prozent gewonnen - und von der Differenz ganz gut gelebt.

Warren Buffett

Mit elf Jahren kaufte sich Warren drei Aktien. Seither hat er durch geschickte Aktienkäufe und -verkäufe ein Vermögen von 40 Milliarden Dollar geschaffen. Sein Prinzip: Kaufe in schlechten Zeiten zu niedrigen Preisen und verkaufe fast nie. So erkannte Buffett Ende 1974, nach fünf Jahren mit schlimmen Kursverlusten: „Jetzt ist die Zeit, zu investieren und reich zu werden." Buffett wird nicht müde zu erklären, dass sein Erfolg kein Zufall sei, sondern Resultat penibler Unternehmensanalyse. Die legte ihm in den achtziger Jahren nahe, Coca-Cola, American Express und Gillette zu kaufen. Es sollte sich lohnen.

9 Warum sollen Zentralbanken unabhängig sein?

Gerald Braunberger

Warum eignet sich EZB-Chef Jean-Claude Trichet besser als Hüter des Euro als Angela Merkel oder Jacques Chirac? Warum ist es sinnvoller, den Wert des Dollar früher Alan Greenspan und heute Ben Bernanke anzuvertrauen als George W. Bush?

Aus einem einfachen Grund: Jean-Claude Trichet, Alan Greenspan oder Ben Bernanke haben nichts davon, möglichst viel Geld zu drucken. Bei Politikern ist das ganz anders. Für sie ist es verlockend, möglichst viel Geld in Umlauf zu bringen. Damit können sie großzügige Staatsausgaben finanzieren, die ihnen Wählerstimmen einbringen sollen.

Die Rechnung kann aufgehen, wie die Theorie des politischen Konjunkturzyklus besagt. Bei einigermaßen gutem Timing zieht vor den nächsten Wahlen als Folge großzügigen Gelddruckens die Konjunktur an, was die Wähler erfreut und der Regierung gute Chancen auf eine Wiederwahl gibt. Erst nach den Wahlen zeigt sich dann die ganze Wahrheit: Die Inflation steigt, und der Konjunkturaufschwung erweist sich als Scheinblüte.

Aus dieser Theorie des Politischen lässt sich ein Schluss ziehen: Wer eine stabile Währung will, sollte sie qualifizierten Fachleuten anvertrauen und ihnen sagen: „Eure Aufgabe ist die Sicherung möglichst niedriger Inflationsraten und sonst nichts." Wer eine Währung dagegen Politikern anvertraut, muss Inflation befürchten, wenn die Politiker zu viel Geld drucken. Dies ist seit langem das überzeugendste Argument, die Zentralbank mit Fachleuten zu besetzen und sie von Weisungen der Regierungen unabhängig zu machen.

Die Praxis hat die Theorie bestätigt. Untersuchungen von Ökonomen zeigen, dass in der Vergangenheit von der Politik unabhängige Zentralbanken ihre Währungen stabiler hielten als Zentralbanken, die am Gängelband der Regierung hingen.

Heute sind nahezu alle bedeutenden Zentralbanken in der Welt von Regierungen mehr oder weniger unabhängig. Das war nicht immer so. Noch im 19. Jahrhundert gaben viele Banken Noten aus. Im Zeitalter der Nationalstaaten bildete sich dann in den meisten Ländern nur noch eine Bank mit dem Recht zur Ausgabe von Geld heraus, die Zentralbank. Einige dieser Zentralbanken besaßen anfangs noch private Aktionäre, wurden aber vom Staat beaufsichtigt.

Im Laufe des 20. Jahrhunderts nahm dann die Neigung vieler Regierungen zu, die Zentralbank unter direkte Kontrolle zu nehmen, um durch großzügige Ausgabe neuen Geldes ihren Wählern gefällig zu sein; sei es zur Finanzierung von Sozialleistungen, sei es zur Belebung der Konjunktur, die aber meist nur kurz anhielt. Als Ergebnis stiegen die Inflationsraten. In einigen trüben Fällen – das Dritte Reich bildet ein Beispiel – wurde die Notenpresse zur Finanzierung einer hemmungslosen Aufrüstung und von Kriegen missbraucht.

Gegen Ende des 20. Jahrhunderts setzte ein Umdenken ein. Sowohl die Wirtschaftstheorien als auch die praktischen Erfahrungen zeigten, dass die Inflation überhaupt kein Problem löste, sondern langfristig für eine Wirtschaft schädlich war. Immer mehr Regierungen entließen ihre Zentralbanken in die Unabhängigkeit, wobei es hierfür gelegentlich politischen Drucks bedurfte.

So erklärte sich Deutschland nur unter der Bedingung zur Europäischen Währungsunion bereit, dass die Regierungen der Partnerländer ihre Kontrolle der Zentralbanken aufgäben. Auf diese Weise wurde die Deutsche Bundesbank zum Vorbild für die Europäische Zentralbank – wobei nicht vergessen werden sollte, dass es die westlichen Siegermächte waren, die Ende der 40er Jahre die Unabhängigkeit der deutschen Zentralbank erzwangen.

Auch wenn der Erfolg unabhängiger Zentralbanken das Konzept rechtfertigt, seien doch drei Probleme benannt. Auf das erste hat vor mehr als einem Jahrhundert der große deutsche Ökonom Walter Eucken (1891 bis 1950) hingewiesen: Was geschieht eigentlich, wenn eine unabhängige Zentralbank bewusst oder unbewusst eine schlechte Geldpolitik betreibt, die zu hoher Inflation führt oder völlig unnötig die Konjunktur abwürgt?

Dann kann sie niemand aufhalten, da die Regierung über kaum eine Sanktionsmöglichkeit verfügt. Die Statuten der EZB sehen zwar vor, dass unfähige oder sonstwie ungeeignete Führungsmitglieder ihres Amtes enthoben werden können, aber das Verfahren ist sehr umständlich und unerprobt.

Die moderne Theorie der Geldpolitik unterstellt gewöhnlich, dass Zentralbanker weise und verantwortungsvolle Menschen seien, die stets (oder zumindest doch meistens) das Richtige tun. Eucken war da weniger optimistisch. Bisher haben sich seine Befürchtungen jedoch nicht bewahrheitet.

Das zweite Problem lautet: Wie passt eine unabhängige Zentralbank eigentlich zum Konzept der Demokratie? Es spielte in der Vorbereitung der Europäischen Währungsunion vor allem zwischen Deutschland und Frankreich eine erhebliche Rolle, weil sich beide Seiten erst einmal ihre unterschiedlichen Vorstellungen erklären mussten. Aus französischer Sicht war es lange undenkbar, dass mit der Steuerung der Geldversorgung ein äußerst wichtiger Bereich der Wirtschaftspolitik dem

Zugriff vom Volke gewählter und damit demokratisch legitimierter Politiker entzogen und in die Hände vom Volke nicht kontrollierbarer und nicht abwählbarer Vertreter einer Behörde gelegt wird.

Die demokratische Legitimation einer unabhängigen Zentralbank sieht man heute gewöhnlich gewahrt, wenn sie ihre Entscheidungen der Öffentlichkeit erläutert. Außerdem sorgen die internationalen Kapitalmärkte für ein gewisses Maß an Kontrolle: Halten die Märkte die Politik einer Zentralbank für unseriös, wird der Wechselkurs ihrer Währung an den Devisenmärkten in den Keller gehen.

Ein drittes Problem entsteht, wenn Zentralbanken sich ökonomische Allwissenheit anmaßen und weite Bereiche der Wirtschafts- und Finanzpolitik von Regierungen kritisieren, sich selbst aber gegen jede Kritik an ihren Entscheidungen mit Verweis auf ihre Unabhängigkeit verwahren. In diesem Falle stellt sich durchaus die Frage nach der Legitimation. Zumal eine Zentralbank mit der Geldpolitik vollauf beschäftigt ist, von der ein alter Spruch besagt, dass sie weniger angewandte Wissenschaft als vielmehr eine Kunst sei.

Gehen Sie mit der Konjunktur

10 Warum geht die Wirtschaft mal rauf und mal runter?

Gerald Braunberger

Vielleicht liegt es ja an den Sonnenflecken. Das dachte jedenfalls William Stanley Jevons, einer der bedeutendsten Ökonomen des 19. Jahrhunderts. Die Sonnenflecken beeinflussten den Ertrag der Ernten und damit die gesamte Wirtschaft, meinte Jevons, der so eine der berühmtesten Erklärungen für das Auf und Ab der Wirtschaft, in der Fachsprache Konjunktur genannt, gefunden hatte.

Freilich war der Brite nicht der erste Konjunkturforscher. Im Alten Testament wird berichtet, Josef habe einen Traum des ägyptischen Pharaos dahingehend gedeutet, dass sieben guten Jahren sieben schlechte folgen würden. Von Sonnenflecken war als Ursache damals nicht die Rede, vielmehr entsprangen Auf- und Abschwung eher dem Willen des Herrn. Josef beschied sich jedoch nicht mit einer Konjunkturprognose: Mit Billigung des Pharaos baute er Silos zur Lagerung des Getreides aus den guten Jahren für die danach folgenden schlechten Jahre.

Seit den Tagen von Josef und Jevons hat die Erforschung der Konjunktur einen erheblichen, ganze Bibliotheken füllenden Aufschwung genommen. Doch um mit der Tür ins Haus zu fallen: Eine klare und eindeutige Antwort auf die Frage, was das Auf und Ab der Wirtschaft begründet, fällt noch immer nicht leicht.

Am Anfang steht ein Definitionsproblem. Lange Zeit war es üblich, als Konjunktur nur das Auf und Ab der Wirtschaft in einem kurzen Zeitraum von ein paar Jahren zu verstehen. Die Untersuchung der langfristigen Entwicklung der Wirtschaft sah dieses Verständnis nicht vor. Diese Trennung verschwindet allmählich.

Eine in Lehrbüchern verbreitete idealtypische Darstellung bildet eine Sinuskurve ab, die einen mehrere Jahre währenden Zyklus symbolisieren soll: Einem Aufschwung der Wirtschaft folgt ein kurzfristiger Boom (das ist der Höhepunkt der Kurve), an den sich ein Abschwung anschließt, der nach Durchschreiten eines Tals (der Tiefpunkt der Kurve) in einen neuen Aufschwung mündet. Der Verlauf der deutschen Konjunktur zwischen Mitte der fünfziger und Mitte der sechziger Jahre ähnelt einer Sinuskurve. Leider sind solche idealtypischen Auf- und Abschwünge eher die Ausnahme als die Regel.

In der Wirklichkeit erscheint alles möglich: Manchmal wachsen Wirtschaften über einen langen Zeitraum mit hohen Raten, in anderen Fällen wurden lange Phasen nur sehr geringen Wachstums registriert – zum Beispiel in Italien in den vergangenen Jahren. Anfang der dreißiger Jahre hingegen brach die Wirtschaft so fürchterlich ein wie noch nie zuvor – und brauchte Jahre, um sich zu erholen. Dieser Vielfalt von Schwankungen in der Realität entspricht eine Vielfalt von Erklärungen des Konjunkturphänomens. Die Sonnenflecken und der Wille des Herrn sind allerdings aus der Mode gekommen.

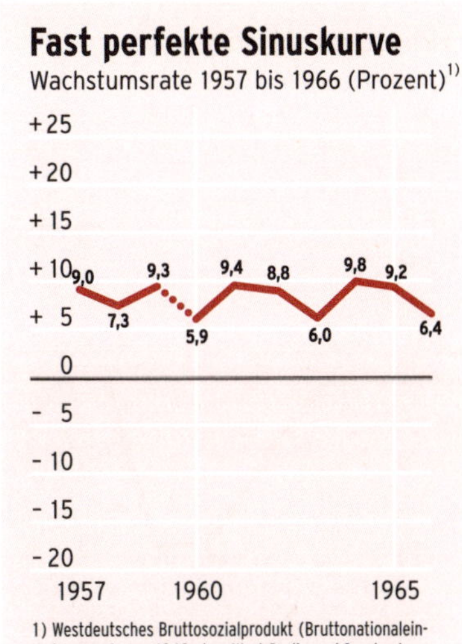

1) Westdeutsches Bruttosozialprodukt (Bruttonationaleinkommen), vor 1960 ohne West-Berlin und Saarland.
Quelle: Statistisches Bundesamt / F.A.Z.-Grafik Heumann

Eine besonders einflussreiche Erklärung stammt aus Amerika und trägt den etwas abschreckenden Namen „Theorie realer Konjunkturzyklen“. Zu den Vätern dieser Theorie zählen die beiden Nobelpreisträger des Jahres 2004, Edward Prescott und Finn Kydland. Das Wort real bedeutet: Die Ökonomen tun in ihren Untersuchungen so, als funktioniere die Wirtschaft ohne Geld. Das klingt zwar zunächst ziemlich absurd, ist aber aus Gründen der Vereinfachung eine gängige Arbeitshypothese.

Der Grundgedanke der Theorie lautet, dass Schwankungen der Wirtschaft das Ergebnis zufälliger und nicht prognostizierbarer Einflüsse seien. Dabei kann es sich um Naturkatastrophen handeln, Veränderungen der Wirtschaftspolitik (wie eine drastische Steuererhöhung), eine dramatische Verteuerung von Energie oder um bahnbrechende Erfindungen. Die Theorie arbeitet meist mit der Annahme, vor allem technischer Wandel beeinflusse die Konjunktur. In diesem Lichte ließe sich der in manchen Ländern kräftige Konjunkturaufschwung Ende der neunziger Jahre als Folge der New Economy erklären.

Neu ist die Idee, der technische Fortschritt bestimme die wirtschaftliche Entwicklung, nicht. Mitte der zwanziger Jahre des 20. Jahrhunderts vertrat der sowjetische Ökonom Nikolai Kondratjew die Ansicht, die wirtschaftliche Entwicklung der Industrienationen verlaufe in etwa 50 Jahre langen Zyklen, wobei gegen Ende des Zyklus zahlreiche Erfindungen gemacht würden, die den nächsten Aufschwung und damit den nächsten Zyklus einläuteten.

Moderne Ökonomen stehen dem Konzept der Kondratjew-Zyklen skeptisch gegenüber. Sie erkennen keinen Grund für einen gesetzmäßigen Ablauf der Wirtschaftsentwicklung, sondern nehmen an, technischer Fortschritt sei unvorhersehbar. Doch lehrt ein Blick in die Vergangenheit Erstaunliches: So lässt sich die Zeit von 1780 bis 1849 als erste Phase

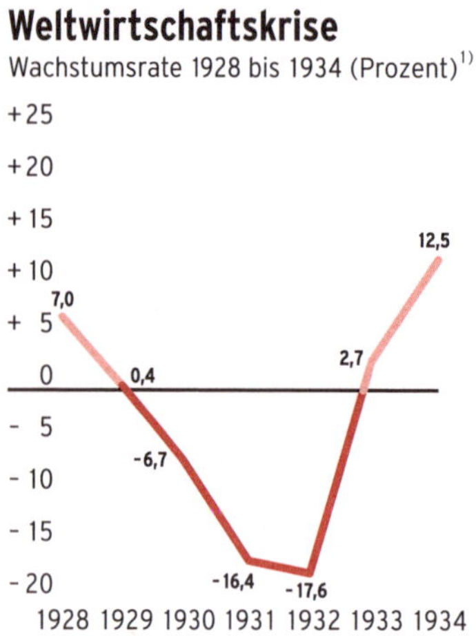

1) Bruttosozialprodukt (Bruttonationaleinkommen), bezogen auf westdeutsches Gebiet ohne Berlin und Saarland.
Quelle: Statistisches Bundesamt / F.A.Z.-Grafik Heumann

der Industrialisierung verstehen mit der Dampfmaschine als wichtigster Erfindung; diese Periode heißt daher „Dampfmaschinen-Kondratjew".

Ihm schloss sich von 1849 bis 1890, dem Zeitalter des Eisenbahnbaus, der „Eisenbahn-Kondratjew" an. Der Zyklus zwischen 1890 und 1940 wird als „Elektrotechnik- und Chemie-Kondratjew" bezeichnet, dem von 1940 bis 1990 der „Automatisierungs-Kondratjew" folgte. Seit 1990 befinden sich die Industrienationen nach dieser Lesart in einem „Informations- und Kommunikations-Kondratjew".

Einflüsse wie technischer Fortschritt oder Naturkatastrophen reichen oft nicht aus, das Auf und Ab der Wirtschaft zu erklären. Nach einem Bonmot ist die Beschäftigung mit Wirtschaftstheorie ohne eine Betrachtung des Geldes so sinnvoll wie „Hamlet" ohne die Hauptfigur, den Prinzen von Dänemark. Vielleicht liegt es ja auch am Geld – vor allem, wenn es nicht ausgegeben wird?

Schon seit langer Zeit existiert die These, ein wirtschaftlicher Abschwung entstehe durch zu großes Sparen der Bürger und zu geringe Investitionen der Unternehmen. Denn die Welt ist unsicher, und so mögen Menschen aus Gründen der Vorsicht oder wegen negativer Zukunftserwartungen viel sparen und die Unternehmen wenig investieren. In diesem Fall stürzt die Wirtschaft in eine Krise, aus der sie sich möglicherweise nicht mehr aus eigener Kraft befreien kann.

Diese Ansicht wurde in der Weltwirtschaftskrise der dreißiger Jahre von dem Briten John Maynard Keynes popularisiert – der Grundgedanke ist allerdings viel älter. Dass der Wirtschaftsverlauf zumindest kurzfristig von Stimmungen der Menschen abhängig sein kann, wird heute kaum bestritten. Eine allgemeingültige Theorie entstand daraus jedoch nicht.

So streiten bis heute namhafte Fachleute über die Frage, worin die Ursache der Weltwirtschaftskrise der dreißiger Jahre bestanden hat. Manche meinen, damals habe zu wenig Geld zirkuliert, andere behaupten allen Ernstes, die hohe Arbeitslosigkeit sei das Ergebnis eines Anfalls von Massenfaulheit gewesen. Vielleicht waren es ja doch die Sonnenflecken.

11 Warum ist Inflation gefährlich?

Catherine Hoffmann

Eigentlich waren es himmlische Zeiten. Jeder Deutsche war Millionär, über Nacht wurde er zum Milliardär, und schließlich hielt er Billionen in der Hand. Und konnte dafür doch nichts kaufen. Denn das viele Geld, das er im Schubkarren über die Straßen schob, war nichts mehr wert.

Oft erzählt wurde die Geschichte des amerikanischen Abgeordneten, der im Jahr 1923 Deutschland besuchte und für sieben Dollar sagenhafte vier Milliarden Mark bekam; die Mahlzeit im Gasthaus kostete ihn eineinhalb Milliarden Mark, und dem Kellner gab er vierhundert Millionen Mark Trinkgeld. Die große Inflation hatte Deutschland in den zwanziger Jahren heimgesucht und weite Bevölkerungskreise arm gemacht.

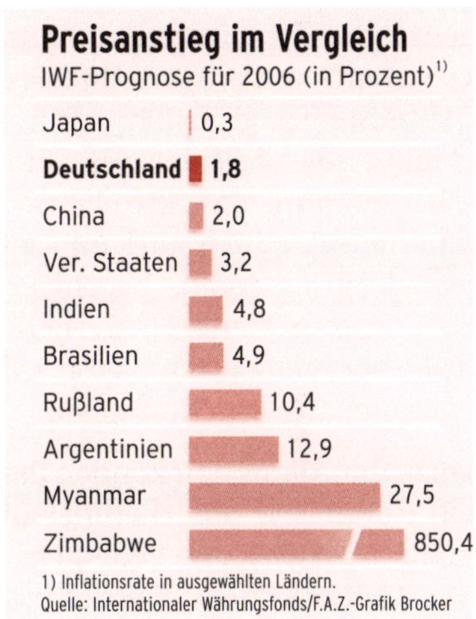

Aber was ist das überhaupt: Inflation? Wenn die Kugel Vanilleeis beim Italiener um die Ecke schon wieder teurer geworden ist, die Tankfüllung wegen der steigenden Ölpreise und Steuern mehr kostet und in der Wurstpackung zum selben Preis statt 100 nur noch 80 Gramm Lyoner stecken. Dann herrscht Inflation – zumindest, wenn sich Eis, Benzin und Wurst im Warenkorb einer Durchschnittsfamilie finden und dieser Warenkorb immer teurer wird. Die Verbraucherpreise steigen – das ist die einfache Definition von Inflation. Falsch ist sie nicht, doch die Ökonomen haben es gern etwas genauer. Sie wollen wissen, warum die Preise anschwellen. Die heute noch tonangebenden Monetaristen fanden eine überzeugende Antwort: Inflation ist ein Geldmengen-Phänomen. Sie entsteht immer dann, wenn die Geldmenge schneller wächst, als sich Güter und Dienstleistungen in einem Land vermehren. Dann verliert das Geld an Wert, und genau das ist Inflation, lautet das Diktum des Wirtschaftsnobelpreisträgers Milton Friedman.

Das ist gerade so wie mit den Tomaten im Sommer: Werden viele Tonnen der roten Früchte zur selben Zeit reif, sind sie auf dem Markt billig zu haben. Mit Geld verhält es sich nicht anders: Je mehr es gibt, desto billiger wird es, desto tiefer sinkt seine Kaufkraft.

So war es auch im Sommer 1923: Die Reichsbank brachte mehr und mehr Banknoten in Umlauf – und nicht nur sie. Im Grunde genommen druckte jeder, der wollte, Geld. Großunternehmen wie Hoechst oder Thyssen stellten einfach neue Scheine her, um ihren Arbeitern den Lohn in die Hand drücken zu können. Anfangs zahlten sie die Löhne noch wöchentlich aus, dann täglich. Und sie zahlten immer mehr, weil der Wert des Geldes umso schneller verfiel, je mehr davon in Umlauf kam. Am Ende wollte niemand mehr Geld in der Hand halten, weil es schon nach einer Stunde an Wert eingebüßt hatte.

Geldentwertung ist kein Phänomen moderner Zeiten, das gab es schon vor der Entdeckung der Papierwährungen. Regenten aller Art sind immer wieder der Versuchung erlegen, beim Gewicht der Münzen oder dem Anteil an Gold und Silber zu schummeln. Auch kolonialistische Raubzüge brachten den Wert der Edelmetalle unter Druck, wenn die Schiffe aus den fernen Erdteilen plötzlich in der Heimat landeten – mit allzu viel Gold und Silber an Bord.

Aber warum soll allzu viel Geld ein Fluch sein? Ist Inflation nicht vielmehr – die Hyperinflation einmal außen vor – der Normalzustand der Wirtschaft? Ja, das ist sie. Und das ist auch gut so. Da die Preise von Waren leichter steigen als fallen, erfüllt die Inflation eine wichtige Aufgabe: Sie erlaubt es, dass beispielsweise Kinokarten relativ billiger werden als Theaterkarten, ohne dass ihre Preise tatsächlich sinken müssen. Sie steigen nur unterschiedlich stark und zeigen damit an, welches Gut oder welche Dienstleistung gerade begehrter ist. Moderate Inflation hält die Wirtschaft also am Laufen. Unternehmer wissen, welche Waren gefragt sind, wovon sie mehr produzieren müssen und was ein Ladenhüter ist. Die Preise signalisieren Knappheit.

Genau diese Funktion können Preise nicht mehr erfüllen, wenn die Inflation galoppiert. Unternehmer und Verbraucher wissen nicht mehr so genau, was die Preise bedeuten, wenn eine Schicht Inflation auf ihnen liegt. Ändern sich die Preise schnell und in großen Sprüngen – so wie 1923 in Deutschland –, sind die Produzenten verwirrt. Der Bauer kann nicht sagen, ob seine Kunden Millionen für ein Kilogramm Kartoffeln zahlen, weil die Früchte so begehrt sind oder weil die Verbraucher den rechten Überblick über ihre dicken Geldbündel verloren haben. Laufen die Preise aus dem Ruder, funktioniert die Geldwirtschaft nicht mehr.

Nimmt die Geldentwertung überhand, verlieren die Banknoten ihre wichtigste Eigenschaft: Sie sind nicht länger allgemein anerkanntes Zahlungsmittel. In Ländern wie Argentinien oder Brasilien, die jahrzehntelang unter hohen zweistelligen Inflationsraten litten, etablierte sich der amerikanische Dollar als Zweitwährung. Im Nachkriegsdeutschland wurde mit Zucker oder Zigaretten gezahlt. Eine Wirtschaft, die der Inflation freien Lauf lässt, verkommt zu einem reinen Warenumschlagplatz. Es wird immer weniger investiert und produziert. Der Kern des Problems: Wenn ich nicht weiß, wie viel mein Geld, meine

Investition, mein Kredit, meine Waren und Dienstleistungen morgen wert sind, verkürzt sich die Perspektive der Investoren, Banken und Verbraucher. Ist auf Noten und Münzen kein Verlass mehr, konzentriert sich alles wirtschaftliche Handeln auf heute. Investitionen, deren Ertrag sich erst am Ende einer langen Kette zeigt – Ideen finden, Kapital aufnehmen, produzieren, vermarkten, verkaufen –, werden aufgeschoben. Zu ungewiss ist, ob am Ende noch genügend Geld verdient wird. Der Investor verkümmert zum Händler, und die Gesellschaft verliert Produktivität, Wirtschaftskraft und Wohlstand.

Auch die Banken agieren nur noch kurzatmig. Sie werden für Kredite einen hohen Risikoaufschlag fordern und lange Laufzeiten scheuen. Wer weiß, was das Geld, das zurückgezahlt wird, noch wert ist? Kredite werden teuer, die Zinsen steigen und bremsen das Wachstum.

Nur der Staat ist Inflationsgewinnler. Der Finanzminister weiß: Das Papiergeld, in dem er sich verschuldet hat, ist nichts als ein Zahlungsversprechen – und das ist mit zunehmender Inflation weniger wert. Kann er es nicht mehr einlösen, freut er sich über eine beschleunigte Geldentwertung: Die Schuld, die er begleichen muss, wird leichter. Das erklärt auch, warum Regierungen nicht immer geneigt sind, dem Auftrieb der Inflation Einhalt zu gebieten.

Moralisch betrachtet schadet die Inflation vor allem den Schwachen, denen, die nichts besitzen außer ein paar Staatsanleihen, die noch nicht einmal Kredit bekommen. Wer im Wesentlichen vom Geldlohn seiner Arbeit lebt, ist in der Inflation arm dran. Der Wert von Sparbüchern, Lebensversicherungen und Renten verfällt. Besser geht es allen, die reale Werte besitzen: Immobilien, Gold oder Land – und das sind nicht die Armen einer Gesellschaft. So lässt sich mit Recht sagen: Hohe Inflation ist unsozial.

Nun ist rasende Geldentwertung wie in den zwanziger Jahren eine extreme Ausnahmeerscheinung. In den meisten Industrieländern ist die Inflationsrate in den neunziger Jahren auf zwei oder drei Prozent zurückgegangen. Vorbei sind die Zeiten, in denen Miele und Volkswagen jedes Jahr die Preise erhöhen konnten. Heute müssen sie sich ebenso wie die Computerhersteller und Fluggesellschaften auf Preiskämpfe einstellen.

Es geht so weit, dass der Ökonom Roger Bootle Ende der neunziger Jahre bereits den Tod der Inflation ausrief. Wie konnte es soweit kommen? Da wird vor allem der Sieg der Notenbanken ins Feld geführt, die eine glaubwürdige Stabilitätspolitik verfolgten. Entscheidender ist aber wohl der Sieg des Wettbewerbs: Handelsschranken sind gefallen, aus den aufstrebenden Ländern drängen billige Waren zu uns. Der Preiswettbewerb hat sich beschleunigt, und die Macht der Produzenten ist gebrochen. Deshalb glaubt Bootle, dass die schleichende Geldentwertung beendet ist, mit der sich die Industrieländer seit dem Ende des Zweiten Weltkrieges herumschlagen mussten. Und das ist gut so.

12 Warum wird nicht mehr Geld gedruckt?

Gerald Braunberger

Eigentlich klingt die Idee doch gar nicht blöde. Warum wird nicht einfach mehr Geld gedruckt, um wirtschaftliche Probleme zu lösen? Warum beseitigt man die Armut nicht einfach, indem jede(r) Arme einen 500-Euro-Schein zusätzlich im Monat erhält?

Diese Idee klingt umso verführerischer, als die Herstellung des Geldes ungeheuer billig ist im Vergleich zum Nennwert einer Banknote. Eine Banknote über 500 Euro kostet die Europäische Zentralbank (EZB) nur einen Bruchteil ihres Wertes. Noch billiger wäre die unbare Überweisung zusätzlichen Geldes auf die Bankkonten der Bevölkerung, die nahezu gar nichts kostete. Die EZB gibt das Geld allerdings nicht direkt an Unternehmen und Verbraucher aus, sondern an Geschäftsbanken, die es dann an ihre Kunden weiterleiten.

So verführerisch die Idee klingt, wirtschaftliche und soziale Probleme ließen sich durch das Anwerfen der Notenpresse lösen, so irrig ist sie. Denn ein Zuviel an Geld führt zur Geldentwertung, der Inflation. Das

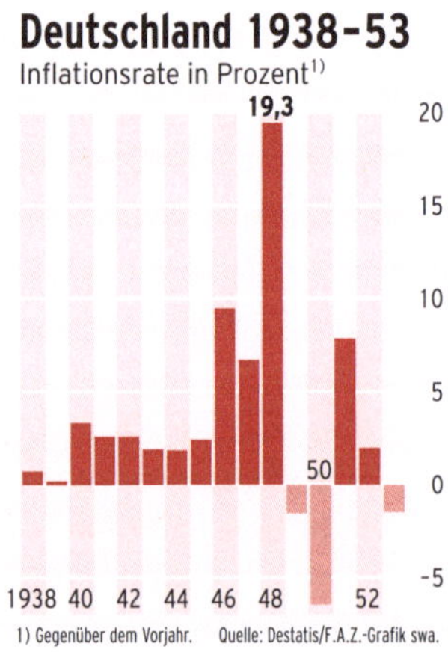

Zigaretten statt Geld

Ein Vierteljahrhundert nach der großen Inflation von 1923 war die deutsche Währung schon wieder kaputt. Die unseriöse Finanzierung des Zweiten Weltkriegs durch die Notenpresse sowie der Zusammenbruch der staatlichen Ordnung und der Wirtschaft hatten Mitte der vierziger Jahre den Wert der Reichsmark unterminiert, auch wenn das Ausmaß der Geldentwertung weniger schlimm war als 1923. Dennoch übernahmen vorübergehend Zigaretten die Funktion der Währung. Mit den Währungsreformen des Jahres 1948 endete im Westen wie im Osten Deutschlands das Zeitalter der entwerteten Reichsmark.

abschreckendste Beispiel bildet bis heute die große Inflation von 1923: Damals kursierten Geldscheine mit Nennwerten über viele Millionen und Milliarden Mark, für die man sich am Ende nichts mehr kaufen konnte, weil das offizielle Geld so wenig realen Wert hatte wie das Spielgeld bei Monopoly. Nein, Geld alleine macht nicht glücklich – das Geld muss auch werthaltig sein.

Damit das Geld Wert besitzt und bewahrt, muss seine umlaufende Menge in einem zumindest annähernd stabilen Verhältnis zur Menge an

Geld ersetzt keine Reform

Die britischen Erfahrungen belegen, dass auch in stabilen demokratischen Staaten die Versuchung entstehen kann, durch zusätzliches Geld wirtschaftliche Probleme zu lösen. Großbritannien litt seinerzeit an einer hartnäckigen Wachstumsschwäche, die sich überwiegend aus veralteten Wirtschaftsstrukturen und einer sehr starken Gewerkschaftsmacht erklärte. Versuche, die Wirtschaft durch die Ausgabe von Geld anzukurbeln, hatten zweistellige Inflationsraten zur Folge. Erst mit den Reformen der konservativen Regierung unter Margaret Thatcher kehrte Großbritannien zu einer Politik stabilen Geldes zurück.

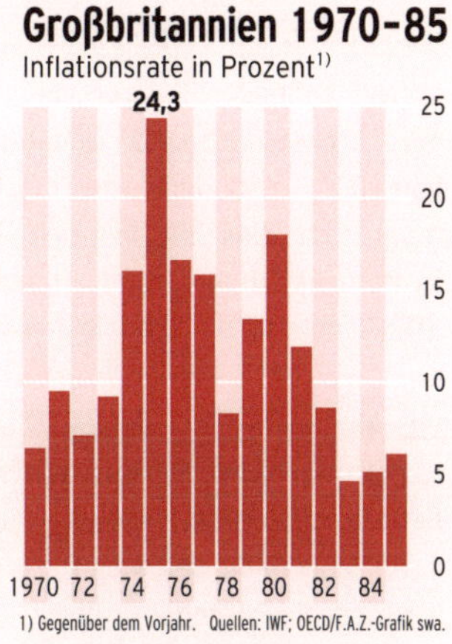

Gütern und Dienstleistungen stehen, die sich mit dem Geld kaufen lassen. Der Zusammenhang ist unmittelbar einsichtig für das Lieblingsmodell vieler Ökonomen: eine Wirtschaft, die auf vollen Touren läuft, keine Arbeitslosigkeit kennt und in der alle Fabriken voll ausgelastet sind. Nehmen wir an, in einer solchen Wirtschaft vergrößerte die Zentralbank plötzlich die Menge des umlaufenden Geldes. Das Problem ist, dass die Verbraucher mit diesem zusätzlichen Geld nicht mehr Güter und Dienstleistungen kaufen können, da alle Fabriken ausgelastet sind und eine Mehrproduktion an Gütern daher gar nicht schnell machbar ist – der Bau neuer Fabriken würde lange dauern. Anstatt mehr zu produzieren, würden die Unternehmen auf die Ausgabe zusätzlichen Geldes mit Preiserhöhungen reagieren. Das Geld verlöre damit einen Teil seines Wertes, das heißt: Für eine Geldeinheit kann man weniger kaufen als zuvor. Wirklich reicher wäre niemand.

Nun hat die reale Welt mit der Lehrbuchwelt wenig zu tun. In der realen Welt sind weder alle Arbeitsuchenden beschäftigt noch alle Fabriken voll ausgelastet. Wird auch in diesem Falle die Ausgabe zusätzlichen Geldes höhere Preise zur Folge haben?

Das ist zumindest am Anfang nicht sicher. Denkbar ist nämlich auch, dass Unternehmen auf die zunehmende Nachfrage nach ihren Gütern durch das zusätzliche Geld mit einer Erhöhung ihrer Produktion reagieren, indem sie vorhandenes Personal länger arbeiten lassen und eventuell sogar zusätzliches Personal einstellen und so ihre Fabriken besser auslasten. Sie produzieren mehr Güter, ohne notwendigerweise deren Preise zu erhöhen.

Die Ausgabe zusätzlichen Geldes wirkt damit wie ein Programm zur Belebung der Konjunktur und führt so zu einer Zunahme des materiel-

Banknoten ohne jeden Wert

Im November 1923 waren viele Deutsche Milliardäre. Damals kursierten Banknoten im Nennwert von 200 und 500 Milliarden Mark. Kaufen konnte man sich für das Geld allerdings so gut wie nichts: In Berlin kostete am 21. November 1923 eine Straßenbahnfahrt 150 Milliarden Mark. Die Inflation von 1923 besaß ihre Ursache in den Kosten des Ersten Weltkriegs und dem Unwillen der Regierung, eine seriöse Wirtschaftspolitik zu betreiben. So rotierten die Notenpressen, bis das Geld nichts mehr wert war. Die größte Inflation der Weltgeschichte endete mit der Einführung einer neuen Währung, der Rentenmark.

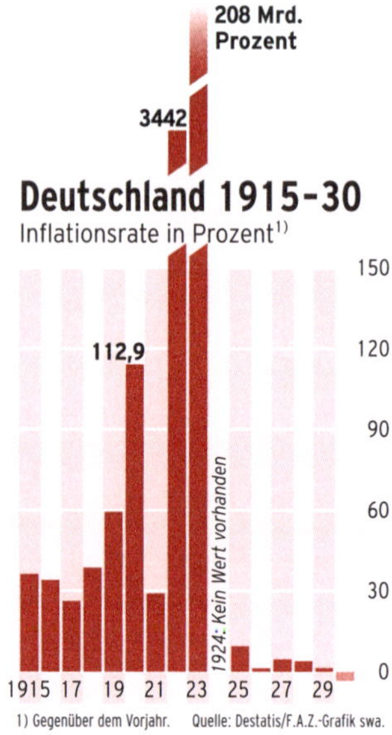

len Wohlstandes. Dieser Prozess könnte so lange dauern, bis die Wirtschaft wieder auf Hochtouren läuft und kurzfristig nicht zusätzlich produzieren kann. Dann würde zusätzliches Geld wieder höhere Preise zur Folge haben.

Recht lehrreich ist in diesem Zusammenhang ein Blick auf die aktuelle Wirtschaftslage in Deutschland. Das unerwartet kräftige Wirtschaftswachstum (auch in anderen europäischen Ländern) ist fraglos zum Teil das Ergebnis einer großzügigen Ausgabe von Geld durch die Europäische Zentralbank in den vergangenen Jahren. Damit hat die Zentralbank die Produktion von Gütern und Dienstleistungen angeregt und die Schaffung von Arbeitsplätzen erleichtert, ohne dass die Inflationsrate gestiegen wäre. Nachdem die Wirtschaft in Schwung gekommen ist, dürfte die Zentralbank in Zukunft darauf achten, dass die Menge an Geld nicht weiter rasch wächst und die Preise vielleicht doch einmal stark steigen.

Diese ökonomischen Zusammenhänge sind allerdings keine strengen Gesetze. So hat die japanische Zentralbank in der Krise der 90er Jahre ihre Wirtschaft geradezu mit Geld zugeschüttet, ohne dass viel passierte. Viele Menschen besaßen kein Vertrauen in die Zukunft und gaben das zusätzliche Geld nicht aus, sondern sparten es einfach.

Als Fazit bleibt festzuhalten, dass die Zentralbanken mit ihrem Geld heute verantwortungsvoller umgehen als früher. Die Inflationsraten sind in den vergangenen Jahrzehnten deutlich zurückgegangen.

13 Warum sind hohe Löhne schlecht?

Ulrich van Suntum

„Autos kaufen keine Autos", hat Henry Ford einmal gesagt. Der Gründer des gleichnamigen Autokonzerns und erfolgreiche Unternehmer wird mit diesem Satz hauptsächlich von den Gewerkschaften zitiert. Denn damit lässt sich die sogenannte Kaufkrafttheorie der Löhne auf eine einfache, scheinbar für jedermann einleuchtende Formel bringen.

Nach dieser Theorie sind hohe Löhne nicht etwa schlecht für die Vollbeschäftigung, sondern sogar notwendig. Denn nur wenn es genügend Nachfrage nach Gütern und Dienstleistungen gibt, werden auch entsprechend viele Arbeitskräfte eingestellt. Lohnsenkungen würden der Konjunktur dagegen eher schaden als nützen.

Als warnendes Beispiel wird dabei oft auf die Deflationspolitik in der Weltwirtschaftskrise der 1930er Jahre verwiesen. Damals hatte Reichskanzler Heinrich Brüning nicht nur den Staatshaushalt mit einem rigorosen Sparkurs zu sanieren versucht, sondern per Notverordnung auch die Löhne gesenkt. Nach heute allgemein vertretener Auffassung wurde die Krise damit verschärft. Wie der englische Ökonom John Maynard Keynes 1936 in einem bahnbrechenden Werk gezeigt hat, hätte man stattdessen die Staatsausgaben erhöhen sowie Zinsen und Steuern senken sollen, um wieder mehr Nachfrage zu schaffen. So wurde es schließlich auf Betreiben des Reichsbankpräsidenten und späteren Wirtschaftsministers Hjalmar Schacht auch gemacht. Gleichzeitig leitete Präsident Roosevelt in Amerika eine expansive Wirtschaftspolitik unter dem Namen „New Deal" ein, was schließlich zur Überwindung der Weltwirtschaftskrise führte.

Aus diesen Erfahrungen kann man nun aber keineswegs die Richtigkeit der Kaufkrafttheorie der Löhne ableiten. Denn erstens hat Keynes keineswegs vorgeschlagen, die Löhne zu erhöhen, sondern vielmehr die Staatsausgaben. So wurde in der Praxis auch verfahren. Die Löhne stiegen überwiegend erst wieder, als die Krise überwunden war. Zweitens wirken die Keynesschen Rezepte sowieso nur dann, wenn die Arbeitslosigkeit konjunkturelle Ursachen hat. Wendet man sie dagegen gedankenlos bei jeder Art von Unterbeschäftigung an, verschlimmert sich das Übel nur noch. Das haben insbesondere die 1970er Jahre gezeigt. Damals nahmen Staatsschulden und Löhne gewaltig zu, aber die Arbeitslosigkeit stieg unaufhaltsam weiter. Es ist in der Ökonomie eben wie in der Medizin: Wenn die Therapie auf einer falschen Diagnose beruht, wirkt sie kontraproduktiv.

Was nun allerdings die Kaufkrafttheorie der Löhne betrifft, so ist von diesem Rezept auch grundsätzlich nicht viel zu halten. Eigentlich

Erst wächst die Wirtschaft, dann steigt der Lohn

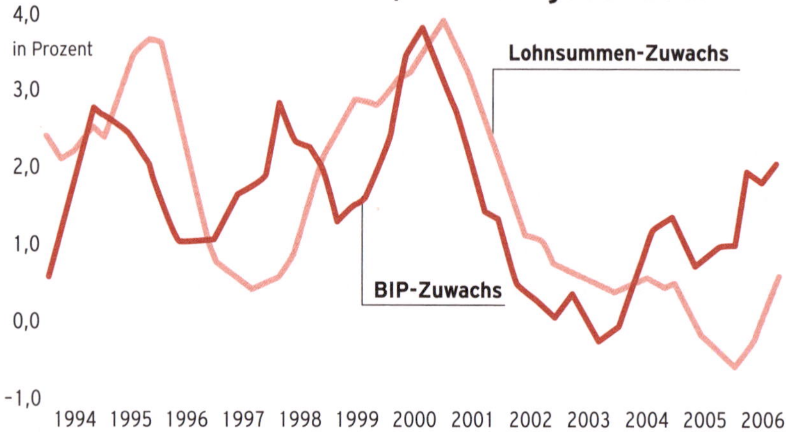

Quelle: Bertelsmann Stiftung. /F.A.Z.-Grafik Niebel

handelt es sich dabei nicht einmal um eine wirkliche Theorie, denn kein bedeutender Ökonom hat sie jemals vertreten. In der Fachliteratur sucht man denn auch vergebens nach einem entsprechenden Modell oder gar nach einer überzeugenden Beweisführung. Nicht einmal Karl Marx hat behauptet, mit Lohnerhöhungen ließe sich in einem kapitalistischen Wirtschaftssystem Arbeitslosigkeit vermeiden.

Man kann sich leicht klarmachen, warum die Kaufkrafttheorie der Löhne niemals funktionieren wird. Nehmen wir einen Einzelhändler, der dieser Theorie vertraut. Wenn er an seine Angestellten 100-Euro-Scheine verteilt, wird er dann aufgrund entsprechend höheren Umsatzes mehr Leute einstellen können? Wohl kaum. Das wäre nicht einmal dann der Fall, wenn seine Angestellten das ganze Geld sofort wieder in seinem eigenen Laden ausgeben würden. Dann hätte er am Ende zwar wieder genauso viel Geld in der Kasse wie am Anfang. Die von den Angestellten zusätzlich gekauften Waren würden aber fehlen – er hätte sie praktisch verschenkt. Man kann sich leicht ausrechnen, wie schnell ein solcher Kaufmann pleite wäre.

Das Ganze funktioniert auch dann nicht, wenn alle Unternehmer gleichzeitig so handeln würden. Dann mag zwar der eine oder andere davon profitieren, dass seine Waren bevorzugt gekauft werden. Aber in der Summe bleibt das Ergebnis negativ – Umsatz ist eben noch kein Gewinn. Es kommt hinzu, dass ein Teil jeder Lohnerhöhung gar nicht für Konsumgüter verausgabt, sondern gespart wird. Und vollends absurd wird die Kaufkrafttheorie im Zeitalter der Globalisierung. In Deutschland wird nämlich knapp jeder dritte Euro für Importgüter ausgegeben. Die höheren Löhne steigern also insoweit erst einmal die Nachfrage in Frankreich, China oder Taiwan, aber nicht bei uns. Es sollte klar

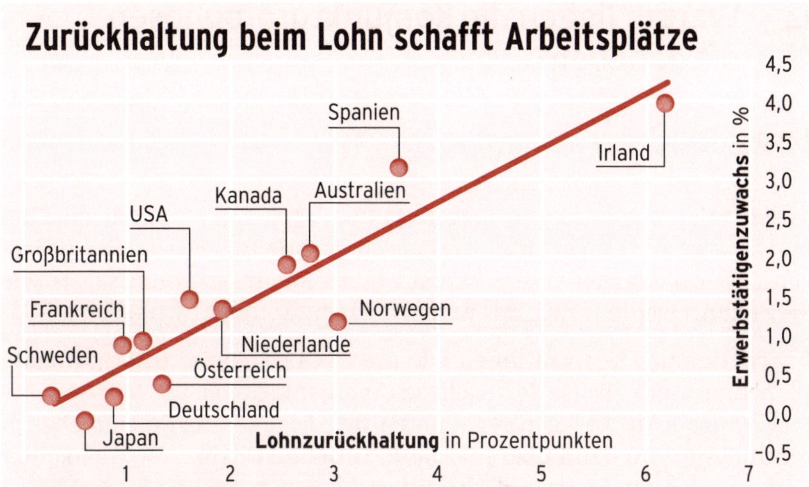

Quelle: Bertelsmann Stiftung. /F.A.Z.-Grafik Niebel

sein, dass unter diesen Umständen die Rechnung der Kaufkrafttheorie niemals aufgehen kann.

Ein Blick auf die empirischen Fakten zeigt denn auch, dass an der Theorie nichts dran ist. So belegt die Arbeitsmarktentwicklung der 21 wichtigsten Industriestaaten in den vergangenen 20 Jahren eindeutig, dass die Länder mit den höchsten Beschäftigungssteigerungen eher niedrige und nicht etwa überdurchschnittlich hohe Lohnsteigerungsraten hatten. Das gilt auch für Großbritannien, das von einem bekannten saarländischen Politiker und Amateurökonomen gerne als Gegenbeispiel angeführt wird. Hier waren in den vergangenen Jahren zwar die Lohnsteigerungen höher als in Deutschland, aber eben auch auf der Grundlage eines viel höheren Wirtschaftswachstums. Und was das Entscheidende ist: Erst kam das Wachstum, dann folgten die Lohnerhöhungen, ebenso wie dies für Deutschland bisher in jedem Aufschwung der Fall war. Die Vertreter der Kaufkrafttheorie verwechseln somit schlicht Ursache und Wirkung.

In Wahrheit wird ihre „Theorie" weder von der ökonomischen Wissenschaft noch von der Erfahrung gestützt. Nicht einmal den einfachsten Plausibilitätsüberlegungen kann sie standhalten. Es handelt sich lediglich um eine krude Mischung aus ökonomischen Halbwahrheiten und schlechter Statistik. Warum wird die Kaufkrafttheorie dann trotzdem von den Gewerkschaften immer wieder vorgetragen? Nun, wer würde nicht gerne glauben, dass es der ganzen Volkswirtschaft hilft, wenn er selbst möglichst viel Geld verdient?

14 Warum liegen die Konjunkturprognosen oft daneben?

Thomas Straubhaar

Joseph versprach fette und magere Jahre. Propheten verkündeten Blitz und Donner. Wahrsager lassen die Kugel rollen. Hellseher schließen gedankenschwer die Augen. Immer schon wollten Menschen voraussagen, wie die Zukunft werden wird. Das wollen auch die Konjunkturforscher.

Internationale Organisationen wie die OECD oder der Internationale Währungsfonds (IWF), der Sachverständigenrat oder die Wirtschaftsforschungsinstitute legen regelmäßig ihre Prognosen vor. Und ebenso regelmäßig wird dann über Präzision, Sinn und Unsinn, Möglichkeiten und Grenzen von Prognosen diskutiert.

Die Konjunkturforscher hätten ein einfaches Leben, wenn sie klüger wären als andere. Wüssten sie mit vollständiger Sicherheit, wie sich Menschen in Zukunft verhalten und wie alles mit allem zusammenhängt, wären gute Prognosen nur eine Frage von leistungsfähigen Rechenmaschinen. Eine kurze Zeitlang glaubte man in der Nachkriegszeit tatsächlich, man sei dem Stein der prognostischen Weisheit nahe. Dafür sorgten die makrodynamischen Konjunkturmodelle der keynesianischen Theorie, die Erkenntnisse der damals noch jungen Ökonometrie und die gewaltigen Fortschritte der ersten Computer.

Alles schien berechen- und prognostizierbar und damit auch politisch steuerbar. Konjunkturprognosen sollten die quantitativen Vorgaben liefern, um im Rahmen einer antizyklischen Globalsteuerung der Wirtschaft mit geld- und fiskalpolitischen Maßnahmen für Vollbeschäftigung, Preisniveaustabilität, Wirtschaftswachstum und eine ausgeglichene Handelsbilanz zu sorgen. Selbst der junge Nationalökonom Herbert Giersch dachte damals: „Wenn wir nur genug über Konjunkturtheorie wüssten, können wir den Zyklus glätten."

Die Stagflation der späten sechziger Jahre und die Rezession der frühen siebziger Jahre dämpften die Euphorie in die konjunkturpolitische Steuerbarkeit. Der Monetarismus und die Theorie rationaler Erwartungen führten zu einer weit bescheideneren Erwartung in die Leistungsfähigkeit der Konjunkturpolitik. Es wurde überdeutlich, dass Volkswirte und Politiker nicht allwissend sind. Das Verhalten der Menschen ändert sich zu sprunghaft. Zwischenmenschliche Beziehungen sind zu vielfältig und zu dynamisch. Die meisten Störungsquellen sind weder frühzeitig erkennbar noch rechtzeitig erfassbar.

Innovationen sorgen für neue Möglichkeiten, die niemand voraussagen kann. Schocks und Krisen verringern den Handlungsspielraum. Die

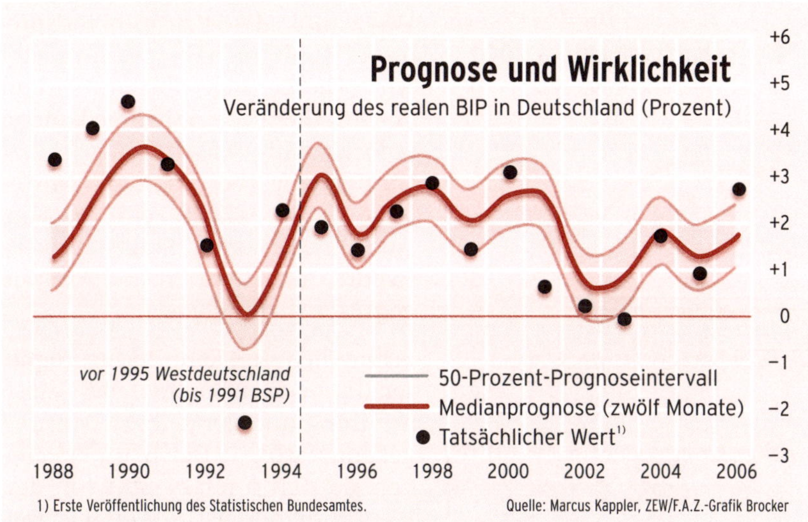

ungeheure Komplexität und die evolutorische Dynamik der wirtschaftlichen Wirklichkeit lassen sich somit bestenfalls in Umrissen abbilden. Das ist nicht wenig. Es ist aber nicht so viel, wie man sich gemeinhin von „guten" Prognosen erhoffen mag.

Konjunkturprognosen sollen Ungewissheit verringern. Sie sollen aufzeigen, wie sich die Welt verändern könnte, nicht, wie sie sich verändern wird. Es geht um Wahrscheinlichkeiten, nicht um Gewissheit. Konjunkturprognosen gelten nur unter bestimmten Annahmen und nur so weit, wie die gemachten Annahmen und Erwartungen auch in Erfüllung gehen. Viele Einflussfaktoren bleiben völlig unbekannt. Andere sind nur begrenzt vorhersehbar. Manche werden falsch eingeschätzt. Die meisten sind durch Instabilität und Zufälligkeiten geprägt. Deshalb sind Prognosefehler der Normalfall. Punktgenauigkeit bleibt Zufall.

Konjunkturprognosen stützen sich auf theoretische Makromodelle, die das Verhalten Einzelner, das zwischenmenschliche Verhalten und schließlich Verhaltensänderungen aller logisch schlüssig beschreiben. Alle Zusammenhänge müssen quantifiziert werden. Dafür braucht es einigermaßen zuverlässige statistische Daten.

Mit diesen unabdingbaren Zutaten beginnt nun erst die eigentliche Prognosearbeit. Mit welcher Methodik auch immer muss aus theoretischen Beziehungen und empirischen Beobachtungen der Vergangenheit und Gegenwart ein mögliches Abbild der Zukunft entworfen werden. Dazu bedarf es eines vertieften historischen und politischen Verständnisses. Deshalb brauchen gute Konjunkturprognosen Erfahrung und Intuition sowie die Fähigkeit der Interpretation und nicht nur Modell- oder Zahlengläubigkeit. Bei einer „genauen" Prognose ist stets auch Vorsicht am Platze. So ist denkbar, dass beispielsweise das gesamtwirtschaftliche

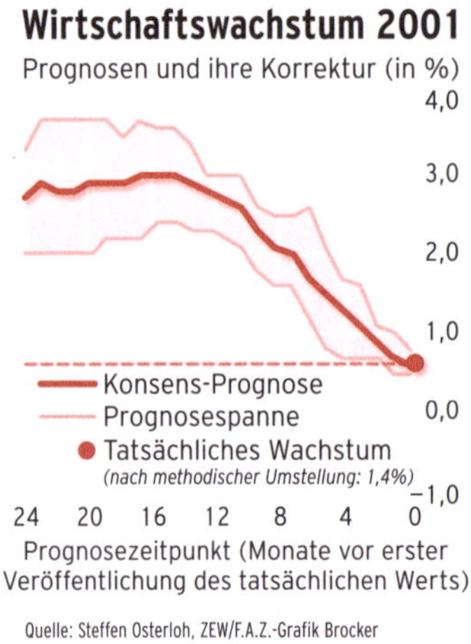

Wachstum des Bruttoinlandsprodukts punktgenau vorausgesagt wird. Die Beiträge und der Verlauf der einzelnen Komponenten können jedoch völlig falsch eingeschätzt worden sein. Aber per Zufall wäre es möglich, dass sich die Fehler bei Konsum, Investitionen, Staatstätigkeit, Export und Import in der Summe gegenseitig aufheben.

Schließlich sind Konjunkturprognosen durch das Phänomen der Selbsterfüllung und der Selbstzerstörung gekennzeichnet. Darin unterscheiden sie sich fundamental von den Wetterprognosen. Das Wetter ist weitestgehend „gottgegeben". Die Prognose der Meteorologen hat nicht den geringsten Einfluss darauf, wie das Wetter tatsächlich werden wird. Ganz anders ist die Wirkung der Konjunkturprognosen. Der Gang der Wirtschaft ist eben nicht naturgesetzlich vorgegeben. Er wird durch menschliches Verhalten bestimmt.

Anders als die Wetterprognose bleibt die Konjunkturprognose nicht ohne unmittelbare Reaktion. Verströmt die Prognose Optimismus, werden die Konsumenten ihr verfügbares Einkommen eher ausgeben, Firmen werden geneigter sein, zu investieren und zusätzliche Arbeitskräfte einzustellen, der Finanzminister wird etwas mehr Hoffnung für einen ausgeglichenen Staatshaushalt haben. Bei einer pessimistischen Prognose ist zu hoffen, dass Verbraucher, Unternehmer und die Wirtschaftspolitik gegensteuern. Die Konjunkturprognose schiebt also eine Verhaltensänderung an.

Gerade weil die Konjunkturprognose eine Verhaltensänderung bei den wirtschaftlichen Akteuren bewirkt, muss eine Bewertung ihrer Qualität besonders vorsichtig erfolgen. Die Prognose soll ja „warnen" oder „Mut machen". Menschen sollen gerade aufgrund der Prognose „mehr kaufen" oder „weniger investieren". Eine punktgenaue Vorhersage kann somit gar nicht das Ziel einer guten Konjunkturprognose sein. Entscheidend ist, ob die Prognose die Verhaltensänderungen in die „richtige" Richtung anschiebt, ob sie voraussagen kann, wann ein Aufschwung an ein Ende kommen wird, wann ein Abschwung beginnen wird. Schafft sie dies, kann nämlich die Wirtschaftspolitik rechtzeitig reagieren und gegensteuern. Somit ist eine Konjunkturprognose dann „gut", wenn sie Politik und Wirtschaft zur richtigen Zeit im Voraus die sachdienlichen Hinweise auf Änderungen im makroökonomischen Datenkranz und den entscheidungsrelevanten Rahmenbedingungen liefert.

15 Warum gibt es eigentlich Zinsen?

Ulrich van Suntum

Luther nannte ihn „das größte Unglück der deutschen Nation, ein Anzeichen, dass die Welt mit schweren Sünden dem Teufel verkauft ist". Aristoteles hielt ihn für „widernatürlich", und Dante verbannte diejenigen, die sich seiner bedienten, zusammen mit den Sündern von Sodom und Gomorrha in den siebten Kreis der Hölle.

Die Rede ist vom Zins, jenem wohl kapitalistischsten aller Phänomene, der allen Verboten zum Trotz in jedem Kulturkreis alltäglich ist. Zur Zeit Hammurabis von Babylon im zweiten Jahrhundert vor Christus lag der Zinssatz für geliehenes Geld bei 20 Prozent. Kein Wunder, dass von Moses bis Mohammed die Zinsnahme von fast allen religiösen Führern dem Wucher gleichgesetzt und mehr oder weniger strikt abgelehnt wurde. Auch Christus fordert laut Lukas-Evangelium in der Bergpredigt: „Tut Gutes und leiht, wo Ihr nichts dafür zu bekommen hofft", was oft als Zinsverbot ausgelegt wird.

Selbst bei den heute üblichen Zinssätzen von fünf oder sechs Prozent kommen über lange Laufzeiten leicht Zahlungsverpflichtungen zusammen, die den ursprünglich ausgeliehenen Betrag um ein Vielfaches überschreiten. Wer ein Haus auf Pump kauft, dessen monatliche Bankrate besteht erst einmal fast nur aus Zinsen. Oft ist die Immobilie auch nach 30 Jahren noch nicht abbezahlt, obwohl man bis dahin schon das Doppelte des eigentlichen Kaufpreises an die Bank überwiesen hat. Dafür bewohnt man dann allerdings auch schon in jungen Jahren mit seiner Familie ein Haus, das man sich aus normaler Ersparnis eigentlich erst im Alter leisten könnte – also dann, wenn man es gar nicht mehr so dringend bräuchte.

Der Zins ist deswegen bei genauerer Betrachtung nicht etwa der Preis des Geldes, sondern der Preis für die Zeit – genauer gesagt für zeitlich vorgezogenen Konsum nach dem Motto „Leben Sie jetzt – bezahlen Sie später".

Kein Geringerer als der heilige Augustinus hat das bereits im vierten Jahrhundert nach Christus erkannt. Allerdings fand er gerade deswegen den Zins besonders verwerflich, denn die Zeit gehöre Gott und dürfe deshalb nicht verkauft werden. Die katholische Kirche hat das Zinsverbot endgültig erst 1983 aus dem Kodex des kanonischen Rechts gestrichen.

Ein anderes Argument hat Aristoteles gegen die Zinsnahme vorgebracht. Er erkannte durchaus an, dass es so etwas wie eine natürliche Verzinsung gibt, zum Beispiel die Vermehrung eines Samenkorns im Boden. Im Gegensatz zu einem Samenkorn ist jedoch das Geld nach Aristoteles

Haben oder Soll

in Prozent

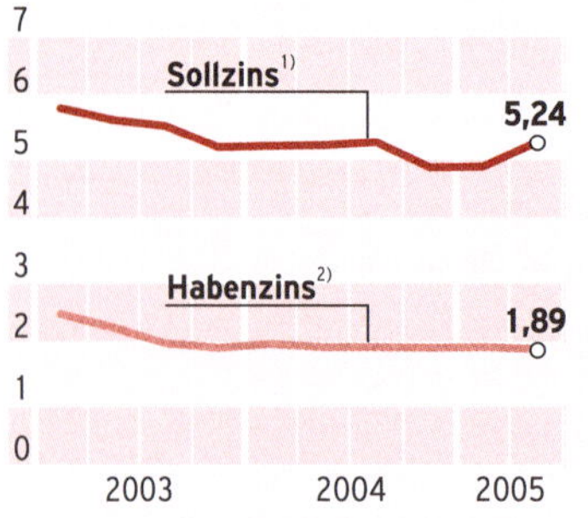

1) Konsumentenkredit mit anfänglicher Zinsbindung von einem Jahr.
2) Für Einlagen privater Haushalte mit Laufzeit von einem Jahr.
Quelle: Sachverständigenrat /F.A.Z.-Grafik Dobratz

eine tote Substanz: „Geld wirft keine Jungen". Der Zinsgewinn des Verleihers sei deshalb eine bloße Illusion. Es stehe ihm keinerlei gesamtwirtschaftlicher Ertrag gegenüber, sondern nur ein ebenso großer Verlust des Schuldners.

Dieses sogenannte Unfruchtbarkeitsargument steht allerdings auf ziemlich tönernen Füßen. Wenn etwa der geliehene Geldbetrag vom Schuldner dafür verwendet wird, Saatgut zu kaufen, fällt es sofort in sich zusammen. Sogar der reine Konsumentenkredit kann sehr produktiv sein, worauf kein Geringerer als der Nobelpreisträger Paul Samuelson in einem interessanten Aufsatz von 1958 hingewiesen hat.

Wenn wir nämlich jung sind, haben wir meist erst ein geringes Einkommen, brauchen aber viel Geld, etwa für den Kauf eines Hauses. Also nehmen wir Kredite auf und zahlen sie im mittleren Lebensalter zurück. In der letzten Lebensphase sinkt unser Einkommen meist wieder. Dann ist es gut, vorher Ersparnisse gebildet zu haben. Nach Samuelson ergibt sich der Zins einfach daraus, dass unterschiedlich viele Menschen in den jeweiligen Lebensphasen Ersparnisse bilden oder Kredite aufnehmen wollen, was letztlich für alle von Vorteil ist.

Der Kapitaltheoretiker und frühere österreichische Finanzminister Eugen von Böhm-Bawerk hat noch zwei weitere Begründungen für die Existenz des Zinses gegeben. Erstens glaubte er, dass die Menschen heutigen Konsum grundsätzlich höher bewerten als einen gleich hohen Konsum morgen. Schließlich sei die Zukunft unsicher, und niemand könne wissen, ob er dann überhaupt noch lebe. Allein diese „Gegenwartspräferenz" reiche schon aus, um den Zins hervorzubringen.

Böhm-Bawerks entscheidender Grund für die Existenz des Zinses liegt aber bei den Unternehmen. Nach Böhm-Bawerk entsteht nämlich grundsätzlich ein Mehrertrag, wenn man sein Geld investiert statt es sofort für den Konsum auszugeben. Zum Beispiel kann Robinson mehr Fische fangen, wenn er erst einmal ein Netz anfertigt. Dafür braucht er aber Zeit, in der er nicht fischen kann und deshalb von seinen Ersparnissen leben muss. Damit schließt sich der Kreis: Um investieren zu können, muss irgendjemand eine Zeitlang auf ansonsten möglichen Konsum verzichten, und der Anreiz und die Belohnung dafür ist eben der Zins.

Diese Erklärung der „temporalen Kapitaltheorie“ für den Zinssatz ist auch heute noch gültig, wenngleich dabei einige Komplikationen zu bedenken sind. So kann Geld zum Investieren ja nicht nur von den Sparern, sondern auch von der Zentralbank zur Verfügung gestellt werden. Zumindest auf kurze Sicht kann sie damit auch den Zinssatz stark beeinflussen. Auf längere Sicht muss sie aber bedenken, dass zu viel Geld im Kreislauf die Inflation anheizen könnte, womit auch wieder die Zinsen stiegen. Nicht selten hat der Versuch, über „billiges Geld“ die Wirtschaft anzukurbeln, am Ende zur völligen Zerrüttung der Währung geführt, so etwa in Deutschland in der großen Inflation von 1923 und dann nochmals nach dem Zweiten Weltkrieg. Letzten Endes kann eine Volkswirtschaft eben doch nicht mehr investieren, als was ihr an echten Ersparnissen zur Verfügung steht.

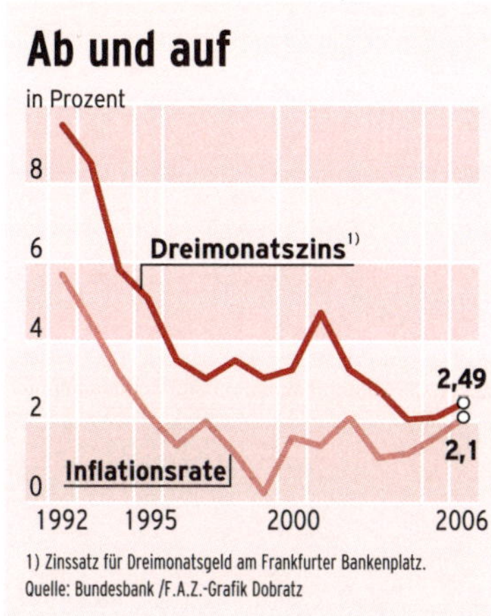

Wer darüber schimpft, dass Kapital und Zinsen heute die Welt regieren, sollte einmal darüber nachdenken, ob er nicht selber daran mitwirkt. Jeder Kleinanleger achtet darauf, auf seine Kosten zu kommen. Das ist weder moralisch verwerflich, noch ist es ökonomisch falsch. Im Gegenteil: Da der Zins das knappe Kapital tendenziell immer dorthin zieht, wo es den höchsten und sichersten Ertrag erzielt, profitiert davon die gesamte Volkswirtschaft.

Arbeit ist das halbe Leben

16 Warum verdienen Frauen weniger als Männer?

Inge Kloepfer

Am Ende ist es eine Frage der Wertschätzung. Und zwar im ökonomischen Sinn. Warum verdienen Frauen weniger als Männer? Weil ihre Arbeit am Arbeitsmarkt weniger wert ist.

Zumindest in Deutschland haben Frauen im Durchschnitt am Ende des Monats weniger Geld auf ihrem Gehaltskonto: Ihr Einkommen liegt bei 77 Prozent des männlichen Bruttoverdienstes, hat die Bundesregierung ermittelt. Verglichen werden die Gehälter bei angenommener gleicher Arbeitszeit. Es gibt ihn also, den kleinen Unterschied, der hierzulande bedeutsamer ist als anderswo. Selbst das vermeintlich so konservative Italien behandelt seine Frauen besser.

Warum aber kriegen die deutschen Frauen die Kurve nicht? Die Gründe dafür sind vielschichtig, haben aber alle ihre Wurzel in einem gesellschaftlichen Rollenverständnis, von dem sich Männer und Frauen hierzulande immer noch nicht befreit haben.

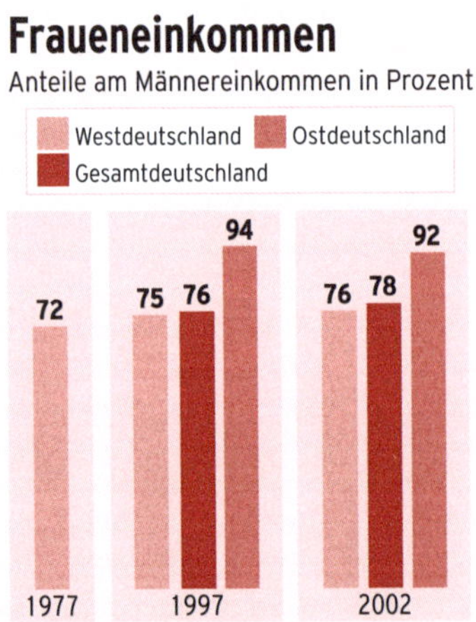

Quelle: Gender Datenreport des BMFSJ /F.A.Z.-Grafik Dobratz

Erstens: Schuld daran sind die Männer, die mehrheitlich über Frauenkarrieren entscheiden. Frauen werden direkt diskriminiert, was sich am besten an den Gehaltsunterschieden zu ihren männlichen Konkurrenten in Führungspositionen zeigt. Bis zu einem Drittel beträgt dort die Gehaltsdifferenz zu Lasten des weiblichen Geschlechts, die sich nicht mehr durch Unterschiede in Alter, Bildung und Dauer der Unternehmenszugehörigkeit erklären lässt. Hinzu kommt, dass Frauen viel seltener in Führungspositionen gelangen. Vorurteile und uralte Rollenmuster verstellen den Entscheidern den Blick dafür, was Frauen leisten oder leisten können. Die Diskriminierung beginnt dabei häufig schon zu Beginn des Berufslebens. Bereits bei der Einstellung werden Frauen anders – und oft schlechter – behandelt als Männer, was sich dann durch ihr ganzes Erwerbsleben zieht, von der Bezahlung bis hin zur Beförderung.

Zweitens: Ganz so schlecht aber ist das starke Geschlecht nicht – gibt es doch noch ganz andere Gründe als die direkte Diskriminierung dafür, dass Frauen weniger verdienen als Männer. Frauen nehmen am Erwerbsleben anders teil als ihre männlichen Artgenossen. Denn sie unterbrechen ihre Erwerbstätigkeit häufig für Jahre – meist für die Familie. Lange Lücken prägen die weiblichen Erwerbsbiographien. Das hinterlässt tiefe Spuren auf den Gehaltsabrechnungen des schwachen Geschlechts. Unterbricht eine Frau ihren Beruf für längere Zeit, wird automatisch vermutet, dass sie aufgrund fehlender Erfahrung weniger leistet. Sie gilt als weniger produktiv. Und das drückt auf ihr Gehalt. Es ist, wie es ist am deutschen Arbeitsmarkt: Berufserfahrung in Form einer kontinuierlichen Vollzeiterwerbstätigkeit wird belohnt. Bezahlt wird nach Seniorität – unabhängig von Leistung und Leistungsfähigkeit. Für Frauen ist das ein Nachteil.

Drittens: Frauen waren lange Zeit schlechter ausgebildet als Männer und damit tatsächlich weniger produktiv. Noch in den siebziger Jahren verfügten Mädchen über eine schlechtere Schulbildung als Jungen. Mit schlechterer Schulbildung waren andere Ausbildungswege vorgezeichnet, an deren Ende sich Frauen auf weniger qualifizierten und damit schlechter bezahlten Stellen wiederfanden. Sie sind am Arbeitsmarkt weniger wert. Das schlägt bis heute auf die Erwerbsstatistiken durch. In Beschäftigungsgruppen mit niedrigen Gehältern sind Frauen überrepräsentiert.

Viertens: Der deutsche Arbeitsmarkt ist segmentiert, er zerfällt in Männer- und Frauenberufe, deren Grenzen noch längst nicht verschwunden sind. Die typischen Frauenberufe (etwa in der Kranken- und Altenpflege) sind der Gesellschaft weniger wert; sie werden im Durchschnitt schlechter bezahlt als typische Männerberufe. Mehr noch: Diese Berufe, für die sich Frauen entscheiden, führen häufig in die Sackgasse. Frauen können sich nicht weiterqualifizieren, weil das nicht vorgesehen ist, und sie können vor allem eines hier nur begrenzt: beruflich aufsteigen und mehr Geld verdienen.

Die Ökonomie kann vieles erklären, die Frage der gesellschaftlichen Wertschätzung bestimmter Berufe allerdings nicht. Denn hier geht es um das Grundverständnis der Geschlechterrollen. In Bismarckschen Zeiten nahm das duale Berufsausbildungssystem seinen Anfang. Mit dem Ziel der klaren Berufsorientierung und einer rechtlichen Sicherung der Ausbildung sollte Jungen, und nur Jungen, der Übergang von der Schule ins Berufsleben geebnet werden. Ein Jahr später wandten sich die Politiker Bismarcks dann den Mädchen zu. Für die war eine duale Berufsausbildung gerade nicht vorgesehen. Die Mädchen bekamen eine Vollzeitschulausbildung, die sich nicht an späteren Berufen orientierte, sondern auf die Gründung einer Familie, auf soziale und vor allem ehrenamtliche Tätigkeiten zielte.

Schon gar nicht war daran gedacht, dass Frauen irgendwann einmal Geld verdienten. Das war dem Ernährer überlassen, dem Mann. Nach Meinung der Soziologen wurde damit eine entscheidende Weiche gestellt, die nicht nur auf das Rollenverständnis von Männern und Frauen bis heute nachwirkt, sondern die auch die Wertschätzung sozialer gegenüber anderen Berufen prägt.

Als man begann, diese sozialen Berufe Anfang des 20. Jahrhunderts zu professionalisieren, waren sie nicht als Ernährerberufe konzipiert. Es waren Berufe für Frauen, bevor sie heirateten. Eine Krankenschwester musste keine Familie ernähren können. Sie musste auch nicht aufsteigen.

Natürlich gab es auch in Deutschland Phasen, in denen Frauen in den Arbeitsmarkt eng integriert waren, zum Beispiel zu Kriegszeiten. Doch nach dem Krieg änderte sich das wieder, es begann das vermeintlich „goldene Zeitalter der Normalfamilie“: der Ernährer ganz in seinem Element, die Hausfrau und Mutter ebenfalls in ihrem Element bei Herd und Kindern. Immer dann, wenn Frauen versuchten, sich im Arbeitsmarkt fest zu verankern, schleuderte ihnen die Gesellschaft das Wort Rabenmutter entgegen, was seine Wirkung nicht verfehlte.

Noch heute sind Frauen weniger aufstiegsorientiert, messen dem Gehalt weniger Bedeutung bei, sind weniger flexibel und mobil und arbeiten häufig in kleinen Unternehmen, die schlechter zahlen.

Aber: Es tut sich etwas in Deutschland. Und das hängt mit der Verbesserung des Humankapitals der Frauen zusammen. Sie werden produktiver, sind im Durchschnitt besser ausgebildet als ihre männlichen Kombattanten. Die Wirkung dessen kommt allerdings erst noch. Die heute in der Ausbildung und im Studium befindlichen jungen Frauen haben sich noch gar nicht auf den Arbeitsmarkt begeben. Tun sie das in den nächsten Jahren, dürfte sich die Gehaltslücke weiter schließen. Hinzu kommt natürlich die viel zitierte demographische Entwicklung. In einer schrumpfenden Gesellschaft wird das Humankapital knapp. Frauen werden gebraucht. Wer gebraucht wird, wird mehr wert. Die Zeit arbeitet also für die Frauen. Das goldene Zeitalter der Normalfamilie haben sie hinter sich gelassen. Jetzt steht ihnen ein goldenes Zeitalter am Arbeitsmarkt bevor.

17 Warum ist Vollbeschäftigung möglich?

Norbert Berthold

Arbeitslosigkeit und Deichbrüche haben vieles gemein. Richtig konstruiert und sorgfältig gepflegt, mindern Deiche die Gefahr von Überschwemmungen. Selbst mit normalem Hochwasser werden sie problemlos fertig. Bei sintflutartigen Regenfällen oder Sturmfluten können aber auch solche Deiche brechen. Lässt man sie allerdings verlottern, kann schon ein normales Hochwasser gravierende Probleme verursachen.

Auch Arbeitsmärkte sind in Zeiten der Globalisierung heftigen Stürmen ausgesetzt. Die Welt verändert sich, der wirtschaftliche Wandel ist gravierend. Weltweit offenere Güter-, Kapital- und Arbeitsmärkte fordern Arbeitnehmer und Unternehmen heraus. Der Wettbewerb wird schärfer, die Konkurrenz bringt in immer kürzeren Abständen neue Produkte auf den Markt. Produzieren wird riskanter. Um nicht unterzugehen, sind Unternehmen gezwungen, auch stärker zu rationalisieren. Arbeitsplätze gehen immer öfter verloren, neue werden zu wenig geschaffen.

Diese Entwicklung trifft die Branchen, aber auch die Unternehmen in den Branchen ganz unterschiedlich. Einige, wie die Industrie, verlieren. Andere, vor allem die Dienstleister, gewinnen. Aus prosperierenden Regionen können Armenhäuser werden, aus trostlosen Gegenden blühende wirtschaftliche Landschaften. Sektoren und Regionen entwickeln sich immer unterschiedlicher.

Das alles geht nicht spurlos an den Arbeitnehmern vorbei. Dabei trifft es nicht alle gleich. Hochqualifizierte Arbeitskräfte werden händeringend gesucht, Geringqualifizierte gibt es sehr viele. Von der wirtschaftlich relativ einheitlichen Welt des Industriezeitalters ist nicht mehr viel übrig. Die Welt wird unkalkulierbarer. Die Fluten steigen, die Deiche müssen verstärkt werden.

Gerade in stürmischen Zeiten sind funktionsfähigere Arbeitsmärkte wichtig. Arbeitnehmer müssen für sicherere Arbeitsplätze mit stärker schwankenden Einkommen zahlen. Kurzfristig können nur flexible Löhne in Sektoren und Regionen helfen, die Beschäftigung zu stabilisieren. Dort, wo es den Unternehmen schlechter geht, müssen auch die Einkommen sinken. Gering qualifizierte Arbeitnehmer haben nur eine Chance, beschäftigt zu bleiben, wenn sie niedrigere Löhne akzeptieren.

Mit flexiblen Löhnen können die Unternehmen und die Arbeitnehmer aber nur Zeit kaufen, sich an die veränderten ökonomischen Gegebenheiten anzupassen. Schon auf die mittlere Sicht führt allerdings kein Weg daran vorbei, dass die Arbeitnehmer mobiler werden müssen. Sie müssen bereit sein, aus den alten Industrien in jene Unternehmen oder Regionen zu wandern, denen die Zukunft gehört. Dabei werden von geringqualifizierten Arbeitnehmern besondere Anstrengungen verlangt. Ohne höhere Qualifikationen sind sie eindeutig die Verlierer globalisierter Märkte.

Leider sieht die Realität anders aus. Wie flexibel Löhne sind, wie mobil Arbeit ist, hängt davon ab, wie viel Wettbewerb zugelassen wird. Die Arbeitslosigkeit ist hoch, wo es an Wettbewerb mangelt. In Deutschland dominiert ein Kartell der Tarifpartner. Flächentarife. die für alle Unternehmen und viele Regionen gelten, scheren alles über einen Kamm. Weil hierzulande Abweichungen vom Flächentarif kaum möglich sind, finden viele Menschen keine Arbeit.

Die beschäftigungsschädlichen Folgen einer wettbewerbsfeindlichen Tarifautonomie werden verstärkt, weil der Staat die Tarifpartner aus der Verantwortung für die Beschäftigung entlässt. Er kauft vor allem über den Sozialstaat überschüssige Arbeit aus dem Markt. Die Menschen leben dann von staatlicher Unterstützung. Den Preis für die falsche Tarifpolitik zahlen Dritte: die Steuer- und Beitragszahler. Kein Wunder, dass die Tarifpartner in einem solchen Umfeld lohn- und tarifpolitisch über die Stränge schlagen. Je mehr die Politik verspricht, Arbeitslosigkeit über Frühverrentung und Arbeitsmarktpolitik abzubauen, desto stärker steigt sie an.

Ein falsch konstruierter Sozialstaat verringert die Chancen für einfache Arbeitnehmer, regulär beschäftigt zu werden. Er garantiert erwerbsfähigen Arbeitnehmern ein Existenzminimum, auch wenn sie keiner Arbeit nachgehen. Mit der Sozialhilfe legt der Staat faktisch einen Mindestlohn fest. Die niedrige Produktivität geringqualifizierter Arbeitnehmer reicht immer öfter nicht mehr, diesen Lohn mit regulärer Arbeit zu erreichen. Unternehmen bauen Arbeitsplätze für einfache Arbeit ab. Die Anreize Geringqualifizierter gehen zurück, einen regulären Job anzunehmen.

Der Weg aus der massenhaften Arbeitslosigkeit ist klar vorgezeichnet. Abhilfe kann nur eine viel flexiblere Volkswirtschaft schaffen. Das macht mehr Wettbewerb auf den Arbeitsmärkten notwendig. Was not tut, liegt auf der Hand: Die kartellierte Tarifautonomie muss wettbewerblicher, der Prozess der Lohn- und Tariffindung dezentraler werden. Betriebliche Bündnisse ohne Vetorecht der Tarifpartner sind ein Gebot der Stunde.

Der Kampf gegen Arbeitslosigkeit ist nur erfolgreich, wenn es gelingt zu verhindern, dass die Lasten der falschen Tarifpolitik auf Dritte abgewälzt werden. Das wird am ehesten erreicht, wenn sich der Sozialstaat wieder auf sein Kerngeschäft konzentriert. Mit einer kapitalfundierten, privaten Alterssicherung fällt es den Tarifpartnern schwerer, anderen

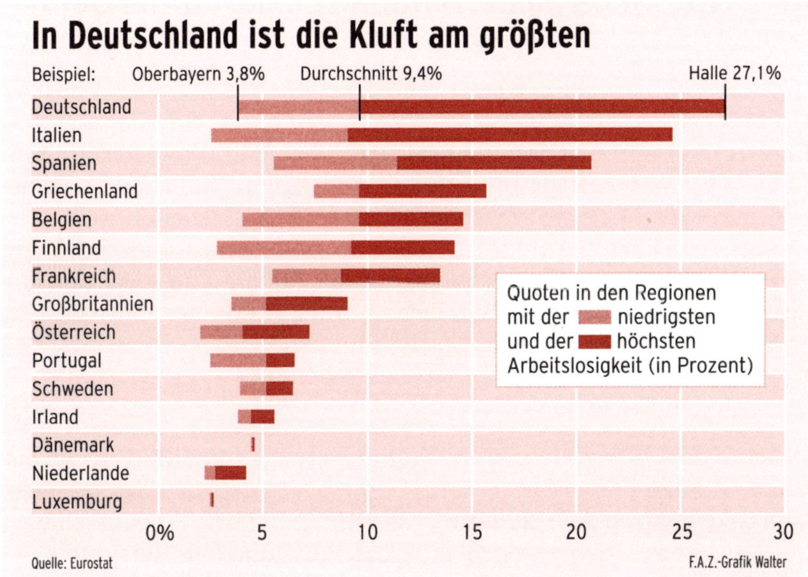

beschäftigungspolitische Lasten aufzuladen. Wären die Kommunen anstelle einer Bundesagentur für die Arbeitsmarktpolitik zuständig, fänden mehr Menschen einen Job.

Geringqualifizierte Arbeitnehmer haben nur eine Chance auf reguläre Beschäftigung, wenn das Arbeitslosengeld II reformiert wird. Die Richtung der Reform ist klar: Wer staatliche Hilfe will, muss bereit sein zu arbeiten. Die Höhe der Leistungen muss gekürzt werden, Transferempfänger müssen mehr vom Arbeitslosengeld behalten dürfen, wenn sie regulär arbeiten, und Kommunen müssen allein zuständig werden. Der faktische Mindestlohn sinkt dann, die Anreize steigen, eine angebotene Arbeit anzunehmen. Regionalen Besonderheiten der Arbeitsmärkte wird besser Rechnung getragen. Arbeitslosigkeit geht zurück.

Auch in Zeiten der Globalisierung ist Vollbeschäftigung möglich. Die adäquate Antwort ist mehr Wettbewerb überall, vor allem aber auf den Arbeitsmärkten. Der korporatistische Bazillus, der sich wie Mehltau auf die Märkte gelegt hat, muss eliminiert werden. Das gefällt weder Tarifpartnern noch Politikern. Vollbeschäftigung erfordert mehr. Mehr Wettbewerb erhöht zwar die Beschäftigung und den Wohlstand aller. Er geht aber mit mehr Ungleichheit im Einkommen einher. Nur wenn wir eine ungleichere Gesellschaft akzeptieren, können wir verhindern, dass es zu schwerwiegenden Dammbrüchen auf den Arbeitsmärkten kommt.

18 Warum verdienen Fußballspieler so viel Geld?

Norbert Berthold

Die Welt ist ungerecht. Der Chef der Deutschen Bank, Josef Ackermann, steht seit Jahren heftigst in der Kritik. Sein Gehalt von rund 14 Millionen Euro gilt vielen als moralisch verwerflich. Da helfen ihm auch Umsätze von über 25 Milliarden Euro und eine Eigenkapitalrendite von 25 Prozent nichts. Der Star des FC Barcelona, Ronaldinho, kann über die Einkünfte eines Ackermann nur lächeln. Mit 23 Millionen Euro verdient er fast das Doppelte. Die Fans neiden ihm den Verdienst nicht, obwohl Barça ein Mittelständler mit gerade mal 200 Millionen Euro Umsatz und mäßiger Rendite ist.

Dabei ist das Einkommen, das Ronaldinho erzielt, nur die Spitze des Eisbergs hochbezahlter Kicker. Ronaldo auf Platz drei der Geldrangliste kam in der Saison 2005/2006 auf 17,4 Millionen Euro, Zinédine Zidane auf Platz sechs erzielte über 15 Millionen Euro, und John Terry auf Platz zehn verdiente noch 9,7 Millionen Euro. Nach dem Wechsel zum FC Chelsea wird auch Michael Ballack mit geschätzten Einkünften von zehn Millionen Euro im Jahr in die Top ten aufrücken.

Das ökonomische Gesetz von Angebot und Nachfrage gilt auch auf dem Markt für Fußballspieler. Der Preis steigt, wenn das Angebot hinter der Nachfrage zurückbleibt. Genau das passiert seit Mitte der neunziger Jahre in Europa. Die Einnahmen der 20 führenden Clubs stiegen von 1,2 Milliarden Euro in der Saison 1996/97 auf über drei Milliarden Euro 2004/05.

Allerdings schien die Entwicklung zunächst anders zu verlaufen. Der Europäische Gerichtshof entschied 1995 im Bosman-Urteil (benannt nach einem Fußballer) zum einen, dass Profifußballer in der Europäischen Union nach Vertragsende ablösefrei zu einem anderen Verein wechseln dürfen. Zum anderen wandte sich die Entscheidung gegen Beschränkungen des Einsatzes von Ausländern in der EU und öffnete damit die Spielermärkte.

Überall in den europäischen Topligen nahm der Ausländeranteil sprunghaft zu. Für sich betrachtet wirkt die Öffnung der Spielermärkte dort eigentlich wie eine Bremse für die Spielergehälter. Aber auch die Bosman-Entscheidung konnte die Einkommen der Kicker nicht im Zaum halten. Die Kaufkraft der Vereine der besten Ligen stieg spürbar. Auslöser war die Öffnung der Märkte für elektronische Medien. Mit dem privaten Fernsehen verbesserten sich die Vermarktungschancen des Fußballs grundlegend. Die Fernsehgelder steigerten die Finanzkraft der Vereine. Werbung, Sponsoren und Merchandising spülten weitere Millionen in die Kassen. Vor allem englische Vereine wählten die Rechtsform der Aktiengesellschaften und besorgten sich Millionen auf den Kapitalmärkten.

DIE WERTVOLLSTEN FUSSBALLER

Spieler	Land/Verein	Markenwert in Mio. Euro
Ronaldinho	Brasil./FC Barcelona	47,0
David Beckham	England/Real Madrid	44,9
Wayne Rooney	England/Manch. Unit.	43,7
Samuel Eto'o	Kamer./FC Barcelona	30,7
Lionel Messi	Argent./FC Barcelona	30,4
Z. Ibrahimovic	Schweden/Juv. Turin	30,1
Ronaldo	Brasilien/Real Madrid	29,4
Frank Lampard	England/FC Chelsea	28,8
Thierry Henry	Frankr./FC Arsenal	28,7
Michael Ballack	Deutschl./B. München	28,6

Quelle: BBDO 2005/2006

Nach einer Drohung führender europäischer Vereine, eine eigenständige Liga zu installieren, reagierte der europäische Fußballverband, die Uefa. Sie folgte der Logik des Marktes, reformierte die europäischen Wettbewerbe und vergrößerte die Absatzmärkte. Vor allem die Champions League entwickelte sich für die teilnehmenden Vereine zu einer Geldmaschine, an der neben den Landesmeistern weitere nationale Spitzenclubs teilnehmen. Die Politik der Uefa stärkte die Kaufkraft der Vereine insgesamt weiter. Ökonomische Gesetze von Angebot und Nachfrage sind das eine, die Macht von Spielern und Vereinen ist das andere. Die Macht hat sich auf den Spielermärkten seit der Bosman-Entscheidung zugunsten der Spieler und zu Lasten der Vereine verschoben. Die Kicker holen finanziell mehr heraus, weil sie mobiler sind, und schöpfen einen größeren Teil der gestiegenen Vereinseinnahmen ab. Das Zusammenspiel von spielerischer Macht und ökonomischem Gesetz lässt die Gehälter in die Höhe schießen.

Die meisten Vereine wehren sich gegen exorbitante Gehaltsforderungen nur halbherzig. Wer in der Spitze mithalten will, glaubt den „Rüstungswettlauf" um die besten Spieler mitspielen zu müssen. Da bleibt die ökonomische Vernunft oft auf der Strecke. Nicht alle Vereine handeln wirtschaftlich solide. Unprofessionelles Verhalten des Managements wird durch reichlich fließende Gelder von Steuer- und Gebührenzahlern begünstigt. Allerdings profitieren Spieler von den explodierenden Einkommen sehr ungleich. Mittelmäßige Kicker gehen zwar nicht leer aus, den Rahm schöpfen aber die Stars ab. Schon kleine Wettbewerbsvorteile reichen, Marktanteile drastisch zu verändern. Nur wenige Balltreter können ein Spiel allein entscheiden, weil sie etwa den „tödlichen Paß" spielen. Diese Fähigkeit ist besonders wertvoll, weil Tore relativ selten fallen. Entsprechend astronomisch sind die Einkünfte der Stars.

Die Gefahr ist dennoch gering, dass Einkünfte zu ungleich verteilt werden. Erfolg hat eine Mannschaft nur, wenn Spieler kooperieren. Wird der

DIE BESTBEZAHLTEN FUSSBALLER

Spieler	Nationalität/Verein	Gehalt in Mio. Euro
Ronaldinho	Brasil./FC Barcelona	23,0
David Beckham	England/Real Madrid	18,0
Ronaldo	Brasilien/Real Madrid	17,4
Wayne Rooney	England/Manch. Unit.	16,1
Christian Vieri	Italien/AS Monaco	16,0
Zinédine Zidane	Frankreich/Real Madrid	15,0
Aless. Del Piero	Italien/Juventis Turin	11,5
Frank Lampard	England/FC Chelsea	9,8
Thierry Henry	Frankr./FC Arsenal	9,8
John Terry	England/FC Chelsea	9,7

Quelle: France Football 2005/2006

Abstand zu den Einkommen der Stars in einem Team zu groß, spielen mittelmäßige Kicker weniger mannschaftsdienlich. Die Ungleichheit in den Einkünften stößt an eine quasi „natürliche" Grenze. Ein gutes Management versucht daher, mittelmäßige Spieler besser zu bezahlen oder Stars abzugeben. Uli Hoeneß hat den Verzicht auf Ballack so begründet.

Nicht nur zwischen Stars und dem Rest der Mannschaft sind die Einkommen ungleich verteilt. Die Einkünfte unterscheiden sich auch nach der Spielposition. Am schlechtesten bezahlt werden Torhüter, am besten Stürmer. Mittelfeld- und Abwehrspieler liegen dazwischen, wobei der Job im Mittelfeld besser als in der Abwehr entlohnt wird. Erstaunlich ist, dass Stürmer besser bezahlt werden als die universeller einsetzbaren Mittelfeldspieler. Offensichtlich sind Stürmer knapper als Mittelfeldspieler.

Die Gretchenfrage bleibt: Verdienen Stars, was sie verdienen? Nach einer Serie schlechter Spiele äußern die Fans schon mal lautstark ihren Unmut. Tatsächlich sind Stars in den Augen der Fans ihr Geld wert – darauf deutet der Boom bei den Zuschauern hin. Mit ihren außergewöhnlichen Fähigkeiten erhöhen Stars die Qualität ihrer Mitspieler, ihre Vereine werden national und international wettbewerbsfähiger. Sie locken weitere Stars in die Liga, das Interesse der Zuschauer nimmt zu. Der Markenwert des Fußballs steigt, der Geldregen für die Vereine hält an.

Die Rechnung, Stars auch exorbitant hohe Gehälter zu zahlen, geht spätestens auf, wenn Vereine an den Werbeeinnahmen der Stars beteiligt sind. So erhält Real Madrid die Hälfte der Einnahmen eines David Beckham. Das hohe Gehalt dieses Stars finanziert sich allein aus dem weltweiten Verkauf von Beckhams Trikot, was Real Madrid einen Umsatz von 50 Millionen Euro jährlich beschert. Das alles kann ein Joseph Ackermann nicht vorweisen, er ist kein Star. Kein Wunder, dass er nur die Hälfte von dem verdient, was ein Ronaldinho einstreicht.

19 Warum gibt es Schwarzarbeit?

Lisa Nienhaus

Jans Rechnung ist einfach. Er hat einen Golf, zehn Jahre alt, der ständig kaputtgeht. Mal reißt der Zahnriemen, mal streikt die Servolenkung. Das wäre teuer, gäbe es da nicht Daniel, einen Automechaniker, der im gleichen Dorf im Sauerland wohnt. Bei ihm kosten Reparaturen nur die Hälfte. Dafür zahlt Jan bar auf die Hand. „Freundschaftsdienst" nennen das Jan und Daniel. In Wirklichkeit arbeitet Daniel schwarz, denn für einen Freundschaftsdienst müssten die beiden befreundet sein. Außerdem bekommt er genug Geld, um daraus einen Gewinn zu erzielen.

Schwarzarbeit funktioniert so prima, weil beide Seiten gewinnen. Jan bekommt seine Reparaturen günstiger, Daniel muss keine Steuern und Sozialabgaben zahlen. Außerdem sichert die Schwarzarbeit Daniels Werkstatt. Weil er billiger ist, gewinnt er Kunden, die sonst vielleicht zur Werkstatt ins nächste Dorf fahren würden.

Mehrwertsteuer, Rentenbeiträge, Gewerbesteuer, Einkommensteuer: Arbeit ist teuer in Deutschland, weil wir den Sozialstaat mitbezahlen. Das Ifo-Institut hat kürzlich errechnet, dass von der Wertschöpfung jeder zusätzlichen legal verrichteten Arbeitsstunde heute zwei Drittel an den Staat gehen. Nur ein Drittel bleibt bei dem, der die Arbeit leistet. Kein Wunder, dass Daniel lieber schwarzarbeitet.

Doch wenn zwei sich freuen, ärgert sich der Dritte, in diesem Fall der Staat. Ihm entgeht Geld, mit dem er gerne Haushaltslöcher stopfen würde. 15 Prozent des Bruttoinlandsproduktes (BIP) sollen mittlerweile auf die Schattenwirtschaft entfallen: 345 Milliarden Euro im Jahr 2006, wie Friedrich Schneider, Volkswirtschaftsprofessor in Linz, errechnet hat. Für ihn ist die Schattenwirtschaft ein „Massenphänomen zwischen Konstanz und Flensburg, zwischen dem Bodensee und dem Neusiedler See".

Die meisten Deutschen finden Schwarzarbeit allerdings nicht verwerflich. Nur 20 Prozent lehnen sie grundsätzlich ab, hat das Allensbach-Institut ermittelt. Den simplen Diebstahl halten dagegen 70 Prozent der Deutschen für „unter keinen Umständen in Ordnung".

Dabei verschaffen sich Schwarzarbeiter einen Vorteil auf Kosten aller anderen. Damit ist der Schwarzarbeiter der wahre Homo oeconomicus, der ökonomische Mensch. Nach der volkswirtschaftlichen Theorie strebt der Mensch nämlich nur danach, seinen eigenen Nutzen zu maximieren. Wie es seinen Mitmenschen geht, interessiert ihn nicht. Der individuelle Nutzen steigt zum Beispiel, wenn man mehr Geld bei gleicher Arbeitszeit hat, so wie der Automechaniker Daniel. Er steigt aber auch, wenn man für das gleiche Geld mehr konsumieren kann, so wie Daniels Kunde Jan.

Die klassischen Wirtschaftstheoretiker glauben: Der Eigennutz führt dazu, dass es allen besser geht, solange der Staat einen Schutz gegen Unterdrückung und Enteignung bietet. Adam Smith hat das so formuliert: „Nicht vom Wohlwollen des Metzgers, Brauers und Bäckers erwarten wir das, was wir zum Essen brauchen, sondern davon, dass sie ihre eigenen Interessen wahrnehmen."

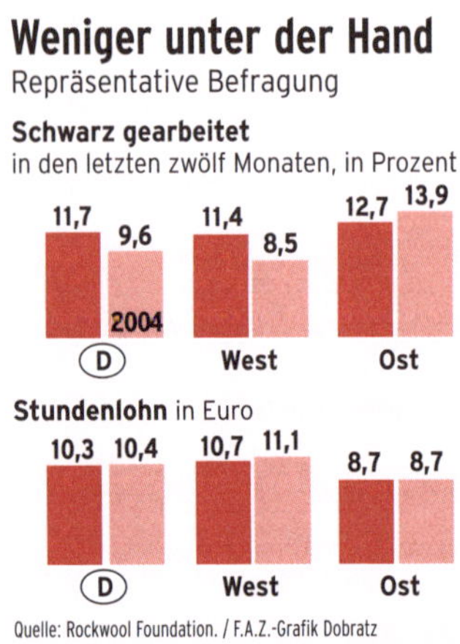

Diese theoretische Überlegung hat aber einen Haken. Die meisten Menschen schätzen zwar im Prinzip den Sozial- und Rechtsstaat mit Gerichten, Polizei, kostenlosen Autobahnen und einer Versorgung sozial Schwacher. Trotzdem liegt es nicht in ihrem Eigeninteresse, dazu Geld beizutragen. Das liegt daran, dass ihr Beitrag so gering ist – er hat nahezu keinen Effekt darauf, was der Staat anbietet. Hinterzieht Daniel beispielsweise 8200 Euro an Steuern und Sozialbeiträgen im Jahr, so entgehen jedem Bürger Deutschlands 0,01 Cent, angenommen der Staat verteilt das Geld gleichmäßig auf alle Bürger. Daniel gewinnt also 8200 Euro, wenn er schwarzarbeitet, ohne dass die Leistungen des Staats sich für ihn verschlechtern. Zahlt er dagegen Steuern und Beiträge, funktioniert der Staat nicht besser, Daniels Einkommen aber ist geringer.

Für den ökonomischen Menschen ist es also optimal, schwarzzuarbeiten, solange er nicht erwischt wird. Er ist ein „Trittbrettfahrer". So nennen die Ökonomen Menschen, die an einem Gemeinschaftsgut teilhaben, aber nichts dafür bezahlen. Das ist bei staatlichen Leistungen besonders einfach, denn die wenigsten davon kann man einem Bürger vorenthalten. So kann man niemanden von der Sicherheit auf den Straßen ausschließen, die die Polizei verschafft, oder vom Gerichtssystem. Wenn allerdings alle Menschen trittbrettfahren, bricht der Staat zusammen.

Dieses Dilemma hat Mancur Olson in seinem Buch „Die Logik des kollektiven Handelns" beschrieben. Seine Lösung für das Problem: Zwang. So schickt der Staat den Zoll und die Steuerfahnder bis ins kleinste Dorf im Sauerland. Den Missetätern drohen Geldbußen. Das schreckt ab, denn ein ökonomischer Mensch kalkuliert auch immer die finanziellen Risiken mit ein und wägt sie gegen die Menge an Steuern ab, die er sparen kann – je höher die Steuern und je schwächer die Kontrollen, desto eher lohnt Schwarzarbeit. Die Ökonomen Ernst Fehr und Simon Gächter haben im Labor nachgewiesen: Wenn Strafen drohen, verhalten sich Menschen kooperativer und geben mehr Geld für ein Gemeinschaftsgut.

Kann der Staat also die Schwarzarbeit eindämmen, indem er noch mehr bestraft? Wahrscheinlich ein wenig. Doch es ist die Frage, ob sich das lohnt. Kontrolle ist teuer, wenn sie in alle Winkel und Privathaushalte schauen soll. Der zusätzliche Ertrag für die öffentlichen Kassen ist dagegen gering, weil es um viele kleine Beträge geht. Dazu kommt: Einige der Arbeiten, die bisher schwarz erledigt werden, würden gar nicht mehr nachgefragt – sie wären zu teuer. Außerdem könnten die Haushalte für ihr Geld weniger kaufen, würden also weniger konsumieren, das könnte die gesamte Wirtschaft bremsen. So gesehen ist es gar nicht unbedingt erstrebenswert, die Schwarzarbeit auszumerzen. Doch ein Problem bleibt: Sie ist ungerecht. Wer brav seine Steuern zahlt, verliert.

Bleibt Olsons zweite Lösung: Anreize setzen, damit sich die Schwarzarbeit von alleine verringert. So könnte man die Sozialbeiträge senken oder von den Löhnen entkoppeln. Allerdings müssten diese Effekte schon stark sein, damit sich auch Jan wieder dazu entschließt, sein Auto ganz legal reparieren zu lassen.

Schwarzarbeit ist schwer zu messen

Angaben zur Größe von Schattenwirtschaft und Schwarzarbeit können immer nur grobe Schätzungen sein. Friedrich Schneider von der Universität Linz ermittelt die Größe der Schattenwirtschaft anhand des Bargeldumlaufs, da Schwarzarbeit in der Regel bar entlohnt wird. Seine Methode überschätzt das Ausmaß der Schwarzarbeit vermutlich, denn auch andere Tätigkeiten werden mit Bargeld getätigt - zum Beispiel Arbeiten, die an sich schon illegal sind, wie Drogenhandel oder Schmuggel. Aber auch Arbeiten wie die Nachbarschaftshilfe sind in dieser Rechnung enthalten, obwohl sie völlig legal ohne Steuern und Sozialabgaben bezahlt werden. Die Rockwool Stiftung in Kopenhagen schätzt das Ausmaß der eigentlichen Schwarzarbeit deutlich niedriger. Ihre Angaben beruhen auf einer Befragung aus dem Jahr 2004. Diese Zahlen können allerdings nur eine Untergrenze darstellen. Es ist nämlich unwahrscheinlich, dass bei Umfragen jeder ehrlich antwortet.

20 Warum verdienen Manager so viel Geld?

Catherine Hoffmann

Die Bezüge der Spitzenmanager explodieren. 1,8 Millionen Euro verdiente ein deutscher Vorstand im Jahr 2005, achtmal so viel wie 1976. Die Durchschnittslöhne haben sich dagegen in diesen 30 Jahren kaum mehr als verdreifacht. Das geht aus einer Studie der Beratungsgesellschaft Kienbaum hervor, die die Vorstandsgehälter der hundert größten deutschen Unternehmen untersucht hat.

Jahrzehntelang haben die Gehälter der Topmanager nur unwesentlich schneller zugenommen als das Bruttoinlandsprodukt und die Einkommen der Deutschen. Doch seit Ende der neunziger Jahre zog ihre Vergütung kräftig an.

Firmenlenker wie Josef Ackermann von der Deutschen Bank verdienten im vergangenen Jahr mit gut 13 Millionen Euro noch viel üppiger als der Durchschnitt der Dax-Chefs. Über eine solche Summe können viele Investmentbanker, Private-Equity-Manager und Trader in den Handelssälen der Banken nur lachen: Sie kassieren heute nicht selten dreistellige Millionengehälter im Jahr.

Die Managerbezüge sind längst zu einem Reizthema geworden. Auch in der Wissenschaft wird intensiv über die krassen Gehaltsschübe nachgedacht. Den Ökonomen geht es dabei nicht um Ausreißer und Abkassierer, die nur die eigene Bezahlung in luftige Höhen treiben, während die Mitarbeiter ihrer AG um ihren Job fürchten und die Aktionäre unter schwachen Kursen leiden. Es geht darum, herauszufinden, warum die Gehälter der Spitzenmanager im Durchschnitt in den vergangenen Jahren so gewaltige Schübe erlebt haben.

Theorien gibt es in Hülle und Fülle. Viele Forscher sehen den steilen Anstieg der Managerlöhne schlicht als Ergebnis eines gut funktionierenden Marktmechanismus. Es ist die Allzweck-Erklärung der Wirtschaftswissenschaftler für beinahe jedes Phänomen: Angebot und Nachfrage bestimmen den Preis. Auf dem Managermarkt werden die Löhne frei ausgehandelt.

Die Firmeneigentümer oder der Aufsichtsrat suchen einen Chef, der dem Unternehmen und seinen Aktionären den größten Nutzen stiftet; das tut er nur, wenn das Gehalt stimmt und Leistungsanreize gesetzt werden. Und der Manager versucht, sein Gehalt zu optimieren. Am Ende entspricht der Lohn der Grenzproduktivität seiner Leistung. Die spiegelt sich in einem hohen individuellen Beitrag zum Unternehmenswert wider.

Die amerikanischen Wissenschaftler Xavier Gabaix und Augustin Landier sorgten vor einem Jahr mit einer Studie für Aufsehen, die die These vom effizienten Managermarkt stützt: Es sei logisch, dass die größten Unternehmen die besten Manager anzögen und dass ein Manager umso mehr verdiene, je größer die Firma sei. Nun rechnete das Duo nach: Wie stark sind die großen amerikanischen Unternehmen in den vergangenen 25 Jahren gewachsen, in denen sich die Managergehälter versechsfachten? Genau: Ihr Börsenwert hat sich versechsfacht. „Wenn der Marktwert aller Firmen wächst", sagt Landier, „sind die Leute bereit, mehr für das gleiche Talent zu zahlen." So einfach ist das.

Ins Bild passt, dass Anreizlöhne heute gang und gäbe sind. Vor dreißig Jahren spielten flexible Bezüge praktisch keine Rolle in der Managervergütung; es gab ein festes Gehalt. Weder wurde überdurchschnittliche Leistung belohnt, noch mussten Manager, die versagt hatten, mit finanziellen Einbußen rechnen. Heute beträgt der Anteil der fixen Bezüge nur noch 20 bis 30 Prozent, der Rest ist leistungsabhängig. Und so liegt die Vermutung nahe, dass die zunehmende Orientierung der Managergehälter an Unternehmensgewinnen und Aktienkursen zum Auseinanderdriften von Vorstandssalären und Durchschnittslöhnen geführt hat.

Eine entscheidende Rolle spielen dabei die Aktienoptionen, die Ende der neunziger Jahre auch in Europa im großen Stil eingeführt wurden. „Programme, die 2001 und 2002 aufgelegt wurden, führen jetzt erst zu großen Gehaltszuwächsen", sagt Alexander von Preen, Geschäftsführer der Managementberatung Kienbaum.

In jüngster Zeit nehme die Bedeutung der umstrittenen Prämien aus Aktienoptionsprogrammen allerdings ab – aus gutem Grund: Die Optionen wurden auf das Gehalt draufgesattelt. Sie konnten an Wert gewinnen oder sich in Luft auflösen. Waren die Optionen nichts wert, hatten sie aber keine nachhaltigen negativen Auswirkungen auf das Vermögen des Managers. Deshalb hatten Wissenschaftler auch Mühe, positive Anreizwirkungen von Aktienoptionsplänen nachzuweisen.

Vielleicht erklären sich die stattlichen Gehälter der Wirtschaftselite ja auch weniger durch die Einführung wirkungsvoller Anreizlöhne. Vielleicht handelt es sich ja einfach um Lohnerhöhungen. Überdurchschnittliche Gehaltssteigerungen sind auch auf einem effizienten Managermarkt möglich. Etwa wenn sich das Angebot an geeigneten Führungskräften verknappt. „Vorstandschefs bekommen so viel bezahlt, wie sie dem Unternehmen wert sind. Und ihre hohe Bezahlung spiegelt ihr außerordentliches Talent", sagt etwa der Harvard-Ökonom Gregory Mankiw. „Aber das Angebot an Talenten ist unelastisch." Das heißt: Nur weil man mehr zahlt, gibt es nicht mehr Jack Welches auf der Welt.

Personalberater jedenfalls erzählen gern vom „War of Talents", dem Kampf um die Talente. Der sei härter geworden, weil Führungsaufgaben in Zeiten der Globalisierung komplexer seien als früher. Und weil Unternehmen aus aller Welt um Führungskräfte buhlen.

Hinzu kommt: Das Vorstandskarussell dreht sich bei den großen AGs immer schneller, die Verweildauer auf dem Chefsessel sinkt. Das rechtfertige höhere Risikoprämien. Und schließlich sei auch die Verantwortung jedes einzelnen Vorstandsmitglieds gewachsen, weil sich deren Zahl in jüngster Zeit deutlich verringert hat.

Eine Reihe von Wissenschaftlern bezweifelt allerdings, dass der Markt für Managerleistungen perfekt funktioniert. Ihr prominentester Vertreter ist Lucian Bebchuk, der gemeinsam mit Jesse Fried ein Buch zum Thema geschrieben hat („Pay without Performance"). Er wirft die Frage auf, ob der außerordentlich hohe Zuwachs der Managereinkommen wirklich auf entsprechende Leistungen zurückzuführen sei oder nicht eher auf die Selbstbedienungsmentalität von Unternehmensführern und ihren Aufsichtsräten.

Die Explosion der Managergehälter lasse sich keineswegs allein durch höhere Unternehmensgewinne erklären, an denen die Konzernlenker partizipiert hätten. Im Gegenteil: Die fürstlichen Gehälter flössen nicht selten auch dort, wo die Manager die ihnen anvertrauten Unternehmen schlecht geführt hätten. Bebchuk nennt eine Reihe von Gründen, warum weniger die unsichtbare Hand des Marktes als die Macht des Managers sein Gehalt bestimmt. Das gehe schon damit los, dass Aufsichtsräte, die Gehälter absegnen, gegenüber dem Vorstandschef oft schwach seien und weniger von den Interessen der Aktionäre geleitet würden als von den eigenen. Studien belegen, dass Irrsinnsgehälter dort seltener sind, wo ein großer Aktionär sein wachsames Auge auf das Treiben im Unternehmen wirft. Fehle diese Kontrolle, glaubt Bebchuk, hätten Manager „beträchtlichen Einfluss auf ihre eigene Bezahlung".

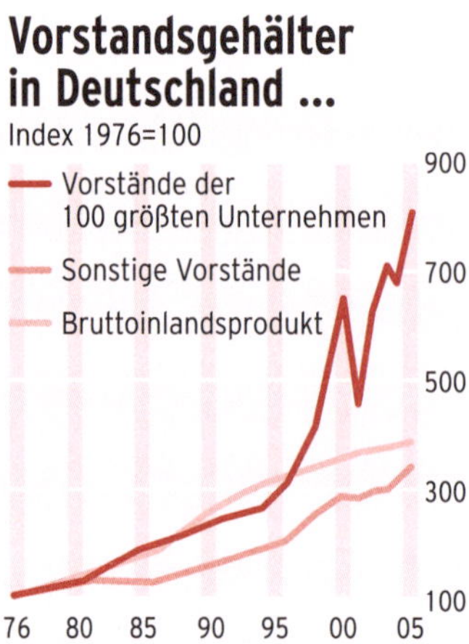

Quelle: Kienbaum/F.A.Z.-Grafik swa.

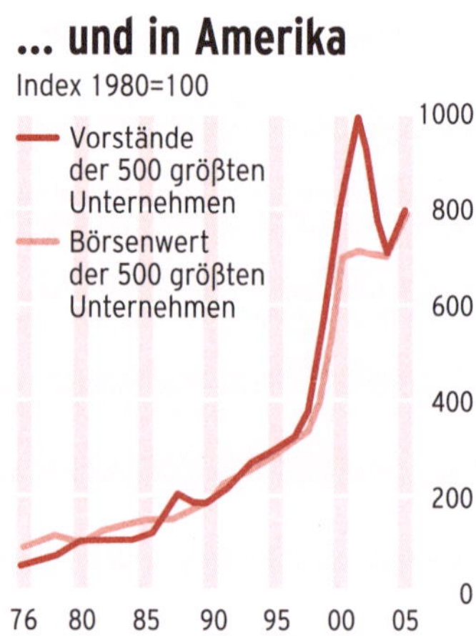

Quelle: Xavier Gabaix u. Augustin Landier/F.A.Z.-Grafik swa.

21 Warum steigt nach Entlassungen der Aktienkurs?

Winand von Petersdorff

Am 3. Februar 2005 unterlief Josef Ackermann sein bisher zweitgrößter Fehler nach den gespreizten Fingern im Mannesmann-Prozess. Der Vorstandsvorsitzende der Deutschen Bank meldete mit gewissem Stolz einen Gewinn von 2,5 Milliarden Euro und verkündete im selben Atemzug die Entlassung von 6500 Beschäftigten. Der Aktienkurs stieg am nächsten Tag von fast 67 Euro auf 68,55 Euro.

Öffentlicher Missmut kübelte auf Ackermann herab, als er sich gerade in seinem Erfolg sonnen wollte. Der Schweizer stieg endgültig auf zur Symbolfigur des bösen Börsen-Kapitalismus, dessen Prinzip lautet: Feuern, damit der Aktienkurs steigt. Spätestens seit dieser Episode ist es Sektempfang-Allgemeingut: Entlassungen sind das Beste für den Aktienkurs. Börsen sind schuld an der Arbeitslosigkeit.

In letzter Konsequenz kann das nicht stimmen. Es deutet alles darauf hin, dass Unternehmen ohne Belegschaft gar keinen Umsatz machen, geschweige denn Gewinn – selbst wenn sie börsennotiert sind. Empirisch abgesichert ist, dass Unternehmen ohne Gewinn nicht auf ein Kursfeuerwerk rechnen dürfen.

Aber wie ist das nach der Ankündigung von „Schrumpfkuren“ oder „Restrukturierungen“, wie es etwas harmloser heißt? Mit Entlassungen reagieren Unternehmen entweder auf geringere Nachfrage oder billigere Produktionsalternativen oder beides.

Und wie stimmen die Anleger ab? Das ist ganz unterschiedlich. Die Reaktion der Aktionäre hängt in diesen Fällen von ihrem Kenntnisstand und ihren Erwartungen ab: Wenn sie von der Nachfrageschwäche oder den Kostenproblemen wussten, dann sind diese Kenntnisse längst in ihre Entscheidung für die Aktie eingeflossen. Die Probleme sind eingepreist. Die Lösungen dieser Probleme werden dann honoriert an der Börse; zumindest dann, wenn sie überzeugen und etwas überraschend zu jenem Zeitpunkt kommen. Die Aktienkurse steigen dann nach der Meldung von Entlassungen in die Höhe.

Der zweite Fall: Die Aktionäre trifft die Verkündung eines Restrukturierungsprogramms aus heiterem Himmel. Dann sehen sie in der Regel zu, das Papier flink an optimistischere, ahnungslose oder dumme Zeitgenossen loszuschlagen. Die Kurse sinken. Das haben wir beim hochgejubelten Photovoltaik-Unternehmen Conergy erlebt, dessen Kurs einbrach, obwohl ein Fünftel der Belegschaft den Job verlieren sollte oder gerade deshalb.

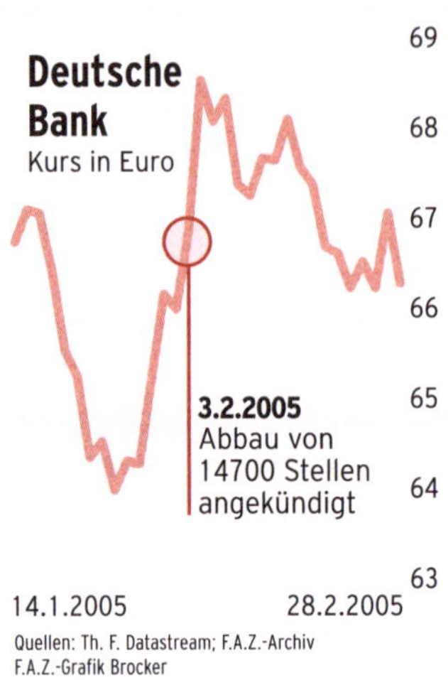

Die größte Studie über den Zusammenhang zwischen Entlassungsankündigungen und Börsenkurs stammt von amerikanischen Wissenschaftlern. Sie haben die Kurse von sämtlichen im Zeitraum von 1970 bis 1997 im Fortune 500 notierten Unternehmen in den Zusammenhang gebracht. Sie sammelten dabei die Angaben von 3878 Restrukturierungsankündigungen.

Die Kernaussage dieser Untersuchung: Der Aktienkurs sank im Schnitt über die fast 30 Jahre nach jeder Ankündigung um 0,4 Prozent. Die zweite Erkenntnis: In den siebziger Jahren sanken die Kurse tiefer als in späteren Jahren, nämlich um 0,65 Prozentpunkte. Manchmal belohnten die Anleger auch Entlassungen. Besonders wenn Entlassungen im Zusammenhang mit Produktionsverlagerungen standen.

In der Summe aber bejubeln die Börsianer Entlassungsprogramme nicht. Sie loben aber auch keine Einstellungsprogramme. Die Arbeitsplatzsicherheit der Beschäftigten steht einfach nicht im Zentrum ihres Interesses. Es ist ihnen egal.

Trotzdem registrieren Aktionäre natürlich die Unternehmensnachrichten genau und filtern sie sorgfältig: Ankündigungen von Entlassungen sagen etwas über die künftige Ertragskraft des Unternehmens und damit über seinen Wert. Wenn diese Aussage überraschend ist, reagieren die Aktionäre. Bei positiven Überraschungen wird gekauft, bei negativen verkauft.

Entlassungsmeldungen können eine negative und eine positive Überraschung für die Anleger sein, wie Beispiele zeigen. Als die Deutsche Bank 2005 ihren Milliarden-Gewinn verkündete, gab sie den Aktionären die Zuversicht, auf dem besten Weg zu mehr Profitabilität zu sein. Die Entlassungen, die viele gutdotierte Investmentbanker in London trafen, unterstrichen die Anstrengungen der Bank, so wettbewerbsfähig wie angelsächsische Konkurrenten zu werden.

Die Deutsche Telekom dagegen hatte als ehemaliges Staatsunternehmen ohnehin zu viele Leute an Bord. Dazu kam, dass der technologische Wandel die lange wichtigste Ertragssäule des Konzerns, die Festnetzsparte, in Frage stellt. In der Folge ist das Unternehmen in einigen Bereichen nicht wettbewerbsfähig. Obwohl das Unternehmen schon viele tausend Stellen gestrichen hat, sinkt oder dümpelt der Kurs kontinuierlich. Im

Jahr 2000 kostete die Namensaktie fast 90 Euro, jetzt hangelt die Aktie zwischen 10 und 20 Euro. Hier darf man annehmen, dass ein zusätzlicher großer Stellenabbauplan die Aktie beflügeln würde. Denn die Aktionäre rechnen zwar nicht damit, sie halten ihn aber für nötig.

Die Nachricht, dass Conergy Stellen streicht und sich auf das Kerngeschäft konzentriert, hat eingeschlagen wie eine Bombe. Die Aktie war noch im Oktober 2007 fast 70 Euro wert und war zwei Monate später für etwas über 22 Euro zu haben. Böse Überraschung, selbst die Entlassung des von der Wirtschaftsprüfungsgesellschaft Ernst & Young im Oktober gekürten „Entrepreneur des Jahres“ Hans-Martin Rüter hat den Kurs nicht retten können. Sie war eher ein Indiz für das Ausmaß der Katastrophe.

Die Aktien der Deutschen Bank hatten sich von 2005 bis Mai 2007 fast auf 160 Euro verdoppelt. Dabei haben sich die Aktionäre auch nicht von Ankündigungen des Unternehmens abhalten lassen, es wolle zusätzliche Mitarbeiter einstellen. Sie haben gekauft. Erst mit der globalen Finanzkrise aber hat der Steigflug ein Ende gefunden.

Wie Aktionäre jetzt auf Stellenstreichprogramme reagieren würden, ist schwer zu sagen. Einerseits könnten sie als Indiz gewertet werden, dass noch Leichen im Keller liegen. Nervöse Anleger würden noch nervöser werden. Andererseits erwarten Investoren unternehmerische Reaktionen auf die Ertragskrise. Kurspflege ist nicht leicht, wie das Beispiel zeigt.

22 Warum brauchen wir Gewerkschaften?

Hans D. Barbier

„Papa, warum haben wir Gewerkschaften? Wegen der Mitbestimmung. Und die Löhne? Die macht der Staat. Was sagen die Gewerkschaften dazu? Die haben das so gewollt. Und was machen sie nun? Am 1. Mai gehen sie in den Bundestag. Um zu reden? Nein, um zu hören. Was zu hören? Die Lohnzahl des Jahres.“

Im Sommer 2006 ist dieser Dialog eine Verbalkarikatur der aktuellen Debatte über Lohn und Arbeit. Für das Jahr 2010 könnte es die vorweggenommene Beschreibung der Wirklichkeit sein, falls der Gesetzgeber sich dazu überreden lässt, Mindestlohn und Kombilohn in den Dienst der Suche nach Strategien für mehr Beschäftigung zu stellen. Der Weg der Gewerkschaften vom sozialen Gegenmachtfaktor auf dem Arbeitsmarkt des Frühkapitalismus zum bürokratischen Machtfaktor im korporatistischen Institutionengeflecht des Spätkapitalismus wäre zu seinem unrühmlichen Ende gekommen.

Vom Beginn ihrer Geschichte an ist der Motivations- und Handlungshintergrund der deutschen Gewerkschaften eine soziale Kategorie gewesen: die „Arbeitersolidarität“. Das meint Schulterschluss ohne Klassenkampf. Die ökonomische Umwelt wird akzeptiert, die Teilhabe am Gesamtprodukt der kapitalistischen Produktionsweise aber soll durch „Assoziation“, durch Zusammenschluss, gesichert werden. Der deutsche Ökonom Erich Preiser (1900 bis 1967) hat die Begründung und die Wirkungsweise solcher Zusammenschlüsse in den einprägsamen Satz gekleidet: „Der Arbeiter kann nicht warten.“ Im Feilschen um den Lohn kann der Kapitalist gegenüber jedem Einzelnen auf Zeit spielen. Der Arbeiter aber muss sich morgens verdingen, um abends den sehnlichst erwarteten Lohn nach Hause zu bringen. Jedenfalls waren dies die nicht untypischen Bedingungen im Frühkapitalismus. An die Stelle des dem Einzelnen nicht möglichen Wartens tritt durch die Gewerkschaftsgründung die gebündelte Verhandlungsmacht der Arbeiterassoziation: Macht und Ohnmacht des Wartens geraten in ein für die Arbeiter erträglicheres Verhältnis. Das findet seinen Niederschlag im Lohn des Einzelnen und in der Lohnquote der Gesamtwirtschaft.

Es wundert nicht, dass ein solches Modell mitsamt seiner moralischen Begründung attraktiv ist. Der Amerikaner John Kenneth Galbraith (1908 bis 2006) hat es zur Grundlage eines weit über Lohnverhandlungen hinausgreifenden Konzepts der „countervailing power“, der gegengewichtigen Macht in der Gesellschaft, erweitert. In den siebziger Jahren des vorigen Jahrhunderts lieferte es bis in Teile des deutschen Liberalismus hinein die Argumente für die Ablösung des Wettbewerbsmodells durch ein System von Gegenkräften und paritätisch besetzten Entscheidungsgremien. Galbraith hinterlässt seine Spuren in den Aufsichtsräten deutscher Kapitalgesellschaften.

Ein valider Ersatz für die Leistungen des Marktes und des Wettbewerbs sind solche Gegengewichtsmodelle nie geworden. Sie können es auch nicht sein. Denn sie sind nicht in der Lage, die Suchleistung des Marktes gerade dann zu imitieren, wenn diese Leistung besonders dringend gebraucht wird: in Phasen der produktiven Unruhe durch das Hinzutreten neuer Wettbewerber, in Situationen ökonomisch bedeutsamer Grenzöffnungen, in Schüben des kostensenkenden und des produktinnovativen technischen Fortschritts. Der Grund für die Unfähigkeit aller Modelle gegengewichtiger, organisierter Marktmacht, mit Neuerungen zurechtzukommen, liegt unauflösbar in ihnen selbst. Ihnen fehlt, gemessen an den Möglichkeiten des Wettbewerbs, die Vielfalt der Deutungen, der Hypothesen über die Zukunft, der Reaktionen auf bruchartige Änderungen; ihnen fehlt – gerade wegen der Verteidigung von Kollektivität – die Fähigkeit der Suche nach guten Lösungen durch ein möglichst hohes Maß an Offenheit für Versuche. Ihnen fehlt mithin das, was letztlich die Überlegenheit des Marktes ausmacht: der durch keine Kollektivität imitierbare, sich selbst bildende Ausleseprozess, der die richtigen von den falschen Antworten auf neue Herausforderungen trennt.

Dass die Antwort auf die steigende Arbeitslosigkeit, vor allem auf die Arbeitslosigkeit in den unteren Qualifikationsstufen, nicht ein kollektiv ausgehandelter oder gar staatlich vorgeschriebener Mindestlohn sein kann, müsste den Gewerkschaften einsichtig sein. Denn unter dem Regime eines Mindestlohns würden die Beschäftigungschancen in diesen Bereichen noch geringer, und die finanzielle Last der aus Steuern oder aus Lohnzusatzkosten zu bezahlenden Lohnersatzleistungen würde noch schwerer. Auch die Risiken – oder besser: die absehbaren Gewissheiten – des aus Steuern zu zahlenden Kombilohns müssten den Gewerkschaften geläufig sein. Sie wissen sehr wohl, dass ein tariflich ausgehandelter, für allgemeinverbindlich erklärter Mindestlohn alsbald auch die Zuschüsse zum Kombilohn in die Höhe treibt, weil die Arbeitslosigkeit steigt und weil die Vermittlung von Langzeitarbeitslosen in vollbezahlte Beschäftigungsverhältnisse immer schwieriger wird. Sie müssen wissen, dass durch die absehbare Eigendynamik des Mittelbedarfs für den Kombilohn die öffentlichen Etats abermals belastet wer-

Nur noch halb so viele

Anteil der DGB-Mitglieder an den Arbeitnehmern

in Prozent

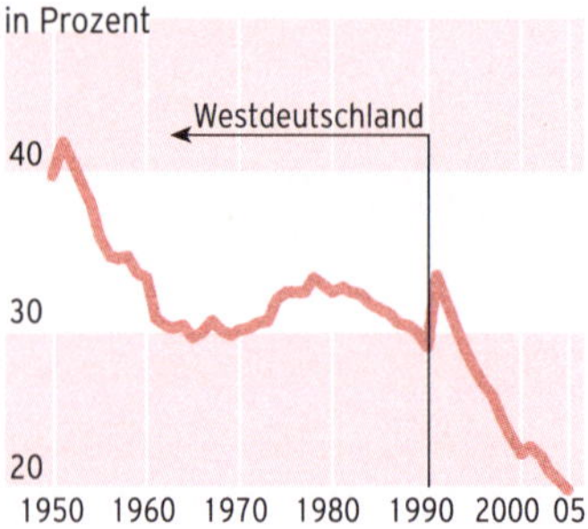

Quelle: DGB; Statistisches Bundesamt /F.A.Z.-Grafik Dobratz

den. Sie können nicht behaupten, sie wüssten nicht, dass am Ende dieses Prozesses weitere Steuererhöhungen stehen. Der „Lage der Arbeiterschaft“, dem erklärten Ziel aller Gewerkschaftsbemühungen seit ihrer Gründungszeit, kann das alles nicht dienlich sein.

Wenn aber die Marktlösung die bessere ist, warum haben wir dann Gewerkschaften? Die Antwort der Gewerkschaften lautet: „Weil die Arbeitnehmer wissen, dass wir etwas Gutes für sie tun.“ Darüber mag man ins Grübeln geraten. In seinem Buch „Arbeit und menschliche Würde“ vertritt der Sozialphilosoph Oskar Negt die These, Arbeitslosigkeit sei ein Gewaltakt, weil er Millionen Menschen um ihre Würde bringe und weil dies geschehe, obwohl die Industriestaaten heute so reich seien wie nie zuvor. Für eine ökonomische Analyse ist der Satz nicht sonderlich hilfreich. Aber die Gleichsetzung von unfreiwilliger Arbeitslosigkeit und Entwürdigung sollte die Gewerkschaften nachdenken lassen: Gilt dieser Zuruf nicht auch ihnen? Drängt sich ihnen nie der Verdacht auf, dass die Massenarbeitslosigkeit auch das Ergebnis ihrer Lohnstrategie sein könnte? Einer Lohnstrategie, die das Arbeitsangebot um des höheren Lohnes willen verknappt und die sich um die Alimentation des Überschusses, vor allem in der Kategorie der Langzeitarbeitslosigkeit, keine eigenwirtschaftlichen Gedanken machen muss, weil dafür die steuerzahlende Allgemeinheit zu haften hat? Die Würde der Ausgesonderten aber hält der öffentliche Etat nicht feil.

Die deutschen Gewerkschafter sind keine Brutalos. Die mit Marlon Brando zum Kult gewordene „Faust im Nacken“ hätte als deutscher Film über die Gewaltbereitschaft und die Ausbeutungspraktiken zynischer Gewerkschaftsbosse nicht gedreht werden können. So etwas gibt es hier nicht. Die leise wirksame Gewalt einer marktwidrigen Preissetzung aber ist schlecht zu verfilmen. Warum also gibt es immer noch Gewerkschaften? Darum vielleicht? Ja, auch darum wohl. Aber nicht nur deswegen.

23 Warum ist mit 67 Jahren schon Schluss?

Heike Göbel

Der Papst bleibt Papst. Die Kirche vertraut ihm das hohe Amt lebenslang an. Konrad Adenauer wurde mit 73 Jahren erster deutscher Bundeskanzler. Mit 87 trat er zurück. Mit weit über Jahren führt Hans Riegel seinen Süßigkeitenkonzern Haribo. Altersgrenzen gibt es für Politiker, Päpste und Unternehmer nicht, obwohl sie äußerst anstrengende Berufe ausüben. Unternehmer bleiben im Chefsessel, solange sie sich der Aufgabe gewachsen sehen und ihnen der Erfolg Recht gibt. Politiker bleiben im Amt, solange die Wähler mit ihrer Leistung zufrieden sind. Warum gilt diese Regel nicht auch für Arbeitnehmer? Warum nicht arbeiten, solange die Arbeit einträglich ist, Freude macht und sich der Chef zufrieden zeigt?

Bevor der Staat im Frühkapitalismus die Alterssicherung zu seiner Aufgabe machte, gab es keine feste Grenze für den Ruhestand. Der Bauer arbeitete auf seiner Scholle, der Handwerker in seinem Betrieb, solange es die Kräfte zuließen. Über Jahrhunderte funktionierte der Generationenvertrag in den Familien: Jeder machte sich nach Kräften nützlich und wurde dafür bis zum Tod mitversorgt.

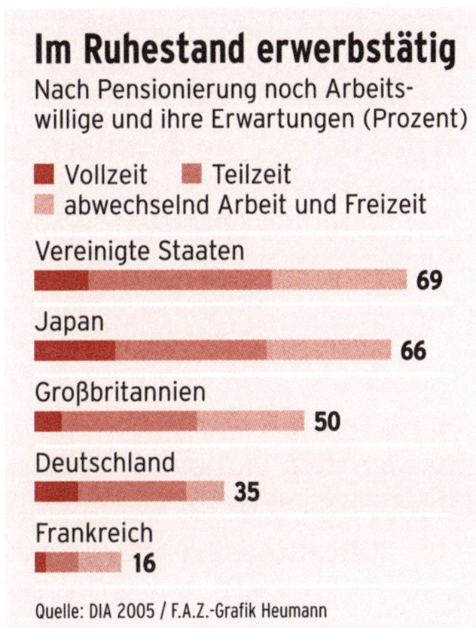

Mit der Industrialisierung lösten sich die familiären Bindungen, die Fabriklöhne reichten oft nicht, um für das Alter zu sparen. Zugleich verlängerten bessere Medizin und Hygiene die Spanne zwischen dem Ende des Berufslebens und dem Tod. Alt zu sein hieß im 19. Jahrhundert vielfach auch arm sein. Zwar existierten auch schon genossenschaftliche oder gewerkschaftliche Selbsthilfeeinrichtungen. Aber dennoch war in Deutschland die Politik bemüht, dem Bürger die Verantwortung für das Alter abzunehmen. Nicht ohne Eigennutz: Mit der Einrichtung einer kollektiven Invaliditäts- und Altersversicherung als Schlusspunkt seiner Sozialgesetzgebung wollte Reichskanzler Bismarck 1889 verhindern, dass politische Gegner aus sozialem Elend Kapital schlagen.

Das Konzept der bismarckschen Rentenversicherung hat bis heute Bestand. Der deutsche Staat begnügt sich nicht damit, den Bürgern den Abschluss einer Mindestvorsorge – in Höhe der staatlichen Sozialhilfe –

auf dem privaten Versicherungsmarkt vorzuschreiben. Er zwingt alle Bürger, die er für schutzbedürftig hält, in ein umfassendes Vorsorgesystem. Leistungsumfang und Beitragshöhe legt der Staat fest, Wahlmöglichkeiten gibt es nicht: In Deutschland müssen alle in der Privatwirtschaft Beschäftigten zusammen mit ihren Arbeitgebern an die gesetzliche Rentenversicherung steuerähnliche Beiträge vom Lohn abführen. Das Geld kommt nicht auf ein Sparkonto, sondern wird sofort ausgegeben, um diejenigen, die schon in Rente sind, zu unterhalten.

Mit einer echten Versicherung hat dieses System wenig zu tun. Die Beiträge bemessen sich nicht nach den Risiken der Alterung. Sie werden so festgesetzt, dass sie auch sozialpolitische Zwecke erfüllen. Der Staat nutzt die Versicherung, um Einkommensunterschiede zu verringern, Familien zu fördern und Beschäftigungspolitik zu betreiben.

Der Anker einer kollektiven Zwangsversicherung ist die Altersgrenze, von der an die Rente ausgezahlt wird. Je später der Rentenbeginn, desto länger fließen Beitragsgelder und desto geringer ist die Zeit, in der die Rente gezahlt werden muss. Die Altersgrenze ist aber nicht nur ein wichtiges Regulativ für die Rentenkasse. Sie greift auch tief in die Gesellschaft ein, weil sie definiert, wer als alt wahrgenommen wird. In den meisten Ländern müssen Männer regulär spätestens mit 65 Jahren in Rente gehen, Frauen oft noch mit 60 Jahren. Norwegen etwa hat das gesetzliche Rentenalter auf 67 angehoben. Auch in Deutschland wird die Altersgrenze demnächst schrittweise auf 67 Jahre steigen.

Dies geschieht nicht etwa, weil der Staat einsieht, dass die heute 67-Jährigen im Schnitt viel gesünder und leistungsfähiger sind als früher und eine deutlich höhere Lebenserwartung haben. Die Altersgrenze wird nach politischen Kriterien festgesetzt. Über Jahrzehnte galt die gesetzliche Ruhestandsgrenze der deutschen Politik als wichtige Steuerungsgröße für den Arbeitsmarkt. Das Kalkül: Je länger die Arbeitsplätze von den Alten besetzt sind, desto länger stehen die Jungen auf der Straße. Doch der Arbeitsmarkt ist kein Nullsummenspiel. Nicht jeder Arbeitsplatz, den ein Älterer räumt, wird mit Jungen wiederbesetzt.

Dennoch hat die deutsche Politik von den siebziger bis in die neunziger Jahre versucht, das Rentenalter zur Beschäftigungsförderung einzusetzen und die Arbeitslosenstatistik zu schönen, indem ältere Arbeitslose vorzeitig in die Rente geschoben wurden. Zeitweilig lockte der Staat mit einer Vorruhestandsregelung schon 55-Jährige aufs Altenteil. Die Folge: Der durchschnittliche Rentenbeginn sank auf 59 Jahre. Erst vor wenigen Jahren wurden die Anreize zur Frühverrentung erheblich vermindert. Früher in Rente, später sterben – beides zusammen hat erheblich dazu beigetragen, dass das Rentensystem finanziell außer Balance geraten ist. Die Lebenserwartung der 65-Jährigen in Deutschland hat sich seit 1960 um drei Jahre bei Männern und viereinhalb Jahre bei Frauen erhöht.

Renten werden heute im Schnitt zwei Drittel länger gezahlt als 1960. Das lässt die Ausgaben nicht nur bedrohlich steigen, zugleich müssen die Kosten auch von immer weniger Beitragszahlern getragen werden.

Die Politik schaut daher mit neuen Augen auf die Altersgrenze. Angesichts der Ebbe in der Rentenkasse rückt das Arbeitsmarktargument endlich in den Hintergrund. Eine höhere Altersgrenze soll die Rentenfinanzen ins Lot bringen, verspricht sie doch eine doppelte Dividende: mehr Einnahmen und geringere Ausgaben.

Für Entscheidungsfreiheit

Meinungen zur Heraufsetzung des Rentenalters auf 67 Jahre (Prozent)

1) Bei entsprechenden Rentenzuschlägen oder -abschlägen.
Quelle: Bertelsmann-Stiftung (1001 befragte abhängig Beschäftigte, Mai 2006) / F.A.Z.-Grafik Heumann

Künftig soll also erst mit 67 Feierabend sein. Das Rentenrecht lässt aber – auch jetzt schon – die Möglichkeit, freiwillig länger zu arbeiten und dadurch höhere Rentenansprüche zu erwerben. Doch ist das eine eher theoretische Möglichkeit, von der kaum jemand Gebrauch macht. Denn in der Praxis hat der Beschäftigte meist keine Wahl: In Tarif- und Arbeitsverträgen haben Gewerkschaften und Arbeitgeber festgeschrieben, dass mit Erreichen des gesetzlichen Rentenalters tatsächlich Schluss ist. Das Arbeitsverhältnis endet automatisch. Daher sind in Deutschland nur noch vier Prozent der Männer über 65 erwerbstätig.

Diese Verschwendung von Erfahrung und Tatkraft lässt findige amerikanische Universitäten nicht ruhen: Sie locken deutsche Professoren, denen eine starre Pensionsgrenze die Ausübung ihres Berufs nach dem 65. Lebensjahr meist versperrt, über den Atlantik. Dort dürfen die ergrauten Eminenzen weiterforschen, zum Nutzen des amerikanischen Wissenschaftsbetriebs. Das hat Unruhe ausgelöst. Einzelne Bundesländer haben die Altersgrenzen angehoben. Und die Bundesbildungsministerin fordert, mittelfristig solle allein die Leistung, nicht ein bestimmtes Alter entscheiden, ob jemand an einer Universität arbeite.

Ein erstes, schönes Beispiel. Es räumt auf mit der Mär, Ältere seien weder leistungsfähig genug, um am Arbeitsmarkt gefragt zu sein, noch wollten sie länger arbeiten.

Der Staat, Dein Feind und Helfer

24 Warum brauchen wir einen Staat?

Thomas Straubhaar

Ein Blick nach Afrika macht klar, wieso wir einen Staat brauchen. In vielen afrikanischen Regionen herrschen Anarchie, Gewalt und Willkür. Es fehlt ein Staat, der die Rechte der Einzelnen vor den Übergriffen anderer schützt. Ohne Staat kann zwar jeder machen, was er will. Ohne Staat ist aber auch jeder ohnmächtig, seine Freiheit gegenüber anderen durchzusetzen. Es herrscht ein Kampf jeder gegen jeden.

Der Rechtsstaat überwindet die Schwäche der „failed states". Er beendet die Anarchie und sorgt für Rechtssicherheit. Grundlage ist ein Gegengeschäft: Menschen verzichten darauf, alles selber bestimmen zu können. Sie treten einen Teil ihrer Freiheitsrechte an den Staat ab. Dafür garantiert ihnen der Staat eine uneingeschränkte Ausübung des verbleibenden Teils der Freiheitsrechte.

Ohne starken Staat gibt es keine freien Märkte. Nur ein starker Staat kann individuelle Grund- und Freiheitsrechte verlässlich garantieren. Nur so lassen sich Eigentums- und Verhaltensrechte und damit die Funktionsfähigkeit offener und freier Märkte sichern. Dazu greift der Staat auf Gerichte, Polizei und Streitkräfte zurück. Sie sorgen für die innere und äußere Sicherheit, die seit Adam Smith als klassische Staatsaufgaben verstanden werden.

In einem weiteren Sinne braucht es den Staat auch, um Rechts-, Vertrags-, Handels- und Verkehrsregeln durchzusetzen. Er muss Grundbücher und

Entwicklung der Staatsausgaben

Deutschland im Vergleich (in Prozent des Bruttoinlandsprodukts)[1)]

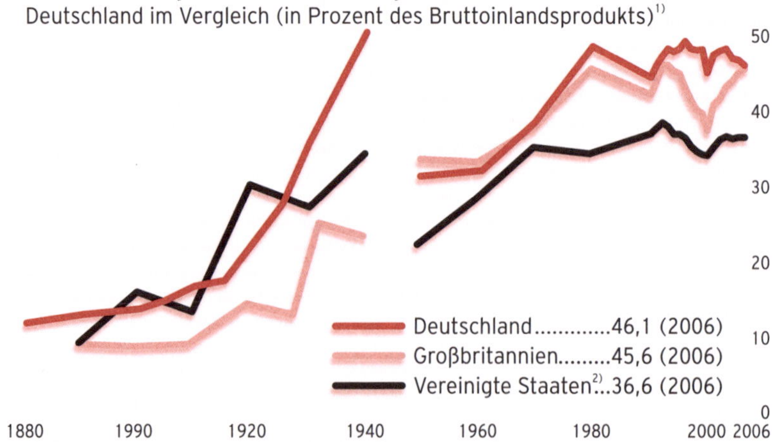

1) OECD-Schätzung für 2006. 2) Eingerechnet die Überschüsse staatlicher Unternehmen.
Quellen: Charles B. Blankart, Öffentliche Finanzen in der Demokratie; OECD/F.A.Z.-Grafik Brocker

Handelsregister führen oder Maße und Gewichte kontrollieren. Er soll Wettbewerb ermöglichen und Marktmacht verhindern.

Hat der Staat seine erste und wichtigste hoheitliche Aufgabe der Rechtsetzung und Rechtsprechung gut gelöst und sind die Menschen gegen Macht und Willkür geschützt, kann alles andere ruhig der freien Entscheidung der Unternehmer, Verbraucher, Arbeitgeber und Arbeitnehmer überlassen bleiben. Der Marktmechanismus sorgt dafür, dass die einen jeden Morgen die Schaufenster der Geschäfte von Neuem füllen und dass die anderen diese Dinge kaufen. Ohne hoheitlichen Zwang und ohne staatlichen Plan stimmt die unsichtbare Hand des Marktes Mengen, Preise, Sortimente und Qualität der Güter, die produziert werden, mit den Kundenwünschen ab. Keine von einer Zentralbehörde festgelegten Soll-Ziffern, sondern die Hoffnung auf wirtschaftlichen Erfolg und Gewinn motiviert die Händler.

Eine zweite Rechtfertigung für staatliches Handeln ist die Tatsache, dass sich nicht alle Güter so einfach wie Nahrungsmittel, Textilien, Möbel oder Autos handeln lassen. Für einige Bedürfnisse gibt es keinen Markt, etwa für die Landesverteidigung oder den Gerichtsvollzug. Für andere Güter und Dienstleistungen versagt der Markt, weil es doch zu mächtigen Monopolen kommt. Das ist vor allem dann der Fall, wenn Leistungen nur mit hohen Fixkosten erbracht werden können, so wie bei Eisenbahn, Post, Strom oder beim Festnetz fürs Telefon. Ebenso stößt ein freier Marktmechanismus an seine Grenzen, wenn das Tun des einen unerwünschte Rückwirkungen beim anderen hervorruft, etwa wenn die Luft verschmutzt wird.

Hier setzt der Leistungsstaat an. Er dient dazu, jene gemeinsamen Aufgaben zu erledigen, bei denen der Markt versagt und ein Angebot gar nicht, nicht in genügendem Maße oder nur mit ungewünschten Nebenwirkungen zustande kommt.

„Leistungsstaat“ bedeutet allerdings nicht, dass der Staat die Leistung auch selber erbringen muss. Meistens genügt es, wenn er durch Regulierungen, Anreize und Sanktionen lediglich dafür sorgt, dass Marktversagen verhindert wird oder fehlende Märkte neu geschaffen werden. So kann der Staat private Wachdienste dafür bezahlen, dass sie für die Sicherheit der Bürger sorgen. Er kann Private beauftragen, Bahn, Post, Flughäfen, Schulen und Theater zu betreiben.

Aber staatliches Handeln schafft auch neue Probleme. So fehlen in Staatsbetrieben wichtige Anreize, Kosten zu senken, da in der Regel Defizite durch den Staat übernommen werden. Zudem sind staatliche Tätigkeiten meist vor dem harten Wind des Wettbewerbs geschützt. Es fehlen Konkurrenten, die zu ständiger Leistungssteigerung zwingen. Hinzu kommt: Bei einem öffentlichen Monopolbetrieb fehlt ein objektiver Vergleichsmaßstab für seine Leistung. Wie lässt sich ermitteln, ob

61 Prozent für Arbeit, Rente und Zinsen

Bundesetat 2007 (in Milliarden Euro)

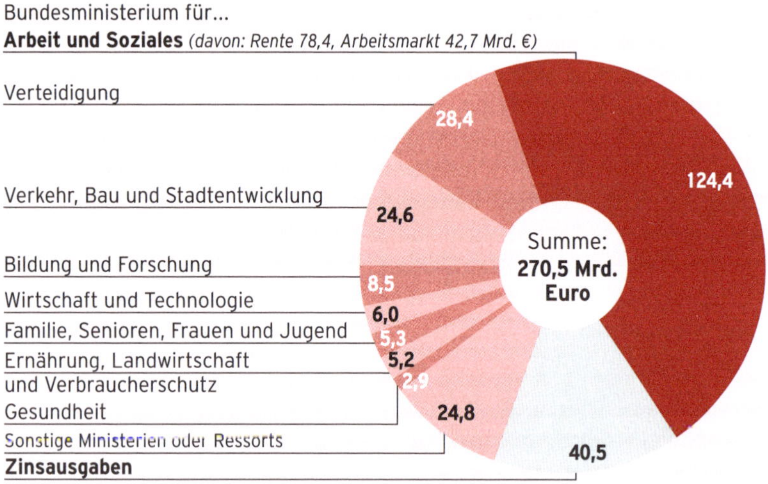

Quelle: Bundesregierung/F.A.Z.-Grafik Brocker

Bahn, Post oder die Universitäten zu teuer sind, wenn die Benutzer keine Alternative kennen?

Staatsbetriebe haben zu guter Letzt Ziele zu erfüllen, welche nicht selten dem Prinzip der Gewinnmaximierung zuwiderlaufen. Dazu zählen Versorgungssicherheit, Sicherstellung strategischer Ressourcen, Beschäftigungspolitik und Preiskontrollen. Wägt man Marktversagen und Staatsversagen gegeneinander ab, wird deutlich, dass der öffentliche Sektor heute wesentlich größer ist, als er aufgrund einer Korrektur des Marktversagens sein müsste.

Schließlich liefert die Gerechtigkeit einen dritten Rechtfertigungsgrund für den Staat. Der Markt sorgt nicht für eine gerechte Einkommensverteilung. Er verteilt Einkommen nach Leistung und nicht nach Bedarf. Aus gesellschaftspolitischen Gründen ist daher eine Umverteilung durch den Staat angezeigt.

25 Warum müssen wir Steuern zahlen?

Rainer Hank

Der Staat langt zu, wo er nur kann: An einem Liter Benzin, den der Autofahrer für 1,20 Euro an der Tankstelle zapft, verdient der Fiskus 75 Cent. Von einem neuen Mercedes, der den Bürger beim Händler 30.000 Euro kostet, nimmt sich der Staat demnächst 5700 Euro. Und wenn dieser Bürger, der ohnehin schon 42 Prozent seiner nächsten Lohnerhöhung dem Staat überlässt, mit ein bisschen Glück an der Börse 500 Euro Kursgewinne einstreicht? Dann muss er davon abermals 125 Euro an den Finanzminister überweisen.

„Nichts lernt eine Regierung so rasch von einer anderen wie die Kunst, Geld aus den Taschen der Leute zu ziehen“, schrieb der Ökonom und Moralphilosoph Adam Smith vor über 200 Jahren. Der Staat verhält sich wie ein Dieb. Und schämt sich dafür noch nicht einmal. Er raubt den Bürgern ihr Eigentum. Das nennen wir Steuer.

Zwar ärgern sich viele Menschen über die Höhe der Abgaben und ersinnen Auswegstrategien. Sie tragen ihr Geld über die deutsche Grenze ins Kleinwalsertal und investieren in steuersparende Filmfonds. Doch woher nimmt der Staat überhaupt das Recht, Steuern einzuziehen?

Thomas von Aquin (1225 bis 1274), der große Theologe des Mittelalters, hat die Legitimationsfrage gestellt. „Kann Raub ohne Sünde geschehen?“ Die Antwort ist klassisch: „Wenn die Fürsten von ihren Untergebenen verlangen, was ihnen gemäß der Gerechtigkeit geschuldet ist, um das Gemeinwohl zu erhalten, so ist das kein Raub, selbst wenn Gewalt angewendet

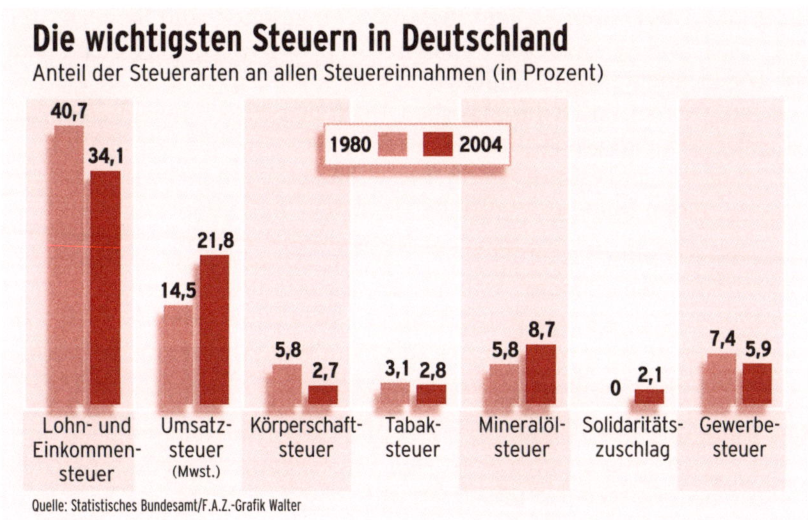

wird. Wenn aber die Fürsten etwas, was ihnen nicht geschuldet ist, mit Gewalt erpressen, so ist das Raub, genau wie jede andere Räuberei."

Der Staat braucht Geld. Aber brauchen wir einen Staat? Ja, meint Thomas von Aquin: Denn der Staat hat einen Gemeinwohlauftrag, welcher der Gerechtigkeit gehorchen muss. Das bedeutet: Der Staat muss die Einnahmen aus seinen Aufgaben begründen. Er muss nachweisen, dass nur er diese Aufgaben erfüllen kann. Alles andere ist sündhafte Abzockerei. Wenn die deutsche Abgabenordnung Steuern aber als „Zwangsabgaben ohne Gegenleistung" definiert, dann lässt sich damit jeder Griff in die Tasche der Bürger rechtfertigen.

Besser ist es, Steuern als Preise für öffentliche Leistungen zu betrachten. Diese Leistungen werden von den Bürgern nachgefragt. Öffentliche Güter und Dienstleistungen (die moderne Übersetzung der Gemeinwohlverpflichtung) sind immer dann geboten, wenn alle Menschen von einem Gut profitieren und niemand von dessen Nutzen ausgeschlossen werden kann – auch wenn er nicht dafür bezahlt hat.

Würden Soldaten und Polizei nicht durch staatliche Zwangssteuern finanziert, genössen Trittbrettfahrer den gleichen Schutz wie die ehrlichen Zahler, weil die Panzer schwerlich nur das Leben der freiwillig zahlenden Bürger verteidigen können. Neben der inneren und äußeren Sicherheit und einem stabilen Rechtssystems, welches Privateigentum und Vertragsfreiheit schützt, scheint offenbar auch die Umverteilung von Reich zu Arm ein öffentliches Gut zu sein.

Alle Menschen möchten gerne, dass die Gesellschaft ihnen finanziell unter die Arme greift, wenn sie in Not geraten. Da sie sich aber nicht sicher sind, ob sie selbst freiwillig zum barmherzigen Samariter taugen, wenn ein anderer in Not gerät, billigen sie dem Staat bei den Verteilungsgefechten einen Zwangszugriff zu. So gesehen sind Steuern (und Abgaben) eine Art Schicksalsversicherung: Wer weiß, auf welche Seite das Leben mich einmal spülen wird? Im Notfall habe ich mit meinen Steuern Anrechte auf Hilfe erworben. Doch hier wird es heikel. Denn wie jede Versicherung verführt ein Steuersystem zu Mitnahmeeffekten. Rationale Bürger kalkulieren nüchtern, ob sie sich nicht besser arm stellen, um in den Genuss steuerlicher Transfers zu kommen.

Je leistungsfeindlicher ein Steuersystem ist, umso mehr Arme wird es in diesem Staat geben. Mehr noch: Die Leistungsträger werden alles daransetzen, dem Zwangszugriff des Staates zu entwischen, und auswandern, während es für Arme (und alle, die sich dafür halten) attraktiv ist, in einen großzügig umverteilenden Staat einzuwandern.

Das stranguliert den Staat. Noch der blutsaugendste diktatorische Staat muss es sich dreimal überlegen, wie viel Eigentumsanteile seiner leistungsfähigen Bürger er konfiszieren will. „Wann die Hüner gar geschlacht werden, so legen sie nimmer Eyer", wusste der Kaiserliche Rat und Ökonom Jacob Bornitz schon 1612. Irgendetwas muss der Staat seinen Bürgern schon lassen, wenn er ihnen künftig noch etwas nehmen will.

Das ist, im Übrigen, auch ein Argument dafür, weshalb staatliche Leistungen, die sich nicht aus Steuern finanzieren (sondern wie im Orient aus den Einnahmen sprudelnder Ölquellen), gegen den ersten Anschein nicht das Paradies für die Bürger sind. Denn in solchen Staaten hat die Regierung kein Eigeninteresse am wirtschaftlichen Wohlergehen der Menschen, und den Eliten macht die Armut der Massen wenig zu schaffen.

Die Frage, welches das optimale Besteuerungsniveau ist, wurde historisch sehr unterschiedlich beantwortet. Der französische Ökonom Paul Leroy-Beaulieu nannte Ende des 19. Jahrhunderts ein Besteuerungsniveau von fünf bis sechs Prozent des Bruttoinlandsprodukts „moderat", alles über 12 Prozent dagegen „exorbitant". Die Staatsausgaben (zu denen neben den Steuern noch Schulden und Sozialabgaben zählen) betrugen bis zum Ersten Weltkrieg in Deutschland nicht mehr als 15 Prozent des Bruttosozialprodukts. Erst in der Nachkriegszeit des 20. Jahrhunderts schnellte die Staatsquote auf 50 Prozent. Das kann man, je nach Standpunkt, als konfiskatorisch geißeln oder als Erfolg des Sozialstaats preisen.

Doch nach welchen Grundsätzen soll der Staat seine Bürger besteuern? Auf diese Fragen haben demokratische Gesellschaften keine vorgeprägten Antworten. Unter Effizienzgesichtspunkten spräche alles für eine Pauschale (Kopfsteuer) für alle: Diese Steuer unterdrückt weder die Leistungsmotivation, noch provoziert sie Umgehungsstrategien. Steuerberater wären überflüssig, die Finanzämter könnten durch Computer ersetzt werden. Bloß gerecht fänden eine solche Kopfsteuer die wenigsten, vermutlich noch nicht einmal die Reichen.

Preise für öffentliche Leistungen können durchaus unterschiedlich für unterschiedliche Bürgergruppen ausfallen. Bildung und Kultur konsumieren die Reichen bekanntlich intensiver als die Armen, Polizeischutz wahrscheinlich auch. Steuern können folglich proportional oder progressiv ausfallen. Und beides kann gerecht sein. Darüber müssen die Bürger befinden. Doch ist es alles andere als ausgemacht, dass Mehrheitsentscheidungen zu gerechten Ergebnissen führen. Denn zahlenmäßig große Mittelschichten neigen dazu, die kleine Minderheit der Reichen zu schröpfen und ihren eigenen Neid als politische Gerechtigkeitsentscheidung zu tarnen.

Politiker wollen sich gerne mit Steuergeschenken und Subventionen wahlentscheidende Minderheiten gefügig machen. Die „Tyrannei der zufälligen Majorität" (Knut Wicksell) ist deshalb kein Garant für ein gerechtes Steuersystem.

26 Warum fördert der Staat Familien?

Winand von Petersdorff

Der Staat fördert Familien, weil es nützt. Wem es nützt, ist noch herauszufinden. Erst einmal gilt, dass staatliche Hilfen grundsätzlich eine elegante Form des Stimmenkaufs sind. Politik kann als Unterfangen von Politikern gedeutet werden, Wählern mit Zuwendungen gefällig zu sein, um die Wiederwahl zu erleichtern und den eigenen Nutzen zu mehren. Das muss man nicht skandalisieren, das ist so angelegt in der Demokratie.

Elegant sind Staatshilfen, weil Politiker über das Geld anderer Leute entscheiden, die Zuwendungen aber ihnen persönlich nützen. In der Familienpolitik kommt noch die Weihe durch das Grundgesetz, das die Familie unter den besonderen Schutz des Staates stellt. Diese Schutzvorschrift ist eine deutsche Besonderheit.

Schon 1953 machte Bundeskanzler Konrad Adenauer die Familienpolitik ministrabel. Franz-Josef Wuermeling, ein gläubiger Katholik und Vater von fünf Kindern, wurde als Minister für Familienfragen berufen und blieb bis 1962 im Amt. Er verkörperte das katholisch-soziale Denken von der Familie als Keimzelle der Gesellschaft in der Union und im Kabinett. In Erinnerung geblieben ist von dieser Amtszeit der „Wuermeling-Pass“, mit dem Kinder großer Familien zum halben Preis Bahn fahren konnten. Von 1955 an gab es vom dritten Kind an Kindergeld in Höhe von 25 D-Mark. Von 1961 an erhielten Familien schon für das zweite Kind Kindergeld. Zudem wurde unter Wuermeling nach und nach der steuerliche Freibetrag auf 1.200 D-Mark erhöht.

Für die politökonomische Deutung spricht, dass Familien im Nachkriegsdeutschland das klassische Lebensmodell verkörperten, das auch ohne Förderung gelebt wurde. Alle waren auf Familie aus. Das Lebensmodell des Singles galt als skurril. Kinderlosigkeit bei Verheirateten wurde zumeist auf medizinische Gründe zurückgeführt. Frauen von 15 bis 45 Jahre hatten 1960 im Schnitt 2,3 Kinder, 1965 sogar 2,5, heute dagegen 1,3. Unter diesen Bedingungen fühlte sich nahezu jeder als Familie. Die Förderung beglückte viele.

Sie hatte (und hat) eine hohe Akzeptanz in der Bevölkerung. Dass den Menschen das Geld vorher über Steuern entwendet wurde, liegt unterhalb der Fühlbarkeitsschwelle. Eine mögliche alternative Politik, sich nur auf besonders bedürftige kinderreiche Familien zu konzentrieren, hätte den Politikern weniger genützt.

Die Zielrichtung der Familienpolitik wandelte sich im Laufe der Jahre, ohne je eindeutig greifbar zu werden. Minister Wuermeling sah

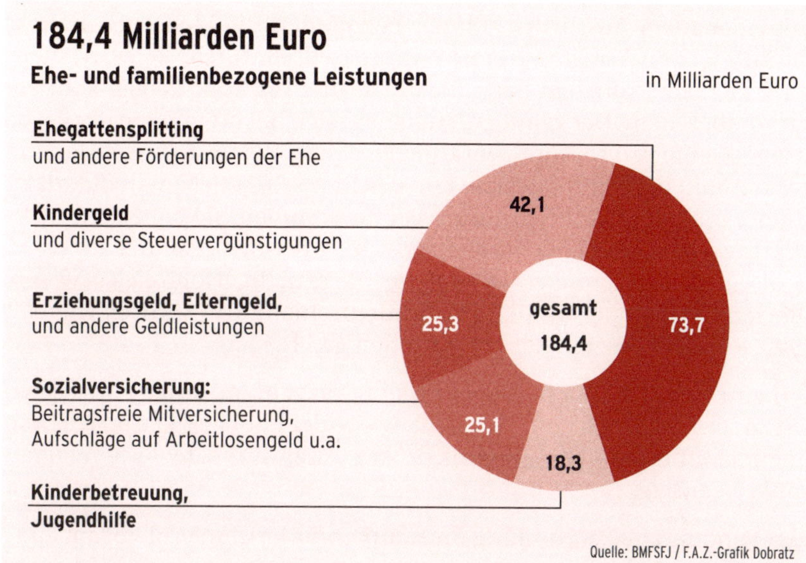

Erwerbsarbeit als große Last für Frauen an. Frauen gingen nach dieser Sichtweise nur deshalb arbeiten, um Not zu vermeiden oder zu lindern. Staatliche Zuwendungen waren deshalb ein Versuch, die Frauen von der Last der Erwerbsarbeit zu befreien.

Eine schärfere Deutung liefert die Emanzipationsforschung. In den letzten Kriegsjahren und in der Nachkriegszeit hatten Frauen gezwungenermaßen Männerpositionen bezogen, weil die Männer im Feld standen, gefallen oder in Gefangenschaft waren. Familienpolitik war demzufolge der Versuch, die Frauen wieder heimzuschicken, bevor sie Geschmack an beruflicher Selbstverwirklichung, den neuen sozialen Kontakten und einer neuen Rolle in der Gesellschaft fanden. In Ländern wie den Vereinigten Staaten, wo Familienlastenausgleich eine geringere Rolle spielte, war und ist die Frauenerwerbsquote höher als in Westdeutschland. Zu diesem Bild passt, dass in jener Zeit auch deutsche Arbeitsschutzvorschriften speziell für Frauen verschärft wurden, unter anderem das Nachtarbeitsverbot.

Für die deutsche Familienpolitik blieb eine großzügige Förderung im Steuer- und Transferrecht charakteristisch. Gleichzeitig aber gibt es eine hohe steuerliche Grenzbelastung des Zweitverdieners. Dadurch verfestigte sich das Einverdiener-Familienmodell. Heute will die Familienpolitik es Frauen erleichtern, trotz Erwerbsarbeit Kinder zu haben, und Väter ermuntern, in der Kindererziehung Verantwortung zu übernehmen. Gleichzeitig wirkt das alte familienpolitische Denken in alten Regelungen fort. Ein Mischmasch ist die Folge.

Ein Ziel verfolgte Familienpolitik am Anfang nicht: Menschen zum Kinderbekommen zu stimulieren. Man kam gar nicht auf den Gedanken. Es galt Adenauers Ausspruch, Kinder bekommen die Menschen immer. Die Pille war noch nicht verbreitet, ihre gesellschaftliche Relevanz nicht vorhersehbar. Trotzdem hätte die Förderung Wirkung zeigen können, hat sie aber nicht. Der Familienlastenausgleich hat offenbar in der Bevölkerung keine große Anreizwirkung entfaltet. Wenn man Familienförderung und die Reproduktionsrate der Deutschen nebeneinanderlegt, könnte man oberflächlich zum Ergebnis kommen, sie habe kontraproduktiv gewirkt. Wird die Familienpolitik als Versuch gedeutet, die Familie als Einheit zu schützen, so ist sie ebenfalls nicht erfolgreich gewesen. Die Scheidungsrate hat sich in Westdeutschland fast verdreifacht seit 1970. Rund 45 Prozent der Ehen werden geschieden.

Ohnehin scheint die Familienpolitik in Deutschland lange etwas gewesen zu sein, was man einfach macht, wie es der Publizist Warnfried Dettling formulierte. Ihre Wirksamkeit zu messen war schwierig mangels konkreter Ziele.

Als ökonomische Begründung für Familienförderung verbleibt am Ende noch die Möglichkeit, sie als Internalisierung eines externen Effektes zu deuten. Von Kindern profitiert die Gesellschaft, während sie für Eltern auch eine Last sind. Damit Eltern überhaupt und sogar mehr Kinder bekommen, werden sie subventioniert.

Grundgesetz Artikel 6

1 Ehe und Familie stehen unter dem besonderen Schutze der staatlichen Ordnung.

2 Pflege und Erziehung der Kinder sind das natürliche Recht der Eltern und die zuvörderst ihnen obliegende Pflicht. Über ihre Betätigung wacht die staatliche Gemeinschaft.

3 Gegen den Willen der Erziehungsberechtigten dürfen Kinder nur auf Grund eines Gesetzes von der Familie getrennt werden, wenn die Erziehungsberechtigten versagen oder wenn die Kinder aus anderen Gründen zu verwahrlosen drohen.

4 Jede Mutter hat Anspruch auf den Schutz und die Fürsorge der Gemeinschaft.

5 Den nichtehelichen Kindern sind durch die Gesetzgebung die gleichen Bedingungen für ihre leibliche und seelische Entwicklung und ihre Stellung in der Gesellschaft zu schaffen wie den ehelichen Kindern.

27 Warum mögen die Menschen Reformen nicht?

Thomas Straubhaar

Übergewicht? Schlafstörungen? Zu viel Stress? Menschen wissen sehr oft, was die beste Lösung für ihre Probleme wäre. Dennoch zögern sie, das Richtige zu tun: Essgewohnheiten umzustellen, Sport zu treiben oder mit der Partnerin zu reden. Obwohl es langfristig besser wäre, vertraute Lebens- und Verhaltensweisen zu verändern, ist es sehr menschlich, vorerst im alten Trott zu verharren. Menschen halten lieber am Status quo fest. So wird dann abends weiter das gewohnte Bier über den Durst getrunken, obgleich anderntags hierfür ein hoher Preis zu zahlen ist. Oder anstatt joggen zu gehen, bleibt man vor dem Fernseher sitzen. Das auf den ersten Blick fragwürdige bis irrationale Verhalten lässt sich vernünftig erklären.

Menschen lieben die Gegenwart mehr als die Zukunft (hier liegt ja auch die ökonomische Rechtfertigung für den Zins). Sie tun, was ihnen heute Spaß macht, und vermeiden Aktivitäten, die ihnen missfallen, selbst wenn sich der Verzicht morgen lohnen würde. Das Glück des gegenwärtigen Zustands wird bevorzugt, weil das Ergebnis bekannt ist, während Nutzen und Kosten von Veränderungen in weiter Ferne liegen und unsicher sind.

Natürlich lassen sich Unkenntnis und Unsicherheit verringern, indem man sich gut informiert, die Vor- und Nachteile verschiedener Möglichkeiten abwägt und wenig berechenbare Optionen verwirft. All dies verursacht jedoch Kosten, die heute zu tragen sind, während der Nutzen erst später anfällt.

Ebenso entstehen aus der Trennung von liebgewonnenen Verhaltensweisen sowohl ökonomische wie auch emotionale Kosten, also Ängste und Sorgen. Das gilt übrigens nicht nur für sehr persönliche Entscheidungen. Es gilt auch für ganz nüchterne Überlegungen. Denn verblüffenderweise behalten viele Kleinanleger Aktien in ihren Depots, die sie zum Tagespreis niemals kaufen würden. Sie verkaufen nicht, weil sie sich den Verlust gegenüber dem Einstandspreis nicht eingestehen wollen.

Das Festhalten am Status quo, Veränderungsängste und Trennungsschmerz sind auch für gesellschaftliche Prozesse kennzeichnend. So gibt es sehr oft viel Zustimmung dafür, dass etwas getan werden müsse, um bestimmte Probleme zu lösen. Ob das nun die Lohnnebenkosten, das soziale Sicherungssystem oder die Steuern betrifft. Obwohl der Handlungsbedarf unbestritten ist, geschieht im politischen Tagesgeschäft wenig. Oft scheitern kluge Ideen nicht an einem Erkenntnisproblem, sondern an der Umsetzung.

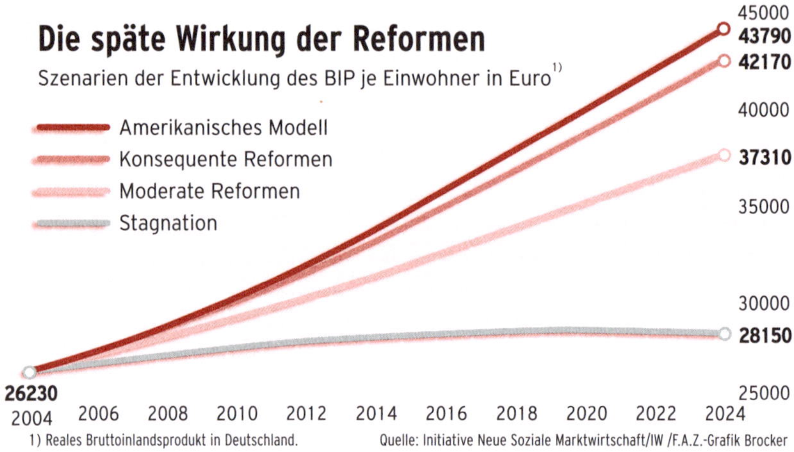

Es geht oft weniger darum, was in einer Gesellschaft gemacht werden sollte, sondern um die Frage, wer es tatsächlich tut. So wie bei den Mäusen, die alle der Meinung sind, es wäre die beste aller Welten, wenn Katzen Glocken trügen, aber offen bleibt, welche Maus der Katze die Glocke umhängt.

Menschen haben trotz aller kurzfristiger Versuchungen eine Chance, Bequemlichkeit und eigene Schwächen zu überwinden und an langfristigen Absichten festzuhalten. Das Zauberwort heißt Selbstbindung. So, wie sich Odysseus an den Mast seines Schiffes binden ließ, um nicht dem Lockruf der Sirenen zu verfallen, müssen sich Menschen mit ungenügender Selbstdisziplin eine starke Selbstbindung auferlegen.

Um gar nicht erst in Versuchung zu kommen, Veränderungen in weite Ferne zu schieben, müssen fixe Termine, etwa für eine Zahnbehandlung, vereinbart werden. Wer auf Diät ist, darf kein Eis im Kühlfach lagern. Wer regelmäßig Sport treiben möchte, soll sich fest mit Kollegen verabreden.

In der Politik ist es schwieriger, gegen kurzfristige Interessen und Versuchungen mit klugen langfristigen Plänen erfolgreich zu sein. Nur wenn es gelingt, die Bevölkerung von einem Festhalten am Status quo und der Vorliebe für kurzfristige Vorteile abzubringen, haben Reformen eine Chance. Denn in der Politik zählt nicht, was langfristig ökonomisch richtig ist. Es zählt, was kurzfristig mehrheitsfähig ist.

Und wie bei den Mäusen die Katze nur dann eine Glocke tragen wird, wenn sich eine Maus zum Heldentum berufen fühlt, wird in der Politik nur dann eine Veränderung eintreten, wenn sich für die Parteien und ihre Politiker politischer Heldenmut lohnt und „mehr" Reformen auch bessere Erfolgschancen bei den nächsten Wahlen bedeuten.

Diese Forderung zu erfüllen ist alles andere als einfach. Denn Reformzyklen folgen einer anderen, weit längeren Periode als Wahlzyklen. Bis Reformen greifen, dauert es Jahre, nicht Monate. Die Kosten einer Veränderung jedoch werden meist rasch sichtbar, beispielsweise in einem Wegfall von Jobs durch den Verzicht auf Protektion.

Die viel stärkeren positiven Folgen, etwa in einer verbesserten internationalen Wettbewerbsfähigkeit, die zu viel mehr neuen Jobs in neuen Bereichen führt, werden hingegen erst später wirksam. Zudem sind sie zum Zeitpunkt einer politischen Weichenstellung für oder wider eine Reform, beispielsweise einen Verzicht auf Protektion, für die einzelnen Menschen noch unsicher. Wer weiß schon wirklich, wie sich eine Reform auf die persönliche Situation auswirkt? Die Unsicherheit über wenig bekannte Reformfolgen führt dazu, dass weite Teile der Bevölkerung dem Status quo den Vorzug geben.

Ein Weiteres kommt dazu: Die Vor- und Nachteile von Reformen sind nicht gleichmäßig über die gesamte Bevölkerung verteilt. Im Gegenteil sind wenige von Veränderungen stark und viele schwach betroffen.

Gegen die Kurzsichtigkeit partikularer Interessengruppen eine Politik der Langfristigkeit durchzusetzen ist nichts für schwache Politiker, sondern etwas für starke politische Führungskräfte. Sie müssten auf der Suche nach besseren Wahlchancen oder Macht und Prestige der Meinung sein, dass sie bei Veränderungen mit der Unterstützung der Bevölkerungsmehrheit rechnen können.

Das bedingt, dass einer immer breiter werdenden Öffentlichkeit bewusst wird, dass es ihr ohne grundlegende Strukturänderungen früher oder später wesentlich schlechter gehen wird. Nur wenn in weiten Teilen der Bevölkerung die Überzeugung wächst, dass die Wohlfahrtskosten der Verzögerung einer Reform höher sind als die Kosten einer Veränderung, werden charismatische Persönlichkeiten bereit sein, erst in der langen Frist wirkende Maßnahmen auf den Weg zu bringen.

Charismatisch meint dabei den Mut, Reformen ohne Angst vor Konflikten standfest gegen alle noch so lauten Proteste zu einem erfolgreichen Ende zu führen. So wie es Winston Churchill formuliert hat: „The politician thinks of the next election, the statesman considers the next generation."

28 Warum gibt es so viele unterschiedliche Steuern?

Heike Göbel

Seit je erweist sich die Politik als erfindungsreich, wenn es darum geht, ans Geld der Bürger zu kommen. Das muss sie auch: Denn diese fordern zwar Leistungen vom Staat, sind aber in der Regel keine begeisterten Steuerzahler, sondern erprobt im Vermeiden der Abgaben. Um Fluchtwege zu versperren und Proteste zu begrenzen, knüpft die Steuer mal sichtbar, mal unsichtbar an vielen Ecken und Enden des Lebens an.

Der deutsche Steuerzahler hat es mit annähernd vierzig Steuerarten zu tun, etwa so viele listet das Steuerlexikon des Bundesfinanzministeriums auf, von „Alkopops" bis „Zweitwohnungsteuer". Ein Teil der Vielfalt erklärt sich schon daraus, dass Deutschland föderal aufgebaut ist. Alle drei staatlichen Ebenen – Bund, Länder und Gemeinden – haben das Recht, Steuern zu erheben.

Die bedeutenden Steuern werden von Bund und Ländern meist gemeinsam und einheitlich für das ganze Land festgesetzt, lediglich die Kommunalsteuern sind örtlich unterschiedlich. Was eine Steuer ist, regelt die Abgabenordnung: Danach sind Steuern Geldleistungen, die der Bürger an den Staat zahlt, ohne dafür eine besondere Gegenleistung zu bekommen. Die Gebühr für den Reisepass ist also keine Steuer. Das Recht, Steuern zu erheben, steht seit alters auch den Kirchen zu. Steuerpflichtig sind die Mitglieder der Kirche, der Staat zieht die Steuer in ihrem Auftrag ein. Komplizierter ist es mit der Europäischen Union. Sie verfügt nicht über ein echtes Besteuerungsrecht, sondern erhält einen Anteil am Steueraufkommen der Mitgliedsländer. Allerdings darf sie bestimmte Agrarabgaben festsetzen.

Die wichtigsten Einnahmequellen des deutschen Fiskus sind schnell aufgezählt: Rund 90 Prozent des staatlichen Steueraufkommens entfallen auf die unterschiedlichen Spielarten der Einkommen- und Gewinnsteuer, auf die Umsatzsteuer sowie auf die Mineralöl- und die Tabaksteuer.

Weil Erträge auf verschiedene Weise erwirtschaftet werden und der Staat möglichst alle Einkünfte erfassen will, gibt es viele verschiedene Wege, um dies zu tun: Über die Körperschaftsteuer werden die Gewinne der Konzerne (in der Rechtsform der Kapitalgesellschaft) besteuert.

Der Einkommensteuer unterliegen Arbeitnehmer, Selbständige und Gewerbetreibende. Die Lohnsteuer, die der Arbeitgeber für die Beschäftigten abführt, ist dabei keine eigene Steuer, sondern nur eine Vorauszahlung der Einkommensteuer. Ähnliches gilt für Kapitalertragsteuer

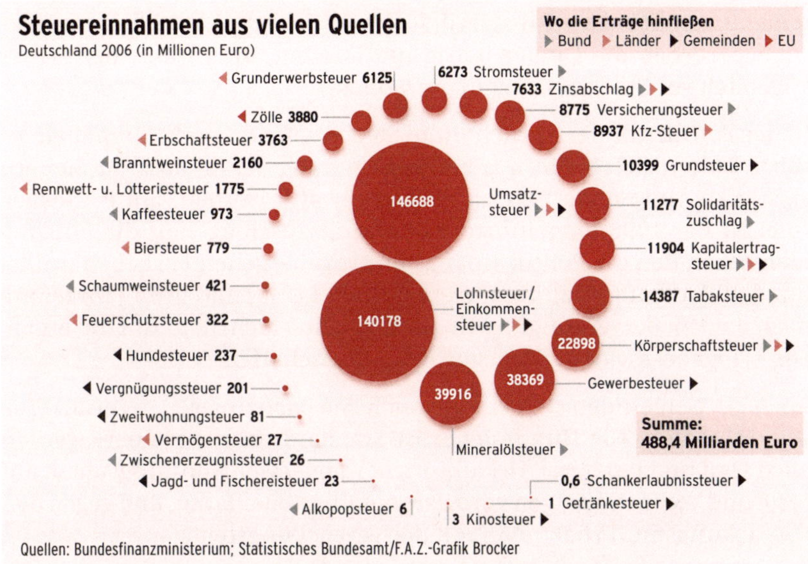

und Zinsabschlag, mit dem Sparerträge besteuert werden. Auch hier erfolgt am Jahresende ein Ausgleich, die gesetzliche Grundlage ist stets das Einkommensteuergesetz.

Nicht zuletzt gibt es als deutsche Besonderheit die Gewerbesteuer. Damit schöpfen die Kommunen ihren Anteil an den Gewinnen der Unternehmen extra ab, obwohl sie außerdem einen Teil der Einkommensteuer von Bund und Ländern bekommen. Würde der Staat nur auf die Einkommen und Gewinne zugreifen, zahlten viele Bürger keine Steuern, auch Touristen und Geschäftsleute aus dem Ausland fielen als Steuerzahler aus. Deswegen wird zusätzlich der Konsum besteuert, oft sogar mehrfach. An nahezu jedem Verkauf an einen Endverbraucher ist der Staat über die Mehrwertsteuer beteiligt. Der volle Satz beträgt 19 Prozent, für Lebensmittel und manche anderen Güter des täglichen Bedarfs werden sieben Prozent fällig. Der Verkäufer führt die Steuer ab, der Kunde merkt davon kaum etwas.

Das ist aber noch nicht alles. Bestimmte Güter werden mit weiteren Verbrauchsteuern belegt: Bier, Kaffee, Schaumwein, Alkopops, Tabak, Mineralöl und Strom unterliegen zusätzlichen Steuern. Diese Zusatzsteuern rechtfertigt die Politik nicht in erster Linie mit ihrem Einnahmebedarf, sondern stellt andere Zwecke in den Vordergrund. Die Mineralölsteuer soll zum sparsamen Umgang mit Energie anhalten und dem Klimaschutz dienen, ebenso die Stromsteuer. Steuern auf alkoholhaltige Getränke und Tabak werden mit dem Argument des Gesundheitsschutzes verteidigt. Spielbankabgabe, Vergnügungsteuer und Rennwett- und Lotteriesteuer beugen angeblich der Spielsucht vor. Auf diese Motive sollte man nicht zu viel geben: Der Anbau des gesundheitsschädlichen Tabaks wird staatlich subventioniert. Und als Lotteriebetreiber werben die Länder heftig um Kunden, die sie mit der Steuer angeblich vor Spielsucht schützen wollen.

In der Politik gilt der Spruch: „alte Steuer, gute Steuer". Einmal eingeführt, halten sich Steuern zäh. Das liegt auch daran, dass für Steuern gern verharmlosende Bezeichnungen gewählt werden. Ein Paradebeispiel ist der 1995 eingeführte „Solidaritätszuschlag" auf die Einkommensteuer, den die Politik anfangs nur vorübergehend erheben wollte, um den Aufbau Ost zu finanzieren. Doch auch rund zwei Jahrzehnte nach der Wiedervereinigung findet sich keine Mehrheit, um die Ergänzungsabgabe, die dem Bund zufließt, abzuschaffen.

Auch die Gemeinden sind einfallsreich. Sie partizipieren gerne an Freizeitaktivitäten: Die Hundesteuer ist Standard, gern besteuert werden auch Jagd und Fischerei, Urlaubsorte fordern Zweitwohnungsteuer, auf Feste und Veranstaltungen wird Vergnügungsteuer fällig, und gegen den Verpackungsmüll rückt man mit der Verpackungsteuer vor.

Nicht immer steht der Aufwand dieser Bagatellsteuern im Verhältnis zu den Einnahmen. Das ist auch der Grund, warum sich bisweilen doch ein Finanzminister aufrafft, auf die eine oder andere unrentable Steuer zu verzichten. CSU-Bundesfinanzminister Theo Waigel verwies stets stolz darauf, sieben Steuern abgeschafft zu haben. Seither sind Börsenumsatzsteuer, Gesellschaftsteuer, Wechselsteuer, Leuchtmittel- und Salzsteuer sowie die Steuer auf Tee und Zucker Geschichte.

Auch auf das Zündwarenmonopol verzichtet der deutsche Staat, das Branntweinmonopol hingegen hält sich hartnäckig. Die Vermögensteuer auch. Das Verfassungsgericht hat sie zwar in ihrer geltenden Form verworfen, so dass sie seit 1997 nicht mehr erhoben wird. Das Gesetz ruht aber lediglich in Erwartung, dass sich irgendwann doch eine begehrliche Regierung findet, die die Vermögensteuer wieder zum Leben erweckt.

29 Warum machen Bund und Länder Schulden?

Heike Göbel

Staaten machen Schulden, weil Regierungen ihren Bürgern Wünsche erfüllen wollen, auch wenn dafür kein Geld da ist, oder sie ihnen die Kosten nicht zumuten wollen. Die Schuldenberge reicher Industrieländer wie Deutschland sind keine Folge existentieller Nöte, die gelindert werden müssten. Sie sind Ausfluss einer Politik, die nach dem Motto handelt: „Sofort genießen, später zahlen."

Dieses Prinzip verlockt nicht nur den kleinen Mann zum Ratenkredit, es funktioniert beim Staat. Besonders gut funktioniert es im deutschen Föderalsystem, weil hier Bund und Länder für die Schulden, die jeder von ihnen macht, letztlich gemeinsam haften. Und während der kleine Mann weiß, dass er sich später selber krummlegen muss, um Zins und Tilgung zu leisten, häufen deutsche Regierungen Kredit auf Kredit. Dabei hoffen sie, dass sie nicht mehr im Amt sind, wenn die Zinslast später groß ist und unpopuläre Steuererhöhungen anstehen – oft genug hoffen sie das zu Recht. Die politische Zeche begleichen die Verursacher hoher Defizite nur selten.

Solange ein Staat seine Zinsen pünktlich zahlt, ist der Kredit der einfachste, schnellste, kalkulierbarste und politisch gangbarste Weg, an Geld zu kommen. Regierungen müssen nicht nachweisen, wofür sie das Geld brauchen und ob die Projekte, in die sie investieren wollen, wirtschaftlich sinnvoll sind. Kapitalgeber finden sich, solange die Bonität des Landes außer Zweifel steht, solange die Gläubiger also mit gewissenhaftem Schuldendienst rechnen können. Erst wenn Zweifel an der Bonität aufkommen, wird es kritisch: Dann kann der Kapitalmarkt über Nacht sein Vertrauen entziehen und das Land in eine Krise stürzen.

Deutschlands Kreditwürdigkeit steht bisher außer Frage. Wenn sich die Regierungen von Bund und Ländern verschulden wollen, haben sie darum keine Schwierigkeiten, Geldgeber zu finden. Sie brauchen nur die Genehmigung ihrer Parlamente. Dort verfügen sie in der Regel über gesicherte Mehrheiten, so dass der Rahmen für neue Kredite meist zusammen mit dem Haushaltsgesetz eines Jahres beschlossen wird. Probleme tauchen allenfalls dann auf, wenn sich in Koalitionsregierungen die beteiligten Parteien nicht darüber einig sind, wie viel neue Schulden sie aufnehmen wollen.

Steuererhöhungen lassen sich dagegen schwieriger durchsetzen. Anders als die Kreditaufnahme kann eine Regierung Steuererhöhungen nicht im Alleingang beschließen – jedenfalls dann nicht, wenn sie auf besonders ergiebige Ertragsquellen wie die Mehrwert- oder die Einkommensteuer zielt. Das Grundgesetz weist das Aufkommen der wichtigsten Steuerquellen Bund und Ländern gemeinsam zu. Daher muss jede Änderung gemeinsam beschlossen werden. Der politische Abstimmungsprozess ist damit ungleich mühsamer als bei einer Kreditaufnahme. Insbesondere den Ländern sind die Hände gebunden: Eine einzelne Landesregierung hat praktisch keine Handhabe, zusätzliches Geld in nennenswertem Umfang rasch über gezielte Steuererhöhungen zu erhalten. Etwas leichteres Spiel hat der Bund. Er kann ohne Zustimmung der Bundesländer beispielsweise einen Zuschlag zur Einkommensteuer oder eine Anhebung der Mineralölsteuer beschließen. Anders als Kredite lassen sich die Einnahmen aus Steuererhöhungen zudem nicht genau kalkulieren.

Wird eine Steuer verschärft, bemühen sich die Steuerzahler auszuweichen. Sie ändern ihr Verhalten: So kann es passieren, dass das Aufkommen nach einer Tabaksteuererhöhung weniger stark steigt als erwartet, weil Raucher die Kosten zum Anlass nehmen, von den Zigaretten zu lassen oder auf Schmuggelware umzusteigen. Manchmal dauert es auch einige Jahre, bis Steuererhöhungen ihre volle Wirkung entfalten. Wenn der Staat nur vorübergehend mehr ausgeben will, etwa um die Folgen einer Naturkatastrophe wie der Jahrhundertflut an der Oder zu decken, dann ist es sinnvoller, Kredite aufzunehmen, als dauerhaft wirksame Steueränderungen zu beschließen.

Umfragen zeigen, dass die wachsenden Schulden von den Deutschen mittlerweile kritischer beurteilt werden als früher. Trotzdem verlangt es politisch nach wie vor größeren Mut, Steuern zu erhöhen, als neue Kredite aufzunehmen. Das ist verständlich: Die zusätzliche Steuerlast spüren die Bürger sofort, neue Schulden hingegen nicht.

Die deutsche Verfassung begünstigt das Schuldenmachen aber auch, weil sie vorsieht, dass Bund und Länder füreinander einstehen, wenn die Schulden eines Landes oder der Zentralregierung untragbar werden. Im Klartext heißt dies: Für die Folgen übermäßiger Schulden haftet nicht allein der Verursacher, sondern die Gemeinschaft. So fördert die Verfassung kreditfinanzierte Großzügigkeit.

Es ist daher kein Wunder, dass die deutsche Staatsverschuldung seit Gründung der Bundesrepublik eigentlich nur eine Richtung kennt: aufwärts. Im Ergebnis ist ein Schuldenberg von knapp 1,5 Billionen Euro angehäuft worden, das sind rund 18.000 Euro pro Kopf. Um die Schulden zu tilgen, müsste Deutschland rund zwei Drittel der Wirtschaftsleistung eines Jahres aufbringen. Getilgt wird allerdings kaum, meist lösen neue Kredite alte ab. Der Zinsdienst allein des Bundes verschlingt heute jeden vierten Euro seiner Steuereinnahmen. Dieses Geld fehlt für Investitionen.

An Versuchen, die Kreditaufnahme politischem Belieben zu entziehen und gesetzlich zu beschränken, fehlt es in Deutschland nicht. Doch die bisher geltenden Regelungen greifen im Ernstfall nicht, weil sie zu schwammig sind oder weil es an Sanktionsmöglichkeiten mangelt. So

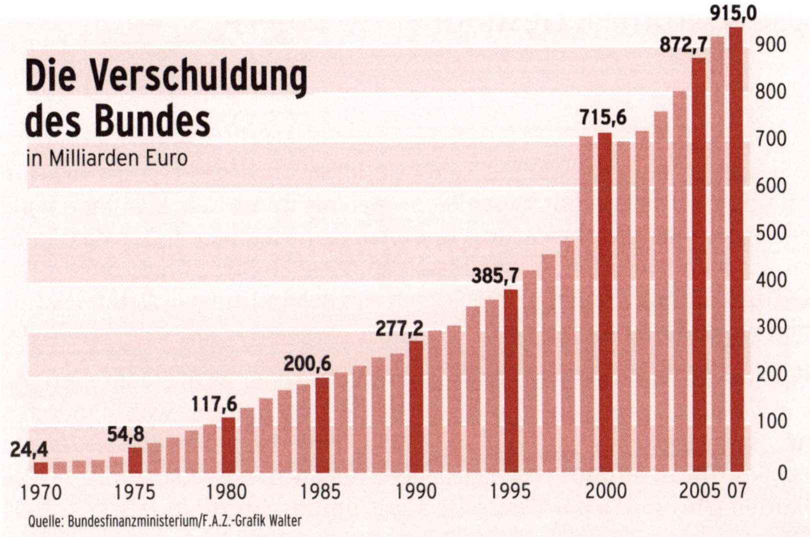

legt das Grundgesetz in Artikel 115 fest, dass die jährlichen neu aufgenommenen Kredite des Bundes die Ausgaben für Investitionen nicht übersteigen dürfen. Immer wieder aber greifen Bundesregierungen auf die höchst dehnbare Ausnahmeklausel zurück, nach der höhere Schulden „zur Abwendung einer Störung des gesamtwirtschaftlichen Gleichgewichts" eben doch erlaubt sind.

Als Euro-Land muss Deutschland zudem Vorgaben des Maastricht-Vertrages beachten, dem zufolge die gesamten neuen Schulden jährlich höchstens drei Prozent der Wirtschaftsleistung ausmachen dürfen, bei guter Konjunktur sollen die Haushalte ohne Schulden auskommen oder Überschüsse erwirtschaften. Diese Vorgabe dient dem Schutz der gemeinsamen Währung, denn überbordende Schulden gefährden den Geldwert. Deutschland hat das Schuldenkriterium viele Jahre lang verletzt, ohne dass es zu Sanktionen gekommen wäre. Dank drastischer Steuererhöhungen und guter Konjunktur gelang es 2007 immerhin erstmals, den Staatshaushalt insgesamt auszugleichen. Doch ist fraglich, ob sich dieser Erfolg fortschreiben lässt, wenn die Einnahmen nicht mehr so stark ausfallen.

Wäre es vor diesem Hintergrund nicht besser, das Schuldenmachen ganz zu verbieten und damit jeden Interpretationsspielraum auszuschließen? Es gibt Politiker und Volkswirte, die dies fordern. Doch erscheint ein Verbot ökonomisch nicht sinnvoll. Schließlich ist es bisweilen durchaus gerechtfertigt, die Kosten eines Vorhabens über mehrere Generationen zu verteilen, wenn es mehreren Generationen nutzt. Das beste Beispiel ist sicherlich die deutsche Wiedervereinigung. Doch auch für andere Investitionen, etwa eine große Rentenreform, sollte ein Land die Möglichkeit haben, Kredit aufzunehmen.

30 Warum ist Gesundheit so teuer?

Lisa Nienhaus

Wie viel ist ein zusätzliches Lebensjahr wert? Diese Frage ist brisant. Allein sie zu stellen gilt vielen Menschen als unethisch. Sie sehen jegliche Gesundheitsverbesserung und erst recht jegliche Lebensverlängerung als unermesslich wertvoll an. Trotzdem stellen immer mehr Staaten die Frage nach Kosten und Nutzen von Behandlungen. Denn Gesundheit wird immer teurer.

Egal, ob das System öffentlich finanziert wird oder ob die Menschen privat versichert sind, die Kosten steigen in den meisten wohlhabenden Industrieländern rasant. Fast 240 Milliarden Euro haben die Deutschen 2005 für ihre Gesundheit ausgegeben. 1992 waren es erst rund 158 Milliarden gewesen. Jeder Deutsche zahlt durchschnittlich jährlich 2900 Euro für seine Gesundheit. 1992 hatte er mit 1960 Euro gut ein Drittel weniger ausgegeben.

Zwei Gründe werden für die steigenden, in manchen Ländern geradezu explodierenden Kosten angeführt: Erstens, die Menschen werden immer älter und sind deshalb immer häufiger und länger krank. Zweitens, der technische Fortschritt führt dazu, dass gute neue Behandlungsmethoden angewendet werden, die kostspielig sind.

Beide Argumente sind angreifbar. Einige Wissenschaftler und Politiker wie Karl Lauterbach bezweifeln, dass eine längere Lebenszeit wirklich zu mehr und teureren Erkrankungen führt. Der größte Teil der Kosten werde weiterhin in den letzten Lebensjahren anfallen und sich nur in der Biographie nach hinten verschieben, lautet ihre These. Deshalb könne die demographische Veränderung den starken Anstieg der Kosten nicht erklären. Ob technischer Fortschritt kostensteigernd sein muss, ist ebenfalls fraglich. Denn in vielen Branchen wirkt er genau in die andere Richtung, nämlich kostensenkend.

Der Hauptgrund wird in der Diskussion häufig unterschlagen: Menschen sind bereit, sehr viel Geld auszugeben für die Chance auf bessere Gesundheit und ein längeres Leben. Und sie geben dafür umso mehr aus, je mehr Geld sie haben. Viele Gesundheitsökonomen vertreten sogar die These, dass Gesundheit ein superiores Gut ist. Das bedeutet, dass Menschen, die viel Geld verdienen, bereit sind, einen größeren Anteil ihres Einkommens für Gesundheit auszugeben als arme Menschen.

Der internationale Vergleich scheint das zu bestätigen: Gleich vier der reichsten Länder der Welt haben auch die höchsten Gesundheitsausgaben pro Kopf. Die Vereinigten Staaten, Luxemburg, Norwegen und die Schweiz. Der Vergleich zeigt aber auch, dass mehr Geld nicht immer mehr bringt. Die Amerikaner haben trotz fast doppelt so hoher Ausgaben für Gesundheit keine höhere Lebenserwartung als die Deutschen. Und Japaner leben im Schnitt zwar drei Jahre länger als Deutsche, geben aber durchschnittlich dreißig Prozent weniger aus für ihre Gesundheit. Das legt nahe, dass die Gelder, die für Gesundheit zur Verfügung stehen, nicht immer effizient eingesetzt werden. Ineffizienzen gelten als einer der Haupttreiber der Gesundheitskosten.

Sie entstehen zum einen, weil es schwierig für die Patienten ist zu beurteilen, ob ein Medikament oder eine Behandlung einen Effekt hat. So kann es sein, dass die verschriebene Arznei die Besserung gebracht hat. Vielleicht hat sie aber auch nicht geholfen, und der Patient ist gesund geworden, weil er einen Tag im Bett verbracht hat. Der Patient muss also seinem Arzt vertrauen und kann in vielen Fällen nicht selbst beurteilen, was die beste Behandlung ist. Ökonomen nennen Gesundheit deshalb ein Vertrauensgut.

Das Problem daran ist, dass der Arzt diesen Umstand ausnutzen kann, um mehr Geld zu verdienen. So kann es passieren, dass er mehr tut als unbedingt notwendig, und das dann abrechnet. Das schadet zwar nicht der Gesundheit des Patienten, wird aber teuer für seine Krankenkasse.

In Deutschland kommt dazu, dass die Menschen sich relativ wenig dafür interessieren, wie viel eine Behandlung kostet. Jeden Tag entscheiden sie, welche Güter ihnen wie viel wert sind. Ist 1,89 Euro ein angemessener Preis für Zahnpasta? Will ich wirklich 9,95 Euro für eine Mini-Schachtel Pralinen bezahlen? Vor dem Arztbesuch dagegen fragt sich kaum jemand: Lohnt sich das bei der kleinen Erkältung? Ist das nicht zu teuer? Denn man ist ja gut versichert und zahlt in der Regel den gleichen Beitrag, egal ob man nun viermal im Monat zum Arzt geht oder einmal im Jahr.

Das ist erst mal nicht schlecht. Schließlich soll sich in Deutschland niemand eine wichtige Behandlung sparen, weil ihm das Geld dazu fehlt. Es führt aber auch dazu, dass der Preis einer Gesundheitsleistung nicht mehr zwischen Anbieter und Nachfrager gefunden werden kann. Denn die Nachfrager, also die Patienten, richten ihre Nachfrage nicht nach dem Preis, ja sie kennen ihn häufig nicht einmal. Sie spüren nur indirekt, dass Gesundheit nicht kostenlos ist – über die steigenden Beiträge zur Krankenversicherung. Da ein Patient aber durch einen Arztbesuch mehr oder weniger seinen Beitragssatz nicht verändern kann, hat er wenig Anreiz, Kosten und Nutzen abzuwägen.

Damit die Kosten nicht ins Unermessliche steigen, muss ein anderer sie drücken. Das sind in Deutschland die Krankenkassen und der Staat. Der Staat gibt die Regeln vor, die Kassen verhandeln innerhalb dieser Regeln mit Krankenhäusern und Ärztevertretern. Das funktioniert nur mäßig, denn Politiker und Kassenfunktionäre, die praktisch ohne Wettbewerb

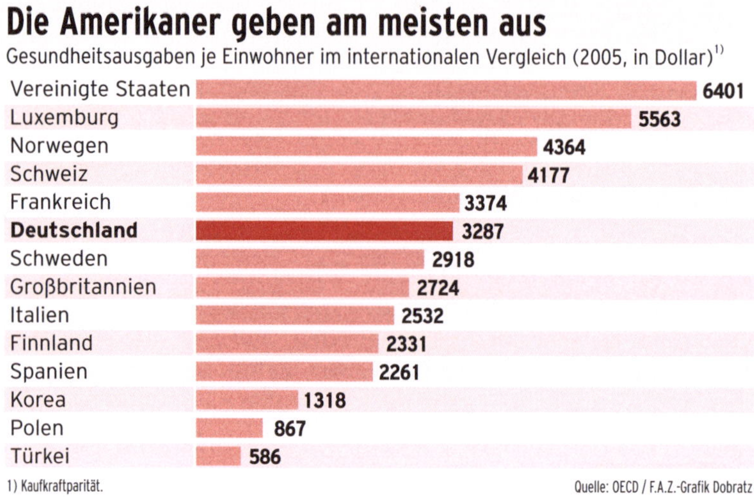

untereinander agieren, können niemals so effiziente Preise finden wie der freie Markt.

Gut machen sie es dann, wenn sie die Preise nicht einfach nur drücken, sondern auch Anreize zum Sparen setzen – für Ärzte, Pfleger und Apotheker oder für die Patienten. Letzteres bezwecken in eingeschränktem Maße die Praxisgebühr oder die Zuzahlungen für Massagen und Physiotherapie. Ärzte und Pfleger hält man beispielsweise in Krankenhäusern zum Sparen an, indem man feste Beträge vereinbart hat, die sie für einen Patienten mit einer bestimmten Krankheit bekommen, die sogenannten Fallpauschalen. Damit lohnt es sich für die Krankenhäuser nicht mehr, die Patienten länger als notwendig in der Klinik zu behalten oder ihnen eine teurere Behandlung zukommen zu lassen als notwendig.

All das kann einen freien Markt nicht ersetzen. Deshalb träumt so mancher Ökonom von einer rein privaten Krankenversicherung ohne Einmischung des Staates. Das würde das Gesundheitssystem sicherlich effizienter machen. Doch das Beispiel Amerika zeigt: Weniger ausgeben würden wir wahrscheinlich trotzdem nicht.

31 Warum verfolgen Politiker nicht das Gemeinwohl?

Karen Horn

Genau so sollte es eigentlich nicht laufen: Da warb der frühere Post-Chef Klaus Zumwinkel wochenlang in der Politik sehr geschickt für den Mindestlohn in seiner Branche. Nicht etwa aus Mitgefühl mit den Postboten, sondern weil er sich die Konkurrenz vom Leib halten will. Denn der Mindestlohn treibt die Kosten der Wettbewerber in die Höhe, und die Post steht dadurch weniger unter Druck. Die Regierung tat Zumwinkel tatsächlich den Gefallen und setzte den Lohn fest. Dabei sollen Volksvertreter doch das ganze Volk vertreten, nicht einen quasi-monopolistischen früheren Staatskonzern. Sie sollen das Gemeinwohl im Blick haben.

Doch das ist nur das Ideal. In der Realität glaubt kaum noch jemand daran. Das Vertrauen zur Politik ist dürftig. Wie eine jüngste Allensbach-Umfrage ergeben hat, genießen Politiker nur noch bei sechs Prozent der Westdeutschen und bei sieben Prozent der Ostdeutschen einen guten Ruf. Die Bevölkerung hat das politische Geschäft längst als das durchschaut, was es ist: ein Geschacher unterschiedlicher Interessen.

Das sagt aber natürlich keiner gern. Auch den für den Mindestlohn Verantwortlichen in Politik und Gewerkschaften geht es angeblich durchaus um das Gemeinwohl. „Wer Vollzeit arbeitet, muss von seiner Arbeit leben können", betont der SPD-Vorsitzende Kurt Beck immer wieder. Vor allem in der Gruppe der niedrigqualifizierten Arbeitnehmer solle der Mindestlohn Armut verhindern.

Dabei ist der Mindestlohn dazu alles andere als geeignet. Vielmehr ruft er dort, wo er greift, Arbeitslosigkeit hervor. Von einer gesetzlichen Lohnuntergrenze von 7,50 Euro wären ein Viertel der – zumeist wenig qualifizierten – privat Beschäftigten im Osten und etwa ein Zehntel im Westen betroffen. Rationalisierung und Standortflucht wären die logische Reaktion der Unternehmen. Der Mindestlohn ersetzt somit ein Einkommensrisiko durch ein Beschäftigungsrisiko: Die Gefahr, wenig zu verdienen, wird abgelöst durch die weitaus größere Gefahr, zu den künstlich angehobenen Löhnen keine Stelle zu bekommen und dann erst recht auf staatliche Almosen angewiesen zu sein.

Das nützt nur jenen niedrig Qualifizierten, die das Glück haben, nicht entlassen zu werden. Und es schadet allen, die entlassen werden; allen, die mit ihren Steuergeldern den Entlassenen ihren Lebensunterhalt finanzieren müssen; uns allen, da uns somit ein stärkeres Wirtschaftswachstum vorenthalten wird; kurz: der Allgemeinheit. Der Mindestlohn bedient die kurzfristigen Interessen einer Minderheit, die selbst nicht so genau wissen kann, wie lange sie noch profitieren wird. Allen anderen Interessen läuft er diametral entgegen.

Wie kann es zu so etwas kommen? Sind denn die Politiker, die so etwas propagieren, gar nicht am Gemeinwohl interessiert? Der Mindestlohn zeigt in Reinform, dass sich kaum im Konsens definieren lässt, wie das Gemeinwohl aussieht und was geeignete Wege dorthin sein mögen. Dazu gehen erstens die Meinungen, welche politischen Maßnahmen tatsächlich der Gesamtheit dienen, viel zu sehr auseinander. In diesem Sinne gibt es also ein Erkenntnisproblem.

Zweitens sind die Interessen viel zu unterschiedlich, als dass man sie alle zugleich erfüllen könnte. Und drittens haben Menschen unterschiedliche Zeithorizonte: Kurzfristig ist niedrig entlohnten Arbeitnehmern mit einer Mindestlohnvorschrift durchaus geholfen. Erst mittelfristig, wenn die Unternehmen mit Entlassungen reagiert haben, dürfte klar werden, dass nicht nur die Gesellschaft als Ganzes, sondern auch etliche ehemalige Gewinner zu Verlierern werden. Manchen Leuten ist die mittel- bis langfristige Perspektive aber völlig egal: besser heute der Spatz in der Hand als morgen die Taube auf dem Dach.

Also, was ist dann das Gemeinwohl? Dazu gehört notwendig der Gemeinwille, also der Konsens – auch wenn das größere Ansprüche an die wirtschaftspolitische Aufgeklärtheit der Bevölkerung stellt. Auch wenn sich diese Ansprüche kaum ideal erfüllen lassen – ohne Konsens ist das Konzept die reine Anmaßung.

Zum Mindestlohn gibt es nun sogar eine überwältigende Zustimmung in der Öffentlichkeit, wie diverse Umfragen gezeigt haben. Das macht es jenen Politikern, die es besser wissen und gegensteuern möchten, schwer. Sie stehen unter erheblichem Druck: Um überhaupt etwas ausrichten zu können, müssen sie von den Wählern ein Mandat erringen, und das in regelmäßigen Abständen immer wieder. Wahlgeschenke, Interessenpolitik, Wortbrüche oder schlichte Lügen – all das sind Taktiken, die sich logisch aus diesem Buhlen um die Gunst des Stimmbürgers ergeben.

Für ein klares politisches Mandat ist in den modernen Demokratien, wie wir sie kennen, nur eine Stimmenmehrheit, nicht aber – die wirklichen Konsens widerspiegelnde – Einstimmigkeit notwendig. Die stattdessen angewandte Mehrheitsregel indes hat es in sich: Sie bedeutet nicht nur, dass eine Mehrheit ihre Ziele verwirklichen kann, sondern dass sie dies sogar auf Kosten der Minderheit tun kann.

Das lässt sich politisch trefflich nutzen – und genau das ist im Fall des Mindestlohns auch geschehen. Denn hinter dem unschuldig tönenden Slogan der „sozialen Gerechtigkeit" lassen sich vordergründig solidarische Mehrheiten mobilisieren, und die künftigen Leidtragenden des Mindestlohns, die niedrigqualifizierten Arbeitskräfte, sind politisch in

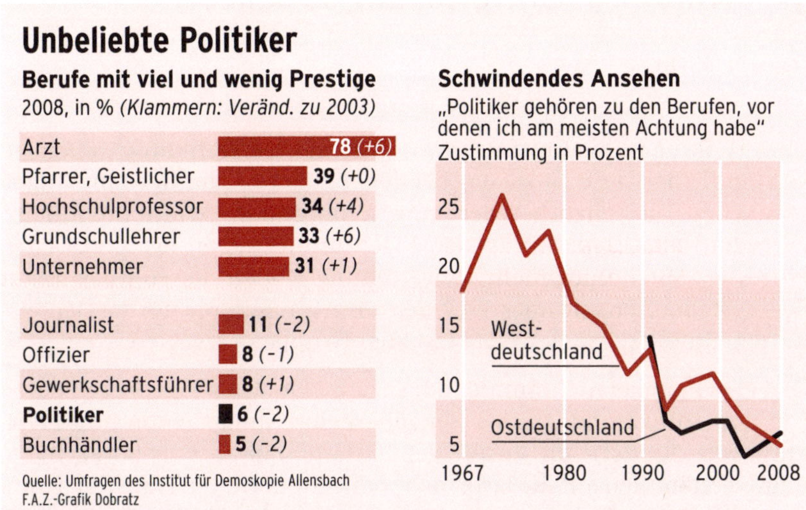

der Minderheit. Ihr Problem ist, dass sich ihre Interessen in der politischen Debatte nicht gut organisieren lassen.

Sind die Mandate einmal errungen, dann setzt sich der Kampf um die Mehrheiten innerhalb der Regierungsgremien und der Parteien fort. Auf jeder Stufe des Meinungsbildungsprozesses müssen Allianzen geschmiedet und Gegner überzeugt oder durch Tauschgeschäfte zur Zustimmung bewogen werden – in der Partei, in der Fraktion, im Parlament, im Ausschuss, im Kabinett. Kuhhandel heißt das auf Deutsch. Mächtige Lobbys wollen und sollen Informationen liefern, gehört, eingebunden und befriedigt werden. Dabei haben immer jene Interessen einen Nachteil, die zwar viele Menschen teilen, die sich aber nur schwer organisieren können: Konsumenten beispielsweise, besonders im Vergleich zur Industrie, oder Arbeitslose, im Vergleich zu den Stellenbesitzern, die in den Gewerkschaften ihre Interessenvertreter haben.

Je prekärer die relativen Machtverhältnisse, desto stärker schielen die Politiker auf die demoskopischen Umfragen. Bloß dem Wähler keinen Grund zum Ärger geben! Wenn ein Drittel der Bevölkerung tatsächlich den Mindestlohn will, wagt niemand dagegen zu kämpfen, der besseren ökonomischen Erkenntnis und dem langfristigen Kalkül zum Trotz. Kleine Parteien wie die FDP, die nur auf eine schmale Klientel zugreifen können, sind da freier als die Volksparteien.

Einen Vorwurf muss man der Politik trotz allem machen: dass sie sich nicht einmal mehr bemüht, die Bevölkerung inhaltlich aufzuklären. Es fehlt an Rückgrat. Die Politik vollzieht nur noch nach, was ihr von Umfragen vorgegeben wird. Willkommen in der deutschen demoskopischen Republik.

32 Warum ist Umverteilung so beliebt?

Hans D. Barbier

Umverteilung ist die Chiffre des Sozialstaates. Umverteilung ist beliebt. Verständlicherweise ist sie das bei denen, die sich auf der Empfängerseite sehen. Die Beliebtheit der Umverteilung aber gewinnt ihre finanzwirtschaftliche Dynamik in den Eigentümlichkeiten des politischen Prozesses. Mit immer mehr Umverteilung wollen die Politiker unter Beweis stellen, dass sie über die ihnen anvertraute Sorge um das Gemeinwohl nicht die speziellen Nöte fast aller Gruppen vergessen.

Und es geht dabei nicht immer um soziale Not, wie sie aus Geschichten vor- und frühkapitalistischer Zeit überliefert sind. Geburt und Erziehung von „Kindern für unsere gemeinsame Zukunft" gehören heute selbstverständlich auf die Liste nicht schlecht dotierter Transferleistungen. Wer da wen für was unterstützt, ist schon bei der Verabschiedung des Gesetzes von niemandem mehr auszurechnen. Aber „die Gesellschaft" bleibt aufgefordert, sich nun auch durch diesen neuen Transfer reicher zu fühlen.

Summen und Salden der verteilungspolitisch bestimmten Be- und Entlastungen lassen sich in einem entwickelten Sozialstaat wie der Bundesrepublik Deutschland schon längst nicht mehr exakt ermitteln. Klarheit herrscht nicht einmal mehr über das Vorzeichen der Verteilungswirkung. Wie hoch beispielsweise mag der Eigenbeitrag der „sozial Schwachen" zu ihrem Mietzuschuss sein, wenn man in Rechnung stellt, dass die Mehrwertsteuer als Finanzierungssäule der öffentlichen Haushalte zur drückenden „Einkommensteuer des kleinen Mannes" geworden ist?

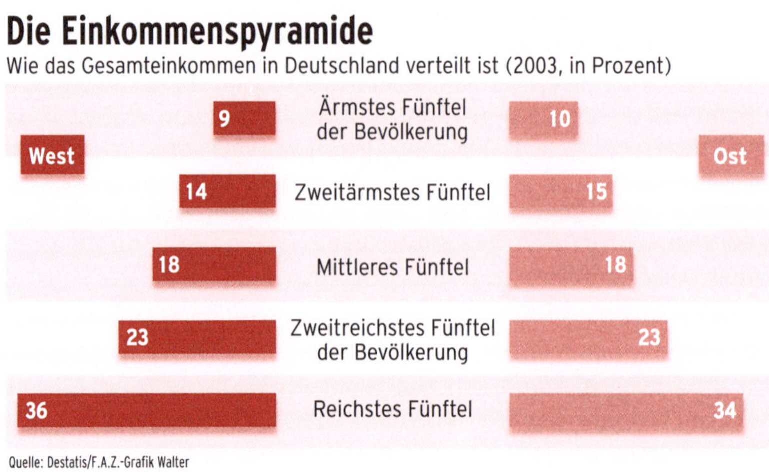

Es darf nicht nur politisch darüber gestritten werden, wer auf der Zahler- und wer auf der Empfängerseite des ganzen Umverteilungsgeschiebes steht. Auch die Ökonomen tun sich schwer, im Gewirr der Zahlungs- und Subventionsströme ein Verteilungsmuster zu erkennen und Umverteilungseffekte wenigstens der Größenordnung nach zu identifizieren.

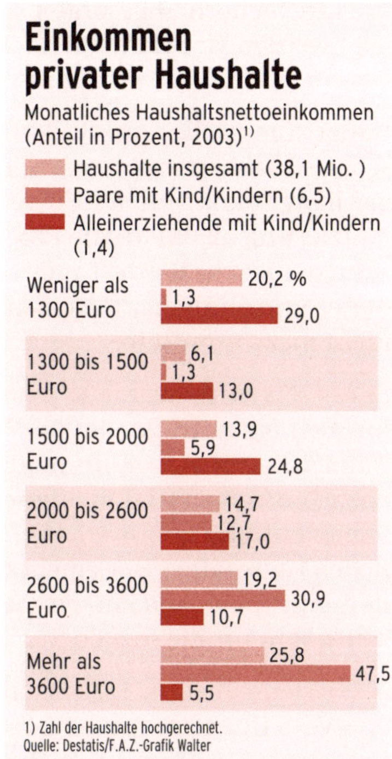

Die „Verteilungsgerechtigkeit" tappt im Dunkeln. Aber nicht wie Justitia mit den verbundenen Augen der Unparteilichkeit; sondern wie der blinde Seher, der sein Zukunftsbild aus dem Krächzen der Raben gewinnt.

Als politische Institution ist auf den Willen zur Umverteilung Verlass. Ökonomisch sind die Ergebnisse gerade wegen der Rastlosigkeit und Vielfalt der Bemühungen jedoch unkalkulierbar geworden. Diese Unberechenbarkeit, die jeden Stammtischdisput legitimiert, schadet ursprünglichen Erscheinungsformen der Umverteilung, hinter denen auch in modernen Großgesellschaften immer noch die zivilisatorische Würde der „Caritas" aufscheint: zum Beispiel der Sozialhilfe. Wenn der Mitbürger in Not ist, dann sollte er der Hilfe gewiss sein dürfen. In dieser umverteilenden Hilfe vereint sich der Wille zur Solidarität mit der verrechteten Verlässlichkeit einer Unterstützung, die nicht nach der Vorgeschichte einer Beitragszahlung fragt. Wenn eines Tages der Wust an Umverteilungen und der leichthändige Umgang mit allerlei Zuschüssen die gesellschaftliche Entwürdigung der Sozialhilfe zur Folge hätte, dann wäre das in der Tat ein Verlust an Sozialstaatlichkeit. Im Übrigen wird nicht jede Umverteilung durch einen gewollten Transfer vom Leistenden zum Empfänger ausgelöst.

Das ist zum Beispiel bei der Bereitstellung eines von den Ökonomen sogenannten „öffentlichen Gutes" der Fall. Zum Beispiel der Verteidigung. Die Vorsorge für „äußere Sicherheit" lässt sich bei allen Bemühungen um individualisierte Marktbeziehungen nicht durch das Zusammenspiel von Angebot und Nachfrage organisieren.

Jeder Bürger wäre dann gut beraten, sich an „Sicherheit" desinteressiert zu zeigen und darauf zu setzen, dass andere – weil sie reicher und/oder um ihre Sicherheit besorgter sind – für Geräte und Personal sorgen. Die aber werden vielleicht auf noch Reichere oder noch Besorgtere warten. Der Nutzen einer hochtechnisierten Verteilungsapparatur ist unteilbar.

Daher kommt für seine Bereitstellung und Bezahlung nur eine Gemeinschaftsfinanzierung aus dem Etat in Frage. Die Zahllast für jeden Bürger hängt dann von der Umverteilungswirkung der gesamten Staatsfinanzierung ab. Wenn die Progression der Steuerlast „in Ordnung" ist, zahlt der Reiche für die Landesverteidigung mehr als der Arme. Das Maß dieser und ähnlicher Umverteilungen lässt sich in der Praxis aber wohl nicht mehr ermitteln.

Es nutzt wenig, diese oder jene Grafik von Steuertarifen zu betrachten, um sich ein zutreffendes Bild von der Verteilungswirkung staatlichen Handelns zu machen. In modernen Staaten mit ihren vielen öffentlichen Leistungen und einem schwer durchschaubaren System der Mittelbeschaffung, mit ihren Verflechtungen von Sozialkassen und öffentlichen Haushalten ist es nicht mehr möglich, die faktische Traglast von Bürgergruppen und Einkommensklassen zu ermitteln oder gar ein plausibles Maß für die soziale Gerechtigkeit gewinnen zu wollen.

Alle Urteile über die Lastverteilung sind schon anfechtbar, wenn es um den Verteilungsmaßstab in Euro und Cent geht. Und selbst von einer fundierten Rechnung in Währungseinheiten führte dann immer noch kein Weg zur Antwort auf die Frage nach der Gerechtigkeit dieser oder jener Lastverteilung, dieser oder jener Richtung und Größenordnung von Umverteilung.

An der Beliebtheit der Umverteilung ändert das nichts. Wo Zahl- und Traglast einer breitgestreuten Begünstigung im Dunkeln bleiben, wo gruppen- und schichtspezifische Umverteilungseffekte häufig nicht einmal dem Vorzeichen nach zu bestimmen sind, da werden schon Ankündigung, Vorbereitung und Verabschiedung eines jeden mit Geldleistungen verbundenen Gesetzes als politische Etappensiege der Gerechtigkeit gefeiert.

Eine Politik, die auf solche Erfolgsmeldungen setzt, mag ökonomisch unvernünftig sein. Irrational ist sie nicht. Wo niemand mehr weiß, wer was bezahlt, gilt jeder Zahlungseingang als ein Gewinn. Die Rechnung wird nicht verheimlicht. Aber es kann sie niemand mehr lesen. Deshalb ist Umverteilung so beliebt.

33 Warum sind Privatfirmen besser als Staatsunternehmen?

Ulrich van Suntum

Nur wenige Menschen in Deutschland werden sich in die Zeiten zurückwünschen, in denen die Deutsche Bundespost für die Briefzustellung und die Telefonleitungen allein zuständig war. Kaum jemand kann sich auch heute noch vorstellen, dass Lufthansa und Telekom einmal staatliche Unternehmen waren, obwohl das noch keine 25 Jahre her ist. Ganz zu schweigen von den volkseigenen Betrieben im ehemaligen Ostdeutschland, deren Ineffizienz eine ganze Generation um ihre Wohlstandschancen betrogen hat und letztlich zum wirtschaftlichen und politischen Ruin der DDR führte. Und die jetzt auch in privater Hand sind, wenn sie nicht geschlossen werden mussten.

Diese Privatisierungen fußen auf den Ideen des schottischen Nationalökonomen Adam Smith. In seinem 1776 erschienenen Werk „Der Wohlstand der Nationen" machte er aus seiner Abneigung gegen öffentliche Unternehmen keinen Hehl: Diejenigen, die behaupteten, im Sinne des Gemeinwohls zu handeln, hätten selten etwas Gutes hervorgebracht. „Nicht vom Wohlwollen des Metzgers, Brauers und Bäckers erwarten wir das, was wir zum Essen brauchen, sondern davon, dass sie ihre eigenen Interessen wahrnehmen", so lautet der wohl berühmteste Satz aus seinem Werk. Und zu diesen Interessen gehört: das Einkommen zu maximieren.

Daher muss der Unternehmer die Produkte anbieten, die seine Kunden wollen. Schafft er das nicht, ist er bald insolvent. Ein Staatsunternehmen bliebe hingegen erhalten. Privaten Firmen sitzen zudem die Kapitalgeber im Nacken. Sie wollen eine möglichst hohe Verzinsung erzielen. Das gilt vor allem für die Eigentümer, die schließlich das Verlustrisiko tragen. Stimmt die Rendite nicht, dann investieren sie nicht mehr oder ziehen ihr Kapital zurück. Das kann rasch das Ende für ein Unternehmen bedeuten. Man mag das als Turbokapitalismus verurteilen, aber auch dabei spielen wir fast alle mit: Wer gibt sich schon mit vier oder fünf Prozent Rendite für eine riskante Aktie zufrieden, wenn er die gleiche Verzinsung mit risikolosen Staatspapieren erzielen kann?

Der Staat hat es viel leichter, auch als Unternehmer. Stimmt die Kasse nicht, kann er sich leicht durch höhere Steuern und zusätzliche Verschuldung sanieren. Gründe dafür sind immer schnell gefunden, und im Gegensatz zum Kunden kann der Steuerzahler sich kaum gegen den Griff in seine Taschen wehren. Daher ist das Kostenbewusstsein in staatlichen Unternehmen viel weniger ausgeprägt als in der Privatwirtschaft. Kaschiert wird die Ineffizienz oft mit angeblicher Gemeinnützigkeit oder besonderen sozialen Leistungen. Aber das sind letztlich schwammige Begriffe, die sich beliebig dehnen lassen. Auch bei neuen Produkten und Ideen reißen sich staatliche Unternehmen meist kein Bein aus. So galt ein blaues Tastentelefon bei der deutschen Bundespost noch als der Gipfel des Komforts, als in anderen Ländern längst mobil telefoniert wurde.

Trotzdem gibt es ein weitverbreitetes Gefühl in der Bevölkerung, dass private Unternehmen im Kern unsozial sind. Spektakuläre Betriebsschließungen wie etwa von Nokia in Bochum geben dieser Ansicht immer wieder neue Nahrung. Wenn dann noch erfolglose Manager mit Millionenabfindungen bedacht oder gar straffällig werden, ist der Ruf nach mehr staatlicher Regulierung der Privatwirtschaft schnell bei der Hand. Dabei spielt es auch kaum eine Rolle, dass teil- oder ganzstaatliche Unternehmen wie VW oder die West LB in dieser Hinsicht kaum besser agieren und obendrein Steuergelder anstelle von privatem Kapital verbrennen.

Allerdings treten Probleme dieser Art hauptsächlich bei Großkonzernen mit angestellten Managern auf. Die Aktionäre als eigentliche Eigentümer haben hier oft nicht mehr viel zu sagen. Sie haben meist auch kaum Kontakt zu „ihren" Arbeitnehmern. Solche Strukturen haben wenig mit dem Unternehmerbild zu tun, wie es Adam Smith vor Augen hatte. Gott sei Dank sind sie, entgegen dem öffentlichen Eindruck, alles andere als typisch für die heutige Zeit. Gerade in Deutschland dominieren vielmehr mit mehr als zwei Dritteln aller Arbeitsplätze kleine und mittelständische Unternehmen. Dass in Ostdeutschland die Wirtschaft immer noch nicht auf eigenen Füßen steht, hängt auch damit zusammen, dass die Kultur des selbständigen Unternehmertums in der DDR weitgehend vernichtet wurde.

Der private Einzelunternehmer ist unmittelbar mit dem Schicksal seines Betriebes und seiner Arbeitnehmer verbunden. Das ist der wesentliche Unterschied zu einem Staatsunternehmen, aber auch zu vielen anonymen Kapitalgesellschaften. Im Mittelstand findet man noch den „dynamischen Unternehmer" im Sinne des österreichischen Ökonomen Josef Schumpeter, der nicht nur verwaltet, sondern ständig nach besseren Lösungen sucht.

Freilich zahlen die Großkonzerne und Staatsunternehmen oft höhere Löhne und großzügigere Sozialleistungen. Das Geld der Steuerzahler und der machtlosen Kleinaktionäre sitzt den angestellten Unternehmensleitern meist locker in der Tasche, wenn sie damit ihre eigene Stellung sichern können. Das ist aber nur auf den ersten Blick sozial, denn eine verschleppte Sanierung muss später umso härter ausfallen. Oft fließen dann wieder neue Steuergelder – ein Teufelskreis.

Natürlich gibt es auch bei mittelständischen Privatunternehmen Pleiten und Entlassungen. Das gehört zum marktwirtschaftlichen „Prozess der schöpferischen Zerstörung", wie ihn Schumpeter beschrieben hat. Aber das Entstehen und Ausscheiden von Betrieben spielt sich hier viel unspektakulärer ab, und unter dem Strich entstehen dabei mehr Arbeitsplätze als verlorengehen. Auch das Verhältnis zwischen Unternehmensleitung und Belegschaft ist in überschaubaren Privatunternehmen meistens gut, schon aus eigenem Interesse. Denn anders als ein Staatsbetrieb kann ein selbständiger Unternehmer es sich gar nicht leisten, gute Mitarbeiter zu verlieren – sie sind sein wichtigstes Kapital.

Was ich nicht weiß, macht mich nervös

34 Warum macht Bildung reich?

Thomas Straubhaar

Soviel Einigkeit war nie. In den Grundsatzprogrammen aller Parteien findet sich die plakative These, Bildung sei der Schlüssel zum 21. Jahrhundert. In der Tat entscheidet Bildung über Erfolg und Misserfolg. Das gilt im Kleinen genauso wie im Großen, für den Einzelnen genauso wie für Deutschland.

Bildung entscheidet, auf welche Stufe in der Einkommenspyramide man gelangt. Zuoberst sitzt, wer spezifische Fähigkeiten und Kenntnisse mitbringt. Wer nur Allgemeinwissen im Schulranzen hat, muss ganz unten Platz nehmen. Wer einen höheren Berufsabschluss oder gar ein Studium geschafft hat, verdient besser und bleibt seltener ohne Beschäftigung.

Es stimmt also: Bildung ist keine Ware. Bildung ist eine Investition – und zwar eine Investition mit durchaus beachtlichen Nettorenditen. Das gilt nicht nur für die privaten Erträge. Auch die Gesellschaft profitiert von einem besseren Bildungsniveau der Bevölkerung. Der Grund hierfür liegt in den sogenannten externen Effekten individueller Bildungsanstrengungen. Das heißt nichts anderes, als dass die Vorteile der Bildung nicht allein den Schülerinnen oder Studierenden zugute kommen. Die gesamte Gesellschaft gewinnt. „Eine stabile und demokratische Gesellschaft ist undenkbar ohne ein Minimum an Bildung und Wissen der meisten Bürger. Und ohne große Akzeptanz eines umfassenden Wertekanons. Die Ausbildung kann zu beidem beitragen", so hat es der Nobelpreisträger Milton Friedman schon 1962 formuliert. Deshalb ist es nicht nur ein Gebot von Fairness und Chancengleichheit, sondern auch ökonomisch sinnvoll, finanziell minderbemittelten Kindern und Studierenden durch staatliche Hilfen die Chance zu geben, die Nachteile einer schlechteren Erstausstattung durch eigene Leistung wettzumachen.

Die Volkswirtschaft insgesamt profitiert von einer gut ausgebildeten Bevölkerung, weil das Wissen und Können Einzelner auch von anderen mitgenutzt werden können. Das ist das berühmte Blaupausen-Phänomen. Wenn ein Plan gezeichnet ist, kann er im Prinzip tausendfach vervielfältigt werden. Die Qualität des Plans wird deswegen nicht schlechter. Schließlich ziehen gut ausgebildete Arbeitskräfte Sach- und Finanzkapital sowie weitere kluge Leute aus dem Ausland an. Nach dem Motto „Gleich und gleich gesellt sich gern" gehen Leute mit Geld, Ideen oder unternehmerischem Mut am liebsten dorthin, wo schon andere kreative, intelligente und dynamische Talente leben und arbeiten.

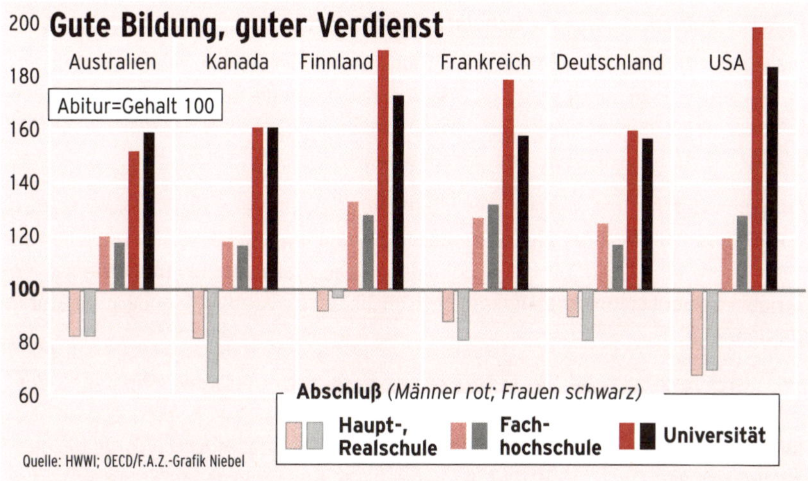

Ein gutes Bildungswesen ist für eine Volkswirtschaft jedoch nur eine unverzichtbare, nicht aber eine hinreichende Bedingung für wirtschaftlichen Erfolg im internationalen Wettbewerb. Ohne Bildung ist alles nichts, aber Bildung alleine ist nicht alles. Es ist eine große Illusion zu glauben, mehr Bildung alleine würde automatisch zu mehr Wachstum und weniger Arbeitslosigkeit führen. „Mehr Bildung für alle" ist heute weltweit ein allgemein anerkanntes erstrangiges Ziel aller Volkswirtschaften. Deutschland lebt eben weniger denn je auf einer Insel der Gebildeten, umgeben von einem Meer an wenig qualifizierten Menschen, die an der Werkbank all jene Tätigkeiten ausüben, für die sich Deutsche zu schade geworden sind. Das Gegenteil ist richtig: Während in Deutschland viel über Pisa und Bildungsreformen geredet wird, haben andere längst gehandelt. In einigen Ländern werden zumindest ebenso viele, genauso gute, wenn nicht sogar bessere, dynamische Wissensarbeiter ausgebildet, die ehrgeizig sind und die das Ziel haben, ganz oben an die Spitze zu kommen.

Die Modernisierung des deutschen Bildungswesens ist eine heroische Aufgabe. Sie gut zu lösen ist eine Schicksalsfrage für Deutschland. Mehr Geld für bessere Bildung ist nur das eine. Das andere ist, die Strukturen des Bildungswesens radikal zu erneuern. Wer im internationalen Bildungswettbewerb Erfolg haben will, muss zu einem fundamentalen bildungspolitischen Richtungswechsel bereit sein. Es gilt, das Bildungssystem in die Freiheit zu entlassen. Markt muss den Staat ersetzen. Mehr Markt ist nicht das Ende der staatlichen Bildungspolitik. Es ist aber der Anfang von mehr Wettbewerb und mehr Selbstbestimmung.

Ein modernes Bildungssystem braucht nicht mehr staatliches Geld, sondern die Erlaubnis, Strukturen selbständig zu wählen und eigene Wege der Finanzierung zu gehen. Das heißt nicht, dass sich der Staat aus der Bildungspolitik zurückziehen soll. Im Gegenteil: Weil „mehr Bildung

Pisa für Anfänger – Was die Schulstudie bedeutet

Die von der OECD verantwortete Pisa-Studie macht überdeutlich, wie reformbedürftig das deutsche Bildungswesen ist. Pisa deckt nicht nur die mangelnde ökonomische Effizienz des Bildungssystems auf. Verblüffender ist, dass die Studie klarmacht, wie kläglich die selbstgesetzten Ziele verpasst werden.

Entgegen der Absicht, durch mehr staatliche Bildung mehr soziale Gleichheit zu erreichen, zementiert gerade das deutsche Bildungssystem die soziale Ungleichheit ganz besonders. Pisa offenbart, dass in deutschen, französischen und italienischen Schulen sozioökonomische Unterschiede nicht etwa abgebaut, sondern verstärkt werden.

Pisa zeigt auch, was zu tun wäre. Erstens müsste eine leistungsorientierte Vorschulbildung für alle verbindlich werden. In Deutschland ist es jedoch so, dass man für den Kindergarten privat bezahlen muss, dafür aber das Hochschulstudium subventioniert wird. Zweitens bedarf die Vereinbarkeit von Familie und Frauenerwerbstätigkeit flächendeckender Ganztagsschulen. Drittens gibt es nichts Altmodischeres, als Kinder sitzenbleiben zu lassen. Viertens sollten Schulen die Möglichkeit erhalten, mit Eltern und Jugendlichen verbindliche Ziele zu vereinbaren. Was leistet die Schule, was die Eltern, was die Kinder?

für alle“ eben „mehr Wachstum für alle“ bedeutet, ist es richtig, dass Steuergelder mit im Spiel bleiben.

Der Staat soll weiterhin mit direkten Finanzhilfen Gerechtigkeitsziele erfüllen, Chancengleichheit schaffen und private Bildungsinvestitionen anregen. Er soll jedoch diese Ziele nicht über die Angebotsseite und staatliche Bildungseinrichtungen anpeilen. Besser, er stärkt die Nachfrageseite und unterstützt direkt finanziell schwache Studierende und erfolgreiche Forscher(innen). Ein gutes Bildungssystem ist kostbar. Ein schlechtes Bildungssystem ist viel teurer.

35 Warum wissen wir so wenig über Wirtschaft?

Catherine Hoffmann

Soziale Marktwirtschaft? Nie gehört. Globalisierung? Keine Ahnung. Angebot und Nachfrage? Nur ein blasser Schimmer. Wenn es um Ökonomie geht, sind viele Deutsche ratlos. Das wirtschaftliche Wissen, oder besser: Unwissen, gerade vieler Jugendlicher ist erschütternd. Zahlreiche Studien belegen: Es steht schlecht um die Allgemeinbildung in Ökonomie.

Christoph Sczesny und Sigrid Lüdecke fanden mit Hilfe des „Wirtschaftskundlichen Bildung-Tests“ Mitte der neunziger Jahre heraus, dass Jugendliche nicht einmal die Hälfte der Fragen nach Bruttosozialprodukt, Produktivität oder Zahlungsbilanz korrekt beantworten konnten (45 Prozent). Zu einem ähnlichen Ergebnis kommen Reinhold Würth und Hans-Joachim Klein, die Jugendliche in Baden-Württemberg fragten: Wie funktioniert die Wirtschaft? Gymnasiasten schnitten ein wenig besser ab als Haupt- und Realschüler, Jungen besser als Mädchen. „Die Befunde belegen, dass das ökonomische Wissen nicht berauschend ist“, konstatiert Birgit Weber, Professorin an der Universität Bielefeld.

Drei von fünf Jugendlichen im Alter von 14 bis 24 Jahren ist nicht klar, dass die Inflationsrate den durchschnittlichen Anstieg der Verbraucherpreise beziffert. Das zeigt eine Befragung von 755 jungen Menschen im Auftrag des Bankenverbandes. Noch weniger wissen, dass der Preis eines Computers oder Schulhefts davon abhängt, wie viele dieser Güter hergestellt werden und wie sehr sie begehrt sind: Angebot und Nachfrage bestimmen den Preis.

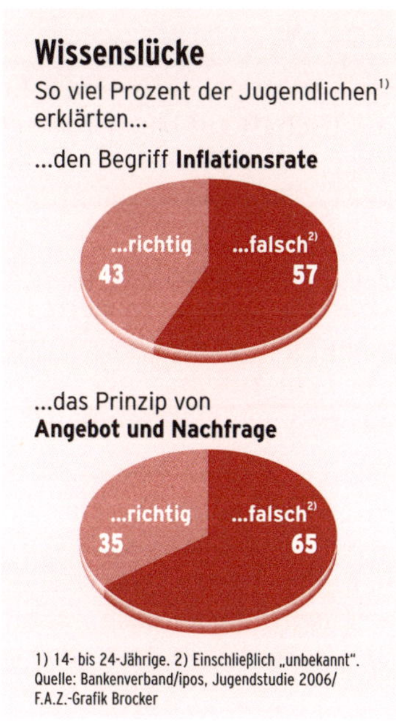

Besonders groß ist die Ratlosigkeit in Geld- und Finanzfragen. Prozentrechnung und Zinseszins sind vielen Deutschen ein Buch mit sieben Siegeln. Was ein Aktienfonds ist, wissen noch nicht einmal alle jene, die darin investiert haben. Und wie man seinen persönlichen Rentenanspruch ermittelt und eine solide Altersvorsorge aufbaut, scheint Geheimwissen weniger Spezialisten zu sein.

„Ökonomische Bildung findet in Schulen nur zufällig, nicht systematisch statt“, erklärt Hans Kaminski, Professor für Wirtschaftswissenschaften und Didaktik an der Carl von Ossietzky Universität Oldenburg, den Bildungsnotstand. „Bei den Schulplanern der Bundesrepublik steht sie nicht sehr hoch im Kurs.“ Wirtschaftliches Wissen sollen gefälligst die Unternehmen und die berufsbildenden Schulen vermitteln; die allgemeinbildenden Schulen sind dafür zu fein. Das war bis vor zwanzig Jahren die herrschende Meinung der Lehrplangestalter. Diese Haltung prägt noch heute die Lage.

Was wir zu wissen glauben

Selbsteinschätzung des Wissens auf verschiedenen Gebieten (%)[1]

1) Basis: Tausend Girokontobesitzer über 18 Jahre alt.
Quelle: Commerzbank/Infratest-Umfrage, Mai 2007/ F.A.Z.-Grafik Brocker

Wer sich die Entwicklung des abendländischen Fächerkanons ansieht, stellt fest: Ökonomie wurde immer der Berufsbildung zugesprochen. Wilhelm von Humboldt (1767 bis 1835), vermischt mit dem Neuhumanismus und dem deutschen Idealismus, beherrscht die Bildungstheorie bis heute – vor allem im höheren Schulwesen. Sprachen und Naturwissenschaften, Deutsch und Englisch, Physik und Chemie, haben ihren festen Platz im Lehrplan gefunden. Gegen Wirtschaft regt sich Widerstand. Sie passt nicht in die idealistische Vorstellung von Allgemeinbildung, dient sie doch vor allem einem spezifischen Zweck: dem Geldverdienen.

Diese Vorstellung ist noch heute weit verbreitet und trifft in einer Gesellschaft auf fruchtbaren Boden, in der die Akzeptanz marktwirtschaftlicher Systeme von Umfrage zu Umfrage fällt. Und in der es heißt: „Über Geld spricht man nicht, das hat man.“ Nur: Woher soll das Kapital kommen, wenn der Nachwuchs die wirtschaftlichen Zusammenhänge nicht versteht? Wie sollen Jugendliche eine Gesellschaft begreifen, in der ökonomische Gedanken großen Einfluss haben? Und wie sollen sie mit der wachsenden Entscheidungsfreiheit und dem zunehmenden Angebot an Waren, Dienstleistungen und Berufswegen klarkommen?

Schüler müssen schon Glück haben, damit ihnen Theorie und Praxis der Wirtschaft nähergebracht werden. In der Grundschule gibt es Sachunterricht. Da geht es um die ökologischen Folgen des Konsums und die manipulative Kraft der Werbung. „Konsumkritisches Basteln“ nennt die Soziologin Weber das verächtlich. „Es ist möglich, dass Kinder einiges über Wirtschaft lernen, aber nicht zwangsläufig.“

In der Mittelstufe wird es nicht viel besser. Da wird im Fach Arbeitslehre an Haupt- und Realschulen etwa die Kosten-Nutzen-Analyse für den Bau von Werkstücken gelehrt oder erklärt, wie Familien mit ihrem Einkommen haushalten sollen. Geldanlage spielt dabei jedoch keine Rolle. Und wie Schüler die Wirkungsmechanismen der Wirtschaft durchschauen können, das lernen sie dort auch nicht. Der Sozialkundelehrer auf dem Gymnasium versucht zwar, die Marktwirtschaft zu erklären, tut sich damit aber oftmals schwer.

Lehrer haben keine Möglichkeit, ökonomische Bildung systematisch an der Universität zu studieren. Für Physik, Chemie, Deutsch und Englisch gibt es eigene Studiengänge, für Ökonomie nicht. Angehende Lehrer gehen in VWL- oder BWL-Vorlesungen und lernen dort nur jeden dritten Spiegelstrich. Die Lehrerausbildung steckt in einem typisch deutschen Dilemma: Ohne ein eigenständiges Fach Wirtschaft in der Schule gibt es keine vernünftige Ausbildung. Und ohne ein auf die Schule abgestimmtes Wirtschaftsstudium keinen guten Unterricht.

Wer wissen will, was soziale Verantwortung von Unternehmern bedeutet und welche Irrwege Märkte nehmen können, der braucht engagierte Eltern, einen guten Arbeitgeber oder viel Eigeninitiative. Oder er bleibt dumm.

Immerhin: Jugendlichen ist dieses Manko bewusst. In der aktuellen Jugendstudie des Bankenverbandes wünschen sich 80 Prozent der Befragten mehr Wirtschaft im Unterricht.

36 Warum ist die staatliche Schulpflicht unnötig?

Rainer Hank

Schule ist in Deutschland eine Sache des Staates. Wer eine private Schule aufmachen will, muss mit großen Schwierigkeiten rechnen. Wer seine Kinder gar selbst unterrichtet oder zu einem Hauslehrer schickt, bekommt es mit der Polizei zu tun. Denn er begeht eine Ordnungswidrigkeit.

In Deutschland gilt absolute und strafbewehrte Schulpflicht. Das klingt für die meisten Menschen selbstverständlich. Und ist es doch nicht, weder historisch noch im europäischen oder gar internationalen Vergleich: Der deutsche Schulzwang ist, sieht man von einigen Diktaturen ab, die Ausnahme und nicht die Regel. In den meisten anderen Ländern gibt es stattdessen eine vom Staat überwachte Bildungspflicht. Ob die Kinder zur Schule gehen oder die von der Gesellschaft geforderten Standards anderswo erwerben, ist ihnen (und ihren Eltern und Erziehern) freigestellt.

Warum werden in keinem freien Land der Welt Eltern, die ihre Kinder selbst erziehen möchten, vergleichbar stark kriminalisiert wie hierzulande? Nach den Verbrechen des Nationalsozialismus sei es zu einem stillen Einvernehmen zwischen Eltern und Staat gekommen, dass Erziehung zur Demokratiefähigkeit für ein gelingendes Gemeinwesen unabdingbar sei und dass diese Erziehung nur durch den Staat organisiert werden könne, vermutet der Bonner Pädagoge Volker Ladenthin. Deutsche Eltern haben ein größeres Vertrauen in den Erzieher Staat als die Nachbarn in anderen Ländern.

Das ist ihr gutes Recht. Aber warum wird Eltern, die ihre Kinder selbst erziehen wollen, dieser Wunsch streitig gemacht? Wäre nicht eine gesetzliche Bildungspflicht dem staatlichen Schulzwang überlegen? Schon der deutsche Bildungsreformer Wilhelm von Humboldt (1767 bis 1835) hatte gegenüber dem Staat als Erzieher große Bedenken. „Soll die Erziehung nur, ohne Rücksicht auf bestimmte, den Menschen zu ertei- lende bürgerliche Formen, Menschen bilden, so bedarf es des Staates nicht." Öffentlicher Schulzwang führt nach Humboldts Auffassung dazu, dass die Eltern die Verantwortung für die Aufzucht der Kinder an den Staat delegieren und dafür einen hohen Preis zahlen müssen: Statt zu freien und gebildeten Menschen werden die Schüler von früh an zu Staatsbürgern gemacht, zu Untertanen also.

Tatsächlich ist das staatliche Bildungsmonopol – wie die meisten Monopole – nicht gut begründet. Bildungsökonomisch ließe sich für die Schulen allenfalls ins Feld führen, dass es effizienter ist, Kinder in Klassen zusammen zu unterrichten, anstatt den Familien die Suche nach Hauslehrer und Gouvernante zuzumuten (für statistisch 1,3 Kinder) oder aber die Eltern von der Berufsausübung abzuhalten. Staatliche Lehrerbildung bürgt zudem für eine gewisse Professionalität bei der Erstellung des „Produkts“ Bildung.

Doch gegen die Qualität der staatsschulischen Leistung sprechen nicht nur die wiederholten Pisa-Befunde, sondern auch die zunehmende Abwanderung der Schüler in Privatschulen. Gäbe es die Möglichkeit, die Kinder zu Hause zu unterrichten, würden Eltern gewiss davon Gebrauch machen. Spätestens beim staatlich für alle vorgeschriebenen Bildungstest käme heraus, wo es die bessere Bildung gibt. In allen Ländern, welche die Ausbildung pluralisieren und dezentralisieren, stößt diese Freiheit auf Zustimmung, wenngleich der Anteil der häuslichen „Beschulung“ kaum über drei bis vier Prozent der Bevölkerung hinausgeht – freilich mit stark zunehmender Tendenz. Selbst in Österreich ist „Homeschooling“ neuerdings erlaubt. In Kanada erhalten Eltern, die ihre Kinder zu Hause unterrichten, sogar bis zu 1000 Dollar monatlich vom Staat. Das soll für Chancengleichheit mit der staatlichen Schule sorgen.

Ursprünglich war der Schulzwang nicht die Regel, sondern die Ausnahme. „Die Schulpflicht wurde eingeführt, weil die bildungsfernen Schichten ihre Kinder zu Hause behielten und zum Kartoffelausbuddeln und Getreideernten gebrauchten“, sagt der Pädagoge Ladenthin. Dadurch schädigten Eltern ihre Kinder. Das Gebot der Subsidiarität, das in Deutschland in Festreden immer hochgehalten wird, besagt: Der Staat braucht nur dann einzuschreiten, wenn die Privaten versagen. Er muss die Schüler vor ihren Eltern also auch nur dann schützen, wenn er befürchtet, ihnen werde Bildung vorenthalten oder aber sie würden auf gefährliche Weise indoktriniert.

Damit ist ein gewichtiger Einwand gegen das Homeschooling vom Tisch. Viele Zeitgenossen befürchten nämlich, radikale oder religiöse Elterngruppen könnten den Hausunterricht dazu missbrauchen, ihre Kinder zu Gegnern der europäischen Werteordnung und aufgeklärten Rechtsstaatlichkeit zu erziehen. Die Angst vor Parallelwelten geht um, sie ist nicht von der Hand zu weisen. Doch abgesehen davon, dass auch die Staatsschule Parallelwelten nicht verhindert (Neukölln), behielte die Obrigkeit immer die Gewalt, im Fall von Missbrauch oder Versagen die Kinder ihren Eltern zu entziehen.

Ohnehin würden wohl eher die gebildeten Eliten und nicht die unteren Schichten von der Möglichkeit des Homeschooling Gebrauch machen. Auch diese Vermutung taugt freilich zum Einwand dagegen. Wachsende Ungleichheit und eine Privilegierung der von Hauslehrern erzogenen Reichenkinder seien die Folge, heißt es. Doch auch hier gilt: Schon heute päppeln die Bildungsbürger ihre Nachkommen mit Cellounterricht, Sprachkursen und privater Nachhilfe. Oder sie schicken sie gleich aufs Internat. Dass in Deutschland Begabungen brach liegen, Geld und Sozialhintergrund den Bildungserfolg bestimmen, ist wahr. Der staatliche Schulzwang kann die Misere nicht verhindern.

SCHLAU OHNE SCHULE

Tokio Hotel hat schulfrei

Deutschlands prominenteste Nichtschulbesucher sind derzeit die Kaulitz-Zwillinge von Tokio Hotel. Denn wer „besondere Ausnahmegründe" für dauerhaftes Schwänzen geltend machen kann, wird von der Schulpflicht befreit. „Keine Zeit wegen Popstar-Karrieren" gilt offenbar als Grund. Das Bildungsministerium Sachsen-Anhalt erteilte die Befreiung gerne, weil es so die täglich 20000 Fans vor dem Magdeburger Kurfürst-Friedrich-Gymnasium loswurde. Am Ende haben die Burschen im Tourbus für den Realschulabschluss gepaukt.

Alma Mahler und die Mutter

Alma Mahler-Werfel (1879 bis 1964), die Ehefrau des Komponisten Gustav Mahler und des Schriftstellers Franz Werfel, hat nie eine formale Schulerziehung erhalten. Im Winterhalbjahr besuchte sie in Wien die Schule, während des Sommers erteilte die Mutter oder ein Hauslehrer Unterricht. Noch bis in das frühe 20. Jahrhundert war das üblich. Erst die Nazis setzten den Schulzwang rigoros durch.

Goethe und der Vater

Johann Wolfgang von Goethe (1749 bis 1832) hat nie eine Schule besucht. Geschadet hat es ihm nicht. Seine Erziehung hat der Vater streng überwacht. Wie in vornehmen bürgerlichen Verhältnissen üblich, wurde Goethe von Hauslehrern erzogen, vorzüglich in Rhetorik und Poetik und im Schönschreiben. Neben den alten Sprachen lernte er Französisch, Englisch und Italienisch, später auch Hebräisch.

37 Warum sind Patente schädlich?

Karen Horn

„Das solltest du dir patentieren lassen“ – diesen Satz haben wir alle schon einmal gehört und sind vor Stolz innerlich ein paar Zentimeter gewachsen. Patentwürdigkeit – das ist wohl das höchste Lob, das der Volksmund für eine gute Idee bereithält. Denn ein Patent verspricht, dass man mit einer Idee nicht nur stolz, sondern sogar reich werden kann.

Voraussetzung ist nur, dass einem niemand zuvorkommt, und man muss hoffen, dass es Menschen gibt, die den Nutzen der neuen Erfindung erkennen. Dann können wir selbst unsere Idee vermarkten oder immerhin von anderen, die das tun möchten, Lizenzgebühren kassieren. Denn das ist ein Patent: ein hoheitlich erteiltes gewerbliches Schutzrecht auf eine Erfindung. Patente gab es schon im antiken Griechenland. Sinn der Sache ist es von jeher, Menschen einen Lohn für ihre geistigen Mühen und einen Anreiz zu weiteren Anstrengungen zu geben. Dass das sinnvoll ist, liegt auf der Hand: nicht nur körperliche, sondern auch geistige Kraft investiert nur, wer auch die Früchte seiner Arbeit ernten kann.

Der Anspruch des Menschen auf diese Ernte wird philosophisch entweder aus einer solchen Nützlichkeitsüberlegung hergeleitet oder aber aus dem Naturrecht, frei nach dem Motto: niemand außer mir selbst hat ein Anrecht auf das, was ich bin. Und das, was ich denke, gehört untrennbar zu dem, was ich bin.

Im Fall materieller Güter lässt sich ein solcher Anspruch recht leicht verwirklichen, indem man Dritte von der Nutzung faktisch ausschließt. Bei immateriellen Gütern wie Ideen und Erfindungen ist das schwieriger. Ein Ausschluss lässt sich eigentlich nur so lange praktizieren, wie man die Idee für sich behält. Doch dann bleibt sie unfruchtbar. Zudem besteht noch immer die Gefahr, dass jemand anders unabhängig von einem selbst denselben Einfall hat. Und äußert man seinen Gedanken erst einmal öffentlich, dann gibt es gar kein Halten mehr. Darum schloss auch schon Thomas Jefferson, einer der Gründungsväter der Vereinigten Staaten: „Erfindungen können von Natur aus kein Gegenstand eines Eigentumstitels sein.“

Doch genau hier setzt die List der Patente an. Mit der Gewährung eines rechtlich verbrieften, befristeten Vermarktungsmonopols schaffen sie eine künstliche Knappheit. Der Erfinder – ein einzelner Mensch, eine Forschungseinrichtung oder ein Unternehmen – bekommt so einen Anreiz, seine Idee doch nicht geheim zu halten, sondern sie offenzulegen und somit der Gesellschaft insgesamt zur Verfügung zu stellen. Von den Nutzern kann er dann dafür Lizenzgebühren einfordern.

Von besonderer Bedeutung ist das für die Hochtechnologie, vor allem in der Chemie und in der Pharmakologie: Neue Ideen setzen oftmals eine ungeheuer teure Grundlagenforschung voraus. Ohne Erträge aus künstlich gewährten Rechten ließe sich diese in vielen Fällen kaum finanzieren.

Das klingt alles ganz logisch, und die Erfahrungen damit sind auch ganz gut: Die Ideenschmiede Deutschlands arbeitet weiterhin eifrig. Beim Europäischen Patentamt, das Patente für den ganzen europäischen Raum gewährt, haben die Deutschen im Jahr 2006 Schutz für fast 25.000 Erfindungen beantragt, das sind 18 Prozent aller Anmeldungen und rund 1000 mehr als im Vorjahr. Allerdings wird jedes vierte Patent in Deutschland gar nicht für konkrete neue Produkte genutzt, erbrachte eine Umfrage des Instituts der deutschen Wirtschaft.

Dass allzu viele Schätze im Verborgenen schlummern, hängt mit mehreren Faktoren zusammen. So tun sich beispielsweise Universitäten und andere Forschungseinrichtungen, von denen immer mehr Patentanmeldungen kommen, mit der Vermarktung ihrer Ideen oftmals schwer. Kleinen Unternehmen fehlt gelegentlich das notwendige Kapital. Ein anderer Grund allerdings ist schlicht strategisches Verhalten: Manche Patente werden nur mit dem Ziel angemeldet, der Konkurrenz zuvorzukommen und dieser bestimmte Entwicklungspfade abzuschneiden.

Das geben die Unternehmen auch offen zu. Nur 27 Prozent der befragten Unternehmen hatten je vor, ihre beim Patentamt offengelegten Entwicklungen tatsächlich gegen Lizenzgebühren an andere Unternehmen weiterzugeben, wie es eigentlich Sinn und Zweck des Patentwesens ist. Dieser Befund ist Wasser auf die Mühlen der Patentkritiker.

Denn so unumstritten, wie man glauben möchte, ist das vordergründig sakrosankte Patentwesen durchaus nicht. Schon ob das Patentwesen seinen Zweck tatsächlich erfüllt, Innovationen angemessen zu entlohnen, im Wissenstransfer zu verbreiten und somit das wirtschaftliche Wachstum zu unterstützen, ist trotz vieler Studien empirisch nicht eindeutig nachgewiesen. Selbst die Monopolkommission sah sich im Jahr 2002 vor allem mit Blick auf die Softwareindustrie zu der Feststellung veranlasst, „... dass eine Verstärkung des Patentschutzes keineswegs zwingend zu einem vermehrten Forschungsaufwand führt."

Angebracht ist ein Patentschutz ohne Zweifel dort, wo der Staat den Unternehmen das Leben besonders schwermacht und ihnen langwierige Sicherheitskontrollen auferlegt, zum Beispiel in der Pharmaindustrie – gleichsam als Kompensation für den hoheitlichen Eingriff. Grundsätzlich aber gehört zur ökonomischen Erkenntnis, dass jedes Monopol, auch ein befristetes, seinem Inhaber auf Kosten der Allgemeinheit zunächst einmal ein ruhiges Leben garantiert. Es führt zu überhöhten Preisen, möglicherweise über den beabsichtigten Renditezuschlag hinaus, sowie zu einer zu geringen Bereitstellung und Nutzung des jeweiligen Gutes.

Zudem ist es ein perverser, aber in dem System angelegter Effekt, dass Unternehmen in nennenswertem Umfang aus strategischen Gründen Patente anmelden, wie die Umfrageergebnisse zeigen. Zum Teil handelt es sich dabei bloß um „Trivialpatente", die überhaupt keine wirklich neue Erkenntnis verbriefen, sondern nur eine Lücke im Patentteppich stopfen und somit Behinderungspotential erschließen.

Ohnehin lässt sich argumentieren, dass der Wissenstransfer möglicherweise rascher und durchschlagender wäre, wenn es die konstruierte Protektion durch Patente gar nicht gäbe: dann müssten noch schneller neue Ideen auf den Tisch kommen, damit ein Unternehmen rentabel bleibt. Eine erste Verlangsamung des Wissenstransfers kommt freilich schon dadurch zustande, dass die Patentanmeldung lange dauert – beim Europäischen Patentamt sind es derzeit 44 Monate, knapp vier Jahre.

Auch das Wettrennen um Patente und die juristische Absicherung im Unternehmen sind unproduktiv, sie fressen Energien, die anderweitig – zum Beispiel gerade beim Erfinden – viel nutzbringender einzusetzen wären. Zudem ist der Patentschutz international noch nicht einmal immer voll durchsetzbar. In diesem Fall gerät die Hinterlegung eines Patents zur kostenfreien Handlungsanleitung für Nachmacher – und das ist die Horrorvision jedes forschenden Unternehmens. Schon lange geht die Angst vor dem „Technologieklau" in Deutschland um.

Abgesehen davon erleiden kleine Unternehmen regelmäßig einen Nachteil gegenüber größeren, weil sie in der Vielzahl der bereits geschützten Erfindungen eher den Überblick verlieren. Auch die Abgrenzung zwischen – patentierbaren – Erfindungen und – nicht patentierbaren – Entdeckungen ist schwierig und letztlich willkürlich. Über die Zahl der Patentrechtsstreitigkeiten freuen sich dann vor allem die Anwälte.

Auch der moralphilosophische Einwand, der gegen das Patentwesen vorgebracht wird, ist ernst zu nehmen. Manch einer reibt sich an der Einschränkung der Freiheit und Verfügungsgewalt anderer: Wenn man eine Idee, die man selbst entwickelt hat oder entwickeln könnte, auf die aber zuvor schon jemand anderes gekommen ist, nicht anwenden und schon gar nicht vermarkten darf, dann ist das ein erheblicher Eingriff in die persönliche Freiheit.

38 Warum lohnt sich die Raumfahrt nicht?

Gerald Braunberger

Der Weltraum – unendliche Weiten. Die Erkundung des Weltraums besitzt zweifellos eine emotionale Komponente, auch wenn ihr Ursprung im unerbittlichen Systemwettbewerb zwischen Ost und West zu suchen ist. Und so lassen sich allerlei Gründe dafür finden, Raumfahrt zu betreiben. Aber ein Grund zieht nicht: Raumfahrt ist, insgesamt betrachtet, kein Geschäft – hohen Kosten stehen zu geringe Erlöse entgegen.

Einzelne Zweige der unbemannten Raumfahrt lassen sich zwar kommerziell erfolgreich betreiben, aber besonders die bemannte Raumfahrt ist, rein materiell betrachtet, eine Verschleuderung von Steuergeldern. Denn die bemannte Weltraumfahrt ist ganz überwiegend staatsfinanziert. Alleine das amerikanische Mondprogramm verschlang mindestens 50 Milliarden Dollar (gerechnet in Dollar aus dem Jahre 1970, als die amerikanische Währung noch deutlich mehr wert war als heute). Deutschland stellt viel weniger Geld für die Raumfahrt zur Verfügung, zieht aber auch keinen besonderen Nutzen. In Deutschland gibt es immer noch mehr Museen als unmittelbar in der Raumfahrt beschäftigte Personen.

Die exorbitanten Kosten der bemannten Raumfahrt erklären auch, warum seit dem Ende des amerikanischen Mondprogramms Mitte der siebziger Jahre kein Mensch mehr die Erdumlaufbahn verlassen hat und die in einem Orbit befindliche Internationale Weltraumstation als aktuelle Krönung der Raumfahrt gilt. Ihre Kosten werden allerdings auf den außerordentlich hohen Betrag von rund 100 Milliarden Dollar geschätzt, dem kein adäquater materieller Nutzen gegenübersteht. Die von den Vereinigten Staaten erwogene bemannte Marsmission, die eine Rückkehr zum Mond beinhalten würde, wird Jahrzehnte in Anspruch nehmen – wenn sie überhaupt zustande kommt.

Als wirtschaftliche Rechtfertigung der bemannten Raumfahrt werden gelegentlich nützliche Produkte und Verfahren genannt, die als Nebenprodukt der Forschung für das tägliche Leben abfallen. Diese sogenannten „spin offs" existieren tatsächlich, aber sie können kaum als Rendite der Raumfahrt bezeichnet werden, denn erstens bilden sie nicht den Zweck der Raumfahrt, zweitens ist ihre Zahl begrenzt, und drittens fallen die Erlöse aus ihrem Verkauf meist in die Taschen von Privatunternehmen und nicht in die Kassen des Staates, der die Raumfahrtforschung finanziert.

Das berühmteste der häufig genannten Beispiele für einen erfolgreichen „spin off" ist übrigens eine Mär: Teflon wurde schon vor Beginn des

Raumfahrtzeitalters patentiert und ist keineswegs ein unbeabsichtigtes Nebenprodukt des amerikanischen Mondprogramms!

Und welche Erfindungen hat die Raumfahrt uns nun gebracht?

Der Münchener Professor und ehemalige Astronaut Ulrich Walter nennt eine Reihe von Beispielen: So entstand aus einem medizinischen Experiment, das Ursachen und Verlauf des Augenüberdrucks im Weltraum messen sollte, ein handliches Gerät zur Prüfung des Augendrucks, das heute von jedermann erworben werden kann.

Der Taschenrechner habe seine Wurzeln in der Weltraumforschung, sagt Walter, ebenso die Radialreifen, die Gefriertrocknung von Lebensmitteln, Klettverschlüsse von Schuhen, der Strichcode auf Warenverpackungen, das Prinzip der Brennstoffzelle, der Nierensteinzertrümmerer, spezielle Baby-Anzüge gegen plötzlichen Kindstod und manches mehr.

Während die bemannte Raumfahrt bislang keine Rendite abwirft (und deshalb auch nicht privat betrieben wird), sieht es mit der unbemannten Raumfahrt besser aus. Sicher, die spektakulärsten, alleine der Forschung verschriebenen Projekte wie das Hubble-Weltraumteleskop oder Sonden wie Pioneer, Voyager oder Mariner werfen kein Geld ab. Aber bestimmte Bereiche der unbemannten Raumfahrt werden privatwirtschaftlich betrieben, weil sie angemessene Renditen versprechen.

Dies gilt vor allem für den Bau, Transport und Betrieb von Satelliten, zur Beispiel für die Telekommunikation oder die Übertragung von Medieninhalten. Es gibt in der Welt etwa eine Handvoll bedeutender Hersteller von Satelliten, darunter die Europäer Alcatel und EADS-Astrium. Vor allem in Amerika leben allerdings einige auch vom Bau militärischer Satelliten.

Für den Transport der Satelliten in die Erdumlaufbahn bieten mehrere Hersteller Trägerraketen an. Zu ihnen zählt das europäische Unternehmen Arianespace, das Raketen des Typs Ariane vom Weltraumbahnhof in Kourou (Französisch-Guayana) ins All schießt. Daneben sind spezialisierte Unternehmen entstanden, die Satelliten betreiben. In Europa sind hier die Firmen Eutelsat und Astra zu nennen.

Allerdings sind auch diese Satellitenprojekte keine wirtschaftlichen Selbstläufer. Dies zeigt das europäische Satellitennavigationssystem Galileo, das einmal aus 30 Satelliten bestehen und nach Berechnungen der Europäischen Kommission auf lange Sicht wirtschaftlich vorteilhaft sein soll. Doch die Unternehmen, die bisher an der Entwicklung beteiligt waren, haben Zweifel an dem Geschäftsmodell bekommen und sich deshalb zurückgezogen. Nun müssen die Staaten (und damit die Steuerzahler) die Finanzierung sichern. Es bleibt dabei: Geld kann man besser anlegen als im Weltraum.

PROJEKTE OHNE RENDITE

Space Shuttle

Seit den sechziger Jahren sind sie entwickelt worden, seit den Achtzigern sind sie im Dienst: Die Raumfähren der Amerikaner sind weitaus teurer geworden als geplant. Die Baukosten einer Fähre mögen mit rund 1,5 Milliarden Dollar noch angemessen scheinen, doch sprengen die Kosten von mehr als 500 Millionen Dollar für den einzelnen Flug jeden Rahmen. Die Fähren werden bald ausgemustert.

Hubble

Das Weltraumteleskop ist seit 1990 im Dienst und hat fantastische Einsichten in das Universum gewährt. Wegen dieser Erkenntnisgewinne mag es sein Geld wert sein. Billig war es allerdings nicht. Neben den Herstellungskosten von einigen hundert Millionen Dollar sind die Kosten mehrerer Flüge von Raumfähren zu zählen. Hubble musste nicht nur in eine Erdumlaufbahn geschossen werden, es waren auch Wartungsflüge nötig.

Weltraumstation ISS

Die internationale Station gilt als das teuerste zivile Projekt in der Geschichte der Menschheit. Seine Kosten werden von der Europäischen Weltraumagentur (ESA) auf rund 100 Milliarden Dollar geschätzt. Die Station besteht aus zahlreichen Modulen, sie ist noch nicht komplett. Seit dem Jahr 2000 ist sie permanent mit mehreren Astronauten bemannt, noch rund zehn weitere Jahre soll sie in Dienst bleiben.

39 Warum geht uns das Öl nicht aus?

Winand von Petersdorff

100 Dollar je Fass Rohöl: Der Energiespender hat sich auf einem Preisniveau eingependelt, das vor wenigen Jahren noch nicht für möglich gehalten wurde. Mit dem Preis steigt die Zahl der Anhänger von Theorien, die das in Kürze eintretende Ende des Erdölzeitalters vorhersagen. Plausibel klingt es ja auch: Der Preis ist hoch, die Ware muss knapp sein. Grundkurs Wirtschaft, die erste Stunde.

Vereinfacht herrscht folgende Vorstellung vom Erdöl und seiner Verfügbarkeit: Man stellt sich einen großen Eimer vor, der mit Erdöl gefüllt ist und sich langsam leert. Und die Pessimisten sagen: Wir ahnen den Boden des Eimers schon. Und weil seit fast 200 Jahren Ölsucher unterwegs sind, ist die Wahrscheinlichkeit gering, dass sie noch auf weitere Eimer stoßen. So einfach ist es aber nicht.

Es gibt einen Faktor, der in der Debatte über die Reichweite des Öls notorisch unterschätzt wird. Das ist der menschliche Faktor. Die Ölreserven hängen vor allem vom Erfindergeist des Menschen und seinem (Kapital-) Einsatz ab. Seine Innovationen vergrößern die Reserven im entscheidenden Maß und schieben das Ende der Öljahre in die Ferne.

So war es schon immer: In den frühen Jahren des Gewerbes ließen Geschäftsleute schwere Laken in offene Quellen werfen und danach in Wannen austropfen. Die globalen Reserven beschränkten sich bis dahin auf jene wenigen Ölquellen, die damals aus der Erde heraustraten. Hätte man damals die Leute gefragt, wann sie das Ende der Ölförderung wähnen, hätten sie höchst pessimistisch geantwortet: Lange kann es nicht mehr dauern. Doch dann kam die erste revolutionäre Innovation des Ölzeitalters: das Bohren. Mit der Bohrung konnte aus tieferen Reservoirs gefördert werden. Die globalen Reserven vervielfältigten sich.

In gewisser Weise wiederholt sich der Vorgang bis heute nach gleichem Muster. Mit Gehirnschmalz und Geldeinsatz vergrößert der Mensch die Ölreserven. Es werden immer noch neue Quellen entdeckt, es werden Methoden verfeinert, bekannte Quellen besser auszuschöpfen, und es wird unkonventionelles Rohöl gewonnen aus Teersanden und Schweröl.

Der Fortschritt ließ sich bisher nicht bremsen. Rohrsysteme machen abgelegene Reserven zugänglich. Neue Stahlsorten ermöglichen Bohrungen durch harte Steinschichten. Nach Öl gebohrt wird von den Multis inzwischen auch in 2000 Meter Wassertiefe vor Brasilien und Westafrika. Reservensteigerungen brachten Messtechniken, die es erlauben, Quellen genauer zu taxieren. Mit neuen Bohrtechniken wird der Entölungsgrad von Quellen von zur Zeit 35 auf 70 Prozent erhöht. Das heißt, das Ölfeld wird viel intensiver ausgebeutet – mit der Konsequenz, dass eigentlich erschöpfte Vorkommen reanimiert werden und der Spruch „Totgesagte leben länger" eine neue Bedeutung erfährt. Es geht nicht um Kleinigkeiten. 1980 holten Förderer aus den bekannten Feldern gerade rund 20 Prozent heraus. Mehr war zu teuer und zu schwierig.

In den vergangenen 25 Jahren haben sich entgegen der allgemeinen Wahrnehmung die bestätigten globalen Reserven verdoppelt, berichtet Exxon. Die Reichweite des wirtschaftlich förderbaren Erdöls beträgt nach Einschätzung der meisten Experten heute rund 45 bis 50 Jahre. Das heißt nicht, dass die Ölreserven in 50 Jahren ausgehen. Es bedeutet, dass die Reserven auf der Basis des heutigen Verbrauchs und der heutigen Fördertechnik noch für etwa 45 bis 50 Jahre ausreichen.

Bis hierhin würden wohl auch die Pessimisten folgen. Doch an dieser Stelle kommen sie auf die Eimer zurück und beharren darauf, dass im Grunde alle großen Vorkommen entdeckt sind und sich langsam dem Ende zuneigen, zumal die Nachfrage dramatisch steigt. Ihr gutes Hauptargument lautet, dass ein Großteil des Öls immer noch aus Feldern kommt, die 30 Jahre und älter sind. In diesen Vorkommen nähere sich die Förderung in diesen Jahren einem Höhepunkt, um dann rasch zu Ende zu gehen. Und das erkläre die hohen Preise für Rohöl. Pessimisten sagen das allerdings schon sehr lange und geben unterschiedliche Zeitpunkte für den Katastrophenzeitpunkt an. 1920 war im Gespräch, 1950, 2000 und auch 2010.

Es gibt eine andere, überzeugende Erklärung, warum sich die wichtigsten Förderländer auf bekannte Quellen stützen: unzureichende Investitionen in die Exploration. Man hat sich zu wenig angestrengt, und das durchaus bewusst.

Wenn wir Europäer von Ölkrisen reden, dann meinen wir Phasen in den siebziger Jahren mit Sonntagsfahrverboten und dem Aufkommen der Massenarbeitslosigkeit. Doch die Lieferländer hatten ihre eigenen Ölkrisen. Anfang der achtziger Jahre, nach einer Reihe guter Jahre, bekamen die Opec-Länder Angst vor Überproduktion und damit fallenden Preisen. Die Opec-Länder sind entscheidend, weil sie bisher 80 Prozent der globalen Reserven kontrollieren. Und tatsächlich, die Angst war aus ihrer Sicht begründet: 1986 stürzten die Rohölpreise ab und versetzten den wichtigsten Lieferländern einen Schock. Daraus zogen sie die Lehre, Überkapazitäten zu vermeiden.

Einige Länder machten es sich seitdem zum Prinzip, nur jene Felder zu entwickeln, in denen schon gefördert wurde. Das begründet den Fortschritt beim Entölungsgrad und deutet auf eine geringe Explorationstätigkeit hin. Die Idee war einfach: Überschüssige Kapazitäten sollten auf einem Minimum gehalten werden. Gleichzeitig versuchte die Opec, das Angebot über ein Förderregime zu limitieren. 1998/1999 stürzten die Preise noch einmal und bestärkten die Länder, das Angebot knapp zu halten.

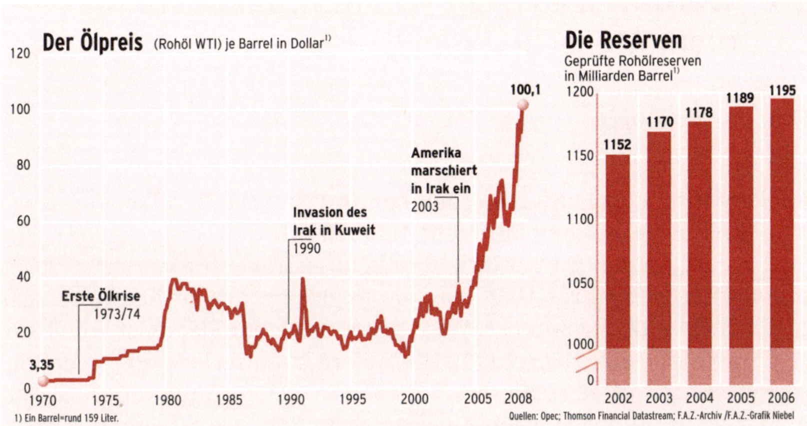

Die Vermutung liegt nahe: Da, wo es herkommt, gibt es noch viel mehr. Das gilt vor allem für Länder am Persischen Golf. „Im Irak zum Beispiel sind 3D-Seismik, Tief- und Horizontalbohrungen sowie hochentwickelte Fördertechniken nie eingesetzt worden, obwohl diese Verfahren die Ölindustrie im Rest der Welt seit den 1980er Jahren revolutioniert haben“, schreibt der Chefstratege des italienischen Energiekonzerns Eni, Leonardo Maugeri, in einem Beitrag für die Zeitschrift „Foreign Affairs“. Maugeri zeichnet auch die Explorationsanstrengungen der vergangenen 20 Jahre nach: 70 Prozent aller Explorationsaktivitäten fanden in den Vereinigten Staaten und Kanada statt, also in zwei Ländern, die die besten Jahren hinter sich haben und für drei Prozent der globalen Reserven stehen. Drei Prozent der Suchbemühungen dagegen, so rechnet Maugeri vor, entfielen auf den Nahen Osten. Saudi-Arabien, Russland und die Region um das Kaspische Meer sind laut Maugeri untererschlossen: Es fehlte lange an Suchbemühungen, und es mangelt gelegentlich an technischem Knowhow.

Global steigen die Investitionen in die Suche und Förderung seit 2002 wieder nennenswert. Sechs bis acht Jahre dauert es dann, bis neue Vorkommen erschlossen sind. Das zumindest gibt die Hoffnung, dass das Öl uns noch erhalten bleibt. Wenn es überhaupt eine Hoffnung ist.

Öl hat neben den großen Vorteilen natürlich entscheidende Nachteile. Die Abgase der Verbrennung schaden Umwelt und Klima. Diese Erkenntnis verstärkt die globalen Bemühungen, vom Öl loszukommen, und gibt der Suche nach einer Alternative Rückenwind. Ein bisschen wird es noch dauern. Doch irgendwann wird eine neue Technologie billiger und besser als der Versuch, den letzten Tropfen aus den Ölvorkommen herauszupressen. „Die Steinzeit endete nicht, weil wir keine Steine mehr hatten, und die Ölzeit wird nicht enden, weil uns das Öl fehlt“, sagt der frühere saudische Ölminister Achmed Yamani.

40 Warum ist es nicht schlimm, dass es immer mehr Menschen gibt?

Thomas Straubhaar

Apokalyptische Szenarien werden bemüht, um die Bevölkerungsfrage zum großen Menschheitsproblem des 21. Jahrhunderts zu machen. Für Maurice Allais, den französischen Nobelpreisträger für Wirtschaftswissenschaften des Jahres 1988, ist „die Explosion der Bevölkerung“ gar „gefährlicher als die Bombe“. Wird der Mensch zur Plage? Ist eine Hungerkatastrophe unausweichlich, wie andere Auguren besorgt fragen? Sie verweisen darauf, dass die Bevölkerung in Asien, Lateinamerika und Afrika weiterhin rasch wächst. Gegenwärtig leben rund 6,6 Milliarden Menschen auf der Erde. Im Jahr 2025 dürften es knapp 8 Milliarden und 2050 gut 9 Milliarden sein – rund 40 Prozent mehr als heute. Und daran ist kaum mehr viel zu ändern. Denn die vielen Mädchen von heute sind die vielen Mütter von morgen.

Die größte Bevölkerungszunahme ist in den weniger entwickelten Ländern der Welt zu erwarten. Demgegenüber wächst die Bevölkerung in den entwickelten OECD-Ländern kaum mehr. In Europa schrumpft sie sogar, besonders stark in Osteuropa. Entsprechend wird der Anteil Europas an der Weltbevölkerung von heute noch 9 Prozent auf 6 Prozent im Jahre 2050 sinken – etwa die Hälfte dessen, was Europa Mitte des 20. Jahrhunderts erreicht hatte.

Bei so einem raschen Wachstum der Weltbevölkerung sehen Pessimisten einen ökologischen Kollaps auf die Erde zukommen. CO_2-Ausstoß, Erderwärmung, saurer Regen, Smog, Treibhauseffekt, Abbau der Regenwälder und die Artenzerstörung in Flora und Fauna: Sie alle hätten das rasche Bevölkerungswachstum zur Ursache.

Die Pessimisten sehen sich als selbsternannte Erben des großen Thomas Robert Malthus. Dessen Gesetz lautet: Das Bevölkerungswachstum ist die Wurzel allen menschlichen Elends. Es frisst die Früchte des Wirtschaftswachstums. Weil die Bevölkerung schneller wächst als die agrarische Produktion, kommt es zu Hungersnöten, Massenarmut und Kriegen um die begrenzten Nahrungsmittel. Viele Menschen sterben. Das Wachstum der Bevölkerung wird gebremst. Eine dauerhafte Verbesserung des durchschnittlichen Lebensstandards lässt sich somit nur über ein verringertes Bevölkerungswachstum erreichen.

Das Malthusianische Bevölkerungsgesetz findet sich heute in dem Argument wieder, dass das rasche Bevölkerungswachstum eines der wichtigsten Hemmnisse für die Entwicklung von Afrikas Wirtschaft sei. Die afrikanische Bevölkerung wächst immer noch jährlich um 2,4 Prozent.

Entsprechend verlangsamen sich das Wachstum der Pro-Kopf-Einkommen und der Fortschritt der allgemeinen Lebensbedingungen.

Doch die Geschichte der letzten 200 Jahre hat das pessimistische Bevölkerungsprinzip von Malthus für die Industrieländer schlagkräftig widerlegt. Bevölkerungswachstum und Wirtschaftswachstum gingen Hand in Hand. Malthus und seine Jünger haben die treibende Dynamik des technischen Fortschritts unterschätzt. Oft wurde das Bevölkerungswachstum sogar zum Auslöser für technische Neuerungen, gerade in der Landwirtschaft.

Optimisten verweisen darauf, dass die Erde kein geschlossenes System ist. Sie ist kein Raumschiff, dessen Ressourcen begrenzt sind und eines Tages aufgezehrt sein werden. Vielmehr fließt der Erde ständig Energie zu, und zwar in Form von Sonnenstrahlen. Diese zusätzliche Energie kann auch genutzt werden, um zusätzliche Menschen zu versorgen. Und die erschöpfbaren Rohstoffe werden durch erneuerbare ersetzt. Technisch ist das heute schon machbar. Wann dieser Ersatz verwendet wird, ist hauptsächlich eine Frage der Preise. Und die werden steigen, denn Rohstoffe werden teuer, wenn sie knapp werden – zum Beispiel, weil die Bevölkerung wächst.

Dann werden die Menschen ihr Verhalten ändern, denn dann wird sich das für sie lohnen. Sie werden weniger Rohstoffe verschwenden. Ölförderer werden bestehende Öllager besser ausbeuten und Lager mit höheren Förderkosten erschließen. Wertstoffe werden gewissenhafter getrennt, und Recycling-Firmen investieren, um aus Abfällen mehr Rohstoffe zurückzugewinnen.

Darum schafft das Bevölkerungswachstum keine unlösbaren Probleme. Es beschleunigt lediglich den technischen Fortschritt – und es erhöht den Druck, Politik und Gesellschaft so zu verändern, dass Bevölkerungs- und Wirtschaftswachstum umweltschonend ablaufen.

Doch diese Herausforderung ist für die Menschheit nicht neu. Seit der Vertreibung aus dem Paradies ist es für die mehr oder weniger stark wachsende Weltbevölkerung immer darum gegangen, der Natur die Lebensgrundlagen abzuringen. Und über die vielen Jahrtausende hat die Menschheit diese Aufgabe mit Bravour gemeistert. Sicher: Es gab Hungersnöte und Versorgungskrisen. Es gab Zeiten, in denen das Angebot nicht ausreichte und die Preise stiegen. Gerade dieser Mangel war aber für einige Menschen Anlass, nach neuen Ressourcen und neuen Ideen zu suchen.

Deshalb haben Knappheit und Mangel nicht zum Ende der Menschheit geführt. Ja, sie haben nicht einmal eine Grenze für das Wachstum gesetzt. Im Gegenteil: Je knapper einige Dinge wurden, um so mutiger, risikofreudiger und entschlossener suchten die Menschen nach weiteren Quellen – und umso attraktiver wurde es, diese Dinge zu ersetzen, wiederzuverwenden oder weniger davon zu verwenden. Menschen brachen zu neuen Ufern auf und entdeckten ferne Welten. Kunststoffe ersetzten Rohstoffe. Erneuerbare Energien traten an Stelle fossiler Brennstoffe. Kleiner wurde feiner. Elektronische Post verdrängt den Brief. So gesehen lässt sich die Geschichte der Menschheit als erfolgreicher Kampf gegen die immer wiederkehrende und immer wieder vorübergehende Knappheit der Ressourcen schreiben.

Die Pessimisten haben Recht, wenn sie sagen, es könne in Zukunft auch anders kommen. Aber wie plausibel ist diese Prognose? Wenn die Zukunft nur einigermaßen so verläuft wie die Vergangenheit, gibt es wenig Grund zur Angst.

Der Nobelpreisträger Robert Solow hat schon 1973 deutlich gemacht: Die Annahme, dass die Menschen ihre Technik in Zukunft weiter verbessern werden, ist nicht mehr als das: eine Annahme. Niemand kann sicher sein, ob der technische Fortschritt auch tatsächlich eintritt. Aber zu erwarten, dass er in Zukunft ausbleibt, ist ebenfalls eine Annahme. Und sie ist mit Blick auf die Vergangenheit viel weniger wahrscheinlich.

Warum also sollte die Wirtschaftsgeschichte plötzlich ihre Richtung ändern? Wieso sollte der Menschheit gerade jetzt nichts mehr einfallen, wenn sie so schnell wächst?

41 Warum machen Bodenschätze arm?

Karen Horn

Der Ölpreis klettert in schwindelerregende Höhen. Die Volkswirtschaften, die nicht mit eigenen Ölvorkommen gesegnet sind, belastet dieser Kostendruck zunehmend. Des einen Leid ist des anderen Freud, mag man denken: Immerhin können sich die Erdöl exportierenden Länder über höhere Einnahmen freuen. Und sie haben es nötig. Die meisten Ölförderländer sind nämlich trotz ihres Ressourcenreichtums noch immer arm, der Bevölkerung geht es in den meisten Fällen ausgesprochen schlecht. In Saudi Arabien beträgt das kaufkraftbereinigte Bruttosozialprodukt je Einwohner etwas mehr als 17.000 Dollar, in Venezuela und Algerien gut 8000 Dollar und in Nigeria gerade einmal magere 1280 Dollar (Zahlen des Internationalen Währungsfonds von 2007). Alle diese Länder sind dabei Mitglieder des Opec-Kartells, das seit jeher versucht, die Preise hochzutreiben. Zum Vergleich: In Deutschland belief sich der entsprechende Wert auf 33.000 Dollar, in den Vereinigten Staaten auf knapp 44.770 Dollar; das völlig rohstofffreie Luxemburg steht mit 87.4000 Dollar an der Spitze der Rangliste.

Der steigende Ölpreis und die somit zunehmenden Einnahmen der Ölstaaten werden an diesem Gefälle nicht viel ändern. Vermutlich eher im Gegenteil. Denn die Schieflage hat System. Bodenschätze wie Öl sind zwar ein Geschenk der Natur, aber sie wirken wie ein Fluch. Das gilt auch für andere Reichtümer der Erde wie Edelsteine, Gold, Kupfer, Stahl, Aluminium. Die Menschheit versteht mit ihnen offenbar nicht klug umzugehen: Alle Länder, die reich mit Bodenschätzen ausgestattet sind (mit Ausnahme Norwegens), zählen trotzdem nach wie vor zu den Entwicklungsländern, sie kommen wirtschaftlich einfach nicht voran. Das gilt sogar für Russland, das üppig mit Vorkommen an Öl und Gas gesegnet ist – und trotzdem beläuft sich das kaufkraftbereinigte Bruttosozialprodukt je Einwohner immer noch auf schmale 13.400 Dollar. Je stärker die Abhängigkeit von den Rohstoffen, desto geringer die wirtschaftliche Dynamik: Wie die amerikanischen Ökonomen Jeffrey Sachs und Andrew Warner schon 1995 in einer vergleichenden Studie zu fast 100 Entwicklungsländern herausgefunden haben, ist das Wirtschaftswachstum um so schwächer, je höher der Rohstoffanteil am Export ausfällt. Umgekehrt sind die reichsten Länder der Erde gerade jene, die am wenigsten von der Natur begünstigt sind – sämtliche G-7-Staaten sind Industrieländer ohne sonderliche Bodenschätze. Ein schönes Beispiel ist auch die Schweiz, die nicht nur keine Bodenschätze, sondern auch noch eine ziemlich mühsame Topographie hat – und trotzdem haben es die Eidgenossen geschafft, dass sie heute ein kaufkraftbereinigtes Bruttosozialprodukt je Einwohner von gut 40.000 Dollar erwirtschaften.

Wie kann das sein, dass Länder, die von der Natur gesegnet sind, arm bleiben, und andere Länder, die wenig mitbekommen haben, reich werden? Ist die Sache so einfach und so kapitalistisch und so ausbeuterisch böse, wie es beispielsweise den Kindern im berühmten „Tigerenten-Club“ des Südwestrundfunks weisgemacht wird? Da heißt es doch tatsächlich: „... von diesem Reichtum wird ihnen viel weggenommen. Denn die Bodenschätze werden von großen Firmen aus Europa und Amerika ausgebeutet. Diese verdienen dann sehr viel Geld damit, aber den afrikanischen Ländern bleibt kaum etwas davon.“ Solche Lehrsätze sind verantwortungslose Volksverdummung. Die Wirklichkeit sieht anders aus – und ist dabei viel tragischer. Denn in den wenigsten Ländern sind es tatsächlich „große Firmen aus Europa und Amerika“, welche die Bodenschätze abbauen. Im Gegenteil. In der Regel werden natürliche Ressourcen von staatlichen Monopolunternehmen ausgebeutet – im Erdölgeschäft sind das zum Beispiel die Kuwait Oil Company, die PDVSA aus Venezuela oder die Saudi Aramco, nicht etwa große Privatunternehmen wie BP oder Shell.

In der Hand des Staates werden die Bodenschätze dann zu einem Gegenstand der Politik. Und für die Politik gilt ungefähr dasselbe wie für einzelne Menschen, wenn sie eine große Erbschaft machen: „Leichter Reichtum macht faul“, wie Sachs und Warner in ihrer bahnbrechenden Studie formulierten. Die grundlegende Erkenntnis ist viel älter und hat sich sogar in der Literatur niedergeschlagen. „Die Buddenbrooks“ von Thomas Mann sind eine bekannte literarische Illustration dessen, was mit Familienunternehmen passiert, wenn sie fest etabliert sind und der rechte Leistungsdruck fehlt: die erste Generation baut das Geschäft auf, die zweite hält es noch aufrecht, die dritte, dekadente dann richtet es zugrunde.

Im Falle von Staaten hat dieses von der Natur gewährte leistungslose Ressourceneinkommen aber weitaus verheerendere Folgen als den Niedergang eines Familienunternehmens. Im Falle von Staaten fehlt es in Folge von Ressourcenreichtum an den Anreizen, andere Wirtschaftzweige aufzubauen, klug und nachhaltig zu investieren, überhaupt: sich nach der Decke zu strecken und gute Wirtschaftspolitik zu betreiben. Es führt, schlimmer noch, zu Korruption, Gewalt, Unfreiheit, Rechtlosigkeit, kriegerischen Konflikten, Armut. Autoritäre Strukturen verfestigen sich, die Demokratisierung bleibt aus, Menschenrechte werden missachtet, Minderheiten unterdrückt, das Militär wird aufgerüstet, Rechtsstaatlichkeit bleibt in weiter Ferne, marktwirtschaftliche Strukturen werden unterbunden, die Wirtschaft ist abgeschottet. All das stürzt die Bevölkerung in Elend und Not.

Ein trauriges Beispiel dafür ist Nigeria, der sechstgrößte Ölexporteur der Welt: Bewaffnete Milizen haben das Land in einen Bürgerkrieg gestürzt, die Zustände sind chaotisch. Ein anderer Fall ist Venezuela: Wäre das

Land nicht so reich an Erdöl, dann hätte ein Diktator wie Hugo Chávez dort wohl keinen Bestand. So aber verpulvert er den Reichtum seines Landes – und die Bevölkerung bleibt unfrei und verarmt. Das Ganze ist ein Teufelskreis: ohne vernünftige Institutionen sind Ressourcen ein Fluch, aber die Verführung durch die Ressourcen ist so gewaltig, dass vernünftige Institutionen keine Chance haben.

Freilich gibt es auch ein ermutigendes Beispiel. Botswana hat es wohl geschafft – dank beziehungsweise trotz der Diamanten. Dem Land ist es geglückt, den Rohstoffsegen zu nutzen. Die Wirtschaft wächst stetig, und die Regierung investiert in Bildung, Gesundheit und Infrastruktur. Eine wichtige Rolle dürfte hier gespielt haben, dass man die wichtigsten Elemente der vom einstigen Kolonialstaat Großbritannien übernommenen Rechtstradition zu bewahren wusste. Insbesondere das Privateigentum ist hier unangetastet geblieben.

Doch selbst wenn die politischen und ökonomischen Institutionen gefestigt und eigentlich funktionsfähig sind, kann plötzlicher Ressourcenreichtum ein Land ins Schlingern bringen, wenn es an ökonomischer Weitsicht fehlt. So erging es den Niederlanden in den siebziger Jahren. Damals wurde das Groninger Gasfeld entdeckt, die Erdgasindustrie blühte auf. Doch als der Boom vorüber war, brach die Wirtschaft ein. Es zeigte sich, dass die Konzentration auf das Gas Arbeitskräfte und Kapital aus der Industrie abgezogen hatte, die nun an erheblichen Entwicklungsrückständen litt. Zudem hatten die hohen Exporterlöse den Gulden an Wert gewinnen lassen, und das machte in den anderen Wirtschaftszweigen die Produkte für das Ausland teurer und damit den Export schwieriger. Im Ergebnis hatte also der Rohstoffsegen die Wettbewerbsfähigkeit der Niederländer geschwächt. In die Lehrbücher ist dieses Phänomen als „dutch disease", niederländische Krankheit, eingegangen.

Diesen ökonomischen Fallstricken zu entgehen, stellt hohe Anforderungen an die jeweilige Regierung. Sie muss Institutionen schaffen, die einen nachhaltigen Umgang mit den Bodenschätzen ermöglichen. Damit ist nicht gemeint, dass man sie am besten im Boden lässt, sondern dass man die Erlöse aktiv zur Zukunftsvorsorge nutzt, die Schulden abbaut, in Infrastruktur und Bildung investiert sowie die Wirtschaft des Landes diversifiziert. Viele Rohstoffländer tun dies mittlerweile, und zwar vermittels der ansonsten oftmals argwöhnisch betrachteten Staatsfonds, in denen sie ihre Erlöse anlegen, statt sie dem heimischen Wettstreit der Begehrlichkeiten zu überlassen und sie gleich zu verbrauchen. Hierin liegt eine große Chance – für die Bevölkerungen der Rohstoffländer, die allzu lange gedarbt haben, und nicht zuletzt auch allgemein für Stabilität und Frieden in vielen schwierigen Regionen der Welt.

42 Warum gibt es ohne Innovation keinen Wohlstand?

Thomas Straubhaar

Schneller, höher, weiter. Seit der Vertreibung aus dem Paradies suchen Menschen immer und überall nach klügeren Lösungen, um die Herausforderungen des Alltags besser meistern zu können. Nicht jede neue Idee erweist sich in der Praxis als brauchbar.

Die allermeisten überleben nicht einmal den schnellen Gedankenblitz oder ein erstes Nachdenken. Viele andere bleiben auf dem langen und mühseligen Weg der Konkretisierung, der Verfeinerung und der Umsetzung auf der Strecke. Ganz wenige schaffen es bis in die Werkstätten kreativer Bastler. Selten genug entstehen daraus brauchbare Erfindungen.

Und selbst wenn etwas Neues gefunden wurde, ist die neue Idee noch lange nicht am Ziel. Es braucht den festen Willen, aus einer kreativen Idee Werkzeuge, Geräte, Fahrzeuge, Maschinen oder ertragreichere Agrarprodukte, bessere Schuhe, wärmere Kleider oder energiesparende Materialien zu entwickeln, die Kunden begeistern. Es braucht Investoren und Unternehmer, die mit Geschäftssinn das Risiko eingehen, neue Angebote auf den Markt zu bringen. Erst wenn sich eine Neuerung am Markt gegen bisherige Lösungen durchsetzt und zahlungswillige Käufer findet, kann man von einer wirklichen Innovation reden.

Innovationen haben einen für die Menschheit wunderbaren Vorteil: Sie vergrößern die Handlungsspielräume. Nicht alle Menschen profitieren von ihnen gleichermaßen. Wer etwas Neues und Besseres gefunden hat, kann früher als alle anderen daraus Nutzen ziehen.

Mit innovativen Problemlösungen lässt sich viel Geld verdienen. Die Hoffnung auf Gewinne hat vielen Erfindungen Pate gestanden. Das war so zu Zeiten der Griechen und Römer, bei den mittelalterlichen Seefahrern oder den Vätern der Industrialisierung. Das ist so in der Gegenwart bei der Suche nach weiteren Energiequellen, noch kleineren Schaltkreisen, schnelleren Kommunikationsformen oder wirksameren Medikamenten.

Knappheit, hohe Zahlungsbereitschaft der Nutznießer und demzufolge hohe Preise und satte Gewinne sind für kreative Tüftler und risikofreudige Geldgeber die klarsten Signale, um in die Suche nach neuen Ideen zu investieren. Ob neuartige Produkte, kluge Dienstleistungen, verbesserte Verfahren oder fortschrittlichere Organisationsabläufe: Bei Erfolg winkt die Chance, so reich zu werden wie Rockefeller oder Bill Gates.

Von Innovationen profitiert jedoch nicht nur der erfolgreiche Investor. Innovationen lösen eine Kettenreaktion aus, an deren Ende mehr Menschen besser als vorher dastehen. Der gesamtwirtschaftliche Vorteil einer Innovation liegt darin, dass niemand vom Erkenntnisfortschritt ausgeschlossen werden kann. Einmal vorhandenes Wissen kann durch Imitation und Reproduktion relativ billig weitergegeben und vervielfacht werden. Ein aerodynamisches Flugzeug zu konstruieren, eine neue Software zu entwerfen oder einen leistungsfähigen Impfstoff zu finden verschlingt Millionen an Forschungs- und Entwicklungskosten. Die Pläne, das Programm oder das Medikament zu kopieren, kostet oft wenig mehr als das Papier, der CD-Rohling oder die Chemikalien.

Vielfältige Geheimhaltungsmanöver oder Patente sollen dem Erfinder und damit auch dem Innovator eine Alleinverwertung sichern. Das kann aber nicht verhindern, dass besseres Wissen zum Beispiel über die Bewältigung existentieller Lebensrisiken, über die Beschaffung von Nahrungsmitteln, über die Behandlung von Krankheiten und über die Behebung von Versorgungslücken früher oder später allen zugute kommt.

Der Weg zu mehr Wohlstand für alle führt somit über den Umweg des größeren Reichtums für Einzelne. Deshalb ist es richtig, mit Patenten Innovationen zu schützen, um so die unternehmerische Innovationsbereitschaft zu stimulieren. Allerdings haben Patente einen Januskopf. Sie fördern Innovationen, schaffen aber künstliche Monopole. Werden Innovationen zu stark geschützt, kommt es zu hohen Monopolgewinnen und schwachen Wohlstandseffekten für alle.

Werden Innovationen zu wenig geschützt, gibt es nur geringe Anreize für Investoren, das geschäftliche Risiko auf sich zu nehmen und Neuerungen oder Erfindungen zur Marktreife zu bringen. Als Folge verringert sich das Tempo des technischen Fortschritts. Damit aber wird eine Gesellschaft langsamer auf die Herausforderungen des Alltags reagieren können.

Wenn mehr Innovation mehr Wohlstand und bessere Lebensbedingungen für alle bedeutet, stellt sich die Frage, wie denn eine Gesellschaft die Innovationsgeschwindigkeit erhöhen könnte. Vieles spricht für eine Politik der staatlichen Zurückhaltung. Weil niemand weiß, wann, wo, wer die zündende Idee hat, lassen sich Innovationen nicht befehlen.

Natürlich kann der Staat im Einzelfall „innovativ“ sein. Eine nüchterne Analyse des real existierenden Sozialismus macht jedoch deutlich, dass die Sowjetunion zwar in der Lage war, als erste Nation einen Sputnik ins All zu schießen. Sie war aber unfähig, mit dem Tempo Schritt zu halten, mit dem in den demokratischen Gesellschaften flächendeckend eine Neuerung zur nächsten Idee in einem anderen Bereich führte. Es sind die Dynamik und die Breite, die eine Innovationslawine auslösen, die zum Motor für mehr Wachstum wird.

Deutschland und die Innovation

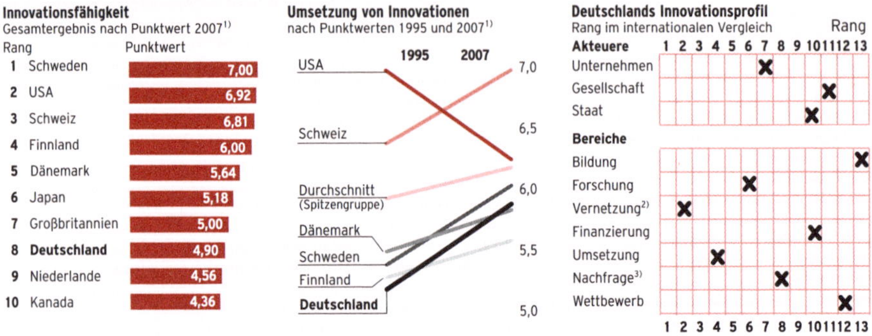

1) Punktwert ermittelt vom DIW Berlin. 2) Kooperation von Hochschulen und Forschungseinrichtungen mit Unternehmen. 3) Nach innovativen Produkten. Quelle: BDI/F.A.Z.-Grafik Niebel

Staatlichen Planwirtschaften fehlt schlicht das Informationsnetzwerk, das sich in Marktwirtschaften aus dem freien Zusammenspiel von Menschen ergibt, die ständig Güter, Dienstleistungen und vor allem Ideen austauschen. Diese unglaubliche Informationsfülle zu Innovationen zu verdichten muss jede planwirtschaftliche Behörde überfordern.

Angesichts der Komplexität von Innovationsprozessen ist der Verzicht auf eine aktive Innovationspolitik die beste Innovationspolitik. Damit Neues entstehen kann, muss Altes wegfallen. Wer also Konkurse und Entlassungen nicht verhindert, träges Verhalten nicht belohnt und erfolgreiche Eigeninitiative nicht bestraft, hat die wichtigsten Voraussetzungen für Innovationen bereits erfüllt.

Die Politik muss stattdessen Anreize schaffen, damit es sich für Menschen aus Eigeninteresse lohnt, nach Neuerungen zu suchen. Sie muss Markteintritts- und -austrittsschranken abbauen – auch für (ausländische) Arbeitskräfte. Sie muss für ein soziales Milieu sorgen, in dem sich Erfinder und Gründer wohl fühlen. Eine gute Wirtschaftspolitik stimuliert technologische und organisatorische Fortschritte, beschleunigt das wirtschaftliche Wachstum und schafft so die fundamentale Voraussetzung für den Wohlstand für alle.

43 Warum sind Risiken beherrschbar?

Thomas Straubhaar

Die Geschichte der Menschheit ist seit der Vertreibung aus dem Paradies ein ständiger Kampf gegen unendlich viele kleine und große, oft auch dramatische und gelegentlich existenzbedrohende Risiken. Und die Menschheit hat diesen Kampf mit unglaublichem Erfolg bestanden. Sie hat es immer wieder von Neuem geschafft, existentielle Risiken beherrschbar zu machen.

Nicht Naturkatastrophen, Hungersnöte und Versorgungskrisen, nicht Seuchen oder Kriege und auch nicht das Ozonloch haben die Menschheit auf ihrem Weg zu verbesserten Lebensbedingungen wirklich aufhalten können. Im Gegenteil: Je größer das Risiko war, desto mehr haben sich Menschen angestrengt. Not hat schon immer erfinderisch gemacht. Die Peitsche des Mangels war für die Menschen seit eh und je der stärkste Anreiz, um Ressourcen schonender und besser zu nutzen und schneller nach neuen Technologien zu suchen.

Immer wieder waren es gerade existentielle Risiken, welche die Menschheit ganz automatisch zu Verhaltensänderungen, sozialen, wirtschaftlichen und technischen Innovationen motiviert haben. Weil der Einzelne den Alltagsrisiken nicht gewachsen war, haben sich Menschen zu Stämmen, Klans, Sippen und Schicksalsgemeinschaften zusammengeschlossen, um Lösungen für die elementaren Herausforderungen des Lebens zu suchen. Ohne expliziten Vertrag entstanden so erste Versicherungen zwischen den einzelnen Mitgliedern einer Gemeinschaft, sich in der Not zu helfen. Bald schon wurde ein Versicherungsschutz auf ganze Dörfer ausgeweitet und als Dienstleistung an Handeltreibende oder auch an fremde Kaufleute verkauft. Viel später erst in der Menschheitsgeschichte übernahm der Staat für viele Risiken die Rolle des Versicherers.

Es gibt nicht den geringsten Anlass zur Sorge, dass ausgerechnet in diesem Jahrhundert die Phantasie des Menschen versiegen sollte und keine innovativen Ideen mehr gefunden werden sollten, um existentielle Risiken zu mindern. Dafür spricht die historische Erfahrung. Warum sollte die Wirtschaftsgeschichte nun plötzlich ihre Richtung ändern und ihre Prognosekraft verlieren? Wieso sollte gerade jetzt die Innovationskraft der Menschheit zur Bewältigung existentieller Risiken erlahmen?

Ökonomisch ist es jedoch nicht sinnvoll, alles, was technisch machbar ist, zu tun oder zu lassen, um Risiken zu bewältigen oder zu vermeiden. Denn wie das Yin zum Yang gehört zum Risiko die Chance. Beide gehören sie untrennbar zu allem menschlichen Tun und Unterlassen. Beide meinen sie dasselbe, nur mit unterschiedlichen Vorzeichen. Beide haben etwas mit der Wahrscheinlichkeit zu tun, mit der kommende Ereignisse Folgewirkungen verursachen. Beim Risiko geht es um unerwünschte Folgekosten oder verpasste Gewinne. Bei der Chance geht es um erfreuliche Folgeerträge oder vermiedene Verluste.

Am besten kommt der Yin-und-Yang-Charakter von Risiko und Chance beim Lotto zur Geltung: Der Gewinnchance steht das Verlustrisiko gegenüber. Wer nichts wagt, gewinnt nichts. Wer beim Glücksspiel Risiken vermeidet, beraubt sich der Gewinnchancen. Allerdings gilt es hier ein Vorurteil zu korrigieren. Entgegen dem Volksmund, lieber den Spatz in der Hand als die Taube auf dem Dach, und entgegen der Rationalität risikoneutral handelnder Menschen ziehen die meisten Spieler einen hohen, aber unsicheren Gewinn einem geringen, aber dafür sicheren Gewinn vor. Deshalb blüht das Geschäft mit Wetten und Lotterien, obwohl die Gewinnchancen, gemessen am Einsatz und an der minimalen Wahrscheinlichkeit, alle Zahlen richtig angekreuzt zu haben, viel zu mager sind.

Die Kosten einer „Null-Risiko-Strategie" bestehen in den Kosten der Schadensvermeidung und im Verzicht auf Gewinn und Genuss. Das Geld, das für technische Sicherheitssysteme, Schutzmaßnahmen, Warnanlagen und Kontrollen ausgegeben wird, kann nicht für andere Zwecke verwendet werden. Wer sein Bett nicht verlässt, vermeidet unendlich viele Risiken des Alltags, verzichtet aber auf ebenso unendlich viele Freuden des täglichen Lebens: no risk, no fun, ohne Risiko kein Spaß und kein Fortschritt. Wo würde die Menschheit heute stehen, hätte es nicht immer wieder risikofreudige Tüftler, Erfinder und Entdecker gegeben, die sich nicht mit dem Status quo zufriedengaben, sondern ohne Scheu vor dem Risiko zu neuen Ufern aufbrachen, so wie Kolumbus, der Indien suchte und Amerika fand?

Die mikroökonomisch klügste Verhaltensregel lautet: Genieße das Leben in vollen Zügen, solange die Freuden des Genusses größer sind als die Folgekosten des Genießens. Bei keinem Tun oder Unterlassen geht es um absolute, sondern immer nur um relative Risiken. Es ist nicht entscheidend, wie groß das absolute Risiko beim Fliegen ist. Entscheidend ist, wie groß das relative Risiko beim Fliegen verglichen zum Nichtfliegen ist. Denn auch, wer nicht fliegt und lieber die Bahn nimmt, kann auf dem Weg zum Bahnhof überfahren werden.

Da allerdings zeigt sich ein menschlicher Makel: Menschen schätzen Risiken systematisch falsch ein. Kleine Wahrscheinlichkeiten werden überschätzt, große unterschätzt. Der vergleichsweise sehr kleinen Wahrscheinlichkeit eines Flugzeugabsturzes wird viel mehr Gewicht beigemessen als der viel größeren Wahrscheinlichkeit, auf dem Weg zum Bahnhof zu verunglücken. Deshalb fühlen sich Menschen im Auto fälschlicherweise sicherer als im Flugzeug.

Ein Zweites kommt dazu: Menschen sind in ihrem täglichen Leben nicht risikoneutral. Sie scheuen das Risiko, weil sie ein Verlust weit stärker schmerzt, als sie sich über einen Gewinn in derselben Höhe freuen würden. Oder anders formuliert: Nur wenn eine besonders attraktive Belohnung winkt, gehen Menschen das Risiko des Verlusts ein und machen eine Reise, suchen neue Herausforderungen oder wagen etwas Neues. Bei allen Entscheidungen geht es also darum, Risiken und Chancen des Tuns und Lassens intelligent abzuwägen. Das Ergebnis hängt von zwei Komponenten ab. Einmal spielt die Unsicherheit, mit der kommende Ereignisse eintreten oder ausbleiben, eine Rolle, und einmal ist die Höhe des Schadens oder des Nutzens wichtig, die als Folge eines kommenden Ereignisses entstehen können.

Zentral ist dabei, dass beide Komponenten und letztlich auch ihre Verknüpfung von Person zu Person unterschiedlich empfunden werden. Also: Es ist nicht die objektive Feststellung von Eintrittswahrscheinlichkeiten, die zählt, sondern die subjektive Einschätzung. Anders formuliert, kann aus einer für alle völlig gleichen Situation wie den Gewitterwolken über dem Schwimmbad eine von Badegast zu Badegast andere Beurteilung der kurzfristigen Wetterentwicklung folgen. Die eine bleibt liegen und freut sich, dass der Regen ausbleibt. Der andere verlässt das Bad und ärgert sich über die fehlende Sonne. Ob also ein kommendes Ereignis als Risiko oder Chance eingestuft wird, hängt ganz entscheidend von der persönlichen Wahrnehmung jedes Einzelnen ab.

Die Ermittlung der Eintrittswahrscheinlichkeit ist meistens eine Frage des aktuellen naturwissenschaftlichen Wissensstands, also des Messens, Zählens und Rechnens. Sie hat aber auch etwas mit Ökonomie zu tun. Ist nämlich die Unsicherheit darüber groß, ob es morgen regnet oder nicht, sind die Menschen bereit, viel Geld für eine bessere Wetterprognose auszugeben, wenn sie in besonderem Maße von einer richtigen Voraussage profitieren können. Sei es, dass sie einen Regenschirm mitnehmen und somit die Folgekosten des Nasswerdens vermeiden, sei es, dass sie die Badehose einpacken und somit die Chance, braun zu werden, nutzen können.

Auch hier zeigt sich somit die Innovationskraft des Risikos. Je höher das Risiko, umso ausgeprägter die Suche nach mehr und besserer Information, umso intensiver wird die Information ausgewertet, und umso überlegter wird entschieden.

Bunt ist alle Theorie

44 Warum ist Arbeitsteilung sinnvoll?

Thomas Straubhaar

Es ist eine der bedeutendsten kulturhistorischen Erkenntnisse der Menschheit: die Einsicht, dass Arbeitsteilung sinnvoll ist. Menschen tun das, was sie gut können, und lassen jenes, wozu sie weniger talentiert sind. Die eine schreibt kluge Artikel, der andere wickelt in der Zwischenzeit die Kinder. Der Bäcker sorgt fürs Brot, der Schlachter fürs Fleisch, und der dritte macht daraus die besten Sandwiches. Adam Smith schilderte, wie die Herstellung von Stecknadeln in einzelne Teile zerlegt werden kann: Draht ziehen und schneiden, zuspitzen und schleifen. David Ricardo schrieb davon, dass sich England auf die Herstellung von Tuch konzentrieren solle, Portugal dagegen auf die Weinproduktion – eine Aufteilung, der wohl auch die Önologen von Herzen zustimmen dürften.

Arbeitsteilung hilft, das wichtigste ökonomische Ziel zu erreichen: mit Rohstoffen und Arbeit sparsam umzugehen und so hohe Erträge wie möglich herauszuholen. Sie verwirklicht aber auch einen wichtigen humanistischen Gedanken: Niemand ist zu schlecht, um zu einem wirtschaftlichen Erfolg einer Gesellschaft beizutragen.

Das gilt auch für Menschen, die nirgendwo große Talente sind, die weder mit dem Kopf noch mit den Händen wirkliche Spitzenleistungen vollbringen, die weder Kraft noch Geschick haben – auch sie können wirtschaftlich Wertvolles leisten. Dann nämlich, wenn sie die Klügsten und Besten bei weniger anspruchsvollen Arbeiten entlasten.

Das gilt zum Beispiel in der Familie: Die Mutter mag lesenswerter schreiben als der Vater und die Kinder besser wickeln. Trotzdem ist es für die Familie sinnvoller, wenn der Vater wenigstens versucht, sich in der Familie nützlich zu machen, anstatt seine Zeit sinnlos vor der Glotze zu verplempern. Dadurch ermöglicht er der Frau, zu schreiben und Geld zu verdienen. Das ist das einfache Gesetz der komparativen Vorteile von David Ricardo.

An dieses Gesetz sollten deutsche Familien immer wieder denken. Oft quält sich ein schlecht ausgebildeter Mann im Berufsleben und bringt gerade mal das Allernötigste nach Hause, gleichzeitig unterbricht seine Partnerin ihre Erfolgskarriere und gefährdet sie, um die Hausarbeit zu machen. Dabei wäre die Frau möglicherweise intelligenter und besser ausgebildet als der Mann – und er im Haushalt besser aufgehoben. Es ist nicht nur für die Familie, sondern auch für die Volkswirtschaft insgesamt von Vorteil, wenn klügere Frauen Karriere machen und dümmere Männer zu Hause bleiben.

Doch es sind nicht nur Ricardos komparative Vorteile, die die Arbeitsteilung wirtschaftlich sinnvoll machen. Dass man Aufgaben trennt, fördert zusätzlich die Geschicklichkeit der Menschen – weil sie sich dann spezialisieren können. Dadurch können sie ihre Fähigkeiten leichter weiterentwickeln. Am Ende produzieren sie mehr in der gleichen Zeit. Der Volkswirt sagt: Die Arbeitsproduktivität steigt.

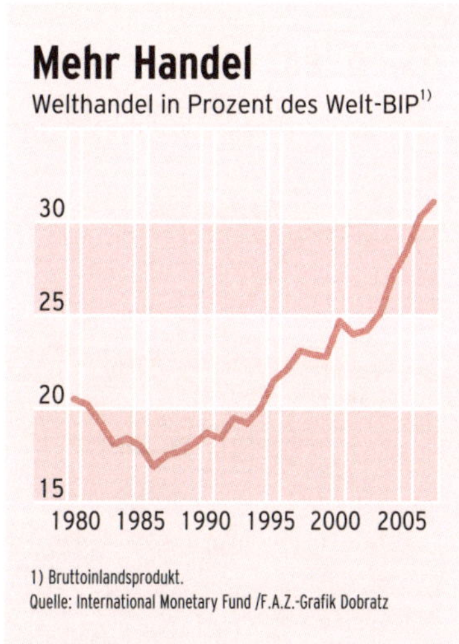

Dadurch lohnt es sich für die Arbeitgeber eher, die Arbeitsplätze mit besseren Geräten und Werkzeugen auszustatten, vielleicht sogar mit Maschinen, Apparaten und Fahrzeugen. Es entstehen Anreize für permanente Investitionen und Innovationen. So beginnt der technische Fortschritt im Betrieb. Früher oder später schwappt er auf die gesamte Volkswirtschaft über. Dann wächst die Wirtschaft, und der Wohlstand einer Nation nimmt zu. So verbessern Arbeitsteilung und Spezialisierung zunächst die betriebswirtschaftliche Effizienz, als Folge davon auch die volkswirtschaftliche.

Ohne eine starke Arbeitsteilung wäre die Industrialisierung nicht denkbar gewesen – und sie schob ein vorher nie gekanntes Wirtschaftswachstum an. So haben Arbeitsteilung und Spezialisierung die Menschen aus einer jahrhundertelangen ökonomischen Stagnation auf einen dauerhaften Wachstumspfad gebracht.

Die guten Auswirkungen der Arbeitsteilung gibt es nicht nur im kleinen Maßstab innerhalb von Familien, Betrieben, Dörfern und Ländern. Das Prinzip funktioniert auch, wenn man die ganze Welt betrachtet. Wenn sich verschiedene Länder die Arbeit teilen, ermöglicht das zusätzlichen Wohlstand, und zwar weltweit: Waren und Dienstleistungen werden dort hergestellt, wo sie am billigsten sind. Güter, die andernorts günstiger produziert werden als hier, werden importiert. Güter, die anderswo teurer hergestellt werden, werden exportiert. Der internationale Handel sorgt für den Ausgleich von Mangel und Überfluss.

So hat die Globalisierung in den letzten fünfzig Jahren die Weltwirtschaft noch einmal dramatisch zum Positiven verändert. Das Zollabkommen Gatt und später die Welthandelsorganisation (WTO) haben teure, ökonomisch unsinnige Zölle und Importquoten abgebaut. Gleichzeitig lassen moderne Transport- und Kommunikationssysteme die Welt zusammenrücken.

Asien legt zu

Export-Anteile verschiedener Regionen am weltweiten Handel (in Prozent)

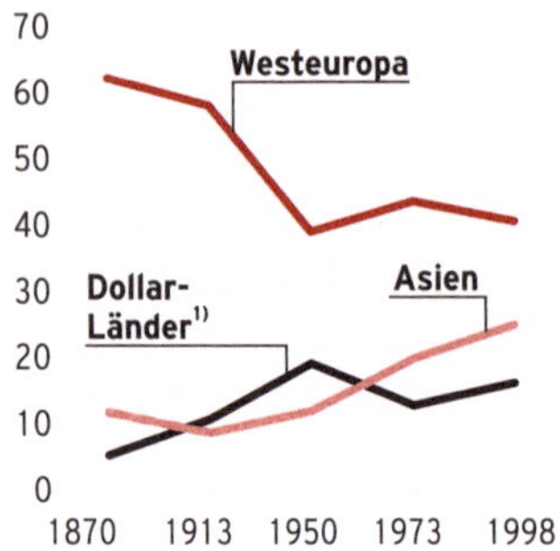

1) Australien, Neuseeland, Kanada, Vereinigte Staaten.
Quelle: OECD /F.A.Z.-Grafik Dobratz

Dadurch hat sich die Arbeit global aufgeteilt. Die Kosten, Löhne und Preise in Deutschland sind jetzt abhängig von den Kosten, Löhnen und Preisen in China. Aber die Arbeitskräfte von dort sind nicht nur Konkurrenten. Sie sorgen auch dafür, dass DVD-Geräte und Waschmaschinen in Deutschland billiger werden, und sie kaufen ihrerseits deutsche Leistungen ein.

Kostenunterschiede haben dazu geführt, dass sich die Menschen immer wieder spezialisierten – jedesmal sind die Menschen dabei reicher geworden. Nach dem Zweiten Weltkrieg hat die Arbeitsteilung dafür gesorgt, dass die Menschen heute besser und länger leben als jemals zuvor in der Weltgeschichte, dabei leben jetzt viel mehr Menschen auf der Erde als vorher. Arbeitsteilung und Spezialisierung sind nicht die Ursache dafür, dass es immer noch zu viel Hunger, Massenelend, Armut und Unterdrückung gibt. Sie sind die Lösung – sicher nicht die einzige, aber doch eine maßgebliche.

Wer sich heute gegen eine globale Arbeitsteilung ausspricht und dafür plädiert, regionale Blöcke zu bilden und sich abzuschotten, der schadet der Weltwirtschaft enorm. Er plädiert für Protektionismus. Wenn der sich auf der Welt durchsetzt, vernichtet das wirtschaftlichen Wohlstand – und zwar zuerst im Inland. Daran sollten sich alle erinnern, die Deutschland in einem „Krieg um Wohlstand" sehen, weil deutsche Unternehmen Arbeitsplätze im Ausland schaffen.

Adam Smith hat mit seinen Erkenntnissen über die Arbeitsteilung den mittelalterlichen Volkswirtschaften den Weg in die industrielle Neuzeit geebnet. Wir sollten uns hüten, in unserem Denken und Handeln hinter seine Erkenntnisse zurückzufallen. Was er herausgefunden hat, gilt auch heute noch.

45 Warum ist Wettbewerb so unbeliebt?

Patrick Bernau

Nehmen wir mal einen Wettbewerb im Sport, sagen wir: einen 100-Meter-Lauf. Acht Läufer rennen, kämpfen sich ab – und am Schluss ist zumindest einer glücklich über das Ergebnis, nämlich der Sieger. Stellen wir uns aber vor, an den 100-Meter-Lauf schlösse sich sofort ein zweiter an. Und noch einer, und noch einer ...

Wer unaufhörlich um seinen Platz kämpfen muss, wird das schnell ziemlich anstrengend finden. Selbst die besten Läufer hätten von ständigen Wettrennen wohl bald die Nase voll.

Im Prinzip geht es Managern in der Wirtschaft genauso: Sie haben keine Lust, ständig mit anderen zu konkurrieren. Weltweit sehen 70 Prozent der Manager Wettbewerb sogar als größte Bedrohung für ihr Geschäft, hat die Unternehmensberatung Accenture erfragt.

Das Schreckgespenst Wettbewerb ist einfach erklärt: Wenn möglichst viele verschiedene Anbieter um die billigsten Preise konkurrieren, um den besten Service und um die neuesten Erfindungen, so ist das schlicht unbequem. Um dem lästigen Wettbewerb zu entgehen, lassen sich die Unternehmen daher einiges einfallen. Sie kaufen Konkurrenten auf. Sie verschenken ihre Produkte, um die Konkurrenz in die Pleite zu treiben. Und wenn das nichts hilft, sprechen sie die Preise mit anderen Anbietern ab.

Solche Aktionen zu verhindern, ist Aufgabe des Staates. Er ist damit gut beschäftigt. In Deutschland gibt es gleich drei Einrichtungen, die den Wettbewerb schützen sollen: das Kartellamt, die Monopolkommission und die Bundesnetzagentur. Ihre Aufgabe ist wichtig. Keinesfalls dürfte der Staat den Wettbewerb von den Unternehmen aushebeln lassen. Denn Konkurrenz bringt Fortschritt und Wohlstand in die Wirtschaft.

Wenn der Wettbewerb gut funktioniert, bewirkt dies, dass Autos, Ananas und anderes so billig angeboten werden, wie es nur geht – das hat der österreichische Ökonom Friedrich August von Hayek betont. Er sagt: Wie billig ein Gut sein kann, das lässt sich überhaupt erst durch Wettbewerb ermitteln. Für Hayek ist Wettbewerb deshalb „ein Verfahren zur Entdeckung von Tatsachen, die ohne sein Bestehen entweder unbekannt bleiben oder doch zumindest nicht genutzt werden würden".

Denken wir an den 100-Meter-Lauf: Richtig schnell werden die Sprinter nur, wenn ihnen andere auf den Fersen sind. So merken auch die Verbraucher erst, wie billig sich eine Ananas produzieren und nach Deutschland schaffen lässt, wenn sich mehrere Hersteller gegenseitig um das Geschäft reißen. Ganz deutlich wird das beim Telefonieren: Seit es dafür auch andere Unternehmen als die Telekom gibt, sind die Preise

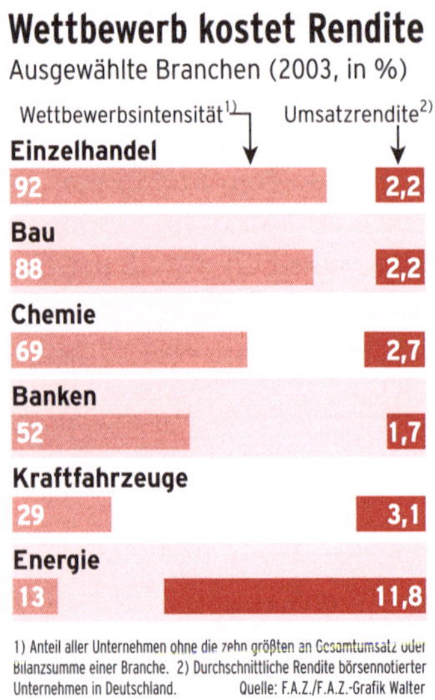

tief gefallen – für ein Ferngespräch zum Beispiel von 37 Cent pro Minute auf ein bis zwei Cent. Das hat der Staat nicht geschafft, als er sich noch um die Telefonleitungen kümmerte. Das hat die Telekom nicht hingekriegt, als sie noch ein Monopol hatte. Und die Planwirtschaft hat das erst recht nicht erreicht: In der DDR hatte nur etwa jeder siebte Haushalt überhaupt ein Telefon.

Mit Hilfe des Wettbewerbs lässt sich aber nicht nur der billigste Preis entdecken. Der Wettbewerb kann auch allerhand andere nützliche Erkenntnisse hervorbringen. Zum Beispiel, was Mobiltelefone so alles nebenbei haben können: Kamera und Stereoanlage etwa. Wer etwas Neues erfindet, hat im Wettbewerb einen Vorteil und wird belohnt. Deshalb strengen sich die Unternehmen beim Entwickeln und beim Bauen an. Sind in diesem Jahr Klapphandys beliebt, im nächsten aber solche zum Auf- und Zuschieben? Im Wettbewerb merken das die Anbieter am schnellsten. Wer das neue Trendprodukt als erster anbietet, verdient am meisten. Und andere kopieren ihn bald. So ist dafür gesorgt, dass von begehrten Dingen auch genug produziert wird.

Wer jedoch das Falsche erfindet, wer zu teuer produziert oder technisch zurückbleibt, der wird hart bestraft: Seine Ware bleibt im Laden liegen. Das merkten zum Beispiel die Leute in der Handysparte von Siemens und BenQ, als sie im Wettbewerb herausfinden mussten, dass ihre Handys beim Kunden nicht mehr ankommen. Jetzt ist das Unternehmen insolvent. Der Wettbewerb ist gnadenlos, gerade das macht ihn so erfolgreich.

Wie unbarmherzig der Wettbewerb ist, das stellen Ökonomen inzwischen auch in neuen Experimenten fest. Dabei finden die Wissenschaftler zwar oft heraus, dass sich die Menschen in Wahrheit gar nicht so egoistisch benehmen, wie die Ökonomik immer angenommen hat; Fairness spielt eine wichtige Rolle. Diese Ergebnisse ändern sich aber, sobald in den Experimenten Wettbewerb vorkommt, wie zum Beispiel der Züricher Ökonom Ernst Fehr herausgefunden hat. Wenn viele Anbieter um einen Nachfrager konkurrieren, setzt sich Fairness nicht mehr durch.

Vielleicht beantworten diese Ergebnisse die uralte Frage nach den moralischen Standards der Verbraucher: Warum sie zwar in Umfragen immer großen Wert auf Ethik legen, im Supermarkt aber trotzdem einfach das billigste Angebot nehmen. Klar ist: Beliebter wird der Wettbewerb dadurch, dass er so gnadenlos ist, nicht. Und so können sich Politiker eine Menge Stimmen sichern, wenn sie den Wettbewerb zurückdrängen. Sie unterstützen manche Branchen, weil deren Technik besonders zukunftsfähig sein soll, zum Beispiel die Windenergie – das bringt Stimmen von den Windmühlen-Fans. Sie subventionieren den Bergbau, obwohl er nicht mehr wettbewerbsfähig ist, um Arbeitsplätze zu erhalten – und sichern sich nebenbei Zustimmung bei den Kumpels.

Zwar kann der Wettbewerb dann nicht mehr unvoreingenommen herausfinden, was die beste Energie für die Zukunft ist. Aber dem Wähler gefällt das. So wird der Wettbewerb auch bei denen unbeliebt, die ihn eigentlich vor den Angriffen der Unternehmen schützen sollten.

FEINDE DES WETTBEWERBS

John Davison Rockefeller

Der amerikanische Ölunternehmer hatte einen ausgeprägten Sinn dafür, wie man sich die Konkurrenz vom Leib hält. Er kaufte Ende des 19. Jahrhunderts heimlich die amerikanischen Raffinerien auf und kontrollierte so 95 Prozent des Marktes. Das flog bald auf, und die amerikanischen Politiker erließen die ersten Kartellgesetze - aber erst 20 Jahre später zerschlugen die Gerichte das Unternehmen endgültig. Mit den angehäuften Gewinnen war Rockefeller trotzdem der reichste Mensch der Welt.

Microsoft

Es läuft immer wieder so: Ein neuer Software-Anbieter bringt ein frisches Programm auf den Markt. Microsoft baut die neuen Funktionen daraufhin in das eigene Betriebssystem Windows ein - so wird die Software der anderen unnötig. Das funktioniert so gut, weil Microsoft mit Windows fast ein Monopol hat. Ob das Unternehmen mit seinen Praktiken gegen die Wettbewerbsgesetze verstößt, darüber müssen immer wieder die Gerichte entscheiden - mit wechselndem Ausgang.

Opec

Dieses Kartell kann keiner verbieten. Schließlich sind die Staaten direkt Mitglied - sie werden wohl kaum ihre Kartellämter auf die Opec hetzen. Mit dabei sind vor allem arabische Erdölländer. Sie stimmen ihre Fördermengen ab, um den Preis hoch zu halten. In den 70er Jahren haben sie es aber übertrieben: Sie fuhren die Förderung aus politischen Gründen zurück, und der Westen stürzte in zwei Ölkrisen. Doch nach dieser Erfahrung gingen Europäer und Amerikaner selbst auf Ölsuche - mit Erfolg. Heute kontrolliert die Opec rund 40 Prozent der weltweiten Ölförderung. Und wenn sie mit Preiserhöhungen droht, ist das dem Markt egal.

46 Warum ist Egoismus gut?

Heike Göbel

Weihnachten feiern die Menschen ihr besseres Ich. Im Gedenken an die Geburt Jesu Christi macht der Eigennutz Pause zugunsten des selbstlosen Austauschs von Geschenken und des besinnlichen, rücksichtsvollen Miteinanders. Könnte nicht immer Weihnachten sein? Wäre eine Welt, die auf dem Prinzip des reinen Altruismus aufbaut, nicht ein besserer Platz? Vielleicht.

Dem freilich steht die menschliche Natur entgegen. Sie widersetzt sich bisher allen Versuchen, sie nach dem Ideal des hilfreichen Samariters zu formen. Erleichtert gehen die meisten nach den Weihnachtstagen wieder ihren Interessen und Geschäften nach, froh, sie selbst sein zu dürfen. Sie tauschen die Geschenke um, über die sie sich am Heiligabend angeblich noch freuten, sie drängeln im Verkehr und an der Kasse.

Natürlich bemüht sich so mancher auch im Alltag, die Forderungen der Bibel zu beherzigen, die da lauten: „Weder Eigennutz noch Streben nach Ehre sollen euer Handeln bestimmen. Im Gegenteil, seid bescheiden und achtet den anderen mehr als euch selbst. Denkt nicht an euren eigenen Vorteil, sondern habt das Wohl der anderen im Auge." Denn, so steht es warnend bei Jakobus: „Da wo Neid und Eigennutz ist, da ist Zerrüttung und jede schlechte Tat." Eigennutz ist demnach vom Teufel, und unter Androhung von Höllenqualen gilt es, den Menschen zu bessern. Ganz ähnlich geht es im Buddhismus zu: Auf Erlösung vom ewigen Rad der Wiedergeburten in einer Welt voller Mühsal darf nur hoffen, wer der Begierde nach Wohlstand, Macht und Freude entsagt.

Altruismus mag das schönere Leitbild für eine Gesellschaft sein, das wirklichkeitstauglichere bleibt der Eigennutz. Das haben die vielen fehlgeschlagenen Versuche gezeigt, stabile Gesellschaftsordnungen zu errichten, die ohne die Triebfeder des Eigennutzes auskommen – und dementsprechend auf Wettbewerb und Besitzrechte verzichten. Der Mensch wird eben nicht als selbstloses, aufopferungsvolles Wesen geboren, sondern von der Natur vor allem mit dem festen Willen ausgestattet, sich in einer widrigen Welt im Überlebenskampf den bestmöglichen Platz zu sichern.

Der englische Philosoph Thomas Hobbes prägte im 17. Jahrhundert das Bild, der Mensch sei dem Menschen ein Wolf. Dem widerspricht die Naturforschung nur bedingt. Der niederländische Primatenforscher Frans de Waal sagt, von Natur aus sei der Mensch ein Tier, das in Kleingruppen denke. Kooperativ und liebevoll sei er fast ausschließlich zu den Mitgliedern jener Gruppe, der er sich zugehörig fühle. In überschaubaren Gruppen hat der Altruismus also seinen Platz, für größere, anonyme Gemeinwesen taugt er nicht als Organisationsprinzip.

Und dennoch gilt: Auch in Gesellschaften, die auf Eigennutz basieren, muss das Gemeinwohl nicht auf der Strecke bleiben. Seit Adam Smith ist der Eigennutz rehabilitiert als gutes Organisationsprinzip einer freien Gesellschaft in einer Welt, in der die Ressourcen und Güter begrenzt sind und in der daher ein steter Kampf um die Verteilung dieser Güter stattfindet.

Anders als die meisten anderen Lebewesen sei der Mensch auf die Hilfe seiner Mitmenschen angewiesen, und er werde auf diese vergeblich hoffen, wenn er sich nur auf den guten Willen verlasse. Erfolgversprechender sei es, ihr Eigeninteresse zu seinen Gunsten zu wecken, und ihnen – über ein Tauschgeschäft – klarzumachen, dass die Hilfe auch für den anderen von Nutzen ist, erläutert Smith in seinem Buch „Der Wohlstand der Nationen“.

Für den Ausgleich der unterschiedlichen Interessen sorgt die „unsichtbare Hand“ des Marktes. Denn die bei einem freiwilligen Tausch sich ergebenden Preise dienen den Marktteilnehmern als Signale, an denen sie sich orientieren können. Als Geniestreich bezeichnete der kürzlich verstorbene Nobelpreisträger Milton Friedman die Erkenntnis von Smith, dass sich über frei auf dem Markt gebildete Preise die eigennützigen Handlungen von Millionen Menschen so koordinieren lassen, dass am Ende alle besser dastehen.

Die so gebildete Wirtschaftsordnung hat einen erheblichen Vorteil: Sie lässt den Bürgern größtmögliche Freiheit in ihren Entscheidungen. Woraus sie ihren Nutzen und ihre Lebensfreude ziehen, wissen sie schließlich selbst am besten. Dass sich ihr Streben längst nicht nur auf materielle Werte richtet, hat ein Jahrhundert nach Smith der Ökonom John Stuart Mill auf den Punkt gebracht: „Menschen handeln immer, um ihr eigenes Vergnügen zu maximieren, aber zu ihren Vergnügen kann es gehören, das Gemeinwohl zu steigern.“ So verstanden, verhalten sich also auch Mäzene, Stifter oder gar Wohltäter wie Mutter Teresa „eigennützig“.

Ein weiterer Vorteil: Damit diese Ordnung funktioniert, bedarf es nur eines vergleichsweise kleinen Staatsapparats. Denn der Staat steuert das Geschehen nicht als Teilnehmer am Markt, er plant weder Produktion noch Nachfrage. Der Staat steuert durch Regeln und gewährleistet so die notwendige Transparenz, die Vertragstreue, den Eigentumsschutz und die Freiwilligkeit des Tauschs, ohne die der Markt nicht funktionieren kann.

Der Staat hat außerdem die Aufgabe, diejenigen zu schützen, die am Markt – unverschuldet – nicht mithalten können. Allerdings muss er auch beim Aufbau eines sozialen Sicherungsnetzes die Kraft des Eigennutzes berücksichtigen und seine Hilfen vor der Ausbeutung durch das nutzenmaximierende Individuum schützen. Denn natürlich fließt die Möglichkeit, mit staatlicher Hilfe ein auskömmliches Leben jenseits der Mühen des Marktes zu führen, in das Kalkül ein.

Eigennutz ist als ordnende Kraft auch in der Weltwirtschaft oft staatlichem Druck überlegen. Aus Eigeninteresse senken Länder Zollschranken, um freien Zugang zu lukrativen Märkten zu erhalten. Vergeblich versucht die Staatengemeinschaft seit langem, China zum Schutz geistigen Eigentums zu verpflichten. Intel-Aufsichtsratschef Craig Barrett hingegen hält diesen Weg nicht für erfolgversprechend. Erst wenn China eine eigene Software-Industrie aufgebaut habe, werde das Land – schon aus Eigennutz – für den Schutz von Patentrechten sorgen.

Eine gute Ordnung, wie sie die Soziale Marktwirtschaft in Deutschland verkörpert, baut dem Eigennutz eine Brücke zum Gemeinnutz, ohne dass es dazu den „neuen Menschen" braucht, den der Sozialismus fordert. Das gelingt natürlich nie vollkommen. Auswüchse des Gewinnstrebens, wird es immer geben. Sie sind der Preis für eine freie Gesellschaft, die den Menschen nimmt, wie er ist.

GROSSE EGOISTEN

Konrad Adenauer, Bundeskanzler

Der erste Bundeskanzler wurde am 15. September 1949 vom Bundestag mit nur einer Stimme Mehrheit gewählt: Es war seine eigene. Die Deutschen waren offenbar zufrieden. Kein Bundeskanzler nach ihm hat im Volk so große Zustimmung gehabt.

Klaus J. Jacobs, Stifter

Der Unternehmer Klaus J. Jacobs hat im Jahr 2007 über seine Stiftung der „International University Bremen" (IUB) zweihundert Millionen Euro zugesagt. Fünf Jahre lang bekommt die Privathochschule je fünfzehn Millionen, dann den Rest. Hinter der edlen Gabe steht die ehemalige Bremer Kaffeerösterdynastie Jacobs. Auch beim Stiften spielen eigennützige Motive eine Rolle. In der Geschichte war das eine Möglichkeit, am Ende eines sündigen Lebens die Seele vor der Verdammnis zu retten. Oft geht es dem Stifter darum, mit dem Tod nicht vergessen zu werden. Welche Motive hat Klaus J. Jacobs? In Deutschland werde zuviel nach dem Staat gerufen, sagt der Unternehmer. Er will zeigen, dass es anders geht.

Mutter Teresa, Wohltäterin

Die katholische Nonne wurde als „Engel der Armen" bezeichnet, weil sie sich in den Slums von Kalkutta jahrzehntelang um die kümmerte, denen keiner mehr helfen wollte: Waisen, Sterbende, Leprakranke. Der Papst hat sie 2003 seliggesprochen. Vielen gilt sie als Verkörperung der Selbstlosigkeit. Der Ökonom Milton Friedman widersprach: Auch Mutter Teresa habe aus Eigeninteresse gehandelt. Das richte sich nicht nur auf Geld, sondern auch auf immaterielle Werte, die zu verfolgen der Einzelne für wertvoll halte.

47 Warum ist der Marxismus außer Mode?

Gerald Braunberger

Man könnte es sich bei diesem Thema leichtmachen: Ein Kollege schlug vor, unter der Überschrift „Warum ist der Marxismus außer Mode?" lediglich ein großes Bild verfallender Häuser oder Fabriken aus der Endzeit der DDR abzubilden und darunter nur ein Wort zu schreiben: „Darum". Wir wollen es etwas ausführlicher versuchen.

Denn man kann sich heute kaum mehr vorstellen, wie einflussreich Karl Marx (1818 bis 1883) postum einmal war. „Kaum eine andere Persönlichkeit hat die politischen, ökonomischen und kulturellen Verhältnisse in der Welt des 19. und 20. Jahrhunderts so nachhaltig beeinflusst wie Karl Marx", schrieb der Tübinger Ökonom Alfred Ott, der kein Marxist war, vor rund 20 Jahren. Marx-Statuen standen nicht nur in der Sowjetunion und in China, die mit ihren Satellitenstaaten vorgaben, dem Vorbild des Meisters aus Trier zu folgen.

Die Hauptthese von Marx, der privatwirtschaftliche, durch freie Märkte geprägte Kapitalismus beute die Arbeiter aus und sei zum Untergang verdammt, an den sich eine kommunistische Idylle anschließen werde, war populär. Auch im Westen besaß Marx Anhänger, vor allem an Universitäten und in Medien. Noch in den siebziger und frühen achtziger Jahren waren viele Soziologen, Politologen und Literaturwissenschaftler in Deutschland marxistisch inspiriert. In der Ökonomie sah es nicht ganz so schlimm aus, aber auch hier gab es Marx-Fans mit Schwerpunkten in Marburg und Bremen, denen die Marktwirtschaft ein Graus war.

Und heute? Nichts mehr. Nordkorea ist ein politisches Kuriosum; was aus Kuba nach Castro wird, ist unklar; und Chávez mag sich ein paar Torheiten leisten können, weil Venezuela über Ölquellen verfügt. Doch der Marxismus ist nicht nur politisch tot, auch als Lehre hat er ausgedient. Marxistisch inspirierte Begriffe wie Imperialismus, Ausbeutung, Proletariat oder Bourgeoisie sind aus der Sprache weitgehend verschwunden.

Der wesentliche Grund für das Debakel des Marxismus war der Untergang der Staaten, die sich dem real existierenden Sozialismus verschrieben hatten. Was nützte die erbittertste Kritik am Kapitalismus, wenn der eigene Laden zusammenbrach? (Der Sozialismus mit seinem starken Staat wurde als eine Vorstufe des staatsfreien Kommunismus verstanden.) Zufällig war das Scheitern nicht: Der Liberale Ludwig von Mises hatte schon in den zwanziger Jahren des 20. Jahrhunderts gezeigt, dass Planwirtschaft nicht funktionieren kann, weil der Staat nicht über genügend Wissen verfügt, um eine Wirtschaft zentralistisch zu steuern.

Dennoch bleibt die Frage, inwieweit Marx und seine Lehre für das Fiasko in der Praxis verantwortlich sind. Denn der Marxismus ist überwiegend eine Darstellung und Kritik des Kapitalismus. Über die dem religiösen Paradiesgedanken entlehnte Vorstellung einer kommunistischen Idylle hatten sich Marx und sein Kompagnon Friedrich Engels (1820 bis 1895) nur an wenigen Stellen ausgelassen und auch da nur ziemlich vage.

Die Kritik am Kapitalismus ist hingegen bis heute nicht verstummt; eher im Gegenteil nimmt sie seit einigen Jahren in Form einer Auseinandersetzung um Globalisierung, Liberalisierung und Freihandel wieder zu. Ein Kennzeichen dieser Debatte ist auf Seiten der Kapitalismuskritiker eine theoretische Wüste. Warum greift dann niemand auf Marx zurück, zumal sich ein Anknüpfungspunkt leicht finden lässt?

Marx glaubte sowenig wie viele heutige Kapitalismusgegner an die „unsichtbare Hand", die nach der Überzeugung Adam Smiths dafür sorgt, dass sich in einer Marktwirtschaft alles zum Besten regelt, wenn man sie nur in Ruhe lässt. Für Marx waren Markt und Kapitalismus Ausdrücke einer chaotischen Organisation von Wirtschaft und Gesellschaft. Doch Marx ist für die heutige Kapitalismuskritik kein einfacher Verbündeter. Den Grund hat Ott zusammengefasst: So gut wie alle Lehren von Marx, die für die Politik von Bedeutung waren, haben sich als unhaltbar erwiesen. Jene Lehren aber, die nicht falsch waren, besaßen keine Relevanz.

Die zentrale Bastion des Marxismus war die Theorie von der Krise des Kapitalismus, die zu dessen Untergang führen werde. Stark vereinfacht, würden sich die von den Unternehmern („Kapitalisten") auf dem Existenzminimum gehaltenen Arbeiter und das wachsende Heer der Arbeitslosen („industrielle Reservearmee") gegen ihre Ausbeuter wenden und sie entmachten. Marx hielt diesen Prozess, der von immer größeren Konjunkturschwankungen begleitet sein würde, für unausweichlich.

Die dieser Vision zugrunde liegenden „Gesetze" haben sich fast ausnahmslos als Irrtümer erwiesen. Die Verelendung der Arbeiterklasse, die am Existenzminimum gehalten wird, hat sich ebenso wenig eingestellt wie die Voraussage, die Arbeitslosenheere würden immer weiter wachsen. Auch die Annahme, der Kapitalismus gebäre immer größere Schwankungen der Konjunktur, war falsch – tatsächlich sind die Schwankungen geringer geworden.

So hat der vermeintlich unausweichliche Zusammenbruch des Kapitalismus durch einen revolutionären Knall bis heute nicht stattgefunden. Intellektuell etwas gelenkige Marx-Fans im Westen haben sich daher schon vor Jahrzehnten von dieser These verabschiedet – im Unterschied zu ideologisch verblendeten Sturköpfen in Ost-Berlin, die bis zum Ende keinen Kratzer am Lack ihres Helden duldeten.

Trotz aller berechtigter Kritik an seinen Kernthesen kann kein Zweifel daran bestehen, dass Marx ein gelehrter Mann war, der viel von dem bedeutenden britischen Ökonomen David Ricardo gelernt hatte. So war auch nicht alles falsch, was Marx schrieb.

Der Rauschebart aus Trier hatte früh die Tendenz zur Bildung von Unternehmensmacht durch Fusionen, Übernahmen und Kartelle gesehen wie auch die unbestreitbare Ungleichverteilung des Produktivvermögens. Man mag noch manches andere Bedenkenswerte bei Marx finden, aber alleine sein Image als Verlierer der großen Kontroverse zwischen Kapitalismus und Sozialismus steht einer Verwendung als Ikone aktueller Kapitalismuskritik entgegen. Aber wer weiß, es hat ja schon die merkwürdigsten Comebacks gegeben.

SPÄTE MARXISTEN

Ernest Mandel

Der Belgier Ernest Mandel (1923 bis 1995) war der vielleicht bekannteste westliche Ökonom marxistischer Prägung nach dem Zweiten Weltkrieg. Mandel lehnte sowohl die Sozialdemokratie als auch den Stalinismus ab und trat für eine Rätedemokratie ein, in der Unternehmen eine gewisse Selbstverwaltung wahrnehmen sollten. Daneben ging er der Frage nach, warum der Kapitalismus, anders als prophezeit, nicht längst zusammengebrochen war. Mandel arbeitete auch als Journalist und Buchautor.

Ota Sik

Ota Sik (1919 bis 2004) war einer der Väter des „Prager Frühlings", der 1968 von sowjetischen Truppen niedergeschlagenen Liberalisierung in der Tschechoslowakei. Danach lebte der Ökonom und Maler in der Schweiz. Sik vertrat einen „dritten Weg", eine mit marktwirtschaftlichen Elementen angereicherte marxistisch inspirierte Planwirtschaft. So sollten die Firmen Güterpreise festsetzen dürfen, während die Löhne weiter der Staat bestimmte. Siks Konzept fand auch bei einigen Linken im Westen Interesse.

Eric Hobsbawm

Der Brite Eric Hobsbawm (geboren 1917) zählt zu den bekanntesten marxistischen Historikern der vergangenen Jahrzehnte. In einer Reihe von Werken beschrieb der Brite den Aufstieg und die Blüte des Kapitalismus. Wie viele jüdische Intellektuelle seiner Generation folgte die Annäherung an den Marxismus einer Ablehnung des Faschismus, aber auch der Sozialdemokratie. Mandel und Sik gleich, hielt Hobsbawm Distanz zu Moskau; mit dem Kapitalismus versöhnt hat er sich aber bis heute nicht.

48 Warum brauchen wir Märkte?

Hans D. Barbier

Wir brauchen Märkte, weil die Welt nicht fertig ist. Nur der Wandel ist stetig – das gilt auch für die Bedingungen des Wirtschaftens. Märkte helfen uns beim Suchen nach neuen und besseren Lösungen, in der Not auch nach Ersatz. Der mag schlechter sein, er ist dann aber immerhin doch die zweitbeste Lösung. So helfen uns Märkte, das Wünschbare ins Mögliche zu übersetzen.

Bekannte Rohstoffe werden knapp, weil Kriege die Handelswege blockieren oder weil im Frieden über eine lange Zeit immer mehr produziert wird. Erfindungen revolutionieren das Transportwesen und schieben Kontinente zusammen, weil die Raumüberwindung billiger wird. Die Naturwissenschaften ermöglichen eine neue Informationstechnologie, machen die Telefonfräuleins vom Amt arbeitslos und legen doch gleichzeitig die Basis für eine neue Industrie der schier entgrenzten Massenkommunikation, die auf der Welt Abermillionen Arbeitsplätze entstehen lässt. Die Chinesen schicken zuerst billige Turnschuhe und übernehmen dann die Produktion der empfindlichsten Teile der feinsten europäischen Automobile. Bisweilen dämmert die Wirtschaftsgeschichte fast ereignislos vor sich hin. Dann aber scheint die Gegenwart uns in großen Sprüngen zu enteilen.

Die Welt ist nicht fertig. Wenn wir in ihr zurechtkommen wollen, brauchen wir die Märkte. Sie liefern uns die Preissignale, an denen wir unser wirtschaftliches Handeln ausrichten: als Anbieter und Nachfrager, als Arbeitnehmer und Arbeitgeber, als Produzenten und als Konsumenten. An den Aktienbörsen geht das blitzschnell, die Terminmärkte für Rohstoffe schauen in die Zukunft. Wir müssen dafür keine komplizierten Gleichungen lösen. Das tun die Märkte, im Zusammenspiel von Angebot und Nachfrage. Sie bündeln Erwartungen und Informationen, Spekulationen und Eindrücke. Sie bündeln Bewertungen und Reaktionen, Herausforderungen und Antworten, die sich zu neuen Mustern der Weltwirtschaft ordnen. So scheinen in dauernder Vorläufigkeit neue Muster am Rande unseres Zeithorizonts auf. Der Horizont rückt umso weiter in die Zukunft, je freier die Märkte sind und je mehr Menschen auf ihnen Informationen, Güter und Dienste austauschen können.

Die Informationen, die wir so gewinnen, offenbaren sich in Preisen und Mengen: als Erlöse, als Zinsen, als Kosten, als Einkommen, als Beschäftigungsverhältnisse. Anders als in der Planwirtschaft sind sie nicht erdacht und gemacht. Es sind Erwartungsgrößen. Aber ihr Informationswert ist groß, weil sie nicht von einem Zentralamt politisch gesetzt sind. Hinter ihnen stehen die Einschätzungen von Millionen von Menschen. Deren vorrangiges Interesse ist es, die Gegenwart und die nahe Zukunft möglichst genau zu erkennen und zu ihrem Vorteil zu deuten.

So ergibt sich ein anpassungsfähiges System des Sammelns von Informationspartikeln. Auf Seite 1 unserer Tageszeitung lesen wir von besorgniserregend zunehmenden Spannungen im Nahen Osten. Auf Seite 13 erklärt uns ein Energiefachmann, was das für den Ölpreis bedeuten könnte. Auf Seite 14 gibt es ein Gespräch mit dem Bundeswirtschaftsminister: Er spricht sich dafür aus, die Laufzeiten von Kernkraftwerken in Deutschland zu verlängern, weil wichtige Teile des Weltölmarktes schwerer einzuschätzen sein werden. Auf Seite 15 steht ein Bericht über energiesparende Verfahren, die einen hohen Einsatz von teuren Edelmetallen erfordern. Die kommen aus Gegenden Afrikas, die jetzt noch politisch berechenbar sind, es aber nicht mehr lange bleiben müssen. Im Feuilleton gibt es eine Reportage über die Tristesse des Arbeiterdaseins in einer Agglomeration, die man früher einmal „Autostadt" nannte.

Das alles sind Informationssplitter und individuelle Deutungsversuche. Es sind Teilantworten auf die Frage: Was lesen wir aus den Zeichen der Gegenwart für die Bedingungen des Wirtschaftens in der Zukunft?

Jeder liest für sich. Ihren Informationswert gewinnen diese Teilantworten beim Abgleich von Daten, Deutungen und Interessen im weltweit verbundenen System der Märkte. In diesem System erscheint die Investition eines Unternehmers oder die Berufsentscheidung eines jungen Menschen wie eine Hypothese im Wissenschaftsbetrieb: als eine Theorie, die sich im Wettbewerb alternativer Weltdeutungen zu bewähren hat. Im Lichte der Wirklichkeit erweist sie sich als richtig oder falsch.

Was wirtschaftlich richtig ist und was falsch, offenbart sich am Markt durch Gewinn und Verlust. Und wenn Gewinn ohne Monopole und Kartelle im Wettbewerb erzielt wird, dann ist das ein Zeichen dafür, dass der erfolgreiche Unternehmer auch im Sinne einer Wohlfahrtsrechnung richtigliegt: Er produziert das, was die Kunden kaufen wollen. Er produziert es ressourcensparend und dadurch zu so niedrigen Kosten, dass sich die Güter oder Dienste auch im Wettbewerb mit anderen Angeboten verkaufen lassen.

Ein solches Unternehmen stellt Arbeitskräfte ein, anstatt sie zu entlassen. Die Investitionshypothese hat sich im Wettbewerb bewährt, das zeigt ein Gewinn auf das eingesetzte Kapital – und die Investition hat die Welt ein wenig heller gemacht, als sie vorher war. Auch unter diesem Gesichtspunkt bewährt sich der Vergleich des Marktes mit dem forschenden Wettbewerb um die Erkenntnis.

Unter dem Auge des Großen Bruders, unter der Fuchtel einer Zentralplanungsbehörde, verliert der Mensch die Souveränität über seine Entscheidungen zur Lebensführung – aber auch in der Bevormundung durch manche Erscheinungsformen des Sozialstaats. Letztlich also: Warum brauchen wir Märkte? Wir brauchen sie um der Freiheit willen. Wir brauchen sie um unserer Würde willen.

AUCH DAFÜR GIBT ES EINEN MARKT

Überraschungseier

Man kann ja gar nicht so viele essen, dass man alle Star-Wars-Happy-Hippos zusammenkriegt, bevor die wieder durch die nächsten Figuren ersetzt werden. Eines von den Plastiknilpferden fehlt immer. Damit sich die Sammlung vervollständigen lässt, gibt es spezielle Märkte - im echten Leben, mit Ständen und Besuchern, auch in Zeiten von Ebay. Schließlich erkennt man auf so einem kleinen Internetfoto ja kaum, in welchem Zustand der gewünschte „Luke Eiwalker" ist.

Schauspieler

An der „Hollywood Stock Exchange" können die Teilnehmer Aktien auf Schauspieler und ihre Filme kaufen - ihr Verdienst hängt von den Einspiel-Ergebnissen der Filme ab. Das lustige Blockbuster-Raten hat sogar noch einen nützlichen Nebeneffekt: Die Börsenkurse sind für die Filmstudios und Kinobetreiber eine gute Prognose, wie beliebt ein Film wird. Das erleichtert die Planung ungemein. Aktueller Favorit ist Spider Man 3.

Schnee

Auch Ebay ist ein Spezialist für unmögliche Angebote. Der Ort Steinach in Thüringen versteigerte „zehn Kubikmeter Schnee für Selbstabholer". Sie gingen weg, sogar für 1420 Euro. Gemeint war ein Einsatz zum Schneeräumen. Der Kaufpreis für die weißen Kubikmeter floss an eine Stiftung.

Feuerversicherung für Fische

Für alles findet sich eine Versicherung, auch für die skurrilsten Ängste. Wie für die eines Liebhabers teurer japanischer Fische, der Angst vor einem Feuer hatte. Ein Brand könne das Wasser im Aquarium erwärmen und den empfindlichen Fischen schaden, befürchtete er.

49 Warum sind Monopole gefährlich?

Ulrich van Suntum

Viele werden sich noch an die Einheitsstreichholzschachteln erinnern, die es bis Anfang der achtziger Jahre in der Bundesrepublik gab. Sie wurden unter dem Namen „Welthölzer" von der Deutschen Zündwaren-Monopolgesellschaft vertrieben. Andere Streichhölzer konnte man nicht kaufen, denn es handelte sich tatsächlich um ein Monopol. Seinen Ursprung hat es im Jahr 1930, als der schwedische Zündholzkönig Ivar Kreuger der Reichsregierung einen Kredit in Höhe von 500 Millionen Reichsmark zu günstigen Konditionen gab. Im Gegenzug durften fortan nur noch die Einheitszündhölzer verkauft werden. Erst 1983 endete das Monopol.

Wie alle Wettbewerbsbeschränkungen verschaffte auch das Zündwarenmonopol dem schwedischen Unternehmer riesige Gewinne. Zwar brach sein Imperium aufgrund unsolider Finanztransaktionen schon wenig später zusammen, und Kreuger nahm sich 1932 das Leben. Aber die Verbraucher und die vom Markt ausgeschlossenen Konkurrenten hatten volle 53 Jahre lang unter dem Monopol zu leiden.

Es war beileibe nicht das einzige Monopol und auch nicht das erste. Schon immer waren Unternehmen, aber auch Staaten daran interessiert, lästige Konkurrenten möglichst von ihren Märkten fernzuhalten. So kontrollierte die Niederländische Ostindien-Kompanie während des gesamten 17. und 18. Jahrhunderts den lukrativen Gewürzhandel von Indien nach Europa.

Zur Zeit der Industrialisierung und auch später während der Weimarer Republik war es gang und gäbe, dass wichtige Güter von nur einem oder wenigen Unternehmen angeboten wurden, die überdies untereinander die Preise absprachen. In letzterem Fall spricht man von Kartellen, die in ihrer wettbewerbsbeschränkenden Wirkung den Monopolen kaum nachstehen. Das war ein wichtiger und berechtigter Kritikpunkt am kapitalistischen Wirtschaftssystem, auch aus Sicht von liberalen Ökonomen.

Schon Adam Smith, der Urvater der klassischen Volkswirtschaftslehre, erkannte die Gefahr: Unternehmer aus demselben Gewerbe kämen selten zusammen, „ohne dass ihre Unterhaltung mit einer Verschwörung gegen das Publikum oder einem Plan zur Erhöhung der Preise endigt", schrieb er 1776. Es dauerte allerdings noch mehr als 100 Jahre, bis die Vereinigten Staaten mit dem Sherman Antitrust Act von 1890 als erstes Land entschlossen gegen marktbeherrschende Unternehmen vorgingen. Deutschland folgte dem Beispiel erst 1957 mit dem Gesetz gegen Wettbewerbsbeschränkungen, wobei man viele Ausnahmen machte.

Was ist nun eigentlich so schlimm an Monopolisten? Ganz einfach: Sie verlangen praktisch immer überhöhte Preise, gemessen an den tatsächlichen Kosten. Das geht nicht nur zu Lasten der Verbraucher, es mindert auch den Zwang, sich um Effizienz und gute Qualität der Produkte zu bemühen. Bei Streichhölzern mag das nicht so schlimm sein. Aber wenn es um die marktbeherrschende Stellung eines Software-Unternehmens wie Microsoft geht, hört der Spaß auf. Zumal ein so marktmächtiger Anbieter auch dazu neigt, sinnvolle Produkte anderer Anbieter durch technische Tricks vom Markt fernzuhalten. Es sind schon zahlreiche Prozesse wegen solcher Machenschaften geführt worden. Die Wettbewerbshüter sind dabei allerdings oft in schwieriger Beweislage.

Ein Problem besteht darin, überhöhte Preise von ganz normalen Marktreaktionen abzugrenzen. Wenn etwa wieder einmal das Benzin an der Tankstelle teurer wird, kann das ja auch an steigenden Rohölpreisen, einem höheren Dollarkurs oder höheren Steuern liegen. Auch dass alle Tankstellen mehr oder weniger gleichzeitig die Preisschilder auswechseln, ist noch kein Beweis für Preisabsprachen. In einem echten Wettbewerbsmarkt würde bei steigenden Einkaufspreisen nämlich genau das Gleiche passieren.

Auch ein Vergleich der Preise mit den Kosten hilft nicht immer weiter. Denn die Kosten können von den Unternehmen leicht nach oben manipuliert werden, indem sie teure Bürotürme bauen und überhöhte Gehälter – vorzugsweise an Vorstände – zahlen. Augenfällige Beispiele dafür sind in Deutschland Energieversorgungsunternehmen, aber auch kommunale Stadtwerke mit ihren Gebietsmonopolen.

Darum ist Monopolkontrolle in der Praxis ziemlich schwierig. Besser ist es allemal, marktbeherrschende Stellungen gar nicht erst entstehen zu lassen. Aber auch das ist einfacher gesagt als getan. So hat der österreichische Ökonom Josef Schumpeter schon 1911 darauf hingewiesen, dass im Grunde jeder Erfinder eines neuen Produktes zunächst eine Monopolstellung gewinnt. Darin bestehe ja gerade der Anreiz, als Pionierunternehmer immer wieder neue Güter auf den Markt zu bringen. Im Laufe der Zeit werden allerdings zunehmend Imitatoren auftreten, so dass die anfänglichen Gewinne im Konkurrenzkampf schmelzen. Dieser ständige Wettlauf zwischen Innovation und Imitation, den Schumpeter als „Prozess der schöpferischen Zerstörung“ bezeichnete, ist wohl das Wichtigste an der Wettbewerbsidee.

Ein schönes Beispiel dafür ist die Hammond-Orgel mit ihrem elektromagnetischen Tonerzeugungsverfahren. Sie wurde 1934 von Laurens Hammond zum Patent angemeldet und war bis in die sechziger Jahre absolut marktbeherrschend. Die Monopolstellung brachte Hammond anfangs zwar hohe Gewinne, aber die technische Entwicklung hin zu rein elektronischen Orgeln und Keyboards hat die Firma verschlafen.

Heute sind ganz andere Anbieter auf dem Markt erfolgreich, während Hammond ein Schattendasein führt. Ähnlich ist es IBM gegangen, deren Heimcomputer in den achtziger Jahren noch das Maß aller Dinge auf dem PC-Markt waren. Nicht zuletzt aufgrund ihrer hohen Preise wurden sie schon in den neunziger Jahren aus ihrer führenden Position verdrängt. Auch andere Giganten wie General Motors, AEG oder Krupp mussten unter dem Druck neuer Konkurrenten schließlich ihre marktbeherrschende Stellung räumen oder sind gar ganz vom Markt verschwunden.

Am längsten halten sich meist Monopole, die in Staatshand sind. So gilt noch heute in Deutschland das staatliche Glücksspielmonopol und auch das Branntweinmonopol, obwohl es dafür kaum überzeugende Gründe gibt. Bei manchen Gütern wie zum Beispiel Eisenbahnen, Stromversorgung und Telefon war man sogar lange Zeit der Meinung, dass es hier prinzipiell keinen Wettbewerb geben könne. Das Argument war immer das gleiche: Es sei nicht sinnvoll, mehrere Eisenbahngleise, Telefonleitungen oder Postlinien parallel zu unterhalten, nur um Wettbewerb zu schaffen. Deshalb wurde jeweils nur ein Unternehmen als Anbieter solcher Güter zugelassen. Ein angenehmer Nebeneffekt für den Staat waren die Monopolgewinne, an denen er kräftig partizipierte.

Inzwischen denkt man anders über die natürlichen Monopole. Vor allem die EU macht seit den achtziger Jahren Druck, auch diese Märkte zu liberalisieren. Schließlich können auf einem Schienennetz durchaus mehrere Eisenbahnunternehmen fahren, und bei Strom und Gas ist es nicht viel anders. Die bequemen Versorgermonopole geraten dadurch zunehmend unter Wettbewerbsdruck, und das ist gut so.

Wie heilsam sich die Öffnung für mehrere Anbieter auswirkt, hat nicht zuletzt die Liberalisierung des Telefonmarktes gezeigt: Während zu Zeiten der Bundespost ein farbiges Tastentelefon der Gipfel des Komforts in Deutschland war, ist die heutige Angebotsvielfalt an Endgeräten gar nicht mehr zu überblicken. Gleichzeitig sind auch noch die Preise für das Telefonieren kräftig gefallen und Abertausende neue Arbeitsplätze geschaffen worden. Das hat zwar auch etwas mit der technischen Entwicklung zu tun. Aber auch der technische Fortschritt kommt unter Wettbewerbsbedingungen viel schneller voran als unter einem trägen Monopolisten, der mangels Konkurrenz nur noch sein Geld zählen muss.

50 Warum gibt es Angebot und Nachfrage?

Heike Göbel

Jeder träumt sich gerne ins Schlaraffenland. Wer es durch die Mauer aus Reisbrei hinein geschafft hat, bekommt dort alle Wünsche erfüllt. Die gebratenen Tauben fliegen in den Mund, das Gold liegt auf der Straße, und ein Jungbrunnen sorgt für ewiges Leben. Doch seit Adams und Evas Vertreibung aus dem biblischen Paradies leben die Menschen in einer ganz anderen Welt: In dieser Welt sind die Güter knapp, und die Bedürfnisse erfüllen sich nicht mehr ohne eigene Mühe.

Jeder Mensch ist daher gezwungen, seine materiellen Wünsche seinen wirtschaftlichen Möglichkeiten anzupassen. Dabei helfen ihm Märkte. Dort bietet er seine Waren und Dienste zum Kauf und zum Tausch an. Und dorthin trägt er als Kunde seine Wünsche, er fragt Güter und Dienstleistungen nach. Angebot und Nachfrage sind denn auch die Schlüsselwörter der Ökonomen, sie sind die Triebkräfte einer Marktwirtschaft. Wer wissen will, wie ein Markt funktioniert, muss wissen, welche Faktoren Angebot und Nachfrage beeinflussen. Denn beide zusammen bestimmen den Preis jedes Gutes und damit auch die Menge, in der es hergestellt wird.

Im Idealfall deckt das Angebot des Bäckers genau die Nachfrage seiner Kunden, so dass er am Abend kein Brötchen wegwerfen muss. Das gelingt ihm aber nur, wenn seine Brötchen nicht allein den Geschmack der Kunden treffen, sondern wenn diese auch bereit sind, den geforderten Preis zu zahlen. Das werden sie nur tun, wenn der Bäcker nicht teurer ist als sein Konkurrent nebenan. Und wenn die Ausgabe für die Brötchen noch genügend Spielraum im Einkommen lässt, um andere lebensnotwendige Güter zu kaufen.

Schon an diesem Beispiel zeigt sich, dass es in der Praxis nicht leicht ist, Angebot und Nachfrage durch einen „markträumenden" Preis zum Ausgleich zu bringen. Das Ganze ist ein Prozess, getrieben von Versuch und Irrtum. Ist sein Angebot zu früh ausverkauft, wird er das als Hinweis nehmen, den Preis hochzusetzen oder das Angebot auszuweiten. Merkt der Händler, dass er auf seinen Waren sitzenbleibt, wird er versuchen, die Nachfrage mit Preissenkungen und Rabattaktionen anzuregen.

Auf beide Seiten des Marktes wirken eine Fülle von Faktoren ein, mit deren Erforschung sich eine ganze Wissenschaft befasst: die Volkswirtschaftslehre. Je besser es gelingt, die Wünsche von Anbietern und Nachfragern zusammenzubringen, desto zufriedener sind beide Seiten – und desto besser werden die knappen Ressourcen der Erde genutzt.

Das Hauptproblem jedes Marktes sind mangelnde Informationen, vor allem auch über die anderen Marktteilnehmer. Um beim Beispiel des

Angebot und Nachfrage

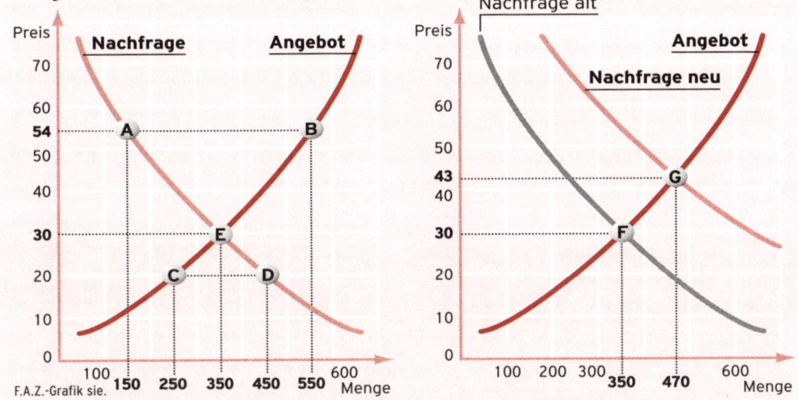

So finden Angebot und Nachfrage zusammen

Nehmen wir einen Bäcker, der seine Brötchen für 54 Cent verkauft. Die Kunden wollen 150 Stück (Punkt A), der Bäcker hat aber 550 gebacken (B). Was tun? Der Bäcker probiert es mit 20 Cent und 250 Brötchen (C). Bei so einem niedrigen Preis wollen die Kunden 450 Stück (D) - der Bäcker ist schnell ausverkauft. So geht es weiter. Schließlich pendeln sich Bäcker und Kunden bei 30 Cent und 350 Brötchen ein (E). Wenn nun der Bäcker sein Brötchenrezept verbessert oder die Konkurrenz ihren Laden schließt, wollen die Kunden zum gleichen Preis mehr Brötchen. Darum gibt es eine neue Nachfragekurve. Statt auf den alten Wert von 350 Brötchen und 30 Cent (F) kommt der Bäcker jetzt auf 470 Brötchen und 43 Cent (G).

Bäckers zu bleiben: Er muss nicht nur sein Handwerk verstehen, also gut backen können. Will er als Kaufmann erfolgreich sein, muss er wissen, wie er an preisgünstiges Mehl kommt, was seine Konkurrenten gerade anbieten und welche Wünsche seine Kunden haben. Viele Dinge kann er nur ahnen, doch aus all diesen Faktoren bestimmt er seinen Preis.

Für die Nachfrage – ob nach Brötchen oder den meisten anderen Gütern – gilt dabei im Regelfall die Annahme: Sinkt der Preis, finden sich mehr Käufer, steigt er, lässt die Nachfrage nach.

Schnell aber wird es kompliziert. Sinken beispielsweise die Preise für Brot, werden Brötchen relativ teurer. Da Brot und Brötchen recht gut austauschbare Produkte sind, könnte es sein, dass die Kunden vermehrt zum Brot greifen statt zu den Brötchen. Es gibt aber auch Güter, die sich ergänzen. So hat die Nachfrage nach Autos Einfluss auf die Nachfrage nach Benzin: Sinken die Automobilpreise, kaufen die Leute mehr Autos und dementsprechend auch mehr Benzin.

Festgestellt haben die Ökonomen auch, dass die Kunden bei manchen Gütern Preissteigerungen eher hinnehmen als bei anderen, weil sie auf diese in besonderem Maß angewiesen sind. Diesen Umstand nutzt auch der Staat aus, indem er Tabak und Alkohol gern mit Steuern belegt. Denn er weiß, dass viele Menschen auf diese Genussmittel nicht verzichten wollen. Mit dem Benzin ist es genauso, denn es ermöglicht Mobilität. Wenn der Preis für diese Güter durch die Steuer steigt, schränken die Menschen daher notfalls den Verbrauch anderer Güter ein.

Wie gut ein Markt funktioniert, hängt zu einem großen Teil davon ab, wie viel Macht die Teilnehmer haben. Gibt es für ein Gut nur einen Anbieter, haben die Kunden das Nachsehen: In einem solchen Monopol diktiert der Anbieter die Preise und erzielt dadurch eine höhere Gewinnspanne, denn seine Kunden können nicht zur Konkurrenz ausweichen. „Monopolrendite" nennen das die Ökonomen.

Es ist für die Kunden aber auch von Nachteil, wenn sich der Staat in den Markt einmischt, etwa indem er Preisgrenzen festlegt – vermeintlich zu ihren Gunsten. Doch kein Unternehmer bietet seine Waren längere Zeit zu Preisen an, die seine Kosten nicht decken. Entweder sinkt das Angebot, oder seine Qualität verschlechtert sich. Beispielsweise ist selbst in Marktwirtschaften oft das Niveau der Mieten staatlich reguliert, mit dem Ergebnis, dass sich das Wohnungsangebot verknappt.

Da Angebot und Nachfrage den vielfältigsten Einflüssen unterliegen, ist es schon schwierig, für einen einzelnen Markt herauszufinden, welche Ursache eine Störung des Wettbewerbs hat. Noch schwerer fällt es den Ökonomen, Störungen auf den Grund zu gehen, wenn diese erst die gesamte Volkswirtschaft erfasst haben.

Sinkt die Wirtschaftsleistung insgesamt und damit das Volkseinkommen, ist das ein Zeichen für eine Störung zwischen Angebot und Nachfrage. Aber ob die Ursachen eher auf der einen oder auf der anderen Seite zu suchen sind, darüber gehen die Meinungen der Ökonomen oft auseinander.

Dementsprechend widersprüchlich erscheinen oft ihre Ratschläge darüber, mit welchen wirtschaftspolitischen Maßnahmen die Politik dazu beitragen könnte, die Wirtschaftslage zu verbessern: Grob gesprochen lassen sich zwei Denkschulen unterscheiden, die Angebotstheoretiker und die Nachfragetheoretiker. Erstere raten dem Staat, alles zu tun, damit die Unternehmen kostengünstiger produzieren können: also die Bedingungen auf der Angebotsseite zu verbessern, etwa durch die Senkung von Steuern und Abgaben für Unternehmen. Nachfragetheoretiker raten dazu, dass der Staat auf die Nachfrage einwirkt, sei es, indem er selber mehr Aufträge erteilt oder die Steuerlast der Bürger senkt, damit diese mehr konsumieren – und dazu notfalls mehr Schulden macht.

51 Warum wissen Ökonomen so wenig über die Zukunft?

Hans D. Barbier

Das ärgerliche an Prognosen ist, dass sie von der Zukunft handeln. Wer sich auf eine Fachtagung der Ökonomen verirrt, der muss nicht lange warten, bis ihm dieser Kalauer in einer Vortragspause gesprächsweise serviert wird. Und man sollte nach dem ersten Stutzen den kabarettistisch aufbereiteten Erkenntnisgehalt dieses Spruchs nicht unterschätzen.

In der Tat: Es ist eines, das Ergebnis eines gut dokumentierten Wirtschaftsprozesses im Nachhinein zu erklären. Und es ist ein anderes, einigermaßen zutreffend zu schätzen, wie sich Produktion und Preise, Arbeitsstunden und Löhne, Wachstumsrate und Einkommensverteilung entwickeln.

Gute Ökonomen sind bescheiden. Sie wissen, wie schwierig solche Schätzungen sind. Sie betrachten ihre Theorien nicht als Guckkästen in die Zukunft. Sondern sie sehen darin die stets verbesserungsbedürftigen Hilfsmittel für die – wie sie es nennen – „nachträgliche Vorhersage": Erst wenn eine Theorie die bekannte Gegenwart aus der dokumentierten Vergangenheit erklären kann, dürfen sich Wissenschaftler und Berater ermutigt fühlen, diese Theorie auch für den Versuch einer Prognose oder einer wirtschaftspolitischen Empfehlung zu erproben.

Das ist ja der eigentliche Grund, warum gute Ökonomen die Freiheit so schätzen, den Wettbewerb als Entdeckungsverfahren empfehlen und die Marktwirtschaft für die beste Form des Wirtschaftens halten: weil sie wissen, dass sich jeder einzelne Mensch nur schwer ein zutreffendes Bild von der Zukunft machen kann. Daher empfehlen sie den „Wettbewerb der Prognosen" nicht nur, wenn sie in der wirtschaftspolitischen Beratung Konjunktur und Wachstum vorhersagen wollen. Sondern als durchgängiges Prinzip des Wirtschaftens – und des menschlichen Handelns überhaupt.

Jeder Bankier, jeder Unternehmensberater, jeder Arbeitnehmer – jeder Mensch, der eigenverantwortlich handelt, ist ein Prognostiker. Er macht sich sein Bild von der Zukunft. Er stellt sich und seine Pläne in dieses Bild hinein, dann trifft er seine Entscheidung – und er beschließt, etwas zu wagen und etwas anderes zu meiden. So entsteht im Wettbewerb der persönlichen Prognosen und Entscheidungen in jedem Augenblick die Gegenwart als das Ergebnis von vielen unterschiedlichen Versuchen Einzelner, die Zukunft richtig vorherzusagen.

Ökonomen können – Zufallstreffer ausgenommen – die Zukunft nicht auf Bestellung verlässlich vorhersagen. Aber das heißt nicht, sie hätten

Vorschau und Wirklichkeit

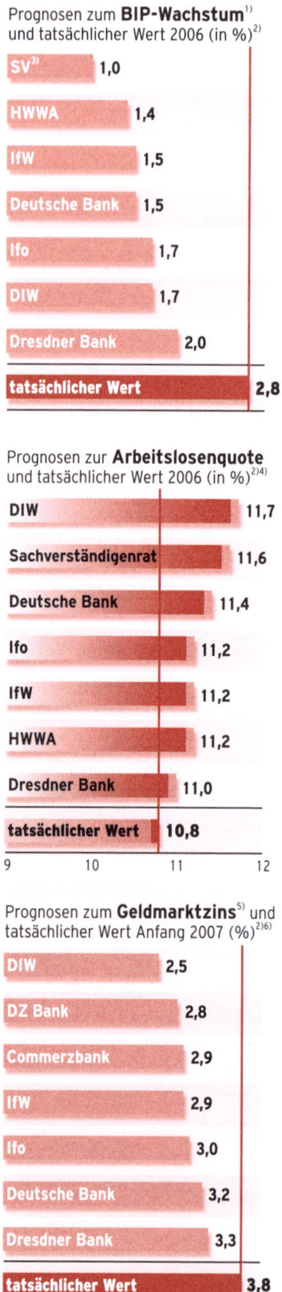

1) BIP=Bruttoinlandsprodukt. 2) Aktuelle Prognose Anfang 2006. 3) Sachverständigenrat. 4) In Prozent der Erwerbspersonen; Jahresdurchschnitt. 5) Drei-Monats-Euribor. 6) Prognose für und tatsächlicher Wert Ende Januar 2007.

Quellen: Consensus Economics; Sachverständigenrat; Bundesagentur für Arbeit; F.A.Z./ F.A.Z.-Grafik Brocker

nichts Brauchbares über Chancen und Risiken zu sagen, über Wohlstandsspielräume und Knappheiten der Zukunft. Auch wenn die Ökonomen gelegentlich Wachstumskräfte falsch einschätzen, wenn sie Wendepunkte der Konjunktur nicht datumsgenau in den Kalender der Politik eintragen können, so erlauben ihre Forschungen und Erfahrungen doch einen lohnenden Blick in den Wahrscheinlichkeitsraum der Zukunft.

Ökonomen können die Wirkung von wirtschafts- und tarifpolitischen Entscheidungen nicht immer und auf Bestellung exakt quantifizieren. Aber es diskreditiert nicht den ordnungspolitischen Rat von einzelnen Ökonomen oder Instituten, dass ihre vorhersagenden Schätzungen im Nachhinein gesehen auf der Zeitachse leicht verrutscht waren oder in der Größenordnung mal über- und mal unterzeichnet sind. Angesichts des Meeres der Irrtümer, auf dem die Politik Kurs zu gewinnen versucht, könnte man ein Urteil über die Qualität der Prognosen sogar in die bescheiden klingende Formel fassen: Hauptsache, die Richtung stimmt.

Es ist wahr: Die meisten Ökonomen haben in den Jahren 2006 und 2007 unterschätzt, wie stark der Aufschwung in Deutschland ist und wie schnell die Arbeitslosigkeit zurückgeht. Doch die Leistung guter Beratung liegt nicht in der Genauigkeit von Terminen und Prozentsätzen, sondern darin, Chancen für die Zukunft zu beschreiben. Und in dieser Disziplin schneiden die Ökonomen nicht schlecht ab.

Die oft geforderte Lohnzurückhaltung in der jüngeren Vergangenheit hat sich unübersehbar ausgezahlt. Den Überschüssen im Außenhandel und den Gewinnen der Unternehmen folgt die Einstellung zusätzlicher Arbeitskräfte. Nun steigen auch die Löhne. Insgesamt: Wenn die Chancen der Gegenwart nicht mit Aktionen „nachholender Gerechtigkeit" belastet werden, steht es um die nähere Zukunft von Konjunktur und Wachstum nicht schlecht. Wenn sich eine solche Aussage über die Zukunft wohlbegründet treffen lässt, ist das nicht wenig.

Was aber weiß die Politik über die Ökonomie? Wen schätzt sie besonders unter ihren drei herausragenden Gestalten? Adam Smith, der in die Ökonomie die Moral der Freiheit eingebracht hat? Joseph Schumpeter, der den dynamischen Unternehmer als Triebkraft der Wirtschaft mehr gefeiert als gefürchtet hat? Nein.

Wenn die Politik einen der drei als Berater zurückrufen könnte, dann würde sie sich für John Maynard Keynes entscheiden. Der schien zu wissen, wie man eine stagnierende Wirtschaft mit arbeitslosen Menschen rasch ins neue Gleichgewicht von Sparen und Investieren bringt.

Die Sehnsucht nach solch bündigem Rat wird die Politik wohl nie verlassen. Sie weiß so wenig von der Ökonomie.

52 Warum gibt es immer wieder Finanzkrisen?

Patrick Bernau

An die jüngste Finanzkrise erinnern sich viele noch gut: Subprime-Krise wurde sie genannt. Subprime heißt „weniger als erstklassig" und bezeichnet Bauherren, die eigentlich nicht das Geld für ein Haus hatten, aber trotzdem einen Kredit bekamen. Diese Kredite wurden zu neuen Wertpapieren zusammengestellt und von Bank zu Bank weiterverkauft. Jetzt können viele Schuldner ihre Kredite nicht mehr zahlen, aber keiner weiß mehr, welche Bank die Verluste tragen muss – und ob noch eine daran pleite geht.

Solche Krisen gibt es oft. Im Jahr 2000 brach die Internet-Euphorie zusammen. Ein paar Jahre zuvor hatten die Anleger eine Menge Geld in den asiatischen Tigerstaaten verloren. Und nach jeder Krise steht in den Zeitungen: „Die Situation heute zeigt verblüffende Parallelen zu der Lage im Jahr ..." Das Jahr darf jeder selbst einsetzen: 1987, 1929, 1873 ... Die Geschichte der Finanzkrisen ist lang und abwechslungsreich, auch wenn die Krisen immer wieder nach dem gleichen Muster abliefen.

Dieses Muster hat der amerikanische Ökonom Hyman Minsky beschrieben: Am Anfang ändert sich die wirtschaftliche Situation. Ob das durch einen Krieg passiert, durch eine Rekordernte oder durch eine neue Erfindung wie das Internet – wichtig ist nur: Es gibt neue Dinge, mit denen sich mehr Geld verdienen lässt als mit anderen. In der Subprime-Krise war das der Handel mit Hypothekenkrediten. Eine Branche blüht auf.

Deren Kurse steigen noch zusätzlich, weil die Anleger viel Geld haben – zum Beispiel dadurch, dass die Zentralbanken die Zinsen niedrig halten. Bleiben Kredite billig, werden sie gern als Spekulationskapital genutzt. Eine lockere Geldpolitik werfen Kritiker auch jetzt der amerikanischen Notenbank vor: Die Fed habe die Wirtschaft mit billigem Geld gestützt.

Doch es komme gar nicht so sehr auf die Zentralbanken an, schreibt der Wirtschaftshistoriker Charles Kindleberger in seinem Buch „Manien, Paniken, Crashs" – wenn sie kein neues Geld bereitstellten, schafften sich die Anleger das Geld eben selbst. So eine Masche erfanden zum Beispiel die Händler an der Börse von Kuweit Ende der siebziger Jahre: Sie datierten ihre Schecks einfach vor und hofften darauf, dass sie den Scheck bis zum neuen Fälligkeitsdatum decken konnten. Einigen gelang das nicht: 1982 platzte die Blase, Kuweits Börse brach zusammen.

Das ist in jeder Finanzkrise irgendwann passiert. Der Nadelstich, der die Blase zum Platzen bringt, kann dabei ein nichtiger Anlass sein: Irgendein unwichtiger Manager hat betrogen, ein Vorhaben liegt hinter dem Zeitplan, vielleicht hat auch nur ein angesehener Investor seine Meinung geändert. Plötzlich breitet sich eine Panik aus, und die Kurse fallen.

Wenn Gründe und Ablauf so klar sind, warum fallen die Anleger dann immer wieder darauf herein? Weil sie Menschen sind. Und Menschen spielen nicht nur gern mit hohen Einsätzen, sie machen auch immer wieder die gleichen Fehler.

Und das ist vor allem: Die Anleger sind sich ihres Wissens zu sicher. „Dieses Mal ist alles anders“, sagen sie. Viele Anleger setzen darauf, dass sie das richtige Unternehmen oder das richtige Wertpapier ausgewählt haben: die neue Amazon- oder Ebay-Aktie. Sie wird die Krise durchstehen. Oder Spekulanten pusten die Blase bewusst weiter auf, indem sie überteuerte Aktien kaufen und darauf vertrauen, dass sie einen Blöden finden, der ihnen die Aktien noch teurer abkauft.

Diese übertriebene Sicherheit haben wir auch in anderen Bereichen des Lebens. In Umfragen sind 60 bis 90 Prozent der Menschen davon überzeugt, dass sie besser Auto fahren als der Durchschnitt. Besonders gefährlich ist dabei: Unser Gehirn ist darauf getrimmt, Muster zu erkennen. Das tut es auch da, wo gar keine sind. Und es ist sehr schnell, wenn ein Anleger mit einigen Investitionen Geld verdient hat. Dann erwartet es, dass sich der Erfolg fortsetzt.

Zu Beginn einer Blase ist es ja auch sehr leicht, profitable Investitionen zu finden. Am Anfang gewinnt fast jedes Unternehmen und jedes Wertpapier. Und das zieht sogar die Leute in den Bann, die sich anfangs noch herausgehalten haben. Denn für die wird es immer schwieriger zuzusehen, wie ihre Freunde und Bekannte scheinbar mühelos reich werden.

Auf diesen Mechanismus sind auch schon große Denker hereingefallen, zum Beispiel der Entdecker der Gravitationskraft: Isaac Newton. Der investierte in der großen Blase des 18. Jahrhunderts, als viele Anleger auf hohe Gewinne in der Südsee hofften. Mit einer frühen Anlage gewann er 7000 Pfund, doch später verlor er 20.000. Es ist überliefert: Für den Rest seines Lebens wollte er das Wort „Südsee“ nicht mehr hören.

Wie ihm geht es vielen Anlegern. Wenn sie einmal eine Blase erlebt haben, halten sie sich in der nächsten zurück. Und tatsächlich stellten Ökonomen wie Vernon Smith in Experimenten fest: Wenn die Händler auf Märkten mehr Erfahrung hatten, wurden die Blasen deutlich kleiner.

Nur dumm, dass immer wieder neue Anleger an die Aktienmärkte kommen.

Tulpenwahn in Holland

Hollands Manie um Tulpenzwiebeln begann im September 1636. Da steckten Die Zwiebeln schon in der Erde und waren kaum zu begutachten. Bis zum Januar hatten sich die Preise vervielfacht, dann brach der Markt zusammen. Auf dem Höhepunkt wurden für eine einzige seltene Zwiebel gezahlt: 1000 Pfund Käse, acht Schweine, zwölf Schafe, ein Bett, einige Kleidungsstücke, ein silberner Becher und manches mehr.

Gründerzeit in Deutschland

„Gründerzeit" heißen die Jahre vor dem Börsenkrach 1873, als Reparationszahlungen aus dem Deutsch-Französischen Krieg die deutsche Wirtschaft in die Höhe trieben. Eisenbahnen, Kohle und Stahl waren bei den Anlegern beliebt – aber die Gründerwelle beschränkte sich nicht darauf. Auch die Dresdner Bank stammt aus dieser Zeit. Der Volksmund lästerte sogar: „Pass auf, wenn du deine Wäscherln auf die Straße schickst. Sie könnte als Wäscherei AG zurückkommen."

Internetblase in Amerika

Jetzt würden sich die Gesetze der Wirtschaft fundamental ändern, dachten viele Leute aus der Internetwirtschaft: Wichtig sei vor allem, dass eine Firma früh auf den Markt kommt, viele Nutzer bindet und so ein Monopol aufbaut. Anlaufverluste könne man da ruhig machen, auch über längere Zeit. Im Frühling 2000 stellten die Anleger fest: Auch in der „New Economy" müssen Unternehmer Wege finden, um Geld zu verdienen.

53 Warum versagt der Markt beim Klimaschutz?

Heike Göbel

Über den Ausstoß von Kohlendioxid ist der Mensch Mitverursacher eines Klimawandels, dessen Folgen hohe Kosten verursachen werden. Klimawandel sei der größte und weitreichendste Fall von Marktversagen, urteilte der Ökonom Nicholas Stern 2006 in seinem vielbeachteten Bericht für die britische Regierung. Erstmals wurde darin analysiert, welche wirtschaftlichen Ursachen und Folgen die von den Naturwissenschaftlern prognostizierte Klimaveränderung hat, Kosten und Nutzen des Klimaschutzes wurden gegeneinander abgewogen. Sterns Report hat einiges dazu beigetragen, dass immer mehr Regierungen Klimaschutz zu ihrem politischen Ziel machen.

Wie immer man zu diesem Ziel steht, in einem Punkt besteht Konsens: Allein über den Markt, also ganz ohne staatlichen Einfluss, wird sich der Ausstoß von Kohlendioxid nicht auf das politisch gewünschte Maß begrenzen lassen. Denn Märkte sorgen nur dann für eine wohlfahrtsmehrende Verteilung von Gütern und einen schonenden Umgang mit Ressourcen, wenn die Preise anzeigen, wie knapp und damit kostbar ein Gut oder Rohstoff ist. Die Energiepreise erfüllen diese Bedingung: Wenn die Vorräte schrumpfen oder die Nachfrage steigt, dann sorgt der Markt über steigende Preise für den sparsameren Umgang. Zugleich bieten die steigenden Preise einen Anreiz, sparsamere Techniken zu erfinden oder neue Energieträger nutzbar zu machen. Im Energiemarkt hat der Staat daher nichts verloren.

Anders ist das beim Schutz des Klimas oder bei der Umwelt: Hier versagen die Märkte immer wieder, weil die Verschmutzung der Umwelt oder der Ausstoß klimaverändernder Gase die Verursacher nichts kostet. Die Ökonomen sprechen von einem „negativen externen Effekt“. Gemeint ist, dass die Produktion oder der Konsum eines Gutes unbeteiligte Dritte belasten. Der „Verbrauch“ der Natur oder der Schaden für das Klima fließen aber nicht als Kosten in die Produktion ein. Es gibt daher auch keinen wirtschaftlichen Anreiz, nach neuen Verfahren zu suchen, die weniger belastend sind.

Zum Klima- oder Naturschutz können Märkte daher oft erst dann etwas beitragen, wenn der Staat nachhilft. Der Politik stehen dafür verschiedene Instrumente zur Verfügung. Am schnellsten wirken Verbote oder Gebote. Ein Beispiel sind die neuen Umweltzonen in deutschen Städten: In diesen Zonen dürfen künftig nur noch Autos fahren, die bestimmte Abgasnormen erfüllen.

Ein anderes Beispiel ist das Verbot, in Gaststätten zu rauchen. Verbote sind allerdings nicht nur ein besonders drastischer Eingriff in die Freiheit der Bürger. Sie sind oft auch ein besonders teurer, weil ineffizienter Weg, um auf das Verhalten einzuwirken. Der Staat sollte daher nur dann zur Verbotskeule greifen, wenn der Schaden oder die Gefahr für die Gesellschaft so hoch sind, dass sie den Nutzen des Gutes, das die Schäden verursacht, klar übersteigen.

Meist sind die Kosten-Nutzen-Rechnungen jedoch gar nicht so eindeutig. Ökonomen verweisen gerne auf das Beispiel des Verkehrs, der – welches Transportmittel auch immer verwendet wird – negative Folgen für die Gesellschaft bringt: Die Transportwege nehmen Schaden, Verkehr verursacht Lärm und belastet die Luft. Diesen negativen Folgen steht ein großer Nutzen gegenüber: Mobilität ist eine wesentliche Voraussetzung für wirtschaftliches Wachstum und damit für den Wohlstand.

Der Staat muss Verkehr ermöglichen. Er kann aber durch Steuern, Abgaben oder auch durch gezielte finanzielle Anreize dafür sorgen, dass die Folgen für Umwelt, Natur und Infrastruktur in die Kalkulationen der Verkehrsteilnehmer einfließen. In Deutschland gibt es zu diesem Zweck die Mineralölsteuer: Der Staat erhöht die Fahrkosten und zwingt die Verkehrsteilnehmer, ihren Nutzen gegen die höheren Kosten abzuwägen und sich am Markt nach günstigeren Fortbewegungsmöglichkeiten umzusehen, etwa vermehrt das Rad zu nutzen oder Fahrgemeinschaften zu bilden. In die Freiheit des Bürgers greift diese Steuer natürlich auch ein, aber es bleibt ihm ein wesentlich größerer Entscheidungsspielraum als bei einem Verbot.

Recht schwierig ist es aber, die Höhe der Steuer genau so festzusetzen, dass sie die schädlichen Folgen des Verkehrs aufwiegt, ohne den Bürger zusätzlich zu schröpfen. Umweltsteuern, die nach ihrem Erfinder auch Pigou-Steuern genannt werden, dienen nicht in erster Linie dem Zweck, Staatseinnahmen zu erlangen. Sie sollen – im Gegenteil – eigentlich dafür sorgen, dass Bürger und Unternehmen nach und nach auf andere Güter ausweichen. Die Einnahmen aus einer gut bemessenen Umweltsteuer müssten demnach im Zeitverlauf sinken. Der Staat kann erwünschtes Verhalten aber auch finanziell fördern. Subventioniert er die Tickets für den öffentlichen Nahverkehr, steigt der Preis für die Autofahrt im Vergleich zu der in der U-Bahn.

Seit einiger Zeit erproben die Mitgliedstaaten der Europäischen Union noch einen anderen marktkonformen Weg zum Klimaschutz: den Handel mit Umweltzertifikaten in Form von Emissionsrechten. Hier beschränkt der Staat die Menge an Kohlendioxid, die die Wirtschaft insgesamt ausstoßen darf. Zugleich verteilt er die erlaubte Menge auf die einzelnen Unternehmen. Diese dürfen ihre „Verschmutzungsrechte" handeln. Gelingt es Unternehmen, ihre Produktion kostengünstig so umzustellen, dass sie ihre Rechte nicht ausschöpfen, können sie den Rest an andere Konzerne verkaufen, die mehr als die zugeteilte Kohlendioxidmenge brauchen. Auf diese Weise sorgt der Markt dafür, dass der Klimaschutz dort betrieben wird, wo er die geringsten Kosten verursacht. Dieses System ist umso wirksamer, je mehr Länder einbezogen werden.

Je stärker eine Regierung den Wettbewerb zulässt, um ihre Klimaziele zu erreichen, desto kostengünstiger lassen sie sich erreichen. Das wiederum ist entscheidend für die Akzeptanz des Klimaschutzes. Wer sich an die Luftverschmutzung in der DDR erinnert, weiß auch, dass es ein Irrtum wäre anzunehmen, dass Klimaschutz in einer staatlichen Planwirtschaft mehr Chancen habe. Je ineffizienter das Wirtschaftssystem, desto weniger Klimaschutz können sich die Bürger leisten. Klima und Umweltschutz schätzt erst, wer seine dringlicheren Bedürfnisse erfüllt sieht: zum Beispiel Nahrung, Gesundheit und eine Wohnung.

54 Warum brauchen wir Belohnungen, um uns anzustrengen?

Ulrich van Suntum

In dem berühmten Roman „Utopia“ von Thomas Morus gibt es weder Geld noch Privateigentum. Alle Einwohner wohnen in baugleichen Häusern, die sie sogar regelmäßig tauschen, damit gar nicht erst Besitzansprüche aufkommen. Gold ist zwar vorhanden, aber so wertlos, dass es nur für die Ketten der Gefangenen und für das Nachtgeschirr verwendet wird.

Auch in dieser idealtypischen sozialistischen Gesellschaft war es allerdings notwendig zu arbeiten. Irgendwo mussten ja schließlich die Güter des täglichen Lebens herkommen. Besondere Belohnungen waren für die Arbeit gleichwohl nicht vorgesehen. Wer seinen Beitrag dazu nicht leistete, musste vielmehr mit harten Sanktionen bis hin zu Gefängnisstrafen rechnen. Im Übrigen sah Thomas Morus ganz unromantisch vor, dass Kriegsgefangene in Utopia als Sklaven gehalten und für die unangenehmsten Arbeiten eingesetzt werden sollten.

Noch utopischer waren die Vorstellungen des französischen Gesellschaftstheoretikers Charles Fourier. Demnach sollten sich die Menschen in Produktionsgemeinschaften von je 1800 Personen zusammentun, in denen jeder entsprechend seinen speziellen Fähigkeiten und Interessen freiwillig arbeitet. Insgesamt glaubte Fourier 810 Grundcharaktere unterscheiden zu können, so dass auf diese Weise für alle notwendigen Tätigkeiten gesorgt sei. Die Kinder könnten beispielsweise die Müllabfuhr übernehmen, da sie ja ohnehin gerne im Schmutz spielten.

Während solche Gesellschaftsentwürfe nur Phantasiegebilde blieben, haben andere Sozialreformer ähnliche Ideen auch in die Praxis umzusetzen versucht. Einer der berühmtesten von ihnen war Robert Owen, ein englischer Fabrikant, der auch als Begründer des Genossenschaftswesens gilt. Er führte seiner Baumwollfabrik im schottischen New Lanark freiwillig höhere Löhne und niedrigere Arbeitszeiten ein. Neben weiteren Sozialleistungen verschaffte er den Kindern regelmäßigen Schulunterricht auf Firmenkosten und war mit diesen Maßnahmen zum größten Erstaunen seiner Konkurrenten sogar wirtschaftlich erfolgreich. Als er jedoch sein Projekt in die USA exportierte und es dort ins Extreme trieb, musste er schließlich einsehen, dass es ganz ohne materielle Anreize eben doch nicht ging. Statt des erhofften neuen Menschen stellten sich dort Faulenzer und Schmarotzer ein, die ihn schließlich zum Abbruch des Experimentes trieben.

Damit bestätigte sich die Einschätzung des deutschen Ökonomen Johann Heinrich von Thünen, dass in einem sozialistischen Wirtschaftssystem entweder Müßiggang oder die Knute herrschen müssten. Der Gutsbesitzer Thünen war zwar selbst ein Sozialreformer, der für seine Arbeiter sogar ein betriebliches Alterssicherungssystem einführte. Aber im Gegensatz zu den utopischen Sozialisten blieb er dabei auf dem Boden der Tatsachen und gab sich keinen Illusionen hin. Ebenso wie Adam Smith ging er davon aus, dass der Mensch zwar keineswegs ein purer Egoist ist, sondern durchaus altruistische und idealistische Motive kennt. Aber um sich dauerhaft für eine Sache anzustrengen, braucht er eben doch eine Belohnung.

Diese Belohnung braucht nicht unbedingt rein materieller Natur sein. Ein Mönch arbeitet hauptsächlich für Gottes Lohn, ein Umweltaktivist für die Erfüllung seiner Ideale, ein lokaler Parteipolitiker vielleicht für Anerkennung und Einfluss. Auch der Lohn eines Professors besteht nach Adam Smith zum großen Teil in der öffentlichen Anerkennung, die er genießt. Aber auch wenn die Besoldungsordnungen für Professoren das bis heute zu bestätigen scheinen – ganz ohne den schnöden Mammon erlahmt meistens auch die intrinsische Motivation. Schließlich erhält selbst der Mönch lebenslangen Unterhalt. Auch in Hilfsorganisationen, Sportvereinen und Parteien werden mehr oder weniger hohe Geldzahlungen spätestens dann fällig, wenn das Engagement über eine reine Feierabendbeschäftigung hinausgeht.

Erst recht gilt das für die normale Arbeitswelt, wo niemand ohne entsprechende Bezahlung auch nur einen Finger krumm macht. Das war im Übrigen im Sozialismus kaum anders als in marktwirtschaftlichen Wirtschaftsordnungen. Wer in der DDR besondere Leistungen erbrachte, sei es als Sportler, Wissenschaftler oder Künstler, wurde auch materiell privilegiert. Die neuere ökonomische Forschung hat herausgefunden, dass dabei die relativen Einkommensunterschiede viel wichtiger sind als der absolute Lebensstandard. Vor die Wahl gestellt, entweder als einziger 500 Euro zusätzlich zu bekommen oder aber 1000 Euro, während alle anderen das Doppelte erhalten, entscheiden sich die meisten Menschen für die erste Alternative. Es geht also offenbar weniger darum, ob man einen Porsche oder einen Wartburg fährt – Hauptsache, man ist besser motorisiert als seine Nachbarn.

Für die Wirtschaftspolitik ist diese Erkenntnis eine echte Herausforderung. Bedeutet sie doch, dass man den Lebensstandard aller Menschen in Deutschland verdoppeln könnte, und trotzdem wären die meisten kaum zufriedener als vorher. Umgekehrt würde uns offenbar auch das sozialistische Ideal eines vollkommen gleichen Einkommens für alle nicht wirklich glücklich machen. Einkommensunterschiede sind eben mehr als nur eine wichtige Triebfeder, sich anzustrengen. Wir leiten aus ihnen zu einem guten Teil unseren Stellenwert in der Gesellschaft und damit auch unser Selbstwertgefühl ab.

Wenn die sozialen Unterschiede allerdings zu groß werden, wird der Neid von einer sozialen Triebfeder zur zerstörerischen Kraft. Darum liegt es durchaus im Interesse der Erfolgreichen in einer Gesellschaft, auch den weniger Erfolgreichen soziale Absicherung und Aufstiegsperspektiven zu geben. Umgekehrt würde eine zu weit gehende Nivellierung wiederum die Leistungsträger demotivieren. Hier das richtige Maß zu finden, ist die ewige Auseinandersetzung im Wettbewerb der Staaten und Gesellschaftssysteme.

55 Warum ist das Wachstum grenzenlos?

Karen Horn

Warum reden eigentlich Politiker und Ökonomen immer von Wirtschaftswachstum? Haben wir nicht schon genug Wohlstand, muss es immer mehr sein? Wäre Nullwachstum – also die Wiederholung des schon Erreichten – für Deutschland nicht ausreichend, und wäre nicht sogar eine leichte Schrumpfung hinnehmbar, angesichts des üppigen Reichtums, den wir schon haben?

Hier gilt es innezuhalten und nachzudenken. Die These lautet im Grunde: Wir haben Sättigung erreicht. Keiner braucht wirklich mehr, als er schon hat. Stimmt das? Sind unsere Bedürfnisse erfüllt? Wenn man dem Nachbarn nicht moralisierend vorgeben will, welche seiner Wünsche legitim sind und welche nicht, dann kann die Antwort nur heißen: wohl kaum. Zwar haben wir in Deutschland ein Bruttoinlandsprodukt je Einwohner von gut 28.000 Euro im Jahr (2006), und diese Zahl nimmt stetig zu. Und darauf kommt es eigentlich an, nicht etwa auf die Zunahme des gesamten Bruttoinlandsprodukts an sich. Denn wenn die Bevölkerung schrumpft, dann ist es statistisch so, dass auch bei stagnierender Gesamt-Wirtschaftsleistung noch immer der Anteil jedes einzelnen Bürgers steigen kann. Aber auch wenn unsere Lage gut ist und tatsächlich immer besser wird – erfüllt sind unsere Bedürfnisse noch längst nicht.

Wir alle wünschen uns mehr, streben nach mehr. Mehr Arbeitsplatzsicherheit, einen höheren Lebensstandard, kurz: mehr Geld. Oder zumindest mehr Zeit – was bei Lichte betrachtet auch nichts anderes bedeutet als mehr Geld. Schließlich wollen wir ja weiterhin, auch bei weniger Arbeit, unser Auskommen haben. Was genau wir mit dem zusätzlichen Wohlstand anfangen wollen, ist jeweils nicht in Stein gemeißelt. Unsere Bedürfnisse unterscheiden sich, und sie sind ständig im Fluss. Die Menschheit ist kreativ im Erfinden von neuen Dingen – und die wollen wir als Konsumenten dann auch haben.

Und wenn schon wir, hier, in diesem unseren entwickelten, wohlhabenden Land, diesen Wunsch nach mehr verspüren, dann ist auch klar, dass es mit Blick auf die ärmeren Regionen der Welt geradezu zynisch wäre, von Sättigung zu sprechen. In China beispielsweise, wo die Wirtschaft nun schon seit Jahren boomt wie verrückt, liegt das Bruttoinlandsprodukt je Einwohner immer noch bei nur knapp 5000 Euro. So reden die Wachstumskritiker freilich in der Regel auch gar nicht. Sie fordern vielmehr einen Wachstumsverzicht in der reichen, industrialisierten Welt zugunsten der bedürftigen Entwicklungsländer. Sie wollen gleichsam eine geographische Umverteilung des wirtschaftlichen Fortschritts von denen, die bisher beispielsweise etwa vier Fünftel der Wirtschaftsleistung auf sich vereinen, auf die, die nur ein Fünftel haben. Nur funktioniert so etwas gar nicht: wenn die Wirtschaft der entwickelten Länder weniger stark wächst, dann haben automatisch auch die Entwicklungsländer keine wachsenden Absatzmärkte und können auch keine neuen Produktivitätsfortschritte importieren – und so leiden sie zwangsläufig mit. Die Weltwirtschaft ist ein Netz des Austausches, des ständigen Miteinanders. Insofern muss es schon ein wenig Sorge bereiten, wenn das Wachstum der Weltwirtschaft infolge der Turbulenzen an den Finanzmärkten für das laufende Jahr nur noch auf 4,1 Prozent geschätzt wird, nach 4,9 Prozent im vergangenen Jahr. Man mag das immer noch viel finden vor dem historischen Hintergrund, dass das globale Wirtschaftswachstum bis zur industriellen Revolution 1820 auf nicht mehr als 0,05 Prozent geschätzt wird. Das stimmt. Doch eine Verlangsamung von 0,8 Prozentpunkten im Jahr ist beängstigend gerade angesichts eines aktuellen globalen Bevölkerungswachstums von noch immer mehr als 1 Prozent.

Aber zurück zu den Bedürfnissen. Wenn also tatsächlich Wirtschaftswachstum nötig ist, solange unsere Bedürfnisse nicht gedeckt sind – dann fragt sich: Wo ist die Grenze? Wann werden wir endlich zufrieden sein? Die philosophische Antwort darauf muss weiter lauten: nie. Das hat nichts mit unendlicher Gier oder frivolen Wünschen zu tun, wie verkappte Moralisten vermuten könnten, sondern gleichsam damit, dass die Menschheit aus dem Paradies vertrieben ist. Ökonomische Knappheit ist nun einmal eine grundlegende Bedingung unserer menschlichen Existenz. Die Kennziffer des weltwirtschaftlichen Wachstums zeigt folglich bloß an, wie gut wir mit der Knappheit umgehen. Überwinden werden wir die Knappheit freilich nie, denn unsere Mittel sind endlich.

Damit sind wir auf der Seite der Möglichkeiten. Wenn die Bedürfnisse also grundsätzlich unendlich sind, wie stehen die Chancen, ihnen mit begrenzten Mitteln trotzdem immer weiter nachzukommen? Schlecht, meinten einst die Wissenschaftler rund um Dennis Meadows, die 1972 für den Club of Rome, ein internationales politisches Gesprächsforum, eine Aufsehen erregende Studie mit dem Titel „Die Grenzen des Wachstums" angefertigt hatten. Sie konzentrierten sich auf den Zusammenhang, dass immer mehr Menschen in der Welt immer mehr – auch nur elementare – Bedürfnisse entfalten, die natürlichen Ressourcen aber endlich sind. Ähnlich wie 1798 der britische Ökonom Thomas Malthus vor einer Bevölkerungsfalle warnte, fußt auch diese moderne Form der Verelendungstheorie auf dem Befund eines ungebremsten Bevölkerungswachstums; als Begrenzung sehen ihre Vertreter im Gegensatz zu Malthus aber nicht nur die Lebensmittelproduktion, sondern einen breiteren Mix natürlicher Ressourcen. Das legendäre, Endzeitstimmung verbreitende Werk, von dem mehr als 30 Millionen Exemplare verkauft worden sind, trug dem Club of Rome gar den Friedenspreis des deutschen Buchhandels ein.

Die Wissenschaftler hatten in einem Computer-Simulationsmodell neben dem Wirtschaftswachstum Größen wie Bevölkerungszunahme, Lebenserwartung, Rohstoffvorräte, Schadstoffausstoß und Effizienz der Agrarproduktion zusammengebunden sowie in die Zukunft projiziert. Daraus ergab sich, dass im Jahr 2030 die Weltwirtschaft zusammenbrechen wird – es sei denn, das Bevölkerungswachstum und der Schadstoffausstoß würden gestoppt. 1992 kam eine Aktualisierung der Studie auf den Markt, die ergab, dass wir den Zug verpasst haben: Auf der Basis der damaligen, deutlich höheren Bevölkerungszahlen ließ sich nach dem Computermodell keine Stabilisierung des Wohlstandes mehr erreichen, anstelle dessen drohen uns Hungersnot und Umweltkatastrophe. Die bisher letzte Aktualisierung der Studie – mit ähnlichen Ergebnissen – erfolgte im Jahr 2004.

Die begrenzten Ressourcen sind also immer wieder ein beliebter Ansatzpunkt für Weltuntergangsszenarien, von Malthus über Meadows bis hin zu Nicholas Stern mit seinem Klimareport. Und es stimmt: Die Bevölkerung wächst, die Erdölvorräte reichen nach aktuellen Schätzungen der Vereinten Nationen nur noch 45 Jahre aus, um den Energiehunger der industrialisierten Welt in der herkömmlichen Form zu decken, und auch die Klimaerwärmung wird neue Herausforderungen schaffen. Bisher ist es der Menschheit aber noch immer gelungen, im Streben nach einer Besserung ihrer Lage mit immer neuen Lösungen aufzuwarten. Die ökonomische Knappheit ist eine unschlagbare Triebkraft. Der daraus entstandene technische Fortschritt ist es, der das Wachstum immer wieder aufs Neue grenzenlos gemacht hat und dies auch in der Zukunft zu tun verspricht. Der Druck der ökonomischen Knappheit setzt immer wieder kreative Neuerungen durch und verschiebt unsere Grenzen nach außen.

56 Warum schmeckt das erste Bier besser als das fünfte?

Ulrich van Suntum

Lange Zeit haben Ökonomen darüber gerätselt, warum ein Kilo Diamanten mehr wert ist als ein Liter Wasser. Schließlich ist Wasser ein lebensnotweniges Gut, während man mit Diamanten im Grunde nicht viel anfangen kann. Trotzdem erzielen Diamanten am Markt einen viel höheren Preis. Der Tauschwert der Güter entspricht also scheinbar keineswegs ihrem Gebrauchswert. Dieses klassische Wertparadoxon konnte selbst Adam Smith, der Begründer der klassischen Volkswirtschaftslehre, nicht auflösen. Es sorgt auch heute noch für manche Verwirrung, wenn es um die Rechtfertigung von Markpreisen geht.

Dabei liegt die Lösung eigentlich auf der Hand. Der Wert eines Gutes ist eben keine absolute, ein für allemal gegebene Größe. Er hängt vielmehr davon ab, wie viel von dem betreffenden Gut vorhanden ist. Das weiß im Prinzip jedes Kind, das zum Beispiel Fußballbilder sammelt. Ein seltener Bundesligastar wie Asamoah hat eben einen höheren Sammelwert als irgendein Zweitligaspieler, von dem dutzendweise Bilderkärtchen im Umlauf sind. Und selbst Asamoah verliert für den Besitzer an Wert, wenn er ein zweites oder gar ein drittes Sammelkärtchen von ihm hat. Dann tauscht er ihn vielleicht doch gegen irgendeine Lusche ein, die vielleicht gerade noch zur Komplettierung des Albums fehlt.

Bei den meisten anderen Gütern ist es nicht anders: Derselbe Liter Wasser hat in der Wüste, wo er uns vor dem Verdursten retten kann, einen höheren Wert als im normalen Leben. Und so schön das erste Bier auch schmecken mag, nach einer gewissen Menge haben wir meist genug davon, jedenfalls fürs erste. Und auch das optimale Quantum ist von Mensch zu Mensch verschieden. Darum sind bisher auch alle Versuche gescheitert, den Güternutzen an irgendwelchen objektiven Merkmalen festzumachen. Qualität, Umweltfreundlichkeit, Langlebigkeit und andere Eigenschaften mögen zwar durchaus Anhaltspunkte liefern. Den Marktpreis wirklich erklären oder ersetzen können sie nicht.

Wie kommt es aber überhaupt zu einem einheitlichen Marktpreis, wenn die Wertschätzung der Güter individuell so unterschiedlich ist? Diese Frage hat als erster der deutsche Ökonom Hermann Heinrich Gossen beantwortet. Gemäß den nach ihm benannten „Gossenschen Gesetzen" tauschen die Menschen die Güter ja gerade deswegen am Markt aus, weil sie deren Nutzen unterschiedlich einschätzen. Wie in einem System kommunizierender Röhren gleichen sich die Nutzen und Preise dadurch immer mehr aneinander an. Dieser Marktprozess wiederholt sich ständig, denn die Geschmäcker und Bedürfnisse der Menschen ändern sich ebenso wie das Güterangebot und seine Kosten.

Gossen selbst verglich seine Entdeckung selbstbewusst sogar mit den kopernikanischen Himmelsgesetzen, die er für das menschliche Handeln abgeleitet habe. In der Tat lässt sich sein Gesetz des sinkenden Grenznutzens beinahe universell anwenden. Es gilt sogar für so hohe Güter wie Sicherheit und Gesundheit. Eigentlich sollte man ja meinen, davon könne man nie genug haben. In Wirklichkeit beobachten wir aber zum Beispiel beim Einbruchs- und Feuerschutz von Wohnungen, dass keineswegs alle möglichen Vorkehrungen dagegen auch wirklich getroffen werden. Den meisten reicht es offenbar, wenn die Haustüre vernünftig schließt und eine Feuerwehr verfügbar ist. Auch beim Autokauf wird der zusätzliche Sicherheitsgewinn etwa durch einen Feuerlöscher nur von wenigen so hoch geschätzt, dass sie dafür Geld ausgeben.

Der englische Ökonom Stanley Jevons hat das Gossensche Prinzip auch auf die Arbeit angewendet. Nach seiner Theorie der Lust- und Unlustgefühle vermittelt uns die Arbeit am Anfang durchaus Freude, selbst wenn wir nicht an das Geld dabei denken. Aber mit zunehmender Dauer wird sie dann eben doch immer mehr zur Last – wer könnte das nach einem anstrengenden Achtstundentag nicht bestätigen. Auch hier gilt also: Das Arbeitsleid, das mit dem Lohnsatz ausgeglichen werden muss, ist eine variable Größe. Darum werden Überstunden höher bezahlt als zum Normaltarif, während umgekehrt manche ehrenamtliche Tätigkeit sogar umsonst erbracht wird.

Eine ganz andere Frage ist es allerdings, ob man das menschliche Verhalten am Markt auch immer moralisch rechtfertigen kann. Immerhin bedeutet es ja, dass im Übermaß vorhandene Güter nur gering geschätzt und damit möglicherweise verschwendet werden, obwohl sie vielleicht an anderer Stelle der Welt dringend gebraucht würden. Das trifft zum Beispiel auf das Wasser zu. Während es bei uns in Autowaschanlagen und Spaßbädern Verwendung findet, könnte es in den Dürrezonen Afrikas offenbar viel segensreicher eingesetzt werden. Der Gossensche Marktausgleich funktioniert hier also nicht richtig, weil dem erstens hohe Transportkosten entgegenstehen und weil zweitens diejenigen, die das Wasser am dringendsten benötigen, leider nicht genug Kaufkraft bzw. Einkommen haben.

Das Problem einer gerechten Einkommensverteilung können und wollen die Tauschgesetze allerdings auch gar nicht lösen. Sie beschreiben nur den Prozess, wie die Menschen durch Tausch das Beste aus ihren jeweiligen Möglichkeiten machen. Die sicher oft wünschenswerte Korrektur der Einkommensverteilung ist Aufgabe der Politik, nicht des Marktes. Auch dabei kann man sich allerdings in gewisser Weise an Gossens Gesetz von dem sinkenden Nutzen bei steigender Menge orientieren. Die moderne ökonomische Forschung hat nämlich herausgefunden, dass das Glücksempfinden der Menschen auch mit steigendem Einkommen immer weniger stark zunimmt. So stuften in einer amerikanischen Umfrage 100 Multimultimillionäre ihr Wohlbefinden kaum höher ein als 100 zufällig aus dem Telefonbuch ausgewählte Durchschnittsbürger. Mehr als zwei- oder dreimal am Tag gut essen und trinken kann man eben nicht, und auch das wird schnell zur bloßen Gewohnheit. Man muss bei der Umverteilung nur aufpassen, dass dabei nicht wiederum die Arbeitsanreize verloren gehen. Auch hier gilt also: Der erste umverteilte Euro nutzt mehr und schadet weniger als der letzte.

OLDTIMER: JE SELTENER, DESTO TEURER

Rang	Typ	Baujahr	Auktionspreis in Euro
1	Bugatti Royale Kellner	1931	20.350.000
2	Ferrari 250 GTO	1962	18.589.000
3	Ferrari Dino 196S	1960	7.337.580
4	Rolls Royce Phantom V	1965	6.897.000
5	Aston Martin DBR 2	1957	6.728.210
6	Alfa Romeo 8C Tipo B	1934	6.087.430
7	Mercedes Benz 500 K	1934	6.064.330
8	Alfa Romeo 8C 2300	1933	5.446.647
9	Ferrari 250 GT Berlinetta	1961	5.370.000
10	Duesenberg Modell SJ	1931	5.096.650

Quelle: Copyright 2002 by Gilth Serano

57 Warum sind Ökonomen so selten einer Meinung?

Ulrich van Suntum

Ein alter Ökonomenwitz geht so: Am ersten Tag schuf Gott die Sonne. Worauf der Teufel nachzog und den Sonnenbrand schuf. Am zweiten Tag schuf Gott das Geschlecht. Der Teufel schlug zurück und schuf die Ehe. Am dritten Tag schuf Gott einen Ökonomen. Was für eine Herausforderung für den Teufel. Er dachte lange nach, und schließlich schuf er ... einen zweiten Ökonomen.

Hinter dem Spott steckt ein wahrer Kern. In vielen Fragen sind Ökonomen kaum weniger einig als die Politiker, die sie beraten sollen. Das hat erst im vergangenen Jahr wieder eine Umfrage unter den Mitgliedern des Vereins für Socialpolitik gezeigt, der größten und traditionsreichsten Ökonomenvereinigung in Deutschland. Demnach halten zum Beispiel knapp 40 Prozent der befragten Wirtschaftswissenschaftler die Steuern in Deutschland für generell zu hoch, fast 48 Prozent finden das aber nicht. Uneinig ist man sich auch darin, ob die Macht der Gewerkschaften stark eingeschränkt werden sollte: Zwei Drittel der Ökonomen sind dafür, ein Drittel aber dagegen.

Nicht weniger uneins sind sich Ökonomen oft in ihren Wachstumsprognosen. Kein Wunder, dass das Ansehen der Wirtschaftswissenschaften in der Öffentlichkeit nicht allzu hoch ist. Manchmal wird sogar bezweifelt, ob es sich überhaupt um eine „richtige" Wissenschaft wie etwa Medizin oder Physik handelt. Es gibt zwar einen Nobelpreis für Wirtschaftswissenschaften, aber der war 1886 im Testament von Alfred Nobel noch gar nicht vorgesehen. Die schwedische Reichsbank hat ihn erst nachträglich 1969 zugestiftet.

Woher kommt nun aber eigentlich die Uneinigkeit? Die einfachste Antwort wäre: Es gibt eben gute und schlechte Ökonomen. Eine etwas differenzierte Erklärung könnte auf unterschiedliche Interessen verweisen. Schließlich sollen Ökonomen einerseits sinnvolle Spielregeln für die Wirtschaft entwerfen, sind dabei aber andererseits selbst als Akteure am Spiel beteiligt.

Muss unter diesen Umständen ihr Urteil über die Lohnpolitik nicht anders ausfallen, je nachdem, ob sie einem arbeitgebernahen Institut angehören oder vom DGB bezahlt werden? Auch im Sachverständigenrat wird traditionell je einer der fünf „Wirtschaftsweisen" in Abstimmung mit den Arbeitgebern oder mit den Gewerkschaften berufen, wenngleich das so nicht im Gesetz steht. Und sogar Universitätsprofessoren mögen bei ihren Expertisen mitunter auch persönliche Interessen

Uneins über das Wachstum

Prognosen zum deutschen Wirtschaftswachstum 2007 (in %)

Quellen: Institute; Wirtschaftsministerium/F.A.Z.-Grafik Brocker

verfolgen. Sie sind als Beamte zwar unabhängig, erhoffen sich aber vielleicht lukrative Gutachtenaufträge, oder sie sind einfach ideologisch voreingenommen. Ist also die ganze Ökonomie letztlich doch nur interessengeleitete Politik, wie die Marxisten schon immer behauptet haben?

Man sollte vorsichtig sein mit vorschnellen Urteilen dieser Art. Denn auch in den scheinbar exakten Naturwissenschaften gibt es viel Uneinigkeit. Man denke nur an den Streit der Klimaforscher über die Ursachen der Erderwärmung oder an die Auseinandersetzungen über die Wirksamkeit der homöopathischen Medizin. Selbst in der Mathematik gibt es viele unbewiesene Vermutungen, und manche mathematischen Beweise sind so komplex, dass über ihre Gültigkeit selbst wieder gestritten wird.

Die Komplexität der Materie ist wohl auch der wichtigste Grund für die Uneinigkeit der Ökonomen in vielen Fragen. Anders als in den Naturwissenschaften kann man ja eine Volkswirtschaft nicht einfach in ein Reagenzglas stecken und damit herumexperimentieren. Außerdem lernen Menschen im Gegensatz zu Atomen ständig dazu und ändern mit der Zeit ihr Verhalten. In den sechziger Jahren hat die Wirtschaft zum Beispiel noch ganz anders auf ein Konjunkturprogramm reagiert als heute. Inzwischen ist vielen Akteuren nämlich bewusst geworden, dass solche Maßnahmen oft nur ein Strohfeuer entfachen. Man studiert als Ökonom deshalb im Grunde an einem sich ständig wandelnden Objekt. Dabei treten außerdem meist so viele Einflussfaktoren gleichzeitig auf, dass es sehr schwer ist, Ursache und Wirkung einander zuzuordnen. Ist zum Beispiel Großbritanniens Wirtschaft in den vergangenen Jahren so stark gewachsen, weil steigende Löhne mehr Kaufkraft geschaffen haben? Oder konnten umgekehrt die Löhne erhöht werden, weil die Wirtschaft so kräftig gewachsen ist? Ist die Einführung von Mindestlöhnen in Deutschland unschädlich, weil viele andere Länder sie auch haben? Oder ist der deutsche Arbeitsmarkt so unflexibel, dass bei uns ganz andere Folgen zu erwarten wären? Das sind Fragen, über die selbst innerhalb des Sachverständigenrates aktuell gestritten wird. Und dabei können die „Fünf Weisen" auf so viel Daten, Expertisen und ökonomisches Fachwissen zurückgreifen, wie man es sonst kaum irgendwo in Deutschland vorfindet.

Manche Ökonomen sehen in statistisch/ökonometrischen Untersuchungen die Lösung des Problems. Aber auch deren Ergebnisse können sehr trügerisch sein. Schließlich hat man auch schon einen engen statistischen Zusammenhang zwischen der Zahl der Frösche und der Geburtenrate festgestellt. Darum ist eine überzeugende Theorie mindestens genauso wichtig wie das reine Datensammeln. Erst zusammen ergibt sich daraus ein Bild, das Aussicht auf Übereinstimmung mit der Wirklichkeit hat. Als vorbildlich in dieser Hinsicht gilt das Werk des deutschen Ökonomen und Landwirts Johann Heinrich von Thünen. Er sammelte erst einmal zehn Jahre lang penibel Daten über alle wirtschaftlichen Vorgänge auf seinem Mustergut Tellow. Erst dann veröffentlichte er 1826 seine mathematisch elegante und ökonomisch bahnbrechende Standorttheorie. Noch heute sind die „Thünenschen Kreise" Grundlage vieler stadt- und regionalökonomischer Analysen.

Selbst Thünens Vorgehen löst noch nicht das ganze Problem. Nicht umsonst nannte er sein Werk „Der isolierte Staat", denn er schloss dabei alle störenden Einflüsse von außen gedanklich aus. In unserer komplexen und globalisierten Welt geht das aber oft nicht mehr. Man muss vielmehr immer auch mögliche Wechsel- und Nebenwirkungen im Blick haben, die keiner empirischen Analyse zugänglich sind. Darauf hat schon in den dreißiger Jahren der deutsche Ökonom Walter Eucken hingewiesen. Als Gründer der Ordoliberalen Schule stand er einem allzu technokratischen Ökonomieverständnis kritisch gegenüber. Stattdessen plädierte er für die Einhaltung einfacher wettbewerblicher Grundprinzipien, die sich in der Geschichte bewährt haben. Das deutsche Wirtschaftswunder der Nachkriegszeit beruhte auf diesem ordnungspolitischen Gerüst.

Auch in Zukunft werden Ökonomen immer wieder Meinungsverschiedenheiten haben. Dabei sollte man nicht einfach demjenigen glauben, der die scheinbar schönere Botschaft hat. Was nutzt ein Arzt, der unbequeme Wahrheiten verschweigt, nur um seine Patienten nicht zu verlieren? Manchmal liegt die scheinbare Uneinigkeit in Meinungsumfragen auch einfach nur daran, dass die Fragen zu pauschal gestellt wurden.

Bei der Frage „Sind Sie für oder gegen Arbeitszeitverkürzung?" müsste zum Beispiel mindestens dazugesagt werden, ob sie mit oder ohne Lohnausgleich gemeint ist. Die Lieblingsantwort eines Ökonomen ist nicht umsonst „Kommt darauf an". Bei entsprechend differenzierten Fragestellungen ist die Einigkeit dann oft viel größer, als es zunächst den Anschein hatte.

Meine Firma, Deine Firma

58 Warum brauchen wir Unternehmer?

Norbert Berthold

Der britische Premierminister Winston Churchill sagte einmal treffend: „Viele sehen den Unternehmer als einen Tiger, den man erschießen sollte. Andere als eine Kuh, die man melken kann. Und nur wenige sehen ihn als das, was er wirklich ist, das willige Pferd, das den Karren zieht." So ist es auch hierzulande. Mal werden Unternehmer als vaterlandslose Gesellen beschimpft, mal als Heuschrecken diffamiert. Das erstaunt, ist doch der positive Zusammenhang von Unternehmertum und wirtschaftlichem Wachstum weltweit gut belegt. Wo sich private Unternehmer entfalten können, ist „mehr Wohlstand für alle" leichter möglich.

Unternehmer schaffen und nutzen neues Wissen, um die Wünsche der Menschen besser zu befriedigen. Sie setzen neue Ideen praktisch um. Unternehmer entwickeln neue Produkte, führen bessere Herstellungsverfahren ein, öffnen neue Märkte, erschließen neue Ressourcen und organisieren ganze Branchen neu. Mit der „schöpferischen Zerstörung", die sie dabei auslösen, halten sie die wirtschaftliche Entwicklung in Gang. In der Marktwirtschaft sind Unternehmer die Spezialisten für die Zukunft. Sie versuchen, Entwicklungen richtig vorherzusagen, reagieren darauf und verändern die Welt mit ihren Aktivitäten. Dabei entdecken sie immer wieder neue Ressourcen, neue Wünsche und neue Möglichkeiten. Sie tun dies aus vielerlei Gründen, ein wichtiger ist, Gewinne zu erzielen.

Wenn alles gut läuft, sind Unternehmer ein Glücksfall für die Gesellschaft. Sie machen eine Gesellschaft reicher. Eine Marktwirtschaft wird erst durch sie zu einem Erfolgsmodell. Stellen wir uns allerdings dumm genug an, kann es auch ganz anders laufen. Wie gut es geht, hängt entscheidend von den Spielregeln einer Gesellschaft ab. Wird privates Eigentum garantiert? Können Unternehmen offen in Märkte eintreten und unbehindert wieder ausscheiden? Ist für möglichst viel individuelle Vertragsfreiheit gesorgt? Anders ausgedrückt: Wie ist es mit der wirtschaftlichen Freiheit bestellt? Wo sie hoch ist, blüht das Unternehmertum, der Wettbewerb funktioniert, die Wirtschaft wächst, und die Arbeitslosigkeit sinkt. Deutschland ist hier seit Anfang der 70er Jahre unfreier geworden. Kein Wunder, dass Beschäftigung und Wachstum leiden.

Noch bis Mitte der 70er Jahre wurde der Unternehmer in kleinen und mittleren Unternehmen nicht wirklich ernst genommen. Lange herrschte die Meinung vor, große Unternehmen seien die eigentlichen Motoren. Kleine und mittlere Unternehmen galten als dem Untergang geweiht, Unternehmerpersönlichkeiten als eine aussterbende Spezies. Diese Sicht ist überholt. Mit der Globalisierung erleben Unternehmergeist sowie kleine und mittlere Unternehmen eine Wiederauferstehung. Weil die Kosten für Information, Kommunikation und Transport gesunken sind, fällt es leichter, sich auf Kernfähigkeiten zu spezialisieren. Daneben verschieben sich spätestens seit den 60er Jahren die wirtschaftlichen Strukturen: zu Lasten des industriellen Sektors und zugunsten des Dienstleistungssektors. Schließlich fragen die Menschen mit steigendem Einkommen individuellere und weniger standardisierte Produkte nach. Kleinere Unternehmen kommen dem besser nach.

Der Weg aus der wirtschaftlichen Krise hierzulande führt nur über mehr wirtschaftliche Freiheit. Untersuchungen zeigen, dass unterschiedliche Niveaus des Unternehmertums in einzelnen Ländern bis zur Hälfte die Unterschiede im wirtschaftlichen Wachstum zwischen den Ländern erklären. Privates Unternehmertum wirkt vor allem auf lokaler Ebene auf die Zahl der Arbeitsplätze, den Wohlstand und die lokalen Einkommen. Dafür muss die Politik aber Hindernisse aus dem Weg räumen: privatisieren, deregulieren und entbürokratisieren zum Beispiel. Die Eigenkapitalbildung ist zu verbessern, die Risikokapitalmärkte sind zu stärken, und die Bildung von Humankapital ist zu forcieren. Schließlich sind bessere Ertragsaussichten, geringere wirtschaftliche Risiken und ein weniger verzerrter Wettbewerb unabdingbar.

Und noch eines ist notwendig. Falsche Anreize müssen beseitigt werden. Die werden oft durch die Politik gesetzt, wenn sie etwa mit Subventionen versucht, unternehmerische Risiken zu sozialisieren. Es ist in unser aller Interesse, möglichst viele Unternehmer in unserem Land zu halten. Das gelingt aber nur, wenn wir ihnen nicht feindselig begegnen.

PIONIERE DER WIRTSCHAFT

Jakob Fugger (1459 bis 1525)

Der Augsburger gilt als der mächtigste Frühkapitalist in Europa. Jakob Fugger finanzierte den Adel, Klerus, Könige und Kaiser (Maximilian und Karl V.). Im Gegenzug erhielt er Handelsprivilegien, Ländereien und Bodenschätze. So durfte er zum Beispiel die Silberminen der Habsburger ausbeuten. Jakob Fugger errichtete ein Kupfermonopol in Europa und beteiligte sich 1505 sogar am Gewürzhandel mit Ostindien.

Alfred Krupp (1812 bis 1887)

Bereits mit 13 Jahren begann er 1825 in der Gussstahlfabrik seines verstorbenen Vaters zu arbeiten. Damals stellten sieben Arbeiter Werkzeugstahl und Feilen her. Mehrmals stand er am Rande des Ruins. Doch als er 1887 starb, beschäftigte Alfred Krupp 20.200 Menschen, 13.000 davon in der Gussstahlfabrik. Bekannt wurde er unter anderem durch seine Kanonen, doch die Rüstungsproduktion machte nur einen kleinen Teil des Umsatzes aus. Krupp erkannte früh, welche Vorteile die Großfertigung hat, und erweiterte außerdem ständig seine Absatzgebiete – durch neue Stahlprodukte wie durch regionale Expansion.

John Davison Rockefeller (1839 bis 1937)

Er gründete 1870 die Standard Oil Company, mit der er im ausgehenden 18. Jahrhundert die Ölindustrie Amerikas dominierte. Innerhalb von zwölf Jahren schuf er für sein Unternehmen praktisch eine Monopolstellung. Die aggressiven Geschäftspraktiken seiner Gesellschaften führten 1890 zu den ersten Anti-Trust-Gesetzen. Rockefeller teilte sein Firmengeflecht auf und legte die Unternehmen wieder zusammen. Erst 1911 erklärte der Oberste Gerichtshof in Amerika Standard Oil für illegal. Der Konzern wurde aufgelöst. Rockefeller selbst zeichnete sich seit 1890 zunehmend als Wohltäter aus. Bis zu seinem Tod 1937 spendete er mehr als 80 Millionen Dollar.

Ferdinand Porsche (1875 bis 1951)

Der große Autokonstrukteur und Entwickler baute schon 1900 einen elektrisch angetriebenen Wagen, der sich aber nicht durchsetzte. Sein bekanntestes Auto ist der Volkswagen, auch Käfer genannt, den er bereits 1939 vorstellte. Nach dem Zweiten Weltkrieg verkaufte sich der „Kugelporsche" mehr als 20 Millionen Mal in aller Welt. Ferdinand Porsche arbeitete in den 20er Jahren für den Autobauer Daimler und machte sich 1930 in Stuttgart selbständig. Das Auto, das heute noch seinen Namen trägt, erfand er nicht. Den ersten Porsche-Sportwagen konstruierte nach dem Krieg sein Sohn Ferry, als der Vater noch in Gefangenschaft saß. Allerdings hätte er „keine Schraube anders gemacht".

Bill Gates (1955)

Schon als 19-Jähriger gründete er 1975 mit einem Mitschüler die Firma Microsoft. Bill Gates arbeitete zuerst für die Computerhersteller Apple und Commodore. Der sagenhafte Aufstieg der kleinen Firma begann, als sie 1980 für den Computerkonzern IBM das Betriebssystem MS-DOS entwickelte und später auch alle anderen PC-Hersteller damit belieferte. Seit 1985 arbeitete Gates an Windows, der grafischen Benutzeroberfläche, mit der heute fast jeder Computernutzer arbeitet. Die kleine Firma ging 1986 mit gut 1000 Mitarbeitern an die Börse. Heute beschäftigt Microsoft mehr als 55.000 Menschen und erzielt Jahr für Jahr Milliarden-Gewinne. Bill Gates wurde durch seine Anteile zum reichsten Mann der Welt. Seit ein paar Jahren widmet er sich mit seiner Frau verstärkt seiner Stiftung.

59 Warum haben Manager Appetit auf Übernahmen?

Inge Kloepfer

Merck kauft Serono, Bayer übernimmt Schering, Linde greift sich BOC, Adidas wächst mit Reebok, Eon kämpft um Endesa, die Postbank besitzt die Bausparkasse BHW, Hexal gehört zu Sandoz.

Die Liste der Übernahmen ließe sich fast beliebig fortsetzen. Denn Unternehmenskäufe stehen bei den Managern immer hoch im Kurs. Übernahmen, so erscheint es, sind die Krönung einer Managerkarriere. Derjenige, der keine Transaktion vorweisen kann, hat sein Meisterstück nicht abgeliefert. Dabei sind die vielen Milliarden, die Manager bezahlen, nicht unbedingt gut investiert. Denn noch immer ist nur jede zweite Übernahme ein Erfolg. Die Hälfte also scheitert, bringt den Eigentümern nichts, führt im Gegenteil zur Wertvernichtung.

Gerade weil so viele Übernahmen misslingen, befassen sich Forscher seit längerem mit der Motivation der Manager, ihre Konzerne mit den Übernahmen anderer Unternehmen in immer neue Größenklassen zu treiben. Wenn Manager Marktanteil und damit Größe zur wichtigsten Stellschraube für den Unternehmenserfolg deklarieren, wenn sie Unternehmen immer häufiger auch kaufen, weil sie sich eine Gelegenheit nicht entgehen lassen konnten, dann stellt sich die Frage: Warum haben die Manager so viel Vergnügen an Übernahmen? Was treibt sie an?

Die Faszination der Manager für das Wachstum des eigenen Unternehmens hat einen Grund: Denn an die Größe des Konzerns ist in der Regel die Vergütung gekoppelt. Die hinter der Größe vermutete steigende Komplexität ihrer Managementaufgabe steht in direktem Zusammenhang mit ihrem Managementgehalt – ganz unabhängig davon, ob das dauerhafte Wachstum auch den Eigentümern nützt und ihren Wohlstand mehrt.

Darüber hinaus erwächst den Managern aus zunehmender Größe immaterieller Nutzen wie Macht und Status, Bedeutung und gesellschaftliche Anerkennung – ein nicht zu unterschätzendes Moment. Schon aus diesen Gründen also können Übernahmen in der Tat Vergnügen bereiten. Die Wissenschaftler haben für diesen Aspekt der Motivation einen hübschen Namen: das Empire-Building-Syndrom.

Doch es geht noch weiter. Manager deklarieren die Eroberung des Marktes durch Unternehmenskäufe unter anderem auch deswegen zur einzig gültigen Erfolgsstrategie, um ihren eigenen Arbeitsplatz abzusichern. Der Wachstumskurs ist also eigentlich die Überlebensstrategie des angestellten Managers und seines Teams. Ein schnell wachsendes Unternehmen tut sich leichter, führende Mitarbeiter zu halten.

Der Manager, der Übernahmen stemmt und zwei Unternehmen fusionieren muss, ist am wenigsten wegzudenken. Auch dann noch, wenn er nach einer wenig erfolgreichen Akquisition die Schäden beheben und die Fehler korrigieren muss, die er und sein Team gemacht haben. „Wir wollen der Größte werden“, hatte Jürgen Schrempp gesagt, als er Ende der neunziger Jahre den größten transatlantischen Autokonzern schuf. Die Aktionäre haben dafür teuer bezahlt. Doch Schrempp blieb und übte sich über Jahre im Krisenmanagement. Derweil haben die Eigentümer von Daimler-Chrysler mit ihrem reduzierten Gewinnanteil das Wohlfahrtsniveau des Managements subventioniert.

Und noch ein Drittes: Übernahmen sind die Flucht nach vorn, sie werden von den Managern als Strategie gesehen, nicht selbst die Begehrlichkeiten finanzstarker Konkurrenten auf sich zu ziehen. Denn auch das könnte die eigene Position und damit das Wohlergehen gefährden.

Wer kauft, kann nicht gefressen werden. Oft genug stellen Manager den Eigentümern das eigene Gefressenwerden als Schreckensszenario dar und planen lieber selbst einen Coup. Auch hier ist inzwischen nachgewiesen, dass Unternehmenskäufe nicht davor schützen, selbst zum Opfer zu werden.

Manager denken also immer an sich selbst. Für Unternehmen muss das per se nicht schädlich sein. Gefährlich aber ist es allemal. Denn die Manager sind nicht die Eigentümer. Ihre Interessen stimmen mit denen der Anteilseigner, etwa der Aktionäre, nur partiell überein. Eigentum und Kontrolle fallen auseinander – auch wenn es genügend Versuche gab und gibt, diesen Mangel zu beheben. Doch selbst die ausgefeiltesten Aktienoptionsprogramme, die die Manager zu Mitunternehmern machen sollen, haben dieses grundsätzliche Problem bisher nicht gelöst.

Das heißt: Manager gucken sich auch dann Übernahmeziele aus, wenn diese überhaupt kein Potential bergen, den Unternehmenswert zu mehren. Dazu überschätzen sie sich selbst, haben verzerrte Vorstellungen von ihren eigenen Führungs- und Problemlösungsfähigkeiten. Selbst wenn eine Übernahme betriebswirtschaftlich wohlbegründet ist, schätzen Manager häufig genug die Chancen als zu groß ein, während die Risiken zur Nebensächlichkeit geraten. Manager sind in diesem Fall häufig bereit, zu hohe Preise zu zahlen, und reden den Eigentümern die nächste Transaktion mit der ihnen eigenen Kraftrhetorik schön.

Eines sei zur Ehrenrettung der Manager, mit deren Akquiselust sich zahlreiche Ökonomen seit Jahren beschäftigen, allerdings gesagt: Es gibt durchaus betriebswirtschaftliche Gründe für Unternehmenskäufe. Größe kann auf den verschiedenen Geschäftsfeldern eine entscheidende Rolle spielen. Wenn in bestimmten Branchen nur noch die Marktführer verdienen, ist das möglicherweise ein Indiz dafür. Kostenvorteile von der Entwicklung über den Einkauf bis hin zum Vertrieb können im Wettbewerb sehr wohl entscheidend sein. Marktmacht, die sich in Marktanteilen messen lässt, kann Mehrwert bedeuten – nicht nur für die Manager, sondern auch für die Aktionäre. Dabei ist die Marktmacht nicht immer mit „natürlichem" Wachstum, also einem zähen Kampf um Kunden, zu erreichen, sondern eben schneller und mitunter auch effizienter durch den Kauf eines Unternehmens.

Zurück zum Vergnügen der Konzernlenker an Übernahmen. Kein Geringerer als der österreichische Ökonom Joseph Schumpeter hat die Motivation der Unternehmer folgendermaßen beschrieben: „Da ist zunächst der Traum oder der Wille, ein privates Reich zu gründen. Da ist sodann der Siegerwille. Kämpfen wollen einerseits, Erfolg haben wollen des Erfolges als solchem willen andererseits . . ." Für Manager könnte dies ebenso gelten: In der Hälfte der Fälle müssen die Eigentümer für das Empire-Building-Syndrom ihrer Angestellten jedoch teuer zahlen.

DIE TEUERSTEN DEALS

Vodafone schluckt Mannesmann

Es war die größte Übernahmeschlacht aller Zeiten. Drei Monate, von Ende 1999 bis Anfang 2000, zog sich der Kampf zwischen Vodafone und Mannesmann hin. Den Briten ging es um das Mobilfunkgeschäft der Düsseldorfer, alle sonstigen Aktivitäten wie das Röhrengeschäft verkauften sie schnell. Wer als Aktionär bis zuletzt Ruhe bewahrte und dann verkaufte, machte den besten Schnitt. Denn im Laufe der Firmenschlacht stieg der Mannesmann-Kurs von knapp 200 Euro auf mehr als 350 Euro. Am Ende stand ein 181 Milliarden Euro schwerer Deal.

AOL übernimmt Time Warner

Das Internetunternehmen AOL kaufte den Medienkonzern 2001. Transaktionswert des Aktientausches: 165 Milliarden Dollar. Der zunächst als genialer Coup gefeierte Zusammenschluss sollte eine neue Epoche einleiten, galt jedoch schnell als Fehlschlag. Finanzvorgaben wurden verfehlt, die erhofften Synergien stellten sich nicht ein, und Time Warner häufte einen großen Schuldenberg an. 2003 wurde AOL sogar aus dem Firmennamen gestrichen.

Pfizer kauft Warner-Lambert

Pfizer übertrumpfte zur Jahrtausendwende den Konkurrenten American Home Products, der sich bereits mit Warner-Lambert geeinigt hatte. Zusammen kamen zwei der am schnellsten wachsenden Pharmaunternehmen. Transaktionswert: 90 Milliarden Dollar.

60 Warum braucht es Banken?

Jan Pieter Krahnen

Ein Gespenst geht um in der Bankenbranche, seit den achtziger Jahren taucht es immer wieder auf: das Gespenst vom Verschwinden der Banken. Letztlich gehe es doch nur darum, Geld von den Sparern zu den Investoren zu bringen, heißt es. Das könnten doch auch die Börsen erledigen. Deren Technik werde immer besser – wozu brauche es da noch Banken, zumal wenn auf den Kapitalmärkten immer mehr Geld gehandelt wird?

Diese Frage mag auf den ersten Blick plausibel erscheinen. Aber die tatsächliche Entwicklung hat die These vom Verschwinden der Banken widerlegt: Die Geldinstitute sind immer noch da, sie sind immer noch groß und wichtig, und sie verdienen immer noch gutes Geld. Offensichtlich gibt es also gewisse Leistungen, die der Kapitalmarkt nicht so gut erbringen kann wie die Banken.

Die Banken sammeln Geld von vielen Sparern ein und leiten es weiter – in dieser Hinsicht leisten Banken tatsächlich Vergleichbares. Sie erfüllen aber auch noch einige andere wichtige Funktionen. Sie verringern zum Beispiel das Risiko für den Anleger: Einerseits vergeben sie riskante Kredite, andererseits ermöglichen sie es den Anlegern, ihre Ersparnisse risikofrei anzulegen – das nennt man „Risikowandlung". In ähnlicher Weise verändern Banken die Liquidität des angelegten Geldes: Sparer können ihre Einlagen jederzeit abheben, während die Banken ihren Kreditkunden das Geld langfristig zur Verfügung stellen – das ist die „Fristenwandlung". Außerdem gehört die „Losgrößenwandlung" zu ihren Leistungen: Banken bündeln viele kleine Einlagen zu wenigen großen Darlehen, zum Beispiel zu Unternehmenskrediten.

Noch wichtiger ist für die Volkswirtschaft aber eine vierte Funktion: Banken beschaffen Informationen darüber, ob Unternehmen kreditwürdig sind. Diese Informationen gäbe es sonst nicht so umfangreich. Das lässt sich besonders deutlich an den kleinen Unternehmen erkennen, die Kredite brauchen. Auf einem anonymen Kapitalmarkt könnten sich diese Firmen kaum Fremdkapital besorgen. Es wäre für sie schlicht zu teuer, alle potentiellen Anleger zu informieren: Sie müssten einen hohen Aufwand treiben, um ihre Aussichten und Pläne einer breiten Öffentlichkeit mitzuteilen – und gäben nebenbei wertvolle Daten an die Konkurrenz. Stattdessen informieren die kleinen Firmen einfach ihren Bankberater und schließen einen Kreditvertrag mit ihm.

Die Bank wiederum wird ihre Informationen nicht veröffentlichen, denn gerade in ihrem Informationsvorsprung vor anderen Anbietern liegt ja ihre besondere Wertschöpfung. Anders die Börse: Dort sind nicht nur die Pläne der Unternehmen öffentlich, die Börse verarbeitet sie auch noch zu einem Marktwert. Der steht jeden Tag in der Zeitung – als Börsenkurs.

Wenn Unternehmen über eine längere Zeit hinweg immer wieder mit der gleichen Bank Geschäfte machen, können sich engere Beziehungen bilden. Dann wird das Kreditinstitut zur Hausbank. Diese Hausbanken sind in vielen Ländern enorm wichtig, um Unternehmen mit Kapital zu versorgen. Ganz besonders gilt das, wenn Unternehmen in die Krise kommen. Dann, so sagt man, kommt die Stunde der Hausbank. Ohne sie gingen angeschlagene Unternehmen öfter Bankrott. Nur die Hausbank ist bereit, noch mal einen Kredit auszuzahlen oder Geld für eine Sanierung zu geben.

Kein Wunder also, dass Unternehmen die Hausbanken hüten wie einen Schatz. Wenn neue Anlageprodukte auf den Kapitalmarkt kommen, fragen die Firmen ängstlich danach, ob sich die Rolle der Hausbanken verändern wird – zum Beispiel, wenn die Banken faule Kredite an risikofreudige Investoren oder Hedge-Fonds verkaufen. Daran lässt sich erkennen, dass den Unternehmen eine dauerhafte und verlässliche Beziehung zu ihrer Bank wichtig ist. Sie wissen: Sie brauchen die Bank, eine Börse reicht ihnen nicht. Denn eine Börse geht kein Risiko ein. Sie ist nur ein Vermittler, üblicherweise bietet sie sogar nur eine Handelsplattform an. Anders die Bank: Für sie gehört es zum normalen Geschäft, dass manche Kredite nicht zurückgezahlt werden und sie Geld verliert.

Darum entwickeln sich die großen Banken auf der ganzen Welt zu Spezialisten für das Risikomanagement: Sie vergeben Kredite, aber sie behalten nicht mehr alle Risiken selbst. Stattdessen verkaufen sie diese Risiken weiter – ganz oder in Teilen. Dazu verbriefen sie die Kredite, das heißt sie machen aus den Darlehen ein Wertpapier.

Den Weg zum Risikomanager und Risikoverteiler gehen die Banken heute in den meisten Ländern, allerdings mit unterschiedlicher Geschwindigkeit. In Deutschland sind beispielsweise die großen Privatbanken schon wesentlich weiter als die Masse der Sparkassen und der Genossenschaftsbanken. Dabei geben die Banken nicht alle übernommenen Risiken vollständig weiter, sondern übernehmen einen Eigenanteil.

Die wachsende Bedeutung der Banken als Risikomanager hat dazu geführt, dass sich große Investmentbanken gebildet haben. Sie denken sich komplizierte Transaktionen am Kapitalmarkt aus und verwirklichen sie. Dabei werden sie zu Mittlern zwischen Unternehmen und Anlegern, insbesondere institutionellen Investoren. Mit dem schnellen Wachstum der Kapitalmärkte wächst auch das Geschäft der Investmentbanken.

Auf diese Weise werden die Verflechtungen zwischen Banken und dem Kapitalmarkt immer enger. Das passiert nicht überall gleich schnell und gleich stark. In manchen Ländern ist dieser Prozess weit fortgeschritten, zum Beispiel in den Vereinigten Staaten. In Deutschland hat er gerade erst begonnen. Er zeigt auf jeden Fall: Banken werden gebraucht, der Kapitalmarkt kann sie nicht ersetzen.

Ergänzung nach Ausbruch der Kreditkrise

Der vorstehende Beitrag zur ökonomischen Rolle von Banken und ihrer Verbundenheit mit dem Kapitalmarkt hat durch die dramatische Kreditkrise der Jahre 2007/2008, die durch den US-amerikanischen Subprime-Markt ausgelöst worden ist, eine unerwartete Prüfung erfahren. Während wir nun auf einen Markt für Kreditanleihen schauen, auf dem sich große Verluste angehäuft haben, und dessen Liquidität vollständig ausgetrocknet ist, und während wir auf einen Bankenmarkt schauen, der im Wochentakt Verluste bei internationalen Banken in bisher nicht gekanntem Ausmaß berichtet – während also das eben noch so hoch gepriesene Modell der Kreditverbriefungen mit Schimpf und Schande vom Markt vertrieben wird, müssen wir uns fragen: Was lief eigentlich falsch, was lief eigentlich anders, als noch im Jahre 2006 angenommen wurde?

Zahlreiche Erklärungen für die Finanzkrise sind im Umlauf. Als besonders plausibel erscheint dem Verfasser, dass es auf dem Markt für Kreditverbriefungen deshalb zu einer schweren Verwerfung samt exorbitanten Verlusten bei den beteiligten Banken gekommen ist, weil eine Grundvoraussetzung für erfolgreiches Verbriefen in der Zeit vor 2006 zunehmend vernachlässigt worden ist. Es handelt sich um den scheinbar so schlichten „Einbehalt des Eigenanteils". In dem obenstehenden Artikel ist dieser Einbehalt des Eigenanteils noch als selbstverständliches Konstruktionselement bei Verbriefungen genannt, aber nicht weiter problematisiert worden. Mittlerweile sind wir alle schlauer geworden und haben erfahren, dass in der Zeit vor 2006 dieser Eigenanteil oftmals veräußert worden ist. Ob dieser gravierende Konstruktionsmangel von Kreditverbriefungen ausreicht, das ganze Ausmaß der Kreditkrise zu erklären, werden zukünftige Forschungsarbeiten zu ergründen versuchen – einen wesentlichen Beitrag zur Krise hat er sicherlich geleistet, weil dadurch die zugrunde liegende verlässliche Beziehung zwischen Bank und Kreditnehmer in Frage gestellt worden ist.

Vor diesem Hintergrund gibt es einen naheliegenden Therapievorschlag: Wiederherstellung der zentralen Rolle der Bank-Kunde-Beziehung auch in Zeiten der Verbriefung. Dass sich beides verbinden lässt – man spricht von einem hybriden Finanzsystem – haben die sehr erfolgreichen Anfangsjahre der Kreditverbriefungen deutlich gemacht.

61 Warum ist Werbung sinnvoll?

Winand von Petersdorff

„Fische, frische Fische", brüllt der Marktschreier, um Kunden zu locken. Gezieltes Gebrüll ist eine extrem preiswerte Waffe aus dem großen Reklame-Arsenal. Und keineswegs die wirkungsloseste. Es lockt die Kundschaft zum Fischstand, die sonst vorübergezogen wäre wie ein Kutter in der Nacht.

Werbung ist sinnvoll, zumindest für den Fischverkäufer, zumindest gelegentlich. Wäre der Fischverkäufer der Einzige, der an einem Freitagvormittag auf einem Marktplatz in einer fromm-katholischen Provinzstadt seine Fische feilböte, könnte er vermutlich seine Stimme schonen. Die Kundschaft kaufte ohnehin seinen Fisch mangels Auswahl und weil das Tier an jenem Tag auf dem klassischen Speiseplan steht.

Werbung, man ahnt es schon, hat etwas mit Timing und noch mehr mit Wettbewerb zu tun. Monopolisten müssen nicht werben, ihre Kunden haben keine Wahl. Wer dagegen als Unternehmer Gefahr läuft, im Meer der Konkurrenten unterzugehen, der muss auf sich aufmerksam machen. Mit Werbung.

Nötig ist Reklame für neue Produkte, die es so noch gar nicht gab. Wie soll der Bürger erfahren, dass er gerne ein Handy hätte, wenn er gar nicht weiß, dass es Handys gibt und wozu sie gut sein könnten. Wie hätte er je vom neuen Badeöl, vom MP3-Player und der Geflügelwurst gehört. Werbung informiert und weckt den Kaufwunsch, wenn sie professionell gemacht ist. In gewisser Weise schafft sie erst Märkte.

Damit bekommt sie so etwas wie eine volkswirtschaftliche Weihe. Innovationen können sich dank Marketing schneller am Markt durchsetzen. Allgemein erhöht Werbung die Verkaufschancen eines Handys, eines Privatjets oder eines Badeöls. Unternehmen mildern durch Werbung das Risiko, ihre Investitionen könnten am Markt scheitern.

Eine ziemlich wichtige Frage ist allerdings, ob der Kunde durch Werbung ausgetrickst wird. Werber sind keine Menschen, die zu übertriebener Sachlichkeit neigen. Sie beschränken sich in der Regel nicht auf einen nüchternen Appell, die Kundschaft möge ihre geschätzte Aufmerksamkeit auf bestimmte Produkteigenschaften richten. Werber brüllen konzentrierte griffige Botschaften in ihr Publikum, mit dem Hauptziel, Kaufwünsche zu erzeugen.

Dafür übertreiben sie, schummeln sie, lügen sie. Macht Rauchen frei, wie schöne Bilder über Ausritte ins Marlboro-County suggerieren? Nein. Rauchen schränkt eindeutig sogar die Freiheit ein, weil es abhängig macht. Bekommen junge Männer leichter Frauen herum, weil sie ein

Die größten Werber

Deutschland, Aufwand 2006[1)]

In Mio. Euro *(Veränderung zu 2005 in %)*

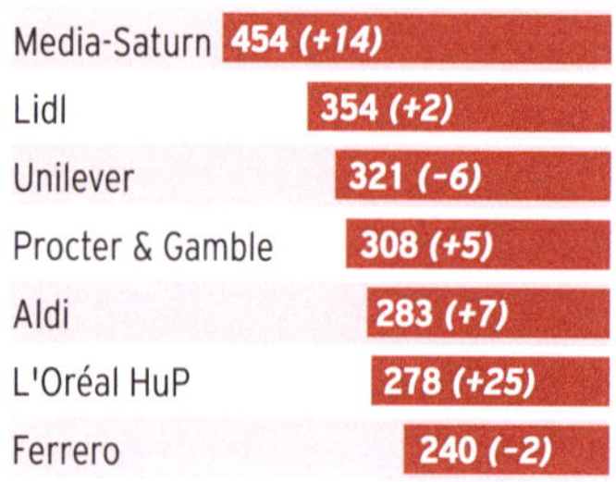

1) Basisdaten bis November, Gesamtjahr geschätzt.
Quelle: Nielsen Media Research / F.A.Z.-Grafik Dobratz

bestimmtes Duschbad benutzen? Die Erfahrung lehrt, dass Frauen gelegentlich auch noch Persönlichkeitsmerkmale in Augenschein nehmen, bevor sie eine Wahl treffen. Diese schlichten Lügen werden geduldet. Denn in Wahrheit erwartet auch niemand, plötzlich gut im Bett zu sein, nur weil er ein Auto aus Zuffenhausen fährt (oder?).

Gelegentlich gehen Werber subtiler vor. Sie verkleben die beworbenen Güter mit Gefühlen und werfen damit die eigentlich bewegende Frage auf: Können Marketingprofis mit ein paar Tricks den Verstand der Kundschaft ausschalten und sich deren Intuition bemächtigen? Können sie ihn fernsteuern? Ist das Bild des souveränen Konsumenten eine schlichte Fiktion?

Der amerikanische Publizist Vance Packard veröffentlichte diese These vor 50 Jahren in dem Buch „The Hidden Persuaders", das in Deutschland unter dem Titel „Die geheimen Verführer" zum Bestseller wurde, die Studentenbewegung beeindruckte und zum gelegentlich gewalttätigen Protest gegen „Konsumterror" inspirierte. Fest steht, dass große Namen wie Nike und Coca-Cola ihren Erfolg keineswegs nur der Produktgüte verdanken, sondern auch der Kraft der Marke, die mit Emotionen aufgeladen ist. Erwachsene widerstehen den Lockungen leichter, weil sie die Restriktionen ihres Haushaltsbudgets vor Augen haben. Kinder haben es deutlich schwerer, weshalb der Gesetzgeber unter anderem Fernsehwerbung für Kinder beschränkt.

Heute erfährt die Idee, die manipulative Zauberkraft der Werbeprofis könnte eine unheimliche Dimension angenommen haben, trotzdem eine Renaissance. Neuromarketing ist zumindest als Begriff schwer in Mode: „Neuroökonomen" untersuchen mit Hilfe eines Kernspintomographen, wie die Menschen auf bestimmte Marken reagieren. Bekannt ist, dass Coca-Cola und Pepsi-Cola unterschiedliche Hirnregionen ansprechen. Doch was heißt das für die Marketingprofis?

Offenbar bleibt Werbung trotz neuer ausgefeilter Methoden ein knüppelhartes Geschäft. Die Flopquote bei der Einführung neuer Marken liegt zwischen 85 und 90 Prozent.

Der Anteil von Investitionen in Werbung am Bruttoinlandsprodukt beträgt 1,6 Prozent. Die Branche erwirtschaftet in Deutschland 31 Milliarden Euro und damit mehr als die Bekleidungsindustrie. Doch ob der investierte Euro tatsächlich etwas bringt, muss in der Werbewirtschaft

DIE HINGUCKER

Skurriles

In der DDR wurde 1960 ein Pirol erfunden, der Minol-Kraftstoff preisen sollte. Allerdings gab es nur Minol-Kraftstoff, weshalb die Leistung des Pirols schwer zu beurteilen ist. Skurrile Werbefiguren wie Korbine Früchtchen tummelten sich im Werbefernsehen, bis die Partei 1975 Werbung verbot. Wo es keine Auswahl gibt, wird sie überflüssig.

Schockierendes

Der Modekonzern Benetton glaubte an Schockwerbung. Eine ölverschmierte Ente, ein nackter Hintern mit HIV aufgestempelt, ein Säugling an der Nabelschnur. Empörung erfolgte nach der Veröffentlichung, sogar Rechtsstreite. Wenn Aufmerksamkeit das Ziel war, dann wurde es erreicht. Ob mehr Pullover verkauft wurden, bleibt ungeklärt.

Erotisches

Zu den hart geprüften Binsenweisheiten gehört, dass Sex eine prima Verkaufshilfe ist. Marylin Monroes Werbeauftritt auf Plakaten in ganz Amerika verhalf dem „Playboy" zum Durchbruch. Würde es nicht helfen, wären Spots mit sexuellen Subtexten oder offen zur Schau getragener Erotik nicht so beliebt. Die Sexbotschaft steckt nicht nur in der weiblichen Werbefigur, sondern auch in der Form des Gebrauchsgegenstandes.

gelegentlich bezweifelt werden. Ein großer Teil Werbung verpufft wirkungslos. Die sogenannten Streuverluste bringen jeden guten Marketingmanager auf die Palme. Ein Spot kann noch so ästhetisch sein. Wenn er keine positiven Gefühle für den Auftraggeber und sein Produkt weckt, sind die Produktionskosten verpulvert.

„Die Hälfte meiner Werbeausgaben ist verschwendet. Das Problem ist: Ich weiß nicht, welche Hälfte", sagte der amerikanische Kaufhausunternehmer John Wanamaker.

62 Warum müssen wir Private Equity nicht fürchten?

Jan Pieter Krahnen

Ein börsennotiertes Unternehmen hat viele Vorteile, die in jedem Einführungskurs der Wirtschaftslehre herausgestellt werden: eine große Zahl von Aktionären, einen guten Zugang zum Kapitalmarkt, viel Transparenz durch umfassende Publizitätsregeln und vor allem durch die tägliche Ermittlung des Börsenkurses. In dieser Form hat die moderne Aktiengesellschaft einen Siegeszug in den Industrieländern angetreten, der bis heute andauert.

Dennoch hat es immer gewichtige Kritiker gegeben, die vor der Schwerfälligkeit dieser Gesellschaften gewarnt haben und die auf die Eigeninteressen von Managern hingewiesen haben, die nur unzureichend von den internen Kontrollinstrumenten gebremst werden. Zu diesen Kritikern gehören große Namen wie Joseph Schumpeter, Adolf Berle, Gardiner Means, Kenneth Galbraith oder in jüngster Zeit Michael Jensen.

Die Autoren haben unterschiedlich weit reichende Folgerungen aus der behaupteten Kontrollschwäche der Aktiengesellschaft gezogen – aber sie waren sich einig, dass nur eine Bündelung von Kontrollrechten bei wenigen Personen gemeinsame Interessen von Management und Kapitalgebern ermöglichen könnten. Nur: Wie sollte dies in der Praxis bewerkstelligt werden?

Eine mögliche Antwort lautet: Private Equity. Mit diesem Begriff bezeichnet man die Beteiligung von Kapitalgebern unter einheitlicher Leitung an einem Unternehmen mit dem Ziel, dessen Geschäftspolitik zu verändern. Dazu erwerben aktive Investoren einen erheblichen Anteil an dem Unternehmen, oft die Mehrheit. In der Regel haben sie selbst langjährige Führungserfahrung in dieser Branche. Bei den gekauften Unternehmen besetzen sie Führungspositionen und beginnen mit einer mehr oder weniger grundlegenden Restrukturierung der gekauften Gesellschaft. Dies beinhaltet beispielsweise – und entsprechend der gegenwärtigen Managementphilosophie einer Konzentration auf Kernkompetenzen – die Ausrichtung des Unternehmens auf einen Hauptmarkt, während weitere Aktivitätsbereiche verkauft oder geschlossen werden. Zusätzlich wird oftmals die Verschuldung des Unternehmens erheblich gesteigert, und Geld wird an die Eigentümer ausgeschüttet.

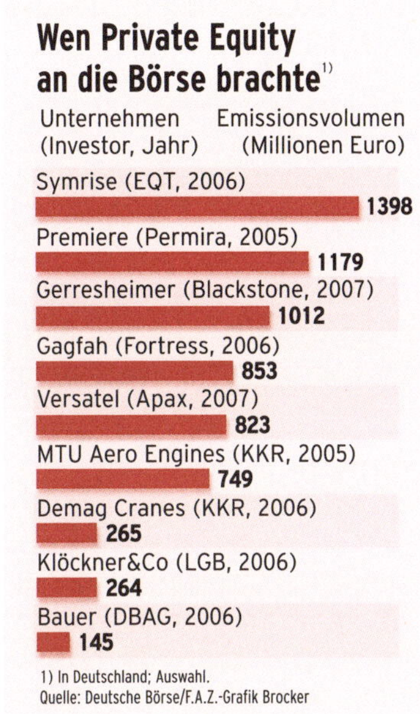

Derartige Maßnahmen sind eine leichte Beute öffentlicher Kritik: Intakte Unternehmen werden zerschlagen, ihnen werden übergroße Schulden aufgebürdet, das Firmensilber wird verkauft, die neuen Eigner genehmigen sich üppige Dividenden, und schließlich müssen die Arbeitnehmer die Zeche zahlen – denn ihre Arbeitsplätze werden vernichtet. All diese Aussagen findet man in den Stellungnahmen von Kommentatoren, wobei typischerweise ein Einzelfall herausgegriffen wird, eine oberflächliche Betrachtung und Verallgemeinerung vorgetragen wird. Unvergessen ist die Heuschrecken-Kennzeichnung von Private-Equity-Investoren durch Franz Müntefering.

Vernünftiger für eine ökonomische Einordnung von Private Equity erscheinen dagegen Untersuchungen, die mittels wissenschaftlicher Methoden ermitteln, was tatsächlich die typischen wirtschaftlichen Folgen eines Engagements von Private Equity sind. Das wenige, was bisher hierzu existiert, verweist eindeutig auf einen positiven Effekt, der auch die Arbeitsplätze – in alten wie neuen Betrieben – mit einschließt.

Dies schließt natürlich nicht aus, dass es auch Fälle mit negativen Ergebnissen gibt, besonders dann, wenn sich die neuen Eigentümer auf Kosten anderer Parteien – Mitarbeiter, Staat, Alteigentümer – allein durch Umverteilung einen Vorteil verschaffen.

Der Grund für die insgesamt positiven Effekte ist simpel: Die neuen Eigentümer wollen ihr neues Eigentum nicht lange behalten. In der Regel trennen sie sich nach wenigen Jahren wieder von der Beteiligung, und zwar durch einen Verkauf an Dritte. Damit das einen Gewinn bringt, müssen diese Dritten also einen höheren Preis zahlen, als es die Private-Equity-Investoren bei ihrem Erwerb taten. Diese Dritten sind aber nicht dumm oder blind. Deshalb wird die Rechnung nur aufgehen, wenn das Unternehmen einschließlich aller aufgenommenen Schulden tatsächlich durch die Restrukturierung mehr wert ist als zu Beginn der Beteiligung.

Und wo, bitte schön, soll diese Wertsteigerung herrühren? Eine Antwort knüpft wieder an das an, was im Einleitungsabsatz über die Probleme der Unternehmenskontrolle geschrieben worden ist: Private Equity repariert gewissermaßen einen Schaden, der dem Unternehmen durch die mangelnde Kontrolle oder mangelnde Marktorientierung zuvor entstanden ist. Große Aktiengesellschaften ohne strategischen Aktionär gehören deshalb ebenso häufig zu den Opfern von Private Equity wie Familienunternehmen, die aus dem einen oder anderen Grund den Anschluss an die Wettbewerber verloren haben.

Sofern ein Unternehmen aufgrund schlechter Führung unter seinen Möglichkeiten bleibt oder dies von potentiellen Investoren so vermutet wird, ist es „reif für Private Equity". Allerdings nur, wenn eine Beteiligung auch tatsächlich möglich ist. Dieses letzte Merkmal ist auch der Grund, weshalb Private Equity sich nur langsam in Ländern mit mittelständischer, kapitalmarktferner Unternehmensstruktur, wie Deutschland, etablieren konnte. Auf der anderen Seite können unter normalen Marktbedingungen auch Großunternehmen auf diesem Weg restrukturiert werden. Private-Equity-Firmen wie Blackstone oder KKR (Kohlberg Kravis Roberts) haben dieses Ziel bereits angekündigt.

Diese Spezialisten bestehen typischerweise aus einer kleinen Gruppe von Markt- und Branchenexperten, die in langwieriger Kleinarbeit eine Restrukturierung vorbereiten, dann die notwendigen Finanzmittel bei Banken oder dem Kapitalmarkt aufnehmen und anschließend die Transaktion realisieren. Aufgrund ihres zeitlich begrenzten Engagements bei einer einzelnen Firma können sie das versammelte Expertenwissen besonders wirkungsvoll einsetzen und im Lauf der Zeit mehrfach verwenden.

63 Warum gibt es im Internet so viele Monopole?

Patrick Bernau

Die Sprüche der Oma schienen ein Naturgesetz zu sein: „Konkurrenz belebt das Geschäft“ und „Je mehr Konkurrenz, desto billiger“. Doch im Internet läuft das nur selten so. Ebay, Google und Co. – es gibt viele Firmen, die mehr Zulauf haben als all ihre Konkurrenten zusammen. Den Preisen scheint das nicht zu schaden. Im Gegenteil: Viele dieser Unternehmen bieten ihre Dienste kostenlos an. Irgendwas läuft da anders als in anderen Branchen.

Normal ist: Wo es ein Monopol gibt, sind die Produkte teurer und schlechter. Zum Beispiel beim Bäcker und den Brezeln: Wenn in einer Kleinstadt in Schleswig-Holstein nur ein Bäcker weiß, wie man Brezeln backt, dann kann er seine Brezeln teuer verkaufen – teurer jedenfalls als der Bäcker in Schwaben, wo der Konkurrent nebenan möglicherweise billigere Brezeln anbietet und so die Kunden zu sich zieht. Der Monopolist in Schleswig-Holstein kann seine Preise so hoch halten, wie er will. Beschränkt wird er nur dadurch, dass sich die Kunden irgendwann keine Brezeln mehr leisten können oder wollen.

Anders ist das aber schon beim Leitungswasser. Dort belebt Konkurrenz zwar auch das Geschäft, verteuert aber gleichzeitig das Produkt. Denn Wasserleitungen müssen verlegt, kontrolliert und repariert werden. Das kostet viel Geld. Das Wasser, das durch die Leitungen fließt, ist dagegen ziemlich billig. Die hohen Kosten für die Leitungen sind kein Problem, solange eine Firma alle Haushalte einer Stadt mit Wasser versorgt. Dann kann sie die Kosten auf alle Haushalte verteilen.

Wenn jetzt aber eine zweite Firma kommt, muss sie ebenfalls ein Netz an Wasserleitungen durch die Stadt ziehen. Sogar dann, wenn die zweite Firma fast die Hälfte der Kunden gewinnt, zahlt jeder für das Netz immer noch mehr als beim alten Anbieter. Darum bringt das zweite Wassernetz überhaupt nichts. Ökonomen sprechen in solchen Fällen von einem „natürlichen Monopol“. Das gibt es zum Beispiel auch im Schienen- und im Stromnetz.

Solche natürlichen Monopole entwickeln sich auch im Internet. Die Internet-Suchmaschine Google ist ein gutes Beispiel: Sie treibt erst mal einen großen Aufwand, um herauszufinden, welche Internet-Seiten besonders gut sind. Wenn sie das gemacht hat, ist es ein Klacks, die einzelne Suchanfrage von den Computern beantworten zu lassen. Die Kosten dafür lassen sich locker durch die Werbeeinnahmen finanzieren. Und je mehr Suchanfragen kommen, desto eher kann Google die Kosten für den Anfangsaufwand wieder einspielen. Inzwischen macht Google mit diesem Geschäft sogar Milliardengewinne.

Nun ist es einem Nutzer von Google im Prinzip egal, wie oft andere mit Google suchen und ob sie das überhaupt tun, solange nur seine Suchergebnisse gut und gratis sind. Es gibt aber auch andere Angebote, bei denen der Nutzen ganz entscheidend davon abhängt, wie viele andere auch mitmachen. Das gilt etwa für die SMS. Die kann noch so schnell und zuverlässig verschickt sein – das hilft gar nichts, wenn die Freunde kein Handy haben und deshalb keine SMS empfangen können.

Das Handy ist den Kunden also relativ wenig wert, wenn es wenig andere Handybesitzer gibt – und relativ viel, wenn es viele Handybesitzer gibt. Das Mobiltelefon wird mit jedem zusätzlichen Nutzer wertvoller. Auch dafür haben die Gelehrten ein schönes Wort gefunden: Sie nennen dieses Phänomen „Netzwerk-Effekt“.

Klar, dass es in solchen Fällen eine Tendenz zum Monopol gibt. Das Handy hat so ein Monopol. Es hat sämtliche anderen Arten mobiler Kommunikation verdrängt, zum Beispiel die Telefonzellen und die kleinen Pieper, die in den 90er Jahren bei Jugendlichen beliebt waren. Und dem Festnetztelefon geht es auch nicht gut.

Es gibt zwar Konkurrenz unter den Handyherstellern und den Netzbetreibern. Aber das funktioniert nur, weil sich alle auf einen Mechanismus geeinigt haben, der Handys unterschiedlicher Hersteller und Netzbetreiber miteinander in Verbindung bringt. „Norm“ oder „Standard“ heißen solche Vereinbarungen normalerweise. Sie entscheiden über Marktchancen, darum sind sie hart umkämpft.

Im Internet gibt es solche Normen nicht immer. Zum Beispiel gibt es keine Norm, die verschiedene Auktionsplattformen miteinander verbindet. Darum hat sich hier ein Anbieter klar durchgesetzt, nämlich Ebay. Das Prinzip ist auch hier klar: Je mehr Verkäufer ihre Waren auf dieser Seite anbieten, desto mehr Käufer kommen. Und je mehr Käufer es gibt, desto interessanter wird Ebay wiederum für die Verkäufer.

Ähnlich ist es bei den neuen Mitmach-Netzwerken wie Xing, StudiVZ und Co.: Je mehr von den Freunden dabei sind, umso besser. Zwar sind Hunderte solcher Netzwerke gegründet worden, trotzdem wird sich vermutlich nur eines durchsetzen – es sei denn, der Inhalt der Netzwerke unterscheidet sich so deutlich wie zum Beispiel zwischen Xing (Geschäftskontakte) und dem StudiVZ (Spaß mit Kommilitonen).

Nun besteht in sämtlichen Branchen mit natürlichen Monopolen und Netzwerk-Effekten die alte Gefahr aus dem Monopol: dass die Firmen ihre Preise erhöhen, sobald sie einmal das Monopol haben. Deshalb haben die Staaten solche Monopole früher in ihrer Hand gehalten. Heute werden zwar einige privatisiert, zum Beispiel das Stromnetz, sie bleiben aber trotzdem scharf reguliert.

Ums Internet aber kümmert sich keiner. Die Monopole sind weder verstaatlicht noch reguliert, und trotzdem gibt es so gut wie keine Klagen über zu hohe Preise. Das liegt daran, dass die Monopole im Internet besonders vergänglich sind. Erstens kann jederzeit eine neue, bessere Technologie auf den Markt kommen. Und zweitens ist Konkurrenz nicht allzu schwer zu entwickeln – zu Ebay zum Beispiel. Das Auktionssystem nachzuprogrammieren ist nicht sonderlich schwierig. Es ist jedenfalls deutlich einfacher als der Aufbau eines neuen Netzes an Wasserleitungen. Wenn Ebay seinen Nutzern zu teuer wird, können die Kunden schnell auf andere Marktplätze abwandern. Möglicherweise geht ein Gründer das Wagnis ein und programmiert einen neuen. Es ist also im Internet oft gar nicht so wichtig, ob es auf einem Markt einen Monopolisten gibt. Entscheidend ist, dass neue Konkurrenz jederzeit möglich ist.

DIE INTERNET-MONOPOLISTEN

Ebay

2000 hatte die Stiftung Warentest noch sieben deutschsprachige Auktions-Websites zu testen. Heute erübrigt sich so ein Test, weil sich neben Ebay keine andere Website gehalten hat. Nur für einige Sonderfälle gibt es noch spezialisierte Portale, zum Beispiel für Handwerksaufträge: Dort unterbieten sich die Handwerker, um Aufträge zu bekommen. Ebay dominiert die Online-Auktionen auch in vielen anderen Sprachräumen. In China aber half dem Unternehmen das nicht viel: Dort kontrolliert inzwischen der Konkurrent „Taobao" rund zwei Drittel des Marktes.

Google

90 Prozent Marktanteil bei den Internetsuchen in Deutschland: Das hat vorher keiner geschafft. Google dagegen hat seine Position seit dem Start vor rund zehn Jahren immer weiter ausgebaut, bis zum Monopol. Jetzt macht das Unternehmen Milliardengewinne. Andere Anbieter wie Yahoo und Microsoft mit seiner „Live"-Suche stehen zwar prinzipiell bereit, aber das hilft ihnen nichts – die deutschen Surfer nutzen sie kaum. Nur in Amerika stellen die anderen Anbieter eine nennenswerte Konkurrenz dar: Alle zusammen kommen dort auf rund 45 Prozent aller Suchanfragen.

ICQ

Kurze Textnachrichten von Computer zu Computer schicken – das ist nicht nur ein Hobby für Jugendliche. Auch an den Finanzmärkten nutzen die Teilnehmer solche Dienste. Hier greift der klassische „Netzwerk-Effekt": Je mehr Teilnehmer ein Anbieter hat, umso attraktiver wird er. Gewonnen hat das Netzwerk von AOL, das meist unter der Marke „ICQ" läuft: Mehr als zehn Millionen Deutsche waren laut Marktforscher Nielsen Online im September dabei, jeder nutzt den Dienst im Monat durchschnittlich über drei Stunden. Mit insgesamt fünf Millionen Nutzern sind die Dienste von Yahoo und Microsoft da ganz weit weg.

64 Warum sind Firmenpleiten gut?

Jan Pieter Krahnen

Der Titel wird manche Leser verärgern: Was soll an Firmenpleiten gut sein? Haben wir nicht mit Unternehmenszusammenbrüchen genug negative Erfahrungen gesammelt? Man denke nur an die Bauunternehmung Holzmann AG, die im Jahre 2002 Konkurs anmelden musste. Wie es damals in der Presse hieß, waren 24.000 Arbeitsplätze gefährdet, davon allein 11.000 in Deutschland.

Was also soll das Gerede der Ökonomen von den „guten" Unternehmenspleiten? Hinter dieser Sichtweise steht keineswegs eine Geringschätzung des menschlichen Leids oder des wirtschaftlichen Schadens von Unternehmenspleiten. Im Gegenteil, die ökonomische Sichtweise berücksichtigt die Gesamtauswirkung einer Pleite auf die Wohlfahrt einer Gesellschaft. Und die ist meist positiv.

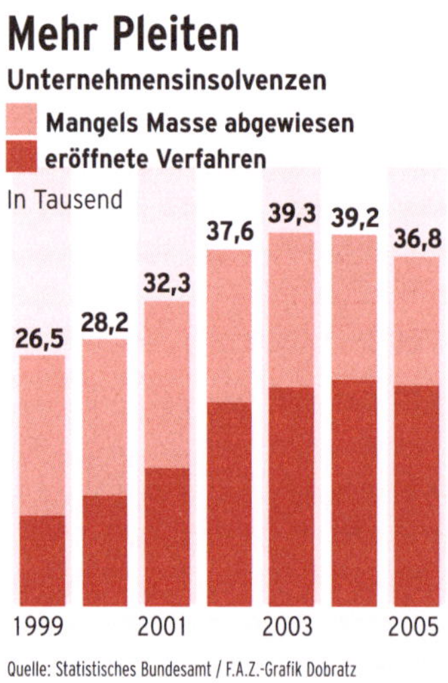

Schauen wir uns eine Firmenkrise einmal aus der Nähe an: Ein Unternehmen, das seine laufenden Rechnungen nicht mehr bezahlen kann, wird den Insolvenzantrag bei einem Gericht stellen müssen. Der Insolvenzrichter entscheidet dann, ob ein Rettungsversuch, eine sogenannte Sanierung oder Restrukturierung, unternommen werden darf. Während dieser Sanierungsperiode ist das Unternehmen vor dem Zugriff der Banken und anderer Gläubiger geschützt. In dieser Zeit wird versucht, die Kosten zu reduzieren und jene Teile des Firmenvermögens zu veräußern, die nicht unbedingt für den Produktionsprozess benötigt werden. Oft gibt es auch Zugeständnisse von Lieferanten, Arbeitnehmern und Kreditgebern. Am Ende einer derartigen Sanierungsperiode kann das Unternehmen besser dastehen als zuvor, oft mit neuem Management, geänderter Ausrichtung, weniger Mitarbeitern – aber mit wiedergewonnener Zahlungsfähigkeit.

Selbst wenn ein Sanierungsversuch scheitert und das alte Unternehmen zerschlagen wird, gilt: Die Insolvenz eines Betriebes führt mitnichten dazu, dass alle Arbeitsplätze und Produktionsanlagen vollständig vernichtet werden. Vielmehr ist zu erwarten, dass die leistungsfähigen

Bestandteile auf andere Unternehmen übertragen werden, wo sie unter neuem Namen und unter neuer Leitung ihre Arbeit fortsetzen können. Schauen wir noch einmal auf das eingangs erwähnte Beispiel der Holzmann AG. Im Verlauf des Insolvenzverfahrens konnten von den ursprünglich 11.000 im Inland gefährdeten Arbeitsplätzen insgesamt weit über 7000 erhalten werden. Dies allerdings nicht unter dem Namen Holzmann AG, sondern unter dem Namen konkurrierender Bauunternehmen, die Bauprojekte und laufende Baustellen aus der Konkursmasse der Holzmann AG übernommen haben.

Schmerzlich bleibt eine solche Verwandlung des Unternehmens aber für die Kapitalgeber, insbesondere die Eigenkapitalgeber, die Eigentümer. Die Ansprüche, die sie aus ihrer Position haben, verlieren sie üblicherweise restlos – und damit in der Regel auch ihren Führungsanspruch. Erreicht wird dies durch ein Insolvenzverfahren. Wenn Eigentümer nicht in der Lage sind, ein Unternehmen gut zu führen, dann geht die Verantwortung auf neue Eigentümer und ein neues Management über. Die machen ihre Arbeit dann hoffentlich besser.

So ein Sanierungsprozess ist aufwendig. Schätzungen kommen zu dem Ergebnis, dass eine Insolvenz ein Unternehmen 20 Prozent seines ursprünglichen Wertes kostet. Deshalb ist es in der Regel günstiger, sich rechtzeitig und freiwillig mit Mitarbeitern, Kreditgebern und Eigentümern zu einigen, auch wenn gar kein formales Insolvenzverfahren eingeleitet ist. Diese Vorgehensweise ist in Deutschland auch wesentlich häufiger.

Nur bei den besonders schweren Problemfällen, bei denen eine frühe Absprache zwischen den Beteiligten scheitert, wird das Unternehmen vor Gericht zerschlagen. Aber auch bei dieser Zerschlagung werden keineswegs die Produktionsanlagen einfach zerstört und die Mitarbeiter in die Arbeitslosigkeit entlassen.

Wir haben es deshalb mit einer ganz natürlichen Reihenfolge zu tun: Zuerst versuchen Kreditgeber und Management freiwillig, das Unternehmen zu sanieren. Erst wenn das scheitert, beginnt ein Insolvenzverfahren nach dem Konkursrecht. Nur Letztere, die offiziell eröffneten Insolvenzverfahren, werden dem Statistischen Bundesamt gemeldet.

Es wird den Leser nun nicht verwundern, dass oft keine weitere Sanierung versucht wird, wenn für ein Unternehmen erst einmal ein offizieller Insolvenzantrag gestellt worden ist. Ein solcher Versuch wurde ja bereits erfolglos unternommen. Die Statistik berichtet dann, dass die Insolvenzeröffnung „mangels Masse“ vom Gericht abgelehnt worden ist.

Die Quote solcher abgelehnter Insolvenzeröffnungen ist in Deutschland traditionell hoch. Was aber nicht bedeutet, dass dies eben kein Zeichen dafür ist, dass wenig Sanierungsversuche unternommen werden.

Stellen gesichert

Wo die deutschen Mitarbeiter der Holzmann AG untergekommen sind

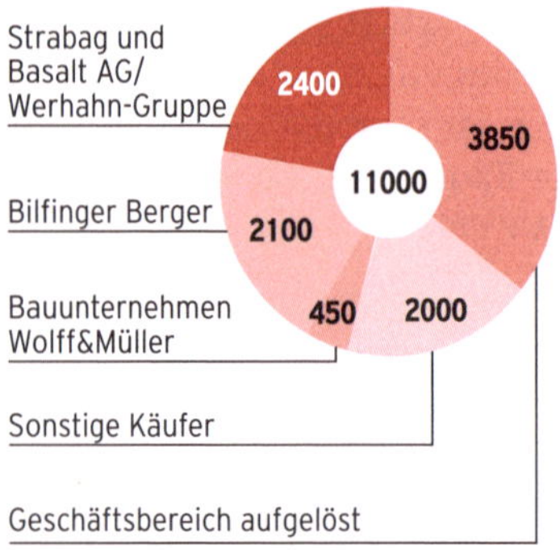

Quelle: Insolvenzverwalter Herrmann: Eigene Recherchen
F.A.Z.-Grafik Dobratz

Nach geltendem Insolvenzrecht erlauben drei Situationen, ein Insolvenzverfahren zu eröffnen: die eingetretene Zahlungsunfähigkeit, die erwartete Zahlungsunfähigkeit und die Überschuldung. Hier unterscheiden sich die Insolvenzordnungen verschiedener Länder: Wann wird das Gericht tätig, wer darf das Gericht anrufen, und welche Rechte erhalten die Gläubiger während eines Insolvenzverfahrens?

Das deutsche Insolvenzrecht war über ein Jahrhundert als besonders gläubigerfreundlich bekannt und stellte bis Anfang 1999 gewissermaßen den Gegenpol zu dem amerikanischen Recht dar, von dem vor allem das ausgesprochen schuldnerfreundliche „Chapter 11“ (Kapitel 11) bekannt geworden ist. Seit dem 1. Januar 1999 gibt es in Deutschland allerdings eine neue Insolvenzordnung, die einen Kompromiss zwischen dem amerikanischen und dem alten deutschen Konkursrecht darstellt, zum Beispiel sprechen sich Gericht und Management nun über den Sanierungsplan ab.

Ist diese Annäherung an das amerikanische Recht eine Verbesserung? Werden nun eher Unternehmen rechtzeitig saniert als früher?

Hier müssen Zweifel angemeldet werden, weil das neue Gesetz die bisher informellen, frühen Sanierungsabsprachen erschweren dürfte. Das führt wiederum zu einer höheren Zahl von Unternehmensinsolvenzen und Zerschlagungen. Sollte diese Prognose zutreffen, dann hätte die wohlgemeinte Gesetzesänderung von 1999 tatsächlich die Sanierungsaussichten von Unternehmen verschlechtert und nicht – wie von politischer Seite erhofft – verbessert.

65 Warum läuft in der Wirtschaft ohne Kredite nichts?

Gerald Braunberger

Nach dem berühmten österreichischen Ökonomen Joseph Schumpeter (1883 bis 1950) sind für den Kapitalismus drei Erscheinungsformen wesentlich: das Privateigentum an Produktionsmitteln, die Produktion auf Kosten und Rechnung des Unternehmers, der damit einen anfallenden Gewinn einstreichen kann, und die Vergabe von Krediten.

Schumpeters Hochschätzung des Kredits mag auf den ersten Blick erstaunen, weil sie sich in dieser Form in den Arbeiten anderer bedeutender Kapitalismusforscher wie Karl Marx oder Werner Sombart nicht findet. Aber Schumpeter will daran erinnern, dass in einer von privaten Unternehmern geprägten Wirtschaftsform Ideen nicht genügen. Unternehmer müssen auch Geld haben, um ihre Projekte in die Tat umzusetzen. Für viele große und auch mittlere Unternehmen ist die Finanzierungsfrage zweitrangig, solange sie über ausreichende Mittel in ihren Kassen verfügen. Für Schumpeter aber waren die neuen und meist kleinen Pionierunternehmen die Treiber der wirtschaftlichen Dynamik. Jungunternehmer mögen zwar großartige Ideen haben – meist aber fehlt es ihnen am notwendigen Geld, um sie zu verwirklichen. Ein Kredit kann hier Abhilfe schaffen.

Dieser Grundgedanke Schumpeters ist sicherlich noch heute korrekt, man muss ihn allerdings aus seiner Zeit heraus verstehen. Schumpeter legte diese Ideen erstmals im Österreich des beginnenden 20. Jahrhunderts nieder. Damals wurde das österreichische Finanzsystem durch eine Gruppe in Wien ansässiger Banken dominiert. Eine Börse existierte zwar, spielte aber keine bedeutende Rolle. Mit anderen Worten: Wer damals als Unternehmer Geld brauchte, musste mit einer Bank über einen Kredit reden.

Das ist heute, im Zeitalter hochentwickelter Kapitalmärkte, nicht mehr so. Ein Jungunternehmen kann auch versuchen, sich Geld durch die Ausgabe von Aktien zu verschaffen. Dieses Verfahren ist in Amerika verbreiteter als in Kontinentaleuropa, aber auch hier wurden im Zeitalter der Technologiehausse spezielle Börsensegmente für dynamische und innovative Unternehmen gegründet. In Deutschland war das seinerzeit der Neue Markt. Und gerade für die Finanzierung von Pionierunternehmen eignet sich die Börse besser als der Bankkredit. Nach aller Erfahrung überlebt die Mehrzahl junger Unternehmen das zweite oder dritte Jahr nicht mehr. Wenige andere aber prosperieren und werden, wie Microsoft, Google oder Ebay, gar Giganten in ihren Branchen. Eine Bank, die Pionierunternehmen Kredit gibt, muss damit rechnen, einen Teil der Kredite niemals wiederzusehen, und von den erfolgreichen Kreditnehmern erhält sie nicht mehr als den Kreditbetrag zuzüglich eines vorher vereinbarten Zinses.

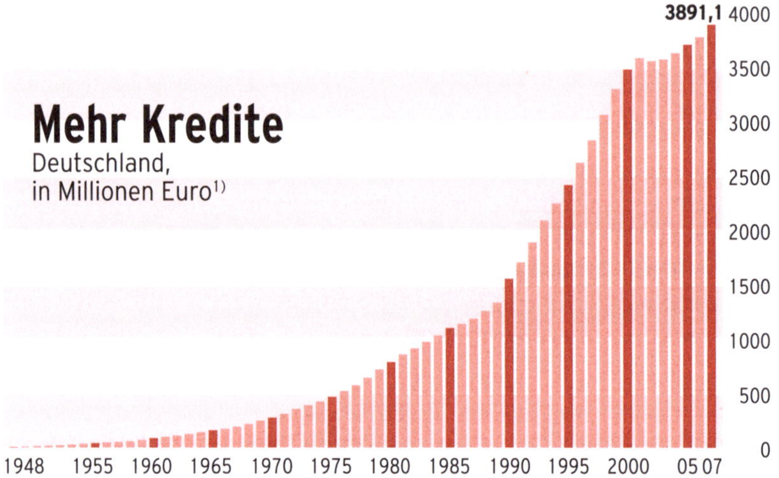

1) Von Banken an Nichtbanken. Stand jeweils Dezember. 2007: Stand November. Quelle: Deutsche Bundesbank/F.A.Z.-Grafik Walter

Die Aktienfinanzierung ist für sie viel interessanter: Zwar geht auch das Geld verloren, das die Bank jenen Unternehmen gibt, die nach einiger Zeit pleite gehen. Aber die Aktien jener Unternehmen, die später reüssieren, bringen ihr vermutlich sehr viel mehr Geld ein als der mit einem festen Zinsertrag verbundene Kredit. Umgekehrt ist es für eine Bank zumindest sicherer, großen Unternehmen mit erprobtem Geschäftsmodell Kredit zu geben, denn die Wahrscheinlichkeit der Rückzahlung ist hier ungleich höher.

Die Finanzierung von Pionierunternehmen war aber nur ein immer wieder zitierter und, wie man sieht, durchaus hinterfragbarer Aspekt von Schumpeters Hochschätzung des Kredits. Der andere Aspekt ist eigentlich viel wichtiger: Durch die Vergabe von Krediten entsteht Geld, das anschließend durch die Wirtschaft fließt. Diese Erfahrung machen nicht nur Unternehmen, sondern auch Privatleute, zum Beispiel bei der Aufnahme eines Kredits für den Kauf eines Autos. Mit der Einigung über den Kredit schreibt die Bank dem Konto des Kreditnehmers den vereinbarten Betrag gut.

Kauft der Kreditnehmer nun sein Auto, überweist er den Betrag dem Autohaus, das dieses Geld nun für seine eigenen Zwecke verwendet. Ein erheblicher Teil der Summe wird an den Autohersteller fließen, der sie unter anderem für die Zahlung von Löhnen und den Einkauf von Rohprodukten verwendet. Ein kleinerer Teil des Geldes steht dem Autohaus zur Verfügung. Fast die gesamte umlaufende Geldmenge, zu der man üblicherweise neben dem Bargeld die meisten Kundeneinlagen bei Banken und Sparkassen rechnet, ist durch Kredit entstanden.

Mit der Rückzahlung eines Kredits geht die Vernichtung von Geld einher, aber weil in einer wachsenden Wirtschaft insgesamt mehr Kredit vergeben als zurückgezahlt wird, hat sich das gesamtwirtschaftliche Kreditvolumen im Laufe der Jahrzehnte ebenso erhöht wie die Geldmenge.

Die Bedeutung des Kredits für eine Wirtschaft erklärt auch, warum die Zahl der selbständigen Banken im Laufe der Jahrzehnte deutlich zurückgegangen ist. Die Industrialisierung und die Globalisierung haben riesige Industrie- und Handelskonzerne hervorgebracht, die von ihren Banken nicht nur eine internationale Präsenz erwarten, sondern auch die Fähigkeit, gegebenenfalls innerhalb kurzer Zeit zweistellige Milliardenbeträge zu mobilisieren. Das kräftige Wachstum der Unternehmen erforderte ein ebensolches Wachstum der Banken. Folgerichtig reduzierte sich die ehemals dominierende Rolle des Privatbankiers, der den rasch wachsenden Kredithunger der Unternehmen nicht mehr stillen konnte. An seine Stelle traten große, meist als Aktiengesellschaften organisierte Banken.

Die im Sommer 2007 ausgebrochene Finanzmarktkrise gestattet, einen Blick auf den neuen Umgang der Banken mit ihren Krediten zu werfen. Früher war es üblich, dass Banken einen Kredit über die gesamte Laufzeit bis zur Rückzahlung in ihren Büchern behielten. Das ist im Laufe der Zeit seltener geworden. Denn zum einen müssen die Banken umso mehr Eigenkapital halten, je mehr Kredit sie vergeben. Diese Vorschriften sollen Bankzusammenbrüche verhindern, weil erfahrungsgemäß ein kleiner Teil der Kredite nicht zurückgezahlt wird und das Eigenkapital dann als Risikopuffer dient. Eigenkapital aber ist aus Sicht der Banken teuer, weil viele Aktionäre heutzutage sehr hohe Renditen für die Bereitstellung von Eigenkapital erwarten.

Daher sind viele Banken in den vergangenen Jahren dazu übergegangen, Kredite zu bündeln, in Wertpapiere umzuwandeln und an Kapitalanleger wie Pensions- oder Hedge-Fonds zu verkaufen. Aus der Sicht der Bank ist dies häufig kein schlechtes Geschäft. Zwar gehen die Zinszahlungen für die Kredite nun nicht mehr an sie, sondern an die Eigentümer der Wertpapiere, in die die Kredite eingebracht wurden. Dafür erhält die Bank vom Abnehmer der Wertpapiere eine Gebühr – und vor allem muss die Bank kein teures Eigenkapital mehr für die Kredite vorhalten. Aus gesamtwirtschaftlicher Sicht hält man diese Tendenz für vorteilhaft, weil die mit den Krediten verbundenen Risiken durch die Wertpapierverkäufe auf vielerlei Schultern verteilt werden. Aus theoretischer Sicht ist dieser Schluss naheliegend.

Die Finanzmarktkrise zeigt aber ein praktisches Problem: Zumindest einige Erwerber solcher Wertpapiere wie die IKB Industriebank oder die Sachsen LB wussten gar nicht um die Bonität der an amerikanische Hauskäufer vergebenen Immobilienkredite, die sie in Form von Wertpapieren erworben hatten. Wie die Branche mit Krediten umgehen sollte, wird auch nach dem Ende der Finanzmarktkrise eine spannende Frage bleiben.

66 Warum ist Tante Emma nicht totzukriegen?

Patrick Bernau

Manche Läden sind nicht größer als ein Wohnzimmer – und doch gibt es darin alles, was der Mensch braucht, um gut gelaunt bis zum nächsten Tag zu kommen: Auf einem Holzregal reihen sich Zahnpastatuben und Deodosen neben geschnittenem Brot und ein paar Packungen Reis ein, die Tiefkühltruhe hält ein paar Schachteln Eis und einige Pizzen bereit. Sonntags liegen frische Croissants und knusprige Brötchen duftend in Plastikkörben. Hunderte solcher Büdchen verteilen sich über die Innenstadt: So geht es in Großstädten wie Köln oder Berlin zu.

Und so funktioniert es auf dem Land: Nachdem die letzte Supermarktfiliale im Ort geschlossen hat, ergreift ein beherzter Unternehmer die Initiative und gründet eine Genossenschaft, die einen neuen Dorfladen aufbaut. Oder er eröffnet das neue Geschäft allein. Er fragt seine Nachbarn, ob ihnen Bio- oder herkömmlicher Honig besser schmeckt und ob sie lieber Coca-Cola oder Pepsi trinken. Ein paar Wochen später hat der Laden geöffnet, und niemand muss mehr in die Stadt fahren, um Butter und Brötchen zu bekommen – und für den Briefmarkenkauf wahrscheinlich auch nicht.

Tante Emma lebt. Jedenfalls stirbt das Prinzip der betagten Händlersfrau mit dem großen Herzen und dem kleinen Laden nie aus, in dem die Nachbarn den neuesten Tratsch aus dem Viertel austauschen und in dem der hungrige Kunde alles kriegt, was er zum Leben braucht. Und zwar von der Marke, die ihm am besten schmeckt.

Klar, nicht in jedem Ort führt noch die 62-jährige Oma selbst den Laden. Manchmal steht auch ein 28-jähriger Südländer hinter der Kasse. Aber das Ziel ist immer das gleiche: Sie halten in persönlicher Atmosphäre alles bereit, was die Nachbarn schnell einkaufen wollen. Und haben oft von frühmorgens bis spätabends geöffnet. Sie werden überall anders genannt – „Dorfladen“, „Kiosk“, „Trinkhalle“, der „Türke um die Ecke“ – aber es gibt immer noch Zigtausende davon, und sie sind nicht vom Aussterben bedroht: „Das sind keine Ertragsmaschinen, aber sie sichern das Auskommen ihrer Besitzer“, sagt Andreas Kaapke vom Institut für Handelsforschung an der Universität Köln. Die Supermarktketten finden das Geschäft jetzt so interessant, das auch sie bald einsteigen wollen.

Dabei hatten Pessimisten schon den Tod des Tante-Emma-Ladens verkündet. Ihre Argumente klangen stichhaltig: Die Discounter und Supermarktketten nehmen Tante Emma ihr Geschäft weg, hieß es. Weil die Discounter viel mehr Ware verkaufen und so mit ihren Lieferanten viel niedrigere Preise aushandeln können. Doch solche großen, billigen Läden lohnen sich nicht in jedem Dorf und in jedem Viertel. Sie siedeln sich lieber an den Rändern größerer Städte an. Deshalb trafen Pessimisten die düstere Prognose: Bald sind die Dörfer frei von Lebensmittelgeschäften. Selbst wer nur eine einzige Flasche Milch braucht, muss bald den weiten Weg in die nächste Stadt auf sich nehmen.

Eine Prognose, die sich jetzt als Irrtum herausstellt. Denn die Verbraucher lassen ihre Tante-Emma-Läden nicht sterben. Sie allein haben auch die Macht dazu. Denn sie verteilen das Geld im Handel und können damit durchsetzen, was sie wollen.

Sie wollen es bequem haben. 71 Prozent der Verbraucher verlangen genau das von ihrem Supermarkt, hat die Unternehmensberatung McKinsey erfragt. Die Kunden wollen schnell in ihrem Laden um die Ecke sein, ihn ebenso schnell wieder mit allen Einkäufen verlassen und den Einkauf möglichst mit anderen Besorgungen verbinden.

Die Bequemlichkeit steht auf der Wunschliste der Verbraucher ganz oben. Günstige Preise kommen erst weit dahinter. Das war sogar vor vier Jahren so, auf dem Höhepunkt der „Geiz ist geil"-Welle. Seitdem ist der Preis den Deutschen noch unwichtiger geworden. Einige Verbraucher zahlen sogar gern mehr, wenn sie es beim Einkaufen dafür einfacher haben.

In den kommenden Jahren dürfte es von dieser Sorte immer mehr geben, glaubt McKinsey-Handelsexperte Christoph Eltze: „Es gibt immer mehr ältere Leute und immer mehr Singles", sagt er. Die fahren am Wochenende nicht zum Großeinkauf ins Gewerbegebiet, sondern holen lieber eine Lasagne aus dem Laden um die Ecke.

Darin zeigt sich einer der größten Vorteile der Marktwirtschaft: Auf dem Markt können die Menschen abwägen, ob ihnen die zusätzliche Bequemlichkeit auch zusätzliche Kosten wert ist. Am Ende gibt es daher so viele Tante-Emma-Läden, wie die Menschen bezahlen wollen. Marktbeobachter finden es manchmal überraschend, dabei ist es ganz logisch: Verbraucher schätzen ihren Bedarf viel besser, als Experten es je könnten. In den vergangenen Jahren zum Beispiel hat kaum jemand an das Überleben von Tante Emma geglaubt – trotzdem haben sich rund 30.000 kleine Läden in Deutschland gehalten. Die Zahl der Kioske hat sich zwischen 1995 und 2006 sogar mehr als verdoppelt. Inzwischen hat es sich sogar schon bis zu den großen Supermärkten herumgesprochen: Auch einige der großen Ketten testen jetzt in Stadtzentren kleine Märkte mit langen Öffnungszeiten. Die haben nur die wichtigsten Produkte im Programm, bieten dafür fertig gemischte Salate an und gelegentlich sogar ein warmes Essen. „Spar Express" oder „Schwarze Linie" heißen die Läden von Kaiser's und Tengelmann.

Ob sich die Filialketten am Ende doch noch gegen Tante Emma durchsetzen, ist aber ungewiss. Die Selbständigen in ihren kleinen Läden werden den Filialisten immer voraus sein, glaubt Michael Gerling, der Geschäftsführer des Europäischen Handelsinstituts. Die Selbständigen haben gute Argumente auf ihrer Seite: Erstens arbeiten sie meist viele Jahre im Laden und lernen so ihre Kunden gut kennen. Zweitens sind sie oft engagierter als angestellte Filialleiter und gönnen sich weniger Gehalt, das drückt die Kosten. „Ich glaube, die lieben einfach die Selbständigkeit", sagt Gerling. „Es gibt Leute, die leben regelrecht in ihrem Kiosk." Solche Tanten und Onkel sind nicht zu vertreiben.

67 Warum gibt es Gewinne?

Ulrich van Suntum

Wer kennt das nicht: Man hat seinen Gebrauchtwagen dem Händler für wenig Geld in Zahlung gegeben, und am nächsten Tag steht er dort für 1000 Euro mehr auf dem Hof. Oder man hat eine Wohnung gekauft und muss dem Makler dafür mal eben so fünf Prozent an Provision überweisen, obwohl der eigentlich gar nicht viel dafür getan hat. Scheinbar leistungslose Gewinne wie diese sind es, die den schlechten Ruf der Händler begründet haben. Nicht umsonst ist Hermes bei den alten Griechen gleichzeitig der Gott der Händler und der Diebe gewesen. Der Kaufmann stand ganz unten in der Hierarchie der antiken Welt, und im Mittelalter war es nicht viel anders.

Noch heute neigen wir dazu, nur in der Arbeit einen legitimen Broterwerb zu sehen, während der Gewinn als scheinbar leistungsloses Einkommen betrachtet wird. Als „bezahlte Nichtarbeit der Nutznießer von Wertpapier-Zinsen und Unternehmensgewinnen" bezeichnen die Autoren des Bestsellers „Die Globalisierungsfalle" die Gewinne.

Das ist schon deswegen pure Demagogie, weil natürlich auch Unternehmer und Selbständige arbeiten. Im Durchschnitt arbeiten sie sogar viel mehr als ihre Angestellten, zum Beispiel auch am Wochenende und meist noch lange nach Feierabend. Selbst wenn man dafür nur ein durchschnittliches Arbeitnehmereinkommen veranschlagt, ist demnach ein gutes Viertel der statistisch ausgewiesenen Gewinne in Wirklichkeit Arbeitseinkommen, wie der Sachverständigenrat errechnet hat, die „fünf Wirtschaftsweisen".

Die statistisch ausgewiesenen Gewinne sind die Summe der jährlichen Gewinn- und Vermögenseinkommen. 2005 waren das rund 546 Milliarden Euro in Deutschland, rund 30 Prozent des Volkseinkommens.

Das wird den Empfängern natürlich nicht einfach geschenkt. Wer zum Beispiel Zinsen erhält, muss vorher erst einmal Vermögen gebildet haben. Meistens steht hinter diesem Vermögen wiederum eine Menge harter Arbeit, gepaart mit Sparsamkeit, Geschick und Glück. Jedenfalls gilt das, wenn man von Lottogewinnen, Erbschaften und Banküberfällen einmal absieht. Mehr Möglichkeiten, reich zu werden, sind kaum drin, wie schon Udo Lindenberg ganz richtig getextet hat.

Letztlich steht hinter den Vermögenseinkommen – etwa aus Aktienbesitz oder Sparguthaben – immer die Ertragskraft der Unternehmen. Davon sind nur die Zinszahlungen des verschuldeten Staates an seine Gläubiger ausgenommen. Im Übrigen aber gilt: Hohe Gewinneinkommen sind ein gutes Zeichen für eine Volkswirtschaft. In aller Regel pro-

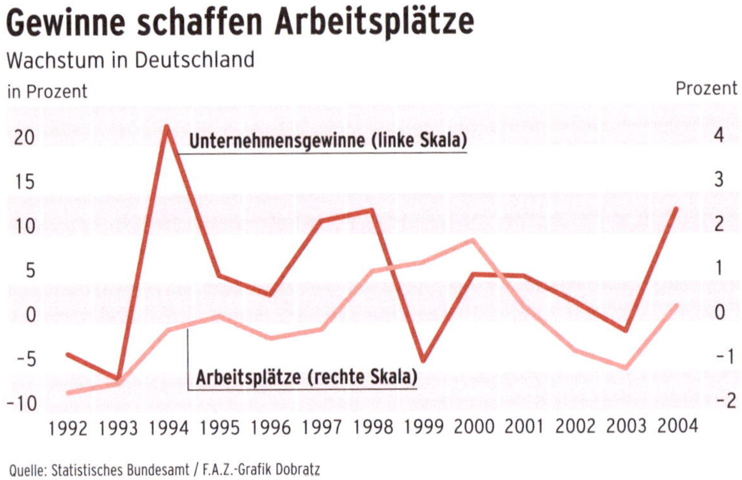

fitieren davon auch die Arbeitnehmer, denn nur rentable Unternehmen stellen Leute ein und sind in der Lage, ihnen gute Löhne zu bezahlen. Es besteht in der Tat ein recht enger Zusammenhang zwischen der Gewinnentwicklung einer Volkswirtschaft und der Zahl ihrer Arbeitsplätze. Das ist nicht in jedem einzelnen Jahr so und auch nicht in jedem einzelnen Unternehmen. Entsprechende Gegenbeispiele werden in der Politik gerne als Beweis dafür genommen, dass hohe Gewinne doch keine Arbeitsplätze schüfen und dass solche Aussagen nur neoliberale Propaganda seien. Aber im Durchschnitt und über längere Zeiträume gesehen, gibt es diesen Zusammenhang eben doch, und nur darauf kommt es letztlich an.

Über die gerechte Verteilung der Gewinne lässt sich streiten. Karl Marx bezeichnete sie als „Mehrwert“, der eigentlich den Arbeitnehmern zustehe. Dabei hat er aber die wichtigste Funktion der Gewinne übersehen, nämlich das knappe Kapital in die besten Verwendungen zu lenken.

Nur der Unternehmer, der mit seinen Produkten die Verbraucherwünsche am besten und effizientesten erfüllt, verdient damit auch Geld. Sein weniger erfolgreicher Konkurrent wird vom Markt dagegen mit Verlusten oder sogar mit der Pleite bestraft. So sind alle ständig auf der Suche nach besseren Lösungen, und das, ohne dass irgendjemand sie dazu antreiben müsste. Das ist das ebenso einfache wie erfolgreiche marktwirtschaftliche Prinzip.

Staatliche Lenkung ist für diese dezentrale, gleichsam antiautoritäre Steuerung der Produktion kein Ersatz, wie die Wirtschaftshistorie eindrucksvoll gezeigt hat. Nicht nur, dass Bürokratie, Korruption und

Schlendrian die unausweichliche Folge wären, würde man Gewinne und Verluste abschaffen. Auch prinzipiell kann das nicht funktionieren, weil am Ende nämlich niemand mehr wüsste, welches Gut wie viel kostet und was es den Endverbrauchern wert ist. Alle Preise, auch die der Vorprodukte und Maschinen, wären politische Preise. Die Kostenrechnung der Unternehmen würde damit zur bloßen Fiktion, die kaum noch etwas mit den tatsächlichen Bedürfnissen und Knappheiten zu tun hätte. Genauso gut könnte man eine Blindenmannschaft Fußball spielen lassen.

Auf dieses Problem haben vor allem die großen Ökonomen Ludwig von Mises und Friedrich August von Hayek aufmerksam gemacht. Wie recht sie hatten, zeigte die Misswirtschaft der früheren Ostblockländer. Deren Untergang war kein Betriebsunfall und auch nicht auf das Versagen Einzelner zurückzuführen, sondern zwangsläufige Folge des Fehlens der Knappheitssignale von Gewinn und Verlust.

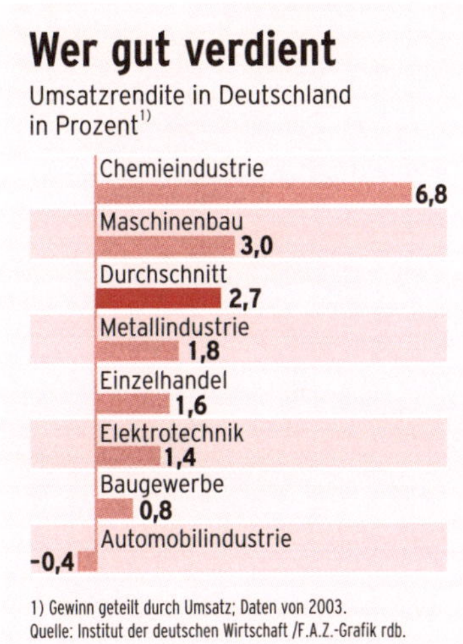

Das alles bedeutet nicht, dass immer nur die Gewinninteressen der Kapitaleigner den Ausschlag bei Unternehmensentscheidungen geben sollten, also der Shareholder Value. Man kann vielmehr mit guten Gründen der Meinung sein, dass auch die Arbeitnehmerinteressen im Sinne des Stakeholder Value etwas zählen sollten. Auf lange Sicht fahren damit vielleicht sogar die Gewinnbezieher selbst besser, weil zufriedene Belegschaften im Zweifel produktiver sind. Diese Idee ist überhaupt nicht neu und wurde schon im 19. Jahrhundert mit Erfolg von dem englischen Baumwollfabrikanten Robert Owen umgesetzt. Auch Gewinnbeteiligungssysteme für die Arbeitnehmer können helfen, Interessengegensätze zu vermindern, wenngleich sie derzeit nicht in Mode sind. Aber töricht wäre es, die Gewinne selbst als angebliche Ursache aller sozialen Übel zu bekämpfen. Denn das hieße, den Hafer zu verfüttern, der die Pferde am Laufen halten soll.

Der Preis ist ziemlich heiß

68 Warum sind Opernkarten billiger als Musicaltickets?

Patrick Bernau

Es war ein Sonntagabend im März. Wer sich in der Kölner Oper Rossinis „Barbier von Sevilla“ ansehen wollte, musste dafür auf dem besten Platz höchstens 55 Euro bezahlen. Ein paar hundert Meter weiter, im Musical Dome, bekam man bei „We will rock you“ zum gleichen Preis einen Platz ganz am Rand oder sehr weit hinten. Denn das Ticket im Musical ist nicht mit Steuergeldern bezuschusst, das in der Oper dagegen schon. Mit eigenen Einnahmen decken die deutschen Opernhäuser und Theater nur rund 20 Prozent ihrer Kosten. Der Rest ist aus öffentlichen Kassen finanziert, zum größten Teil aus denen des Landes und der Stadt – insgesamt kostet das den Steuerzahler rund zwei Milliarden Euro im Jahr.

„Es müssen sich ja auch die Armen die Oper leisten können“, sagen Kulturpolitiker gerne. Darum dürften die Preise für Opernkarten nicht steigen – und deshalb müsse der Staat die Kosten der Oper decken. Doch wer sich einmal bei „Fidelio“ und „Così fan tutte“ im Opernfoyer umschaut, merkt schnell: Das Geld, das in die Oper fließt, kommt gar nicht bei den Armen an. Dort steht die Mittel- und die Oberschicht. Im Musical dagegen sind die Besucher gleichmäßiger verteilt – obwohl das Ticket dort viel mehr kostet.

Da wäre es doch sinnvoller, sagen viele Ökonomen, das Geld aus der Opernförderung direkt den Armen zu geben. Und die können sich dann das Abendprogramm leisten, auf das sie am meisten Lust haben. „Subjektförderung“ nennen die Ökonomen das: Das bekommen die Bedürftigen. Der Staat hat sich in diesem Fall aber der „Objektförderung“ verschrieben – er fördert lieber das Objekt, nämlich die Oper.

Dafür wiederum haben Leute wie der Saarbrücker Ökonom Werner Pommerehne und sein Züricher Kollege Bruno Frey einen Grund gefunden. Sie sagen: Dass es Opern und Theater gibt, bringt auch den Leuten etwas, die gar nicht hingehen. Das sollen diese Leute auch mitbezahlen. Und das lässt sich am einfachsten organisieren, indem der Staat mit ihren Steuern Subventionen an die Opern und Theater zahlt.

Zum Beispiel verbessern gute Opern das Ansehen ihrer Stadt und ihres Landes. Die Mailänder Scala ist so ein Fall. Dieser Effekt lässt sich sogar wirtschaftlich nutzen: Wenn ein Unternehmen seine Büros und Fabriken in einer Stadt mit reichem kulturellen Angebot hat, findet es leichter Mitarbeiter.

Auch für die Bildung sind Opern gut. Lehrer können sie nutzen, um Schülern etwas über Musikepochen beizubringen. Und die Opernbesu-

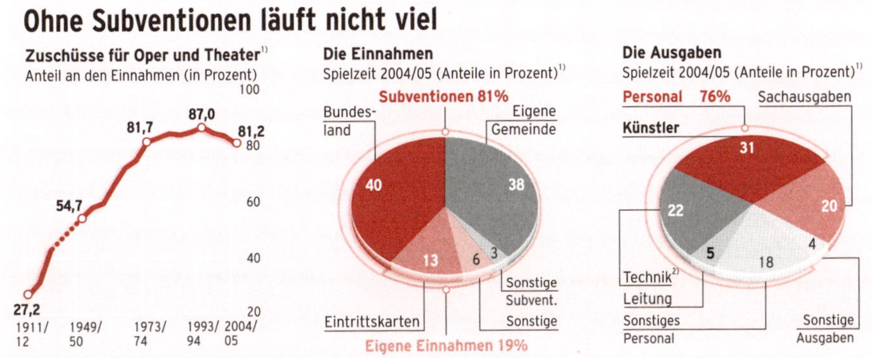

1) Öffentliche Opern und Theater in Deutschland. 2) Sowie Maske und Kostüm. Quellen: Quelle: W. Pommerehne/B. Frey (1993); Theaterstatistik/F.A.Z.-Grafik Brocker

cher kommen in der Vorstellung auf neue Gedanken, die sie sonst vielleicht nicht gehabt hätten, und von diesen Ideen können wiederum andere profitieren.

Außerdem können viele Menschen ihren Geschmack an der Oper noch entdecken, wenn es so viele davon gibt – vor allem dann, wenn die Häuser öffentlich finanziert sind. Wenn sich die Intendanten nicht so ganz direkt nach dem Publikumsgeschmack richten müssen, bringen sie nach der Analyse von Pommerehne und Frey ein breiteres Angebot auf die Bühne und experimentieren mehr als die Chefs privat finanzierter Opern. Umso leichter können neue Stile entstehen, die dann vielleicht auch neue Interessenten ansprechen.

Diese Argumente kann man überzeugend finden oder nicht. Wer ihnen zustimmt, wird eine staatliche Kulturförderung befürworten – aber dass die Musicals von der Förderung ausgenommen werden sollten, folgt aus diesen Argumenten noch nicht. Schließlich tragen auch Musicals zum Kulturangebot ihrer Stadt bei, sie zeigen eine populäre Musikrichtung, sie bringen ihre Zuschauer auf andere Gedanken – und wer weiß, wer noch alles auf den Geschmack am Musical käme, wenn mit Steuern neue Musicalformen ausprobiert würden. Auch die örtliche Wirtschaft profitiert von Musicals, schon allein durch Musicaltouristen, die in den Hotels und Kneipen der Stadt Geld ausgeben. Subventionen für die Musicals sind also ebenso gerechtfertigt wie die für die Opern. Trotzdem gibt es keine.

Um den Grund dafür zu klären, bleibt aber noch ein anderer Weg: Wenn Ökonomen die Entscheidungen von Politikern untersuchen, achten sie nicht nur auf die Sachgründe. Sie betrachten auch das Eigeninteresse der Politiker: Die wollen vor allem wiedergewählt werden. Aber weil die Wähler nicht alles merken und nicht alles bestrafen, tun die Politiker zwischen den Wahlen auch manchmal etwas, das ihnen selbst mehr Vorteile bringt als ihren Wählern. „Politische Ökonomie" heißt diese Betrachtungsweise im Wissenschaftsjargon. Ihre Vertreter wie Ilona

Giese und Michael Göke erwarten nun von den Politikern zwei Verhaltensweisen: Einerseits wollen die Politiker ihre Wahlchancen verbessern und fördern darum Dinge, die als Kultur anerkannt sind. Und zweitens fördern sie die Kultur, die ihnen gefällt.

Als die Republik noch jung war, fiel beides gut zusammen: Die Politiker förderten Opern. Die Förderung wurde immer stärker, bis sie etwa 80 Prozent der Einnahmen ausmachten. Der Staat konnte sich das schließlich leisten. Erst später kamen die Musicals auf. Sie gewannen an Ansehen, außerdem begeisterten sich immer mehr Politiker selbst dafür.

Jetzt wären die Voraussetzungen gut gewesen, um Musicals staatlich zu fördern – warum es anders kam, dazu hat der Kölner Volkswirt Jan Sauermann eine Erklärung: Inzwischen hatte der Staat die Ölkrisen der siebziger Jahre hinter sich. Seither ist der Staat chronisch klamm, und das merkten die Politiker auch recht bald. Die Opern konnten ihren Subventionsanteil kaum noch steigern, und für die Musicals war gar kein Geld da.

Theoretisch hätte man jetzt auch den Opern wieder Subventionen streichen können, um das den Musicals zu geben. Aber in der Praxis war das extrem unwahrscheinlich. Denn wer einmal Geld vom Staat bekommt, lässt sich das nur unter großem Protest wieder nehmen. Die Politiker hätten also mächtig Ärger mit den Opernfreunden bekommen.

Das macht Politikern keinen Spaß, und darum streichen sie staatliches Geld nur ganz selten. Mit Subventionen, sagen Wissenschaftler gern, ist es wie mit Zahnpastatuben: Was einmal draußen ist, lässt sich nur schwer wieder zurückdrücken.

69 Warum ist zeitgenössische Kunst so teuer?

Catherine Hoffmann

Der Hammer fällt. 65 Millionen Dollar. Plus Kommission macht das 72,8 Millionen Dollar für Katalognummer 31: „White Center“, ein Ölbild von Mark Rothko aus dem Besitz David Rockefellers. Es war der teuerste Rothko aller Zeiten und ein Weltrekord. Ein anonymer Telefonbieter zahlte den höchsten Preis, der jemals für ein zeitgenössisches Kunstwerk erzielt wurde. Rockefeller hatte das Gemälde 1960 für 8500 Dollar erworben.

Die Sammler sind im Rekordtaumel. Die Preise für Werke von Willem de Kooning, Andy Warhol, Roy Lichtenstein, Francis Bacon und anderen Künstlern der Nachkriegszeit werden in gigantische Höhen geschraubt. Sotheby's verkaufte in einer einzigen Nacht zeitgenössische Bilder für 254,9 Millionen Dollar, erzielte 15 neue Künstlerrekorde und schrieb damit Auktionsgeschichte – allerdings nur für kurze Zeit. 24 Stunden später überholte Christie's seinen Konkurrenten mit einer Spitzenbilanz von 384,7 Millionen Dollar und 26 Malern, die zum persönlichen Höchstpreis gehandelt wurden.

Der Kunstmarkt läuft heiß. Weltweit werden zeitgenössische Arbeiten zu ungeheuren Preisen gehandelt. Das Geschäft der Auktionshäuser und Galerien mit extrem teuren Werken wächst rasant. Und nichts scheint den Hype bremsen zu können. Wo das viele Geld herkommt, ist schon lange kein Geheimnis mehr. Waren Amerikaner und Europäer auf den großen Auktionen früher weitgehend unter sich, mischen sich heute Sammler aus Asien, dem Mittleren Osten und Russland unter die illustre Käuferschar. Das spiegelt sich auch auf den elektronischen Tafeln in den Auktionssälen. Die Preise werden neuerdings in sechs Währungen gezeigt: Dollar, Euro, Pfund, Franken, Yen und Rubel.

Immobilientycoon, Internetmilliardär, Hedge-Fonds-Manager, Ölscheich, Casinomogul, Großspekulant – die Liste der Millionäre wird immer länger. Damit wächst der Käuferkreis für teure Gemälde. Weltweit gab es Ende 2005 rund 8,7 Millionen Menschen mit einem Finanzvermögen von mehr als einer Million Dollar, heißt es im „World Wealth Report 2006“. Vor allem in Schwellenländern wie Südkorea, Indien und Russland wird Reichtum angehäuft. Noch schneller als die Zahl der Reichen wächst die Gruppe der Superreichen. Dazu zähen Privatleute mit mindestens 30 Millionen Dollar Anlagevermögen. Mehr als 85.000 Menschen zählen zu den Glücklichen. Viele wollen zeigen, was sie haben. Da gehört zu Limousine, Segelyacht und Luxusvilla eben auch das passende Bild an der Wand. Warum soll das Werk nicht so teuer sein wie das Appartement, in dem es hängt?

Um eine sinnvolle Geldanlage geht es dabei nicht. Es ist so gut wie unmöglich, einen fairen und vernünftigen Preis für ein Kunstwerk auszumachen. Anleger ermitteln den Wert einer Aktie, indem sie die erwarteten Erträge der nächsten Jahre auf den heutigen Zeitpunkt abdiskontieren und aufaddieren. Ein solcher Ertragswert lässt sich für ein Kunstwerk nicht errechnen. Seine Zahlungsströme sind negativ, denn es kostet Geld, Bilder zu transportieren, zu lagern und zu versichern.

Der Sammler kauft seinen Rothko auch nicht, weil er hofft, damit viel Geld zu verdienen – das hat er ohnehin schon –, sondern weil er ihn schlicht haben will. Der Preis spielt dabei keine Rolle. Wichtig ist nur, dass es ein Meisterwerk ist, etwas Einmaliges. Rothko ist wertvoll, weil es nur wenige seiner Bilder gibt, aber viele Sammler, die sie begehren. Zum Glück haben nicht alle den gleichen Geschmack, so dass sich Aufmerksamkeit und Geld ein wenig verteilen. Auch wenn nicht zu übersehen ist, dass Werke, die zwischen den späten vierziger und frühen siebziger Jahren entstanden sind, gerade besonders gefragt sind.

Ökonomen würden Kunst wahrscheinlich als ein „positional good" bezeichnen, ein Positionsgut. Der Ökonom David Hirsch hat den Begriff in den siebziger Jahren geprägt. Er beschrieb damit Güter und Dienstleistungen, die sich von Natur aus nicht zur Massenproduktion eignen und deren Wert sich vor allem danach bemisst, welchen Platz sie auf der persönlichen Liste der begehrenswerten Dinge einnehmen. Eine Immobilie im exklusiven Londoner Stadtteil Mayfair, Roy Lichtensteins Bild „Sinking Sun" oder ein reservierter Tisch in New Yorks Restaurant „Le Cirque" eignen sich hervorragend zum „Distinktionsgewinn": Damit lässt sich sozialer Status markieren.

Die Preisspirale dreht sich aber nicht nur, weil Kunst so viel Glamour verleiht, sondern auch, weil der internationale Kunstmarkt nach ganz eigenen Spielregeln funktioniert. Die beiden großen Auktionshäuser Christie's und Sotheby's kontrollieren drei Viertel des Weltmarkts. Der Wettbewerb zwischen ihnen treibt die Preise in schwindelerregende Höhen. Die Rivalen überbieten sich gegenseitig mit hohen Garantiesummen, um Highlights wie Rothko präsentieren zu können. Für sein bonbonfarbenes „White Center" wurden dem Verkäufer angeblich 46 Millionen Dollar zugesichert. Das Prinzip treibt die Preise in immer schwindelerregendere Höhen.

Dass der Markt nicht ganz normal tickt, zeigt auch das Geschäftsgebaren der Galerien. Bei ihnen bekommen Interessenten die Werke der Stars zu einem deutlich niedrigeren Preis als auf einer Auktion. Bevor aber Topgaleristen etwas verkaufen, müssen sich die Kunden als treue Sammler bewähren, Spekulanten gehen leer aus. Und wer einen Andreas Gursky oder Neo Rauch ergattert, muss meist versprechen, ihn nicht so bald zu verkaufen. Der Galerist erhält ein Vorkaufsrecht. Transparent sind diese Geschäfte nicht.

Erste Hedge-Fonds-Manager haben deshalb schon die Witterung aufgenommen und Kunstfonds gegründet, um aus den Ineffizienzen des Marktes Profit zu schlagen. Vor wenigen Tagen wurde mit „The Art Trading Fund" der zweite auf Kunst spezialisierte Hedge-Fonds gegründet – und der erste, der seine Investments gegen Verluste absichern will.

Die klugen Geldvermehrer wissen: Ein Crash am Aktienmarkt könnte den Kunstmarkt mit sich reißen. Die Spekulation auf immer höhere Preise geht nur gut, solange der Reichtum wächst.

70 Warum ist das Teuerste nicht immer das Beste?

Lisa Nienhaus

Qualität hat ihren Preis, diesen Spruch haben die Deutschen verinnerlicht. Wenn sie sich mal einen richtig guten Wein gönnen wollen, nehmen sie einen teuren. Zu Omas Geburtstag gibt es sicher nicht den Billiglikör. Und für die Hochzeit der besten Freundin ist ein Kleid von H&M, selbst wenn es neu ist, nicht angemessen.

Es ist so normal, dass schlechtere Qualität in der Regel billiger ist, dass für viele schon der Umkehrschluss gilt: Ein niedriger Preis bedeutet für sie automatisch, dass sie schlechte Qualität kaufen. Was nix kost', is' nix, glaubt der Volksmund zu wissen. Unterstützt wird er dabei von der Preistheorie, die sagt: Bei vergleichbaren Produkten steigt der Nutzen des Kunden mit steigender Qualität. In der Folge wird er mehr von dem besseren Produkt nachfragen, also wird das Produkt teurer. Wenn das funktioniert, sollte also das Teurere in einer Reihe ähnlicher Güter auch wirklich das Beste sein.

Doch dann liest man „Stiftung Warentest" und kommt ins Grübeln. Nehmen wir die Sonnencreme. Ginge alles so zu, wie die Theorie uns glauben macht, so wäre Sonnencreme von, sagen wir, Piz Buin viel besser als die von der Drogeriemarktkette dm. Die Kunden hätten den Qualitätsunterschied gemerkt und hätten Piz Buin verstärkt nachgefragt, was den Preis gesteigert hätte. In der Praxis findet „Stiftung Warentest", dass das Gegenteil der Fall ist. Im neuesten Test schnitt die Eigenmarke von dm mit der Note 1,9 ab, Piz Buin nur mit 2,7. Dabei waren 100 ml Piz Buin 26-mal so teuer wie 100 ml der Sonnenmilch der Drogeriemarktkette. Es geht noch weiter: Die Billig-Sonnenmilch von Schlecker, Rossmann, Aldi-Süd und Ihr Platz schnitten alle besser ab als die der Edelmarken Ambre Solaire, L'Oréal und Piz Buin. Ist das Teuerste vielleicht gar nicht das Beste?

Ein erster Einwand des Ökonomen könnte lauten: Stiftung Warentest misst falsch. Der Durchschnittskonsument hat andere Kriterien. Vielleicht interessiert er sich zum Beispiel auch für die Größe der Verpackung und für deren Design. Oder es spielt für ihn eine Rolle, wo er das Produkt kaufen kann: Wenn er die Sonnenmilch auch im Sporthandel oder im Kosmetikladen kaufen kann, ist sie ihm mehr wert, als wenn er zu Aldi gehen muss. Das mag beides relevant sein, doch rechtfertigt es einen 26-fachen Preis?

Der amerikanische Ökonom und Soziologe Thorstein Veblen sah Ende des 19. Jahrhunderts eine andere Lösung des Problems. Man dürfe eben nicht – wie in der Volkswirtschaft zwecks der Vereinfachung üblich – alle Menschen über einen Kamm scheren. Veblen glaubte, es gebe Menschen, die genau umgekehrt handelten wie der normale Nachfrager. Sie kaufen ein Gut umso eher, je teurer es ist, nicht je billiger es ist. Das heißt, der Nutzen, den ein Produkt ihnen stiftet, steigt sogar noch, wenn dessen Preis steigt.

Den Grund sah Veblen darin, dass der öffentliche Konsum von teuren Gütern den sozialen Status erhöht, weil man sich damit als Angehöriger der Oberschicht zu erkennen geben kann. Der Konsument kann sich umso besser profilieren, je teurer und exklusiver er einkauft. Gäbe es also zehn Reisetaschen ähnlicher Qualität, so würde der Luxuskonsument immer die teuerste kaufen. Wichtig wäre ihm dabei natürlich, dass den anderen – zumindest den Eingeweihten – sofort klar wäre, dass seine Reisetasche die teuerste ist. Sie könnte zum Beispiel irgendwo ganz dezent das Logo von „Chanel“ oder „Dior“ tragen (wodurch sie ihrem Zweck nicht besser dienen würde).

Veblen hat diese Art der Produktnachfrage „Geltungskonsum“ getauft und in seinem Werk „Theorie der feinen Leute“ ausführlich behandelt, nicht ohne einige Spitzen gegen die damalige Oberklasse. Heute nennt man das Phänomen, dass die Nachfrage mit dem Preis steigt, den Veblen-Effekt. Beobachten kann man ihn täglich auf der Straße bei Prestigegütern wie Autos, Handys, Schmuck und Mode, aber auch in den Klatschblättern beim Hauskauf der Prominenten. Je astronomischer die Immobilienpreise in London, L.A. und New York, desto mehr Schauspielerinnen, Rapper und Oligarchen scheinen unbedingt dort wohnen zu wollen.

Dieser Snob-Effekt führt dazu, dass es Produkte gibt, die zwar teuer, aber für den Normalkonsumenten keinesfalls besser sind als andere Produkte. Gäbe es nur Normalkonsumenten, würden sie vom Markt verschwinden, doch dem geltungssüchtigen Luxuskonsumenten kommen sie gerade recht. Für ihn ist das teuerste Produkt immer das beste.

Diese Theorie ist bestechend, sie erklärt aber nicht, wieso Preis und Qualität auch bei Produkten auseinanderdriften, die nicht klassischerweise als Prestigeprodukte genutzt werden. Sonnenmilch oder Sahne zählen wohl kaum zu den Luxusartikeln – und doch sind hier die Billigmarken erstaunlich stark in der Qualität, die teuren Produkte durchaus auch einmal schwach.

Ökonomen erklären das damit, dass die Menschen nicht perfekt informiert sind. Bei einigen Gütern – gerade bei Kosmetikprodukten, aber auch vielen Lebensmitteln – ist die Qualität nicht sofort erkennbar. Der Verbraucher ist nicht vollständig informiert, wie das in der Theorie zur Vereinfachung angenommen wird. Er kann nur anhand der Verpackung mutmaßen oder eventuell auf seine beschränkte Erfahrung zurückgreifen. Die Information ist also asymmetrisch verteilt.

Der Ökonom unterscheidet nach Grad der Informationsasymmetrie das Inspektionsgut vom Erfahrungsgut und vom Vertrauensgut. Beim Inspektionsgut kann der Kunde anhand einer kurzen Inspektion vor dem Kauf feststellen, ob es seinen Anforderungen entspricht. Dieses Gut verursacht keine Probleme bei der Preisfindung. Beim Erfahrungsgut muss der Konsument dagegen erst kaufen und testen, bevor er weiß, welche Qualität er vor sich hat. Hierzu zählen die Sonnencreme und die Sahne.

Beim Vertrauensgut schließlich wird der Kunde auch nach dem Konsum nie genau beurteilen können, welche Qualität er genossen hat. Viele ärztliche Behandlungen fallen in diese Kategorie. Selbst bei Sonnencreme und Sahne sind einige Qualitätseigenschaften Vertrauenssache. So können nur die wenigsten Kunden selbst kontrollieren, wie viele Keime in der Sahne sind oder ob das UVA/UVB-Verhältnis der Sonnencreme stimmt.

Der Käufer greift also vielfach auf seine bruchstückhafte Erfahrung und auf Beobachtbares (Verpackung, Preis, Markenname) zurück, wenn er einkauft. Dabei sucht er nach Signalen für gute Produkte. Das könnte eine Garantie sein, der gute Ruf einer Marke, Information durch Werbung oder eben der Preis.

Markenunternehmen wie die großen Kosmetikkonzerne profitieren also davon, dass der Käufer ihnen möglicherweise ein großes Vertrauen entgegenbringt. Sie signalisieren durch Verpackung, Preis und Werbung, etwas Besseres zu verkaufen als die Billigkonkurrenz. Herauszufinden, dass das in einigen Fällen nicht stimmt, ist aufwendig und teuer.

Schließlich muss man neben der Nachfrage- auch die Angebotsseite betrachten, die Unternehmen. Die Preisfindung zwischen Unternehmen und Kunden ist immer ein Ausgleich zwischen den Interessen beider Seiten. So gilt grundsätzlich, dass der Preis allein wenig über Qualität aussagt. Er markiert nur die Angebotsmenge, bei der die Kunden bereit sind, genau den Preis pro Produkt zu zahlen, für den die Anbieter bereit sind, diese Menge zu produzieren. Die Unternehmen setzen diesen Mechanismus erst dann außer Kraft und verzerren Preise, wenn sie den Wettbewerb einschränken. So signalisiert uns ein stets steigender Ölpreis zwar auch, dass Öl knapper ist als vor zwanzig Jahren. Gleichzeitig zeigt er aber vor allem, dass die Opec ein sehr gut funktionierendes Kartell ist, das durch künstliche Verknappung steigende Preise herbeiführt. Ganz sicher aber zeigt er nicht, dass das Öl heute besser ist als 1987.

Was tut der Snob? Für ihn sind hohe Preise ein Gütesiegel. Er kauft umso eher, je teurer etwas ist.

71 Warum ist Gold so teuer?

Winand von Petersdorff

„Wir erreichten San Francisco am 20. Juni 1848 und stellten fest, dass alle oder fast alle Männer zu den Goldminen gezogen waren. Die Stadt, in der wenige Monate zuvor noch Geschäftigkeit und Emsigkeit blühten, war ausgestorben“, berichtet der Gesandte aus Washington, Colonel Richard Barnes Mason, seinen Vorgesetzten. John (Johann) Sutter, ein Schweizer Siedler, hatte sich 80 Kilometer nördlich von San Francisco niedergelassen, sich 300 Quadratkilometer Land angeeignet und es Neu-Helvetien genannt. Alles lief bestens, bis sein Vorarbeiter, der Zimmermann John Marshall, bei Bauarbeiten für eine Sägemühle ein Goldklümpchen fand.

Die Nachricht verbreitete sich wie ein Lauffeuer. Spätestens als Journalisten die Nachricht in die Welt posaunten, gab es kein Halten mehr. Schiffe strandeten in Häfen, weil die Mannschaften lieber Gold suchten. Soldaten desertierten, Handwerker ließen ihre Werkstätten im Stich und Arbeiter ihre Fabriken. Sutter wurde regelrecht überrannt – und bald suchten die Menschen in ganz Kalifornien nach Gold. Zwischen 1848 und 1852 wuchs San Francisco von 14.000 auf 230.000 Einwohner.

Alle waren auf das schnelle Glück aus und bestätigten einen fundamentalen Verdacht: Es steckt etwas im Gold, dass die Menschen zum Irrsinn treibt. Es weckt eine Begehrlichkeit, die schwer mit seiner Nützlichkeit zu erklären ist. Selbst handfeste Rohstoffanalysten sprechen plötzlich esoterisch von Mystik, Zauber und Tradition, wenn es um das Edelmetall geht.

In Gold materialisiert sich die Hoffnung auf Reichtum ohne Mühsal – das zumindest galt für Goldgräber. Meistens trog die Hoffnung: Die wenigsten wurden reich. Wenn sie Gold fanden, wurden sie es schnell wieder los. Denn in den Goldgräberstädten erhöhten sich die Preise für die Güter des täglichen Bedarfs dramatisch. Die Möglichkeit des Reichtums wurde sozusagen für bare Münze genommen. Der Tischler baute nur dann einen Tisch, wenn er so viel Geld dafür bekam, dass es sich für ihn nicht lohnte, selbst Gold zu schürfen, der Hühnerhalter verlangte für ein Ei die unvorstellbare Summe von einem Dollar.

Eine wenig befriedigende Erklärung für die Sehnsucht nach dem Metall lautet: Gold ist so begehrt, weil es so begehrt ist. Im Wilden Westen, wo sich offizielle Münzen noch nicht durchgesetzt hatten, wurde es als Zahlungsmittel akzeptiert, obwohl die Münzen oft aus unregulierten privaten Münzereien stammten. Das Edelmetall stiftete ein fast grenzenloses Glauben in seine Werthaltigkeit und damit das Vertrauen, ohne das Geschäfte gar nicht möglich sind.

Etwa von 1870 bis zum Ersten Weltkrieg koppelten die Vereinigten Staaten und einige andere Länder ihre Währung direkt an Gold. Ein Gramm entsprach einer festen Summe in der Währung des Landes. Damit war der Goldpreis mehr oder weniger fixiert. Inflation und zwei Weltkriege brachten das System durcheinander. Die Länder finanzierten ihre Militärausgaben mit frisch gedrucktem Geld, das nicht mehr mit Gold gedeckt war. Gleichzeitig wurde Gold zur beliebten Währung in Kriegsgebieten – der Preis schwankte wild. Dann herrschte wieder Langeweile. Die Vereinigten Staaten verpflichteten sich im Abkommen von Bretton Woods, für 35 Dollar eine Feinunze aus ihren Goldreserven herauszugeben. Die 43 anderen Unterzeichnerländer setzten ihre eigene Währung in ein festes Umtauschverhältnis zum Dollar. Damit gab es in den wichtigsten Ländern der Welt einen festen Preis für Gold.

Das System brach zusammen, als Frankreich 1969 gegenüber der amerikanischen Zentralbank darauf bestand, seine Dollarreserven in Gold zu tauschen. 1971 erklärte der amerikanische Präsident Richard Nixon das Ende der Einlösungspflicht.

Schon im Januar 1980 wurde das Allzeithoch von 840 Dollar erklommen. Danach fiel der Preis allerdings ähnlich entschlossen bis auf unter 300 Dollar herab. Aller Irrsinn um das Gold suspendiert nicht die klassischen Gesetze für Preisbildung, die sich nach Angebot und Nachfrage richtet.

Heute steigt die Nachfrage. Das tut sie immer dann, wenn Krisen nahen und wenn Inflation droht. Das behaupten zumindest die professionellen Beobachter. Gold gilt als Fluchtwährung und sicherer Hafen, referiert Eugen Weinberg, Rohstoffanalyst der Commerzbank.

Das Nachfrageplus könnte aber auch profanere Ursachen haben. Immer mehr Inder kommen zu Geld. Und Inder lieben Goldschmuck. Im ersten Halbjahr kaufte die globale Schmuckindustrie rund 20 Prozent mehr Gold als im Vorjahr. Die Hälfte der Weltproduktion ging nach Indien. Auch Chinas Nachfrage nach Gold stieg um ein Drittel. Das Land feiert das Jahr des goldenen Schweines. Die Bürger schenkten sich zum Jahresauftakt kleine Edelmetall-Borstenviecher als Amulett.

Noch kräftiger (plus 47 Prozent im ersten Halbjahr 2007) gewachsen, allerdings auf deutlich niedrigerem Niveau, sind die Bestellungen der Dentallabore und Zahnärzte. Diese Entwicklung reflektiert wachsenden Wohlstand, mehr Menschen leisten sich Goldzähne. In Zahlen lässt sich die Nachfrage nach Gold ungefähr so aufteilen: 75 Prozent gehen in die Schmuckindustrie, 13 Prozent an Dentallabore und Industriebetriebe. Aus dem Rest werden Barren und Münzen, oder es geht an Goldfonds.

Das Angebot stammt nur zu 60 Prozent aus der Förderung. 25 Prozent steuert eingeschmolzenes recyceltes Gold bei. Und ein kleiner Teil des global

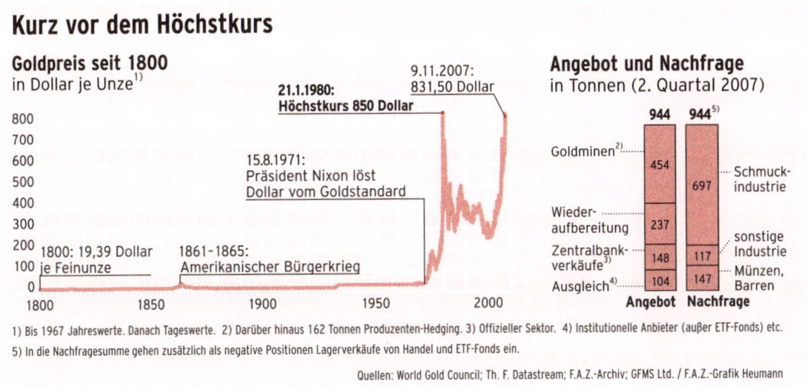

angebotenen Goldes stammt aus offiziellen Verkäufen etwa von Zentralbanken. In der Summe sinkt das Angebot zurzeit. Das hat mehrere Gründe.

So muss der weltgrößte Förderer Südafrika immer tiefer gehen in seinen Minen, inzwischen 3800 Meter an den tiefsten Stellen. Das verteuert die Produktion auf bis zu 600 Dollar je Unze, berichtet Weinberg.

Dazu kommt, dass immer mehr Minengesellschaften in das Visier von Umweltschutzgruppen geraten, die die belastende Förderung anprangern: Für eine Unze Gold müssen 30 Tonnen Fels bewegt werden und mit dem hochgiftigen Cyanid besprenkelt werden, um das Gold vom Stein abzusondern. BHP Billiton, der größte Rohstoffproduzent der Welt, verkaufte eine profitable Mine auf Papua-Neuguinea, nachdem im Zuge der Förderung ein Fluss vergiftet und 1000 Hektar Regenwald vernichtet worden waren. Die Weltbank stoppte 2001 für zwei Jahre die Förderung von Goldminenprojekten in Entwicklungsländern.

Knapp ist das Angebot auch, weil die Zentralbanken sich nur zögerlich von ihren Goldreserven trennen. 1999 hatten sie verabredet, den Markt jährlich mit 500 Tonnen zu bestücken. „Diese Mengen haben wir nie auf dem Markt gesehen", sagt Weinberg. Es waren immer deutlich weniger. Goldverkäufe sind umstritten, wie Politiker in der Schweiz und in Deutschland erfahren mussten. Aber auch eine andere Deutung hält sich hartnäckig. Demnach haben sich die Zentralbanken immer ein bisschen wichtig gemacht: Ihre Goldreserven sind in Wahrheit kleiner als vermutet.

Die Hoffnung fahren lassen müssen die potentiellen Kunden nicht. Es schlummert viel totes Kapital in den Schmuckschatullen der Welt. Das muss nur eingeschmolzen werden. Das ist eines der Phänomene dieses Werk- und Wertstoffes: Fast jedes Gramm Gold, das je gefördert wurde, ist immer noch da, sagt Weinberg. Gold kann fast beliebig oft recycelt werden.

72 Warum lohnt sich das eigene Häuschen nicht?

Gerald Braunberger

„Schaffe, schaffe Häusle baue", sagen die fleißigen Schwaben, und wer wollte es ihnen und anderen verdenken. Der Traum von den eigenen vier Wänden, am besten noch im Grünen gelegen, aber mit gutem Verkehrsanschluss, hat Millionen Deutsche in den vergangenen Jahrzehnten dazu bewogen, ihr Erspartes in Haus und Garten anzulegen.

Im Nachfolgenden soll nicht die radikale These vertreten werde, der Kauf einer Wohnimmobilie (Haus oder Wohnung) sei für einen Durchschnittsverdiener notwendigerweise eine schlechte Entscheidung. Es gibt gute Gründe, in den eigenen vier Wänden zu wohnen. Viele Menschen fühlen sich in der eigenen Immobilie sicherer und freier als in einer angemieteten, und dieses Gefühl soll ihnen nicht genommen werden. Wer gerne Rasen mäht und Hecken schneidet, findet ein Betätigungsfeld.

1) Angaben für 2002 (Großbritannien: 2001).
Quellen: US Census Bureau; Housing Statistics in the European Union 2004 / F.A.Z.-Grafik Heumann

Nur sind diese Annehmlichkeiten nicht umsonst zu haben. Die These lautet deshalb: Der Kauf eines Hauses ist für eine Familie mit durchschnittlichem Einkommen aus rein finanzieller Sicht eine problematische und sehr wahrscheinlich nicht optimale Entscheidung – jedenfalls, wenn man die moderne Wirtschaftstheorie heranzieht.

Der Kauf oder Bau einer eigenen Immobilie ist in der Regel die größte wirtschaftliche Einzelentscheidung im Leben eines Durchschnittsverdieners. Sie bindet, weil zum Teil durch langfristige Kredite finanziert, über Jahrzehnte, schafft aber im Gegenzug einen Vermögenswert. Durchschnittsverdiener mit eigenem Haus besitzen darüber hinaus meist kein nennenswertes Vermögen – seien es Wertpapiere, Bankguthaben oder Goldbarren. Die Konzentration des Kapitals auf die Immobilie ist das Problem. Denn die moderne Finanztheorie besagt, es sei viel sinnvoller, sein Vermögen auf verschiedene Anlageformen zu verteilen, um Risiken zu minimieren.

Wer sein gesamtes Geld in eine Anlageform investiert, setzt sich dem aus, was Ökonomen ein Klumpenrisiko nennen: Geht mit der Anlage etwas schief, ist der Sparer möglicherweise ruiniert. Wer sein Vermögen breit streut, wird nicht in die Situation kommen, alles auf einmal zu verlieren.

An dieser Stelle wird sich bei Hausbesitzern Widerstand regen: Gilt die eigene Immobilie nicht als sicherste Anlageform überhaupt? Wenn sonst im Leben schon alles schiefgehen sollte, bleibt doch immer noch das eigene Haus (oder die eigene Wohnung) als Refugium.

Diese Überlegung scheint zu stimmen, gäbe es nicht so viele Zwangsversteigerungen von Wohnimmobilien. Die Vorstellung von den eigenen vier Wänden als Fluchtburg vor den Widrigkeiten des Lebens ist eine Illusion – allerdings eine sehr verbreitete in einem Land, in dem viele Häuser über Jahrzehnte von mehreren Generationen bewohnt werden.

Kennzeichnend für eine Wohnimmobilie ist die Unsicherheit über ihre Preisentwicklung bei einem künftigen Verkauf. Denn immer seltener leben Bauherren in ihrem Haus bis zum Ende ihrer Tage. Die Gesellschaft wird mobiler; immer mehr Menschen ziehen aus beruflichen Gründen mindestens einmal in ihrem Leben um. Wenn sie ihre Immobilie dann verkaufen wollen, kann es schwierig werden.

Die langfristigen Preisrisiken sind vielfältig und schwer kalkulierbar. So mag eine Region aus wirtschaftlicher Sicht an Attraktivität verlieren, was einen Teil der Bevölkerung dazu bewegt umzuziehen. Man erinnere sich an die steuerbegünstigten Bauten von Immobilien in den neuen Bundesländern nach der Wiedervereinigung, die sich in vielen Fällen als eine Fehlinvestition herausgestellt haben. Und selbst das schönste Häuschen im Grünen wird drastisch an Wert einbüßen, wenn in seiner unmittelbaren Nähe eine Umgehungsstraße oder eine Eisenbahnlinie oder eine Müllentsorgungsanlage gebaut wird. Der Bau einer zusätzlichen Landebahn für den Frankfurter Flughafen ist auch deswegen umstritten, weil er den Wert der umliegenden Immobilien reduzieren wird. Wer zahlt viel Geld für ein Haus, das sich in unmittelbarer Nähe einer Einflugschneise befindet?

Hinzu tritt das demographische Risiko. Die Zahl der Deutschen wird deutlich zurückgehen und zur Verödung ganzer Regionen, vor allem, aber nicht nur im Osten, beitragen. Weil immer weniger Kinder geboren werden, dürfte zudem langfristig die Nachfrage nach dem klassischen Einfamilienhaus mit zwei Kinderzimmern und einem Garten zurückgehen. Als beschwerlich kann sich auch die Illiquidität einer Immobilie erweisen: Wertpapiere sind jederzeit leicht verkäuflich, die Trennung von einer Immobilie kann viel Zeit kosten und Ärger bringen.

Noch einmal: Es existieren viele praktische und Wohlfühl-Gründe für das eigene Haus oder die eigene Wohnung. Aber wer (nahezu) sein ganzes Vermögen in eine Immobilie steckt, darf sich nicht beschweren, wenn die Rechnung eines Tages nicht aufgeht.

So wohnen die Deutschen

Es ist paradox: Das Bauen wird in Deutschland auf vielfältige Weise, darunter auch steuerlich, gefördert, aber dennoch wohnt nur ein geringerer Teil der Bevölkerung in eigenen vier Wänden als in den meisten anderen westlichen Industrienationen. Bausparkassen wie in Deutschland existieren in ähnlicher Form auch im Ausland, aber dafür ist der langfristige Hypothekarkredit, der auf der Eintragung einer Schuld im Grundbuch beruht, eine deutsche Spezialität.

Die Gründe für den deutschen Rückstand sind zum Teil historisch bedingt. In Frankreich etwa befinden sich besonders auf dem Land viele Immobilien seit Generationen in Familienbesitz. In Deutschland hat der Zweite Weltkrieg mit der Wanderung von Millionen Menschen diese Kontinuität zerstört. Den Drang zum Eigenheim gebremst hat fraglos auch der starke Mieterschutz. Wer sich in einer Mietwohnung als quasi unkündbar ansieht, muss nicht die vermeintliche Sicherheit einer eigenen Wohnung suchen.

Interessant ist der Blick nach Amerika, wo die Menschen mobiler sind, aber trotzdem die eigenen vier Wände schätzen. Das passt schon zusammen: Während Deutsche gern teure Häuser für die Ewigkeit bauen, bauen die Amerikaner gern billig und anspruchslos.

73 Warum gibt es Jeans für 9 und für 900 Euro?

Patrick Bernau

8,99 Euro für eine Jeans – solche Angebote finden wir immer wieder in den Prospekten der Discounter. Und gleichzeitig gibt es auf der Welt Läden, in denen Jeans mehr als 900 Euro kosten. Der Designer Roberto Cavalli verlangt sogar manchmal mehr als 2000 Euro. Die Jeans unterscheiden sich durch ein paar Stickereien – und dadurch, dass die teuren oft deutlich älter aussehen. Trotzdem finden Jeans in beiden Preisklassen Käufer. Warum?

Weil auf der teuren Jeans auch ein Name aufgestickt ist, zum Beispiel der von Roberto Cavalli. Dass die Jeans von ihm kommt, macht sie für einige Käufer hundertmal so wertvoll wie die unbestickte Jeans vom Discounter: Cavallis Name ist zur Marke geworden. Und dass Markenartikel teuer sind, hat eine lange Tradition.

Schon im alten Mesopotamien sollen Händler ihre Transportkrüge mit speziellen Siegeln markiert haben. Im Mittelalter wurde diese Praxis noch populärer: Sogar Käse zeigte spezielle Herkunftsmarken, und Michelangelo hinterließ auf seinen Werken seine Meistermarke. Der Grund war immer der gleiche: Der Verkäufer wollte den Preis für seine Ware in die Höhe treiben, indem er mit seinem Zeichen für die Qualität bürgte.

Die Qualität eines Produkts ist nämlich für den Käufer nur selten leicht zu erkennen. Zum Beispiel für den, der heute eine Waschmaschine kauft: Wird sie 20 Jahre halten? Oder muss sie alle sechs Monate repariert werden und gibt den Geist nach drei Jahren ganz auf? Nicht jeder, der eine Waschmaschine braucht, sucht vorher extra die Testberichte heraus. Also lassen sich viele Käufer davon leiten, ob auf der Maschine „Miele“ steht.

Wie haltbar solche Qualitätsvorstellungen in den Köpfen der Verbraucher sind, das haben zwei amerikanische Wissenschaftler festgestellt, als sie Testberichte und Umfragen ausgewertet haben: Wenn eine Marke erst einmal ein gutes Image hatte, sickern schlechte Nachrichten erheblich langsamer in die Köpfe der Käufer als bei Marken mit schlechtem Image.

Doch blicken wir auf unsere Jeans: Sind Roberto Cavallis Hosen mehr als den 100-fachen Preis wert, weil sie länger halten? Sicher nicht. Angenommen, die Discounter-Jeans hält mindestens ein halbes Jahr: Dann müsste man die Cavalli-Jeans mindestens 50 Jahre tragen – und in dieser Zeit auch noch die Kleidergröße halten.

Es muss also noch etwas anderes geben, das uns dazu bringt, 900 Euro für eine Jeans auszugeben. Auf der Suche nach diesem Etwas hilft eine relativ neue Wissenschaft: die Neuroökonomie. Die sucht im Gehirn nach den Gründen für unser Verhalten. Dazu beobachten die Forscher, welche Hirnregionen aktiv sind, während wir wirtschaftliche Entscheidungen treffen.

Die Wissenschaftler sehen: Wenn wir einkaufen, findet im Gehirn ein Kampf statt. Und der läuft, vereinfacht gesagt, genauso ab wie in schlechten Filmen – wenn auf den Schultern des Schauspielers ein Engelchen und ein Teufelchen miteinander streiten. Das sind zumindest die Ergebnisse von Forschern an den renommierten Universitäten von Stanford, Pittsburgh und dem Massachusetts Institute of Technology.

Das Engelchen, das ist die Schmerzregion in der Nähe der Schläfen. Sie ärgert sich darüber, dass wir so viel Geld ausgeben wollen. Das Teufelchen ist das Lustzentrum, das zum Teil direkt hinter den Augen und zu einem anderen Teil tief im Gehirn sitzt. Dort hat nicht nur die Freude an gekauften Dingen ihre Heimat, sondern beispielsweise auch der Kick beim Drogenrausch. Die Entscheidung lässt sich recht einfach zusammenfassen: Wenn das Teufelchen im Lustzentrum aktiver ist als das Engelchen im Schmerzzentrum, dann schlagen wir zu.

Eine starke Marke feuert das Teufelchen im Lustzentrum richtig an. Weil wir uns von diesem Kauf eine tolle Belohnung versprechen, wie der Neuroökonom Christian Scheier sagt, der vor kurzem das Buch „Was Marken erfolgreich macht“ veröffentlicht hat.

Als Belohnung akzeptiert unser Lustzentrum ganz unterschiedliche Dinge. Ein Beispiel: die Werbekampagne der Kosmetikserie „Dove“. Auf den Plakaten zeigen uns die Werber keine dünnen Models, sondern ganz normale Frauen. Dove verspricht dadurch als Belohnung eine Erleichterung, sagt Scheier: Frauen müssten sich nicht ständig um ihre Figur sorgen. Die Biermarke Becks verspricht mit ihren Bildern von Segeltörns an exotischen Orten Abenteuer. Whiskymarken betonen dagegen ihre Tradition und lassen ihre Etiketten älter wirken, um jüngeren Kunden eine Entwicklung zu versprechen.

Dagegen reicht es nicht, wenn uns ein Produkt gefällt oder wir es mögen. Dem Buchladen um die Ecke zum Beispiel hilft es nur selten, dass er uns so sympathisch ist. Sympathie und Belohnung seien eben in zwei unterschiedlichen Gehirnbereichen angesiedelt, erklärt Scheier.

Und welche Belohnung verspricht nun die 900-Euro-Jeans? Individualismus. Sie grenzt die Käufer von all denen ab, die so eine Jeans nicht haben. Das sei eine der wichtigsten Belohnungen überhaupt, sagt Scheier. Die Abgrenzung kann an unterschiedlichen Eigenschaften erfolgen: Wir fühlen uns schlauer, cooler oder trendiger als andere. Oder eben reicher. Kurz gesagt – wir sind deshalb bereit, so viel Geld für die 900-Euro-Jeans zu zahlen, weil sie so teuer ist.

STARKE MARKEN

Möbel

Nein, vielen Leuten ist es nicht egal, worauf sie abends beim Fernsehen sitzen. Rot sind beide Sessel, aber nur der linke ist von dem italienischen Möbelhersteller Poltrona. Der kann für sein Polsterstück ganz locker mehr als 4000 Euro verlangen - und findet trotzdem genügend Abnehmer dafür.

Handtaschen

Sie zählen zu den wichtigsten Statussymbolen überhaupt. Schließlich gehören sie ja auch zu den sichtbarsten. An so einem prominenten Platz wie dem Arm einer Dame ist es nicht immer mit 30 oder 40 Euro getan. Für eine echte Louis-Vuitton-Tasche geben die Kundinnen 2500 Euro aus. Die hat ja schließlich auch nicht jeder. Da freut sich das Belohnungszentrum im Gehirn!

Cola

Das Rezept von Coca-Cola gehört zu den bestgehüteten Geheimnissen der Menschheit. Dabei wäre der ganze Aufwand überhaupt nicht nötig. Es ist nämlich gar nicht der Geschmack, der Coca-Cola zu etwas Besonderem macht. Sondern nur der rote Aufkleber mit der weißen geschwungenen Schrift. Den erkennt das Gehirn und lässt im Belohnungszentrum die Funken fliegen. Fehlt der Aufkleber, ist die schwarze Brause nur ein Getränk wie jedes andere. Das haben schon viele vermutet, inzwischen ist es aber sogar von Neurologen bewiesen. Kein Wunder also, dass Coca-Cola als die wertvollste Marke der Welt gilt.

74 Warum haben die Preise nichts mit den Kosten zu tun?

Thomas Straubhaar

Im Kommunismus bestimmen die Kosten die Preise. Im Kapitalismus bestimmen die Preise die Kosten. Kürzer und knapper kann man die völlig entgegengesetzten Standpunkte plan- und marktwirtschaftlicher Perspektiven nicht charakterisieren. In funktionierenden Marktwirtschaften bewegen Angebot und Nachfrage die Preise, nicht die Höhe der Kosten. Die Preise spiegeln Knappheiten wider. So kann Wasser vor der Regenzeit rar und damit teuer und nach der Regenzeit reichlich und damit billig sein.

Wo nicht Märkte, sondern Behörden die Wirtschaft lenken, müssen die Preise hingegen durch Beschlüsse festgesetzt werden. Das gilt nicht nur für Planwirtschaften oder Staatsbetriebe. Es gilt auch für die internen Verrechnungspreise innerhalb privater Firmen. In beiden Fällen stehen die Wirtschaftslenker vor der heroischen Aufgabe, den richtigen Preis zu finden, weil es keinen Markt und damit keine Marktpreise als Maßstab gibt. Auch deshalb sind die Privatisierung, der Verkauf von Betriebsteilen oder das Schaffen von eigenständigen Profit-Zentren so wichtig. Durch die Loslösung vom Staat oder vom Mutterunternehmen sollen die Tochtergesellschaften in eine Wettbewerbssituation gebracht werden. Externe Märkte treten an Stelle interner Hierarchien, Preise ersetzen Befehle.

Oft werden in Staatsbetrieben als Behelfsgrößen für fehlende Wettbewerbspreise so gut wie möglich die Kosten abgeschätzt, die mit einer Leistungserbringung entstehen. Mit komplexen Analysen versuchen Regulierungsbehörden den Preis der letzten Meile in der Festnetztelefonie, die Rundfunkgebühren oder die Fahrpreise im öffentlichen Nahverkehr festzulegen. Bei allem guten Willen bleibt dabei vieles unberücksichtigt, und einiges ist schlicht willkürlich.

Manchmal bestimmen auch ganz andere Gründe die Preisfestsetzung. Dazu gehören sozial- oder regionalpolitische Befindlichkeiten, wie das etwa bei Seniorentarifen für Bus und Bahn oder bei der Forderung eines bundesweit einheitlichen Portos für Briefe der Fall ist. Zahllos sind die Anekdoten über die Preisfestlegungsverfahren der Staatlichen Plankommission (SPK) der DDR. Berichtet wird, wie der Staatsratsvorsitzende Honecker nach stundenlangen Debatten im Politbüro der SED in präsidialer Attitüde im Alleingang den Preis für Schwarzweißfernseher oder für den Trabant festlegte. Hier spielten weder Knappheit noch Kosten eine Rolle, sondern alleine die Stimmungslage des Staatsratsvorsitzenden und sein Gefühl, welche Preise der ostdeutschen Bevölkerung zugemutet werden durften. So fern die Zeiten der DDR heute scheinen, so nah sind ähnliche politische Entscheidungsprozesse bei der Festlegung von Gebühren und Tarifen für öffentlich-rechtliche Leistungen.

Preise, die an den Kosten orientiert sind, haben einen fundamentalen Mangel. Wer weiß, dass er die Kosten auf die Kunden überwälzen kann, muss sich nicht ständig anstrengen, effizienter zu produzieren. Diese Kostenpreise führen zu fehlendem Kostenbewusstsein, Verschwendung, Missachtung von Kundenwünschen und geringer Innovationsdynamik. Wer als Staatsbetrieb seine Kosten auf die Bevölkerung in Form von Gebühren überwälzen darf, wird wenig tun, um besser oder billiger zu werden. Der Bürger zahlt sowieso immer. Die alte staatliche Bundespost ist ein schlagendes Beispiel dafür.

In funktionierenden Marktwirtschaften werden die Preise durch den Wettbewerb bestimmt und nicht durch eine Behörde amtlich festgelegt. Es ist die Peitsche der Wettbewerbspreise, die Firmen zu Höchstleistungen anspornt. Wer mit seinen Kosten nicht unter dem vom Wettbewerber gesetzten Preis liegt, hat auf dem Markt keine Überlebenschance. Verkauft Discounter A im Ostergeschäft die Schokohasen zum Preis X, setzt er damit für alle Konkurrenten den Maßstab. Ist Discounter B teurer, wird er auf seinen Beständen sitzenbleiben. Ist er billiger, wird er sich über leere Regale, Warteschlangen und hohe Umsätze freuen können.

Der Preis des Marktes entscheidet, ob Firmen mit geringeren Kosten Gewinne und Betriebe mit höheren Kosten Verluste machen. Das gilt für nahezu alle standardisierten Konsumgüter, also für Nahrungsmittel, Textilien, elektronische Geräte, Möbel oder Urlaubsreisen. Wer noch mehr empirische Beispiele benötigt, schaue sich die Preisbildung an den

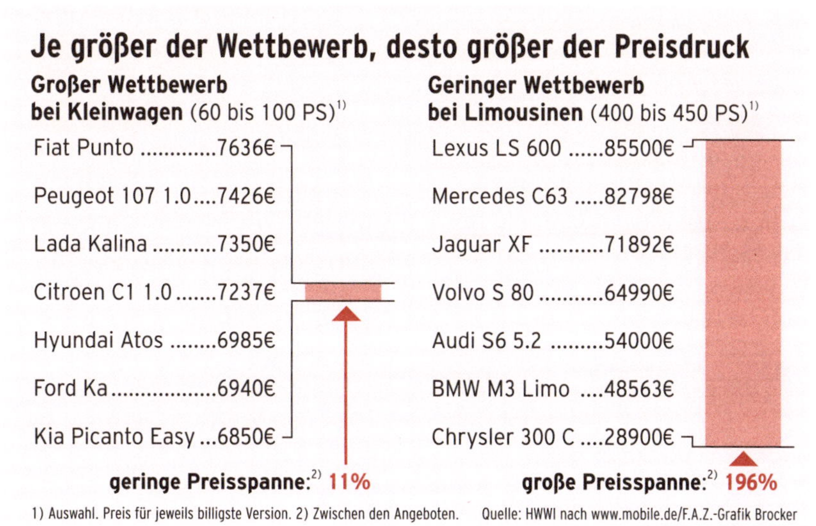

Zapfsäulen an. Senkt der Konkurrent in der Nähe die Preise, müssen alle anderen nachziehen. Hier spielt der Preiswettbewerb im Stundentakt. Hat eine Tankstelle ein lokales Monopol, weil weit und breit kein Konkurrent zu finden ist, kann sie zu Lasten der Kunden den Benzinpreis ihren Kosten gemäß zuzüglich eines Gewinnzuschlags festsetzen.

Im Konkurrenzkampf auf Wettbewerbsmärkten werden Unternehmen versuchen, ihre Kosten zu senken. Das erlaubt ihnen, bei gleichbleibenden Preisen so lange Gewinne einzustreichen, bis die Konkurrenz nachgezogen hat. Der Preiswettbewerb steigert die Kaufkraft der Verbraucher. Es zeigt sich: Wettbewerbspreise sind zum Wohle der Verbraucher. Kostenpreise sind zum Wohle der Unternehmen.

Der Preiswettbewerb verhindert, dass Firmen über längere Zeit Gewinne zu Lasten ihrer Kunden erzielen. Die wirtschaftspolitische Konsequenz lautet demzufolge: Es muss alles getan werden, dass Märkte offen sind, ein intensiver Wettbewerb zustande kommt und Gewinne rasch erodieren. Die Gewinner dürfen sich ihres Erfolgs nie sicher sein. Die betriebswirtschaftliche Konsequenz weist gerade in die umgekehrte Richtung. Firmen sollten danach streben, dem Preiswettbewerb zu entkommen. Das gelingt dann, wenn die eigenen Leistungen anders oder besser sind als jene der Konkurrenz und die Kunden bereit sind, hierfür höhere Preise zu bezahlen.

Wie das in der Praxis geht, zeigen mit viel Erfolg zahlreiche deutsche Firmen. Sie haben sich in den vergangenen Jahren in weltweit einzigartiger Weise vom Produkthersteller zu sehr erfolgreichen Systemanbietern gewandelt. Die Technologieführerschaft erlaubt es den deutschen Firmen, hohe, an den Kosten orientierte Preise mit satten Margen durchzusetzen. Wer Technologieführer ist, steht nicht so sehr im harten internationalen Preiswettbewerb und ist nicht einseitig kostenabhängig. Er bestimmt selbst die Preise. Deshalb kann er höhere Kosten auf die Kunden überwälzen.

Das gilt zum Beispiel auch für den Hersteller eines Luxuswagens, dessen Design und Ausstattung eine Besonderheit darstellt. In diesen Fahrzeugsegmenten sind die Preisunterschiede groß, weil die Hersteller ihre Kosten überwälzen können. Im umkämpften Kleinwagensegment geht das nicht, die Preise liegen daher eng beieinander. Das zeigt, warum Unternehmen nach einer Monopolstellung streben. Nur in dieser Position haben sie die Chance, Kostenpreise durchzusetzen.

75 Warum ist Cola am Flughafen so teuer?

Patrick Bernau

In einem Liter Cola steckt immer das Gleiche: Wasser, Zucker, Kohlensäure, Farbstoff – so steht es auf jeder Flasche, egal, ob sie aus dem Supermarkt kommt, aus dem Kiosk um die Ecke oder aus dem Reiseladen am Flughafen. Doch der Preis, der auf der Flasche steht, der ist überall ein anderer. Der Supermarkt verlangt für den Liter 1 Euro inklusive Pfand. Am Frankfurter Flughafen kostet die gleiche Flasche 2,90 Euro, und zwar in einem Laden vor der Sicherheitskontrolle. Wie kann das sein?

Da denken viele: Die Konkurrenz wird nicht besonders groß sein. Wenn viel Konkurrenz herrschte, müssten die Preise sinken. Doch am Flughafen gibt es genügend Händler: Innerhalb von 50 Schritten finden sich mindestens drei Bäcker, Kioske oder Zeitschriftenläden, die Cola verkaufen. Der Preis sinkt trotzdem nicht. Die einfache Erklärung stimmt hier nicht.

Ein anderer Ansatz sind die Kosten. Firmen verweisen gern darauf, dass sie mehr Geld ausgeben müssen, wenn sie ihre Preise erhöhen. Doch die Cola hat überall die gleichen Zutaten, das ergibt keinen Kostenunterschied. Und der Transport zum Flughafen ist wirklich nicht sehr teuer. Vielleicht ist der Transport zum Flughafen sogar billiger als der zum Supermarkt in der Innenstadt, weil der Lastwagen zum Flughafen nicht erst durch die volle Stadt fahren muss. Bleiben die Mieten am Flughafen: Die sind tatsächlich höher – aber letztlich können die Mieten nur deshalb so hoch sein, weil die Händler sich so hohe Mieten leisten können, eben weil sie Cola und anderes so teuer verkaufen.

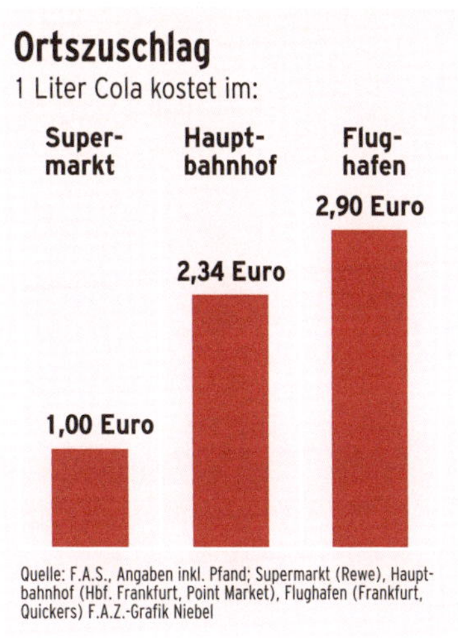

Quelle: F.A.S., Angaben inkl. Pfand; Supermarkt (Rewe), Hauptbahnhof (Hbf. Frankfurt, Point Market), Flughafen (Frankfurt, Quickers) F.A.Z.-Grafik Niebel

Auf der Suche nach einer Erklärung hilft der Vergleich mit anderen Produkten, die der Volksseele regelmäßig zu teuer erscheinen: Zigaretten, Benzin und Bahntickets. All diese Produkte haben eines gemeinsam: Wenn der Preis steigt, laufen die Kunden nicht davon, oder zumindest nur wenige. Die Nachfrage bleibt ungefähr konstant. Anderen Geschäftsleuten bleiben die Kunden sofort weg, wenn sie die Preise erhöhen. Den Wirten zum Beispiel.

Daraus lässt sich ziemlich einfach folgern: Wenn es eine Firma mit schreckhaften Kunden zu tun hat, sollte sie ihre Preise möglichst nicht erhöhen oder sogar senken, denn steigende Preise kosten so viele Kunden, dass Umsatz und Gewinn sinken. Wenn die Käufer sich dagegen nicht gegen steigende Preise wehren, dann lohnt sich eine Anhebung: Der entgangene Umsatz mit den wenigen verlorenen Kunden wird dann dadurch wettgemacht, dass die verbliebenen mehr bezahlen.

Dafür haben die Ökonomen auch ein Maß erfunden: die „Elastizität", genauer: die „Preiselastizität der Nachfrage". Das ist ein ziemlich gestelzter Name für die Antwort auf eine einfache Frage: Wie ändert sich die Nachfrage nach einem Produkt, wenn sich der Preis ändert? Eine Elastizität von zwei bedeutet: Wenn der Preis des Produkts um ein Prozent steigt, sinkt die Nachfrage um zwei Prozent.

Diese Zahl lässt sich ziemlich gut verwerten. In einer sehr groben Überschlagsrechnung kann ein Händler nämlich sagen: Wenn die Elastizität unter eins liegt, lohnt sich eine Preiserhöhung sicher. Denn dann steigt der Preis um ein Prozent, die Nachfrage geht aber um weniger als ein Prozent zurück – und der Umsatz steigt. Meist lohnt es sich sogar, den Preis noch weiter zu erhöhen. Dann sinkt zwar der Umsatz ein bisschen, aber mit dem geringeren Verkauf sinken ja auch die Kosten. Am Ende hängt der Preis also von der Elastizität und den Kosten ab.

Schmerzgrenzen

Steigt der Preis eines Produktes um 1%, sinkt die Nachfrage innerhalb weniger Wochen um:

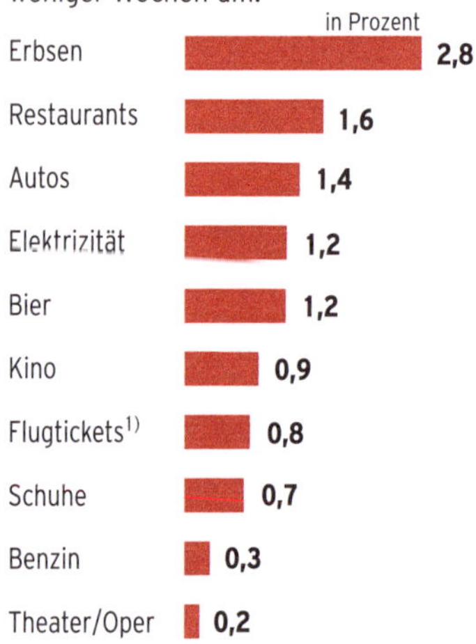

1) Langstrecke. Quelle: Mc Dowell u.a., Principles of Economics
F.A.Z.-Grafik Niebel

Die Elastizität beachten nicht nur die Händler. Auch Politiker folgen ihr oft, wenn sie Steuern erhöhen oder neue einführen. Meistens erhöhen sie die Steuern auf Güter, die eine sehr kleine Elastizität haben, auf Benzin zum Beispiel, auf Strom oder auf Tabak. Nach außen begründen sie das damit, dass sie die Umwelt schützen oder die Gesundheit schonen wollen – aber heimlich freuen sich viele auch darüber, dass die Einnahmen dieser Steuern besonders verlässlich sind.

Hätten die besteuerten Güter eine höhere Elastizität – zum Beispiel wenn der Staat Erbsen besteuerte –, dann wäre wenig gewonnen: Der Staat bekäme zwar einen höheren Anteil an den Verkaufspreisen, aber es würden viel weniger Erbsen verkauft, am Ende wäre das Haushaltsloch vielleicht noch größer als vorher.

So einfach das Konzept in der Theorie wirkt, so schwierig ist es in der Praxis umzusetzen. Denn kein Händler und kein Politiker kennt die genauen Elastizitäten der unterschiedlichen Produkte. Diesen Wert zu messen ist nämlich extrem schwierig. Das hat vier Gründe.

Erstens wären dazu Unmengen von Absatzstudien nötig; kaum jemand ist bereit, sie zu bezahlen.

Zweitens ändert sich die Elastizität laufend: Dasselbe Produkt bekommt zum Beispiel eine neue, wenn sich der Preis ändert. Und die Elastizität hängt davon ab, wie groß die Konkurrenz ist.

Drittens gibt es einen großen Unterschied zwischen der kurzfristigen und der langfristigen Elastizität. Das zeigt sich besonders deutlich am Benzin: Wenn der Preis steigt, ändert sich die Nachfrage in den ersten Wochen so gut wie gar nicht – jeder hat seine Reisepläne schon gefasst und kann davon kaum noch abrücken. Mit der Zeit stellen die Menschen dann ihre Pläne aber um. Sie fahren weniger Auto. Manche schaffen das Auto ganz ab. Darum ist die Elastizität der Kunden langfristig höher als kurzfristig, wenn es um Autos geht.

Und viertens unterscheiden sich die Elastizitäten auch danach, wie man misst. Wenn man zum Beispiel alle Autos zusammen betrachtet, haben sie keine allzu hohe Elastizität, das Auto schaffen die Menschen eben doch ungern ab. Aber die Elastizität einzelner Modelle ist riesig – wenn Peugeot ein Modell teurer verkauft, wechseln viele Kunden zu Renault.

Forscher haben all diese Hürden überwunden und die Elastizitäten einiger Produkte geschätzt. Der Cola-Händler am Flughafen kommt allerdings auch ohne diese Schätzungen aus. Er kennt die grundsätzliche Überlegung und merkt bei jeder Preiserhöhung: Lohnt sich die noch, oder war es jetzt zu viel? Offenbar lohnen sich am Flughafen ziemlich hohe Preise. Die Elastizität ist also gering, denn wir sind bereit, viel für die Cola auszugeben.

Warum also ist die Elastizität am Flughafen so gering? Weil wir es dort meistens eilig haben. Da haben wir keine Lust, zwei Minuten zu investieren, um die Cola in einem anderen Laden vielleicht 50 Cent billiger zu bekommen. Und in den meisten Fällen drängt nicht nur die Zeit, sondern auch die Kehle. Schließlich erledigt keiner am Flughafen seinen Cola-Wocheneinkauf. Wer sich dort für eine Cola interessiert, der hat Durst. Und möchte den gerne löschen. Wir sehen die Cola, im Gehirn wird das Belohnungszentrum aktiv, und wir greifen zu, ohne großartig über den Preis nachzudenken. Die Elastizität der Nachfrage springt nach oben. Die Verkäufer wären ziemlich blöd, wenn sie das nicht ausnutzten.

76 Warum ist es billiger, neue Schuhe zu kaufen, als alte reparieren zu lassen?

Lisa Nienhaus

Mit den Socken fing es an. Irgendwann hörten die Deutschen auf, ihre Löcher zu stopfen. Es lohnte sich einfach nicht mehr. Neue Socken waren zu günstig zu haben: Fünf Euro das Fünferpack für den Herrn, pro Socke fünfzig Cent. Ein Mann, der fünfzehn Euro Stundenlohn bekommt, darf also nicht mehr als zwei Minuten brauchen zum Stopfen einer Socke. Schafft er das nicht, sollte er in dieser Zeit lieber seiner normalen Arbeit nachgehen und nachher für das erarbeitete Geld eine neue Socke kaufen.

Nun könnte er stattdessen auch einen professionellen Löcherstopfer engagieren, zum Beispiel einen Putzmann, der sich gleichzeitig noch um die Socken kümmert. Ist der schnell, könnte das zumindest halbwegs bezahlbar sein. Kostet er etwa 10 Euro pro Stunde und braucht drei Minuten für das Stopfen, so lohnt es sich gerade eben. Jedoch könnte er in der gleichen Zeit natürlich andere Dinge erledigen, die man nicht für fünf Euro im Kaufhaus mitnehmen kann – zum Beispiel den Boden wischen oder Fenster putzen. Oder er könnte einfach früher nach Hause gehen und der Sockenbesitzer würde für das gleiche Geld ein neues Paar Strümpfe kaufen. Auch hier lohnt es sich kaum mehr, das Alte herrichten zu lassen.

So rechnet keiner? Falsch, so rechnen wir alle. Wir überlegen ständig, ob wir für eine bestimmte Sache Geld ausgeben oder darauf Zeit verwenden sollen. Denn wir könnten ja genauso gut etwas anderes dafür kaufen oder etwas anderes tun – etwas, das uns vielleicht besser gefällt. Ökonomen nennen das „Denken in Opportunitätskosten". Diese Kosten bezeichnen den Nutzen, den wir hätten, wenn wir die andere Alternative wählen würden, etwa den Sockenkauf statt des Sockenstopfens. Weil wir ständig diese Opportunitätskosten im Blick haben und deren Veränderung genau beobachten, werden in Deutschland nur noch wenige Socken gestopft.

Die Lust an der Reparatur ist uns längst auch für teurere Produkte vergangen. Für Fernseher zum Beispiel oder für Radios. Auch Kaffeemaschinen und Kühlschränke lohnen vielfach die Instandsetzung nicht mehr. Seit kürzerer Zeit trifft es auch die Schuhe, deren Reparatur – wenn sie aufwendig ist – mittlerweile fast so viel kostet wie ein neues Paar.

Doch wieso können neue Produkte überhaupt billiger sein als die Reparatur der alten? Ein erster Grund ist, dass Reparatur normalerweise Handarbeit an Einzelstücken ist, neue Produkte dagegen meist mit Hilfe von Maschinen in Massen gefertigt werden. Für den einzelnen Schuhmacher sind größere Maschinen unsinnig. Für jeden seiner vielen Arbeitsschritte ein großes Gerät anzuschaffen, kann er sich nicht leisten. Stellt eine Firma dagegen Massen einheitlicher Waren her, dann lohnt sich diese Anschaffung. Die Geräte sind zwar zunächst teuer, aber auf Dauer sparen sie Geld, da weniger Arbeiter benötigt werden. So können entweder die Lohnkosten sinken oder die Arbeiter werden in anderen Bereichen eingesetzt, wo sie mehr Wert schaffen – zum Beispiel nicht mehr in der Handfertigung, sondern bei der Überwachung der Maschinen oder in deren Konstruktion.

Die Firmen profitieren außerdem beim Einkauf von ihrer Größe. Sie haben dadurch eine gewisse Nachfragemacht für Rohstoffe und bekommen etwa das Leder für die Schuhe billiger als der Schuster in der Fußgängerzone. Zudem bringt es ihnen etwas, wenn sich Wissen darüber, wie man ein bestimmtes Produkt herstellt, in wenigen Firmen sammelt. Sitzen Spezialisten in einem Unternehmen zusammen, lernen sie voneinander und entwickeln schnell neue Ideen, die helfen, die Produktion weiter zu vereinfachen oder die Qualität zu verbessern.

Im Endeffekt sinken die Kosten pro Schuh, wenn ein Betrieb eine gewisse Größe erreicht. Das nennen die Ökonomen positive Skaleneffekte.

Es ist aber nicht nur die Größe eines Unternehmens, die den Unterschied ausmacht. Es kommt auch darauf an, wo es produziert. Denn es gibt ein starkes Gefälle der Arbeitskosten zwischen den Ländern. Während in Höchstlohnländern wie Deutschland ein angelernter Arbeiter rund 27 amerikanische Dollar pro Stunde kostet, verdient er in Niedriglohnländern wie China und Indien rund einen Dollar. In Deutschland müsste für die gleiche Arbeit also das 27-fache gezahlt werden wie in China. Ähnlich, wenn auch nicht ganz so extrem, sieht es bei erfahrenen Facharbeitern aus: In Niedriglohnländern kosten sie drei Dollar pro Stunde, in Deutschland etwa 36 Dollar, das Zwölffache.

Viele Produkte, deren Fertigung relativ simpel ist, wie T-Shirts, Socken oder Turnschuhe werden deshalb heute in Asien gefertigt – und zwar nicht in Japan, wo die Arbeit teuer ist, sondern in China, Vietnam oder Indien. Es lohnt sich, in China Schuhe machen zu lassen, selbst wenn sie nachher für viel Geld wieder nach Europa geflogen oder verschifft werden müssen. Und für den Verbraucher lohnt es sich auch: Die Preise für Pullis, T-Shirts und auch Schuhe sind in den vergangenen Jahren trotz hoher Infaltion kaum gestiegen.

Der Schuster dagegen sitzt in der Regel in Deutschland, da es zu umständlich ist, einzelne Schuhe ins billigere Ausland zur Reparatur zu schicken (es sei denn, man wohnt direkt an der polnischen oder tschechischen Grenze). Und die deutschen Löhne sind im internationalen Vergleich sehr hoch.

Dass das auch beim Schuster so ist, liegt wieder an den Opportunitätskosten – dieses Mal an denen des Schusters. Wenn der nämlich merkt, dass die Kunden nicht bereit sind, vierzig Euro für eine Reparatur zu bezahlen, dann kann er mit seinen Preisen runtergehen. Dies wird er aber nur so lange tun, wie er keine andere Möglichkeit hat, mehr Geld zu verdienen. So bieten einige Schuhmacher heutzutage zusätzlich an, Schlüssel nachzumachen oder Schilder zu gravieren. Oder sie suchen sich Nischen wie die Fertigung orthopädischer Schuhe. Andere wenden sich gleich einem anderen Beruf zu, in dem die Stundenlöhne höher sind, etwa in der Industrie. Je billiger neue industriegefertigte Schuhe sind, desto höher werden die Opportunitätskosten für die Deutschen, Schuster zu sein.

Wieso ist das nun gerade bei den Schustern der Fall? Das liegt daran, dass Schuhe nicht besonders teuer sind und leicht ersetzbar. Ein Auto zum Beispiel, das 15.000 Euro gekostet hat, lässt man auch einmal für 1000 Euro reparieren. Es neu zu kaufen, wäre einfach zu teuer. Ähnlich steht es mit einem Klavier, alten wertvollen Möbeln oder den Rohrleitungen im Haus. Reparieren lassen wir außerdem Dinge, die wertvolle Einzelstücke waren oder an denen Erinnerungen hängen. Den verbogenen Ehering etwa oder den streikenden Computer, der wichtige E-Mails und Dokumente enthält.

Dass wir anderes wegwerfen, muss man nicht beklagen. Denn vielfach gibt es andere Menschen, die damit etwas anfangen können. Der Wirtschaftskreislauf funktioniert auch bei Dingen, denen wir kaum noch Wert zumessen. Sperrmüll von der Straße etwa wird vom Studenten für seine erste Bude abtransportiert. Für andere Produkte, wie beispielsweise Waschmaschinen oder Fernseher, finden sich Menschen, die sie zu einem geringen Preis kaufen, reparieren und dann weiterverkaufen. Selbst Altkleider aus den Kleidersammelbehältern werden verwertet. Die guten Textilien werden an deutsche Secondhand-Läden verkauft, gehen nach Osteuropa oder in Entwicklungsländer. Auch was wirklich kaputt ist, wird nur zu einem kleinen Teil entsorgt. Oft dient es als Grundstoff für Putzlappen, Fasern für neue Kleidung oder Papier – auch Schuhe.

Wir fahren übern See

77 Warum darf nicht jeder Deutscher werden?

Thomas Straubhaar

Was haben Miroslav Klose, Lukas Podolski und Oliver Neuville gemeinsam? Richtig, ihre insgesamt neun Tore bei der Weltmeisterschaft 2006 haben Deutschland einen der fröhlichsten Sommer aller Zeiten und eine nicht für möglich gehaltene unverkrampfte nationale Euphorie gebracht.

Sie haben aber noch etwas anderes gemeinsam. Sie sind alle drei nicht als Deutsche geboren. Das stört die Massen nicht im Geringsten. Wenn es Deutschland hilft, dürfen leistungsstarke Fußballer gerne Deutsche werden. Warum nur im Sport? Warum können nicht alle Menschen, die in Deutschland schuften und schwitzen, zu Deutschen werden?

Wer dazugehört und wer nicht, ist die wohl wichtigste Frage aller Gesellschaften. Jedes Gemeinwesen steht vor der komplexen Herausforderung, in Mitglieder und Außenseiter zu trennen. Nur Mitglieder sollen von der Gemeinschaft einen Mehrwert erhalten, der allen anderen verwehrt bleibt.

Ein Tennisverein möge veranschaulichen, wie schwierig das Abgrenzungsproblem zu lösen ist. Einige Spieler schließen sich zusammen, um gemeinsam eine Tennisanlage zu betreiben. Die Klubmitglieder finanzieren den Betrieb und geben sich Regeln, wer welchen Beitrag zu leisten hat und welche Gegenleistungen dafür in Anspruch genommen werden dürfen. Neue Mitglieder werden nur dann aufgenommen, wenn deren „Leistungen" für den Klub größer sind als die „Lasten", die sie den Altmitgliedern auferlegen. „Leistungen" können finanzieller oder auch immaterieller Art sein, etwa wenn Personen mit hohem öffentlichen Ansehen oder junge erfolgversprechende Talente beitreten. „Lasten" entstehen den Altmitgliedern, wenn wegen der neuen Mitglieder längere Wartezeiten bei der Nutzung der Tennisplätze in Kauf zu nehmen sind oder wenn sich der neuen Mitglieder wegen die Vereinskultur ändert.

Wie reagieren die Altmitglieder auf die Veränderungen, die neue Mitglieder verursachen? Die Reaktionen hängen entscheidend vom Zustand des Tennisklubs ab. Ein junger Verein mit schönen, aber noch wenig genutzten Tennisplätzen und mit noch wenigen Mitgliedern und entsprechend hohen Jahresbeiträgen wird allein schon aus wirtschaftlichen Gründen relativ offen sein müssen für neue zahlungswillige und -kräftige Neumitglieder. Vereine mit vielen Mitgliedern werden Neuaufnahmen gegenüber reservierter sein. Ebenso werden Klubs dann weniger aufnahmefreudig sein, wenn ihre Altmitglieder relativ homogene Vorstellungen von den Klubregeln haben und den inneren Frieden durch neue Mitglieder gefährdet sehen. Nun mag es sehr gewagt sein, den Tennisverein als Beispiel für die Frage zu nehmen, wer Deutscher werden dürfe und wer nicht.

Aber im Kern unterscheidet sich das Problem des Tennisvereins nicht so sehr von der Frage nach dem Erwerb der deutschen Staatsangehörigkeit. Wer schon Deutscher ist, wird sehr kritisch beobachten, wie neue Staatsangehörige die politischen, sprachlichen, konfessionellen und kulturellen Kräfteverhältnisse verändern, wie viel Steuern sie zahlen und wie viel Sozialleistungen sie erhalten.

Sie werden genau prüfen, ob die Kriminalitätsraten steigen oder fallen, ob Schulen besser oder schlechter, Warteschlangen beim Arbeitsamt länger oder kürzer und Sprechzimmer der Kassenärzte voller oder leerer werden. Dabei geht es nicht einmal so sehr um objektiv feststellbare Effekte neuer Staatsangehöriger, die in der Regel vergleichsweise gering sind. Es geht vielmehr um die subjektive Wahrnehmung, was neue Staatsangehörige bewirken, und auch darum, wie sich die Folgen politisch thematisieren lassen, um bei Wahlen Stimmen gewinnen zu können.

Warum also dürfen nicht alle Menschen Deutsche werden? Weil Deutscher zu sein einen Wert hat. Dieser besteht in den durch die Vorfahren angehäuften Gemeinschaftsgütern. Dazu zählen die intakte Infrastruktur, die reine Luft und das saubere Wasser, deren Nutzwert die hohen Staatsschulden immer noch bei weitem übertrifft – gerade auch im internationalen Vergleich. Dazu zählt ebenso das kulturhistorische Erbe des Sozialkapitals, also der gemeinsamen Werte.

Vor allem aber hat Deutschland immaterielle Gemeinschaftsgüter in einer Qualität anzubieten, die weltweit ihresgleichen sucht. Rechtsstaatlichkeit, politische Stabilität und die Funktionsfähigkeit der Administration erzeugen Frieden, Sicherheit, Freiheit und damit die Voraussetzungen für materiellen Wohlstand. Die vielfältigen Werte sind es, die

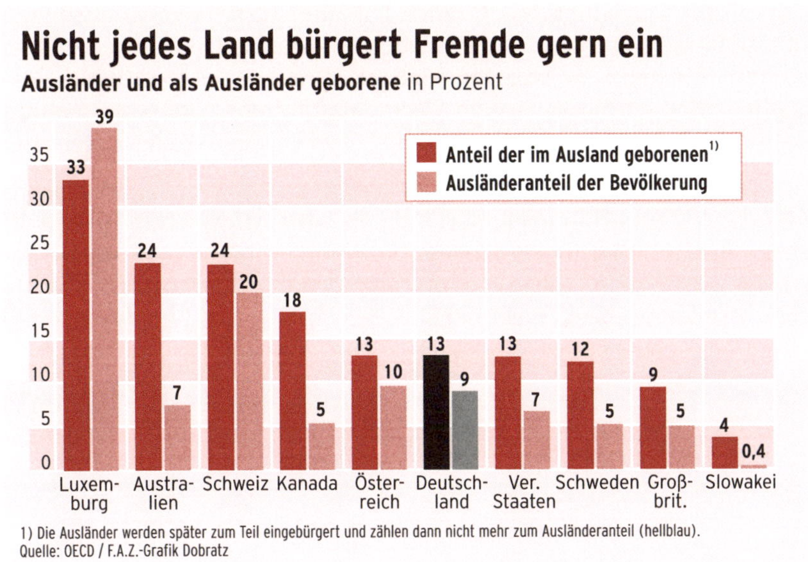

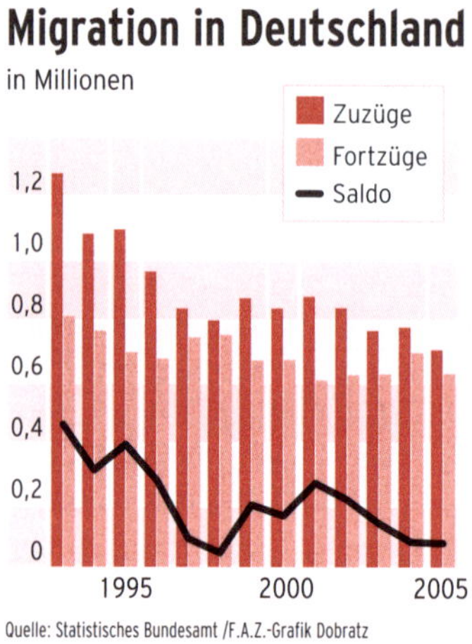

nicht kostenlos und unbesehen mit allen geteilt werden wollen. Dass andere nur beschränkt am historisch über Generationen gewachsenen Gemeinschaftsvermögen teilhaben sollen, ist weder politisch inkorrekt noch moralisch verwerflich, sondern schlicht ökonomisch vernünftig. Das schließt überhaupt nicht aus, aus humanitären Gründen großherzig zu sein. Beispielsweise dergestalt, dass wer immer an Leib und Leben bedroht ist, in Deutschland Asyl finden soll.

Keine Gesellschaft kann langfristig überleben, wenn sie ihre Gemeinschaftsgüter kostenlos allen zugänglich macht. Kostenlosigkeit würde Anreize schaffen, die Gemeinschaftsgüter zu stark zu nutzen und zu wenig für ihren Erhalt zu leisten. Nur wenn die Gemeinschaftsgüter etwas kosten, wird mit ihnen sorgsam umgegangen. Andererseits dürfen sie auch nicht zu viel kosten. Denn dann droht rasch ein Mitgliederschwund. Die besten Spieler wechseln den Verein, Kirchen bleiben leer, leistungsstarke Familien ziehen in andere Städte, gute Steuerzahler verlassen das Land.

Sowenig es also sinnvoll sein kann, die Staatsangehörigkeit an alle, die Deutsche werden wollen, zu verschenken, so unklug ist es, die deutsche Staatsangehörigkeit nur durch Vererbung weiterzugeben. Dann nämlich vergibt Deutschland die Chance, leistungsstarke neue Mitglieder an sich zu binden – so wie es im Fußball gang und gäbe ist. Besser wäre es deshalb, die deutsche Staatsangehörigkeit mit all jenen zu teilen, die bereit sind, die hiesigen Regeln, Rechte und Pflichten zu beachten und positive Beiträge zur Finanzierung der Gemeinschaftsgüter zu leisten.

Wer Deutscher werden darf, müsste aufgrund des Rechtsbewusstseins und der Leistungsfähigkeit durch einen willentlichen Akt und nicht durch die Zufälligkeit der Geburt bestimmt werden. Ein solches Verfahren würde nicht nur die deutschen Medaillenchancen bei sportlichen Großereignissen verbessern. Es würde vor allem auch der deutschen Wirtschaft helfen, an der Spitze mitzuspielen.

78 Warum gibt es arme Länder?

Winand von Petersdorff

Reich sind Länder, deren Bürger fleißig Geschäfte machen. Sie verkaufen mit Gewinn etwas, das jemand anderes haben möchte. Wenn alle Gewinn machen, dann wird das Land reicher. In armen Ländern haben es die Bürger schwer, Gewinn mit ihren Geschäften zu erzielen. Deshalb verlieren sie die Lust daran.

Nehmen wir den zentralafrikanischen Bauern, der Getreide anbauen und verkaufen will. In reichen Ländern würde sich der Farmer einen Mähdrescher zulegen, um das Getreide schnell ernten zu können. Das Geld für die Erntemaschine käme von der Bank. Der Bauer des Nordens würde seine Äcker beleihen und aus den Erträgen des Feldes Zinsen und Tilgung für den Kredit leisten.

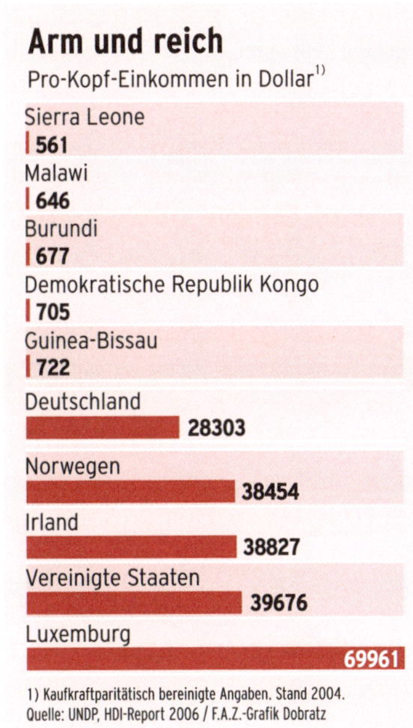

In armen Ländern fangen an diesem Punkt die Probleme an. Einen Kredit bekäme der Bauer des Südens in der Regel nicht, weil ihm die Eigentums- oder Verfügungsrechte für das Land fehlen. Viele Bauern wirtschaften auf Gemeindeland, schriftliche Pachtverträge sind die Ausnahme. Das Recht an einer Immobilie ist aber wichtig, um Geld von der Bank zu leihen.

Der Ökonom Hernan de Soto hat herausgefunden, dass genau daran die armen Länder kranken. Um das Recht an einer Immobilie zu erlangen, waren in Peru 207 Verwaltungsvorgänge bei 52 Behörden erforderlich, ermittelt de Soto. Die juristisch wasserdichte Registrierung eines Grundstücks dauert in Ägypten zwischen fünf und 15 Jahren. Der Bauer kann den Banken deshalb keine Sicherheit geben außer dem Versprechen, dass er fleißig wirtschaften wird. Das reicht den Banken nicht, und die sind mangels guter Kunden ohnehin rar. Weil das Kreditgeschäft nicht zustande kommt, leidet nicht nur der Bauer, sondern auch der Landmaschinenverkäufer und die Bank. Landwirtschaft, Landmaschinenherstellung und Bankwesen: Drei Branchen sind entmutigt, weil ein Bauer sein Kapital, den Boden, nicht mobilisieren kann. Produktivitätsgewinne bleiben deshalb aus, obwohl sie möglich wären.

Afrikas armer Bauer lässt sich in unserem Beispiel nicht entmutigen und kratzt trotzdem Geld für eine Bewässerungsanlage zusammen. Eine Dieselpumpe drückt das Wasser durch die Leitungen, so sein Plan. Leider gibt es nicht immer Diesel. Unser Bauer erwägt stattdessen eine Elektropumpe. Diesmal weigert sich die staatliche Energiefirma, Strom zu liefern. Denn der Bauer hat – wie vier Milliarden Menschen auf der Welt – keine formale Adresse. Für die Stromgesellschaften ist das mühsam: Sie können nur mit hohen Kosten nachprüfen, wer ihr Kunde ist und wo er wohnt. Außerdem hat der Bauer vergessen, den Beamten der Stromgesellschaft zu bestechen. Beamte werden in armen Ländern so schlecht bezahlt, dass sie auf zusätzliche Einnahmen angewiesen sind. In armen Ländern ist die Korruption regelmäßig besonders hoch, wie Untersuchungen von Transparency International belegen.

Der Bauer lässt sich nicht entmutigen und erzielt eine gute Ernte. Am liebsten wäre es dem Farmer, er würde einen Händler finden, der das Getreide exportiert. Dann gäbe es eine größere Chance auf höhere Preise. Doch es gibt in der Nähe nur einen Abnehmer. Die anderen Händler liegen einige Tagesreisen entfernt. Die Straßen sind schlecht und unsicher.

Der Ökonom Ricardo Hausmann weist auf den empirisch belegten Zusammenhang zwischen Unterentwicklung und Zugang zu wichtigen Märkten hin: ohne gute und sichere Straßen kein Handel. Es kostet 3000 Dollar, einen Standard-Container von der Westküste der Vereinigten Staaten zur Elfenbeinküste zu bringen. Es kostet aber 16.000 Dollar, denselben Container von der Küste in ein zentralafrikanisches Land zu verfrachten. Der amerikanische Starökonom Jeffrey Sachs hat zudem herausgefunden, dass mit Ausnahme von Europa die Küstenstaaten der Welt ein dreimal so hohes Volkseinkommen pro Kopf haben wie von Landmassen umgebene Staaten. Zugang zu Märkten ist der Weg zu Prosperität. Unser Farmer lebt aber in Zentralafrika.

Der Bauer gehört auch nicht zu den zwei Prozent glücklicher Bewohner der Subsahara-Länder, die über Telefon verfügen. Deswegen kann er auch niemanden anrufen, um Preisvergleiche anzustellen und seine Verhandlungsposition gegenüber dem Händler zu verbessern. Schließlich treibt den Farmer noch eine andere Sorge um. Der Händler könnte vergessen zu zahlen. Wie er das Geld eintreiben soll, ist ihm unklar. Denn auf Gerichte ist kein Verlass. Als unser Farmer schließlich nach häufigem Mahnen Geld bekommt, besuchen ihn seine Verwandten und bitten um milde Gaben für Arztrechnungen und Schulgeld. Am Ende eines anstrengenden Jahres mit einer guten Ernte steht der Bauer mit fast leeren Händen da. An Investitionen ist kaum zu denken.

An diesem Beispiel lernt man, dass in reichen Ländern ein System von Institutionen aufgebaut ist, das das Wirtschaftsleben absichert. Den armen Ländern fehlen Institutionen. Es mangelt an den Gerichtsvollziehern, die zügig ausstehendes Geld aufgrund klarer vertraglicher Verhältnisse eintreiben, es fehlen Katasterämter, die Eigentumsverhältnisse in Grundbücher eintragen, die Bücher aufbewahren und sie nicht manipulieren. Es fehlt oft ein Eigentumsrecht, das auch durchgesetzt wird. Und es fehlen unbestechliche Beamte. Wie wertvoll eine funktionierende Verwaltung für den Wohlstand ist, merkt man, wenn sie fehlt.

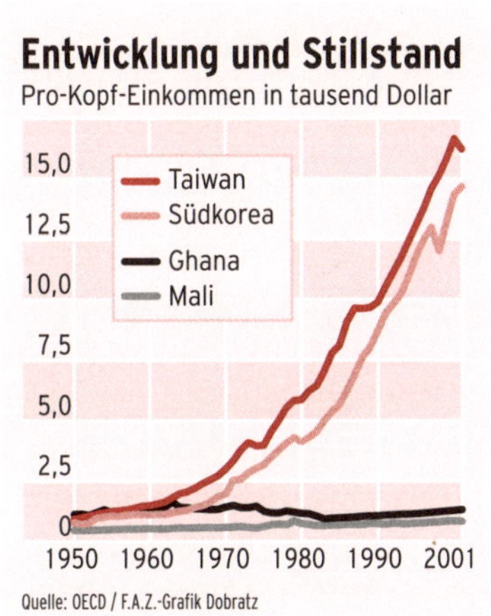

Warum sind diese Institutionen nicht vorhanden? In Afrika hatten die Kolonialherren ein schwieriges Erbe hinterlassen. Die jungen Staaten waren oft Ergebnisse seltsamer Grenzziehungen und deshalb ethnisch zersplittert. Schnell entflammten Konflikte und Bürgerkriege um Land und Bodenschätze. Die Franzosen, Engländer und Belgier hatten versäumt, funktionierende Institutionen zu bilden. Die afrikanischen Führer erbten von den Kolonialherren Repressionsapparate und autoritäre Herrschaftsstrukturen, aber keine Einrichtungen, die das Recht der Einzelnen schützten. Die meisten Länder blieben Diktaturen, was Einfluss auf die Versorgungssituation der Bürger zu haben scheint. Denn in Demokratien gab es noch nie Hungerkatastrophen. Demokratisch gewählte Politiker müssen sich um das Wohl ihrer Bürger kümmern, wenn sie wiedergewählt werden wollen.

In den armen Diktaturen leben die Regierungen und Führungsschichten davon, die Wirtschaftszweige und Bodenschätze zu monopolisieren und abzuschöpfen. Die Staatshaushalte dieser Länder hängen überwiegend von Entwicklungshilfe ab. Das lindert die Not, die Verhältnisse so einzurichten, dass der arme Bauer gut wirtschaften und sogar Steuern bezahlen kann. Die unternehmerische Kreativität wird in armen Ländern darauf gerichtet, an staatliche Töpfe, staatliche Lizenzen, Bodenschätze oder an Entwicklungshilfe zu kommen. In Tansania ist in den letzten 20 Jahren die Zahl der Nichtregierungsorganisationen explodiert. Sie können ein Vehikel sein, Entwicklungsgeld einzusacken – ohne dass es bei denen ankommt, für die es gedacht ist. Dass Entwicklungshilfe hilft, ist noch nicht bewiesen.

79 Warum sind kleine Länder erfolgreicher als große?

Thomas Straubhaar

Die Schweiz vor Finnland, Schweden, Dänemark und Singapur: So lautet die Rangliste der wettbewerbsfähigsten Volkswirtschaften, die vom World Economic Forum für 2006 erstellt worden ist. Erst auf den folgenden Plätzen finden sich dann die weltwirtschaftlichen Schwergewichte: die Vereinigten Staaten, Japan und Deutschland. Vergleicht man die Pro-Kopf-Einkommen oder die Punkte im „Human Development Index" der Vereinten Nationen, so ergibt sich dasselbe Bild: Mit Luxemburg, Norwegen und Island stehen wiederum kleine Länder an der Spitze. Wenn Lebensstandard, Sterblichkeit und Zufriedenheit untersucht werden, schneiden kleinere Länder besser ab als größere, wobei die Vereinigten Staaten die prominente Ausnahme von der Regel sind.

Nun kann man viel Kritisches zu den Rankings einzelner Länder sagen. Neuere analytische Untersuchungen zeigen deutlich, dass an ihnen mehrere Aspekte bescheiden sind: der diagnostische Gehalt, die therapeutische Wirksamkeit und die prognostische Leistungsfähigkeit. Aber trotz aller Kritik wird deutlich, dass im internationalen Vergleich kleinere Länder erfolgreich gegenüber den großen bestehen können. Ja, mehr noch: Anscheinend haben in den letzten Jahrzehnten die Vorteile der Kleinheit zugenommen.

Die zehn erfolgreichsten Länder

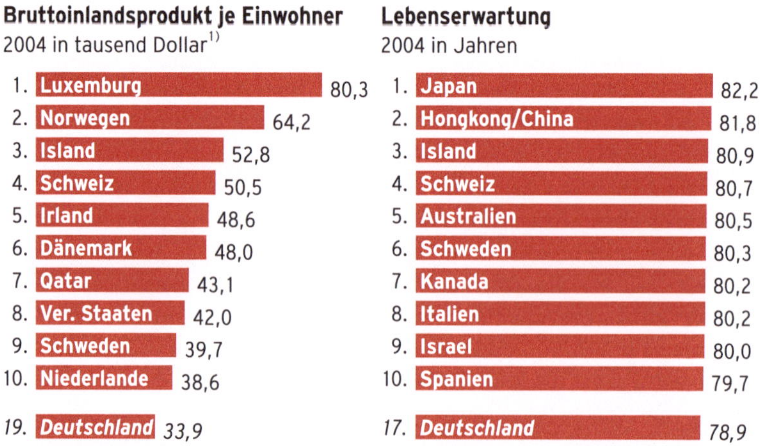

1) Nominal, teilweise geschätzt. 2) Bei Geburt, teilweise geschätzt.
Quellen: International Monetary Fund, World Economic Outlook Database, September 2006; UNDP, World Development Report 2006
F.A.Z.-Grafik Heumann

So sind seit 1989 in Europa 13 neue Staaten entstanden, im Wesentlichen durch den Zusammenbruch der riesigen Sowjetunion sowie der großen Kunststaaten Jugoslawien und Tschechoslowakei. Das Buch „Kleinstaatenkontinent Europa" spricht sogar von 22 neuen Staaten, wenn man Europa geographisch weiter definiert. Offensichtlich gibt es für überdimensionierte politische Großstaaten so etwas wie einen natürlichen Zerfall, den politische und wirtschaftliche Fliehkräfte im gleichen Maß verursachen.

Was ist das Erfolgsgeheimnis kleiner Länder? Und noch wichtiger: Wieso sind kleinere Länder vor allem in den letzten Jahren attraktiver geworden? Die Antwort findet sich in der Theorie der internationalen Wirtschaft und in der Praxis der Globalisierung.

In der zweiten Hälfte des vergangenen Jahrhunderts sind die Entfernungen aus ökonomischer Sicht geschrumpft. Dafür waren Erfindungen in Verkehr und Telekommunikation wichtig, beispielsweise riesige Containerschiffe und das Internet. Aber auch die Politik hat dazu beigetragen: Im Rahmen der Welthandelsorganisation WTO und ihres Vorgängers „Gatt" haben die Staaten Handelshemmnisse abgebaut. Außerdem haben sie einen europäischen Binnenmarkt ohne Grenzen geschaffen.

Rohstoffe, Vorleistungen und Endprodukte können über immer weitere Strecken immer billiger gehandelt werden. Immer mehr kopflastige Dienstleistungen lassen sich irgendwo auf der Welt erledigen und dann per Internet sekundenschnell zu Kunden auf anderen Kontinenten versenden. Immer mehr ökonomische Aktivitäten haben in den letzten zwanzig Jahren die Enge nationaler Märkte überwunden. Grenzüberschreitende Arbeitsteilung und Spezialisierung haben dramatisch zugenommen. Der Weltmarkt ist zum Maßstab geworden, der Preise und damit Kosten diktiert.

Von der Globalisierung und der Öffnung nationaler Märkte haben kleine Länder in besonderem Maß profitiert. Bisher waren kleine Binnenmärkte in der Regel ein Nachteil. Nun können kleine Staaten auch jenseits ihrer Grenzen aktiv werden, wirtschaftlicher Erfolg hängt nicht mehr von nationaler Größe ab. Genauso nebensächlich ist es für Nestlé, Nokia und Novartis, dass sie nur einen Bruchteil ihres Gesamtumsatzes zu Hause erzielen. So hat die Globalisierung kleine Länder ökonomisch groß gemacht.

Staaten wie Luxemburg und die Schweiz, Singapur und Hongkong haben die Chancen genutzt. Sie haben sich als Drehscheiben für den globalen Austausch von Gütern, Dienstleistungen und Kapital angeboten. Sie haben Regeln auf den Märkten abgeschafft und die Märkte damit flexibler gemacht. Sie haben ihr Tempo in Politik und Recht dem Tempo von Globalisierung und Strukturwandel angepasst.

So sind diese Länder interessant geworden für Firmen und Investoren aus aller Welt – aber auch für Menschen, die in Frieden und Freiheit leben und arbeiten wollen. Über den Erfolg im internationalen Standortwettbewerb entscheidet eben nicht mehr die Größe einer Volkswirtschaft, sondern ihre Attraktivität.

Die Erfolge der kleinen Länder zeigen: Politik wird im Zeitalter der Globalisierung wichtiger. Firmen und Menschen können immer mehr Tätigkeiten irgendwo für irgendwen erledigen. Darum werden sie sich stärker fragen: Wo will ich wohnen und wo arbeiten? Wo erwirtschafte ich mein Geld, wo gebe ich es aus, und wo versteuere ich was? Wieso Deutschland, wieso nicht die Schweiz, Dänemark oder Ibiza? Wenn sich Menschen, Kapital und ganze Betriebe leichter verschieben lassen, dann wird der Erfolg von Ländern stärker durch die Politik bestimmt. Gute Politik wird durch Zuwanderung belohnt, schlechte durch Abwanderung bestraft.

Kleine Länder nutzen dann ihren Vorteil: Sie können rascher als große auf politische und technologische Veränderungen reagieren. Denn in kleineren Gruppen lässt sich schneller ein Konsens über neue Lösungen finden. Das verdeutlicht die „Logik des kollektiven Handelns" von Mansur Olson: Kleine Gruppen können eher ein gemeinsames Ziel definieren als große, weil die Interessen ihrer Mitglieder stärker übereinstimmen und weil der Einzelne die Auswirkungen dieser Entscheidung leichter überblicken kann. So kommt eher eine Umverteilung von Globalisierungsgewinnern zu den Verlierern zustande. Außerdem ist der soziale Druck größer: Man kennt und kontrolliert sich.

Kein Wunder also, dass die Globalisierung in Neuseeland, Skandinavien und Österreich eher zu politischen Reformen geführt hat als in Frankreich, Italien und Deutschland – wobei wiederum die Vereinigten Staaten und Großbritannien Beispiele dafür sind, dass auch in großen Ländern Veränderungen möglich sind.

Was folgt daraus für Deutschland? Das Zauberwort heißt Föderalismus: Ein großes Land muss sich in kleinere ökonomische Einheiten teilen, die dann ebenso schnell dezentrale Lösungen umsetzen können wie die kleinen Länder. Die Bundesländer brauchen mehr Unabhängigkeit, vor allem für ihre Finanzen. Deutschland braucht Anreize, so dass jedes Bundesland und jedes städtische Ballungsgebiet für sich allein um Firmen und Steuerzahler aus aller Welt werben kann.

Ein wirklicher Wettbewerbsföderalismus würde gute Standortpolitik belohnen und schlechte bestrafen. Dann könnten in Deutschland wohl nicht mehr überall gleichartige Lebensbedingungen gewahrt werden. Aber wäre es nicht besser, stattdessen Deutschland insgesamt so erfolgreich zu machen wie die kleineren Länder?

80 Warum unterscheiden wir zwischen In- und Ausland?

Thomas Straubhaar

Wer in Google nach „Earth at Night" sucht, findet eine Welt mit scheinbar völlig unsystematisch angeordneten Lichtpunkten. An einzelnen Stellen verdichten sie sich zu hell leuchtenden Scheiben. Das sind natürliche Wirtschaftsräume.

Nicht zu sehen sind künstliche Staatsgrenzen. Niemand, der auf die nächtliche Erde schaut, käme auf die Idee, von In- und Ausland oder Im- und Export zu reden. Erst auf dem Reißbrett der Politik gezeichnete Grenzen machen eine tausend Kilometer lange Fahrt von Flensburg nach Lörrach zu einer Inlandsreise. Der kurze Sprung von Flensburg nach Padborg aber ist eine Auslandsreise und der Verkauf von Flensburger Bier nach Dänemark ein internationales Geschäft.

Wieso erschweren Menschen sich das Leben, indem sie mit künstlichen Grenzen natürliche Wirtschaftsräume trennen, ihre eigene Mobilität behindern und den Handel mit Gütern einschränken? Wieso verzichtet eine Bevölkerung auf die Vorteile der internationalen Arbeitsteilung, indem sie dem freien Verkehr von Menschen und Waren ökonomisch offenbar völlig sinnlose Hindernisse wie Stacheldraht, Kontrollposten und Grenzschutzanlagen in den Weg stellt? Wieso spricht man von „Volkswirtschaften" und „Nationalökonomie", obwohl „Länder" alles andere als homogene Einheiten sind und die Flensburger den Dänen näher stehen als den Badenern?

Die Antworten haben etwas mit dem Marktversagen zu tun, das sich aus einer völlig ungehinderten weltweiten Arbeitsteilung ergibt. Und sie haben damit zu tun, dass es sehr unterschiedliche Vorstellungen davon gibt, wie Marktversagen zu korrigieren ist. Auch scheiden sich die Geister, welche Leistungen die Gemeinschaft und welche einzelne Menschen erbringen sollen.

Um funktionierende Märkte sicherzustellen und Marktversagen zu korrigieren, benötigen wir eine Institution, die mit Zwang und hoheitlicher Gewalt manchmal auch gegen den Willen und das Interesse Einzelner gemeinsame Forderungen durchsetzen kann. Auf den ersten Blick schiene eine Weltregierung hierfür die beste Lösung zu sein.

Würden wir in einer Welt leben, in der alle Menschen vollständig gleich wären, gäbe es in der Tat keinen Grund für eine Abgrenzung von In- und Ausland. Wären alle Menschen perfekte Klone Adams, würden sie weltweit alle gleich ticken. Seit dem Sündenfall und der anschließenden Vertreibung aus dem Paradies ist das tägliche Leben jedoch durch Knappheit, Not

Über alle Grenzen hinweg

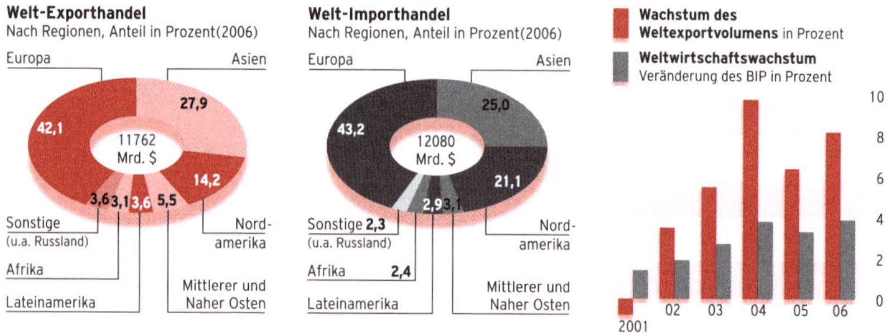

Quelle: WTO/F.A.Z.-Grafik Walter

und Entbehrung gekennzeichnet. Seit Kains Brudermord begegnen sich Menschen nicht nur in Friede und Eintracht. Und seit dem misslungenen Turmbau zu Babel sprechen die Menschen nicht mehr mit einer Zunge und Sprache. Vielmehr leben die Völker über die Welt zerstreut. Sie haben im Laufe der Zeit jeweils andere gesellschaftliche, moralische und rechtliche Formen, Werte, Normen und Standards entwickelt.

Die Zersplitterung der Menschheit in Völker hat besonders für die Organisation jener alltäglichen Aktivitäten weitreichende Folgen, bei denen der Einzelne auf die Hilfe anderer angewiesen ist (Kollektivgüter); oder wenn das Handeln Einzelner auf andere abfärbt (externe Effekte); oder wenn es um Mitgefühl, Hilfe und Solidarität geht.

In diesen Fällen gilt es zu entscheiden, wer für wen und für was wie weit verantwortlich ist. Über die Jahrhunderte haben sich für diese Fragen weltweit völlig unterschiedliche Antworten ergeben.

In den historisch gewachsenen Rechts- und Solidargemeinschaften findet sich denn auch die Erklärung für die auf den ersten Blick ökonomisch sinnlose Abgrenzung zwischen In- und Ausland. Die Grenze erlaubt es gesellschaftlichen Gruppen, bei der Korrektur des Marktversagens eigene Wege zu gehen. Im kleinen Kreis kann zielgenauer auf unterschiedliche Wünsche und Vorlieben eingegangen werden.

Würde auf die Abgrenzung verzichtet und würde im Extremfall die ganze Welt einbezogen, wären die Erwartungen der mehr als sechs Milliarden Menschen zu unterschiedlich. Man könnte sich nur sehr schwer auf eine gemeinsame Lösung einigen. Und wenn doch, wären damit nur wenige wirklich zufrieden.

Ein Beispiel aus der Gastronomie veranschaulicht dies. Wie arm wäre die Erde, würde es auf der ganzen Welt nur eine einzige Esskultur geben? Wie viele Menschen sind glücklich, dass sie die Wahl zwischen europäischer, arabischer, chinesischer, japanischer oder amerikanischer Küche haben und sich nicht ein weltweit standardisiertes Einheitsmenü antun müssen?

Genauso ist es mit den meisten Herausforderungen des Alltags. Was wäre, wenn es nur eine Weltregierung gäbe, die durchsetzt, wie die Menschen zu reden haben, wie sie wohnen und leben sollen. Selbstbestimmung ermöglicht es kleineren Gruppen, unterschiedliche Traditionen, Normen und Wertvorstellungen zu verfolgen. Sie erzeugt auch jene Nähe und Nachbarschaft, die für gemeinsame Verantwortung und Solidarität unverzichtbar sind.

Natürlich verursachen die babylonische Vielfalt und die Abgrenzung in In- und Ausland enorme Kosten. Es braucht Übersetzer für Sprachen und genauso für kulturelle Verständnisprobleme. Politische Grenzen führen zu ökonomischen Kosten. Nicht zuletzt deshalb hat sich im Laufe der Zeit eine institutionelle Arbeitsteilung entwickelt. Länder delegieren einen Teil ihrer Kompetenzen einerseits nach unten an ihre einzelnen Glieder und andererseits nach oben an internationale oder supranationale Organisationen.

In Deutschland teilen sich Gemeinden, Kreise, Bundesländer auf der einen sowie die Europäische Union und verschiedene UN-Organisationen auf der anderen Seite die öffentlichen Aufgaben mit der Bundesrepublik. Damit wird eine scharfe Abgrenzung in In- und Ausland immer schwieriger. Die Vorstellung, das Inland sei eine „homogene" Einheit, erweist sich immer mehr als Illusion. Es gibt keine „Volkswirtschaft". „Länder" sind keine einheitlichen Akteure. In einer globalisierten Welt sitzen weniger denn je alle Inländer im selben Boot und befahren unter gemeinsamer Nationalflagge zusammen die Weltmeere. Vielmehr wird in verschiedenen Bootsklassen mit durchaus unterschiedlicher Geschwindigkeit gerudert.

Wer in welchem Boot Aufnahme findet, hängt von der Bereitschaft zu Mobilität und den persönlichen Fähigkeiten ab, aber weniger vom Pass.

Schonungslos legt Herbert Giersch in seinem weltwirtschaftlichen Denkansatz dar, was das für die Unterscheidung von In- und Ausland bedeutet: „Nationen sind ein Erbe der Geschichte. Sie erscheinen als Stufe der Entwicklung von den kleinräumigen Gebilden und Gruppen der Vorzeit zu einer Weltgesellschaft der Zukunft. Wenngleich Nationen heute noch nicht ignoriert werden dürfen, treten sie doch schon in den Hintergrund."

81 Warum müssen wir Elefanten töten, um sie zu retten?

Winand von Petersdorff

Lewis heißt ein afrikanischer Elefant, dessen Weg die Welt verfolgen kann – dank Google Earth. Er trägt um den Hals eine Manschette mit einem Sender, der stündlich Positionssignale an einen GPS-Satelliten sendet. Die Daten können über das Internet heruntergeladen werden (www.savetheelephants.org). Wir wissen, wo unser Lewis steckt: in Kenia und damit in einem nicht ganz ungefährlichen Terrain.

Vor allem Jagd und Landwirtschaft dezimieren die Bestände. In Westafrika sind Elefanten akut bedroht, in Zentralafrika schrumpfen die Gruppen in alarmierender Geschwindigkeit. Im östlichen Afrika erholen sich die Bestände langsam. Im südlichen Afrika liegen die Dinge anders: Dort waren Elefanten fast ausgestorben, bevor sie besondere Schutzgebiete bekamen. So haben sich die Bestände nicht nur erholt, sondern sie haben sich so stark vergrößert, dass die Wildhüter der Nationalparks neue Sorgen bekommen.

Bei der Wahl der Mittel zur Bewahrung der Elefanten hilft die ökonomische Analyse. Elefanten sterben, wenn sie den Todesschützen tot mehr wert sind als lebend. Menschen töten Elefanten aus drei Gründen: Um an das Elfenbein heranzukommen, das sich trotz Handelsbann gut verkaufen lässt, um den eigenen Acker zu schützen und wegen des besonderen Jagderlebnisses beim Niederstrecken des stolzen Tieres.

Hinter dem Töten stecken ökonomische Kalküle, die sich in Zahlen ausdrücken lassen. Eine Jagdsafari auf Elefanten kostet knapp 10.000 Euro inklusive Anflug nach Harare (Zimbabwe), Guide, Unterkunft und Verpflegung. Ein Wilderer bekommt, so wird geschätzt, 100 Euro für einen toten Elefanten mit Stoßzähnen von einem Elfenbeinschnitzer. Der Ackerbauer kalkuliert die Kosten einer zertrampelten Ernte gegen den Aufwand, einem Elefanten aufzulauern und abzuschießen.

Neben den individuellen Nutzenkalkülen stehen gesellschaftliche. Alle, selbst Wilderer und Trophäenjäger, wollen eigentlich, dass der Elefant überlebt. Damit zeichnet sich ein Dilemma ab, das schon Ende der 60er Jahre unter dem Terminus „Tragedy of the commons" (die Tragödie gemeiner Güter) in der Wissenschaft diskutiert wurde, und zwar am Beispiel einer Gemeinde-Viehweide.

Jeder Viehhalter, der die Weide nutzt, hat ein individuelles Interesse, seine Herde zu vergrößern, was zu Lasten des Gemeindelandes geht. Doch der Schaden wird vergesellschaftet, der Nutzen bleibt individuell. Deshalb wird die Wiese im schlimmsten Fall so abgegrast, dass sie sich

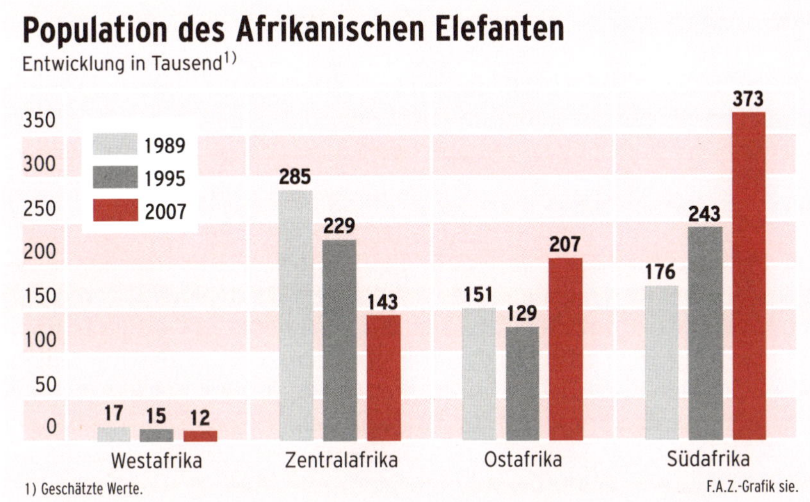

nicht mehr erholt. Übertragen auf den Elefanten heißt das: Der Nutzen eines toten Elefanten ist individuell, der Schaden aber allgemein.

Seine Überlebenschance liegt allerdings in seinem Nutzen. Elefanten sind wichtige Touristenattraktionen, und sie sind vital für die Pflanzen- und Tierwelt. Manche Pflanzen verbreiten ihre Samen über Elefantendung. In Asien dienen sie bei der Waldarbeit und als Lastenträger. Und sie haben einen hohen emotionalen Wert besonders für die Menschen der nördlichen Hemisphäre, die sie aus Zoos, Tierfilmen und Zeichentrickproduktionen kennen.

Die zentrale ökonomische Frage lautet: Wie verleidet man den Jägern und Bauern das Töten? Die Varianten lauten grob: über Anreize oder über Verbote. Der Verbot von Elfenbeinhandel hat nie die erhoffte Wirkung gezeigt, wie jüngst Untersuchungen bestätigten. Vor allem in Asien wächst die Nachfrage nach Elfenbein, das überwiegend aus Zentralafrika kommt.

Die Kontrolle greift nicht gut, in zentralafrikanischen Ländern toben militärische Konflikte. Der Elefantenschutz ist die geringste Sorge dort. Ohnehin funktionieren die Institutionen in Afrika oft schlecht. Zudem fehlt es schlicht an Geld, Schutz zu bezahlen.

Der Tierschutz funktioniert dort am besten, wo die Beteiligten und Betroffenen einen unmittelbaren Nutzen am lebenden Tier haben. Bei der Organisation der südafrikanischen Nationalparks wird das Wildmanagement aber besonders effektiv, weil Elefanten den Parks nützen. Die Parkverwaltung ist zur Hälfte Naturschutzinstitution und zur Hälfte Tourismusgesellschaft. Sie vermarktet den Parktourismus. Einen Teil der Einnahmen setzt sie für den Tierschutz ein, einen anderen für den Ausbau der Parks. Die Bestände gedeihen prächtig.

Eine Untersuchung der amerikanischen Wissenschaftler McPherson und Nieswiadomy aus den neunziger Jahren kam zu dem Ergebnis: In allen Ländern, in denen Elefanten-Populationen wuchsen, hatten die Gemeinden, Stämme und unmittelbar betroffenen Farmer Mitspracherechte, wie mit den Elefanten umzugehen ist, und gleichzeitig besaßen sie Nutzungsrechte.

Sie bekamen einen Anteil der Einnahmen aus Foto- und Jagdsafaris. Wenn Regierungen Elefanten abschießen ließen, um Überpopulationen zu vermeiden, bekamen die betroffenen Menschen etwas von den Verkaufserlösen des Fleisches und des Elfenbeins. „Plötzlich können kleine Gruppen von Leuten davon profitieren, dass die Elefanten überleben. Wilderer, die früher auf Unterstützung Einheimischer rechnen konnten, werden heute den Behörden gemeldet", sagt Umweltökonom Nieswiadomy. Der kontrollierte Abschuss nützt den Dorfbewohnern und dämmt die Gefahr der Ausrottung durch Wilderer ein.

Ein weiterer triftiger Grund spricht inzwischen in einigen Ländern dafür, gezielten Abschuss zu erlauben. Manche Parks platzen aus allen Nähten. Das Elefanten-Management in den südafrikanischen Nationalparks war so erfolgreich, dass es dort mehr als genug gibt. Die Parkfläche wurde schon vergrößert, und Umsiedlungsprogramme sind kaum noch möglich. Die meisten möglichen Regionen sind schon besetzt. Versuche mit Antibabypillen für Elefantenkühe verändern die Bestände nur langfristig.

Zurzeit aber trampeln die Elefanten die Parks nieder, sie zerstören den Lebensraum für sich selbst und andere Arten. Als letztes Mittel sieht selbst der WWF das Keulen der Bestände als akzeptabel an. Manchmal muss man Elefanten eben töten, um sie zu bewahren.

Vater, Mutter, Kind

82 Warum sind Kinder (k)ein ökonomisches Gut?

Hans D. Barbier

Die Klammer ist das wichtigste. Der Titel trifft ins Zentrum der Eigentümlichkeit der ganzen Kinderdebatte. Wenn es um Nachwuchs, um die Bilder von Bevölkerungspyramiden und um die Zukunft der Wirtschaftskraft von Nationen geht, unterscheiden sich Argument und Gegenargument häufig um diese kleine Klammer. Der Entschiedenheit der Standpunkte tut das allerdings keinen Abbruch. Deswegen ist es ein lohnender Versuch, zwischen „ein" und „kein" zu unterscheiden und die Frage durch die Brille des Ökonomen zu betrachten.

Die Zukunft einer jeden heute lebenden Gesellschaft liegt in ihrem Leistungswillen, in ihrer Leistungsfähigkeit und in der Zahl ihrer Kinder und deren Kinder. Gesellschaften überdauern mehr oder weniger erfolgreich in der mehr oder weniger gelungenen Generationenfolge. Man darf daher, ohne in den Verdacht eines seelenfernen Ökonomismus zu geraten, vom Blickpunkt der Gesellschaft her in den Kindern so etwas wie den „Produktionsfaktor Zukunft" sehen.

Was da in der Generationenfolge an immateriellen Werten und materiellen Gütern produziert wird oder produziert werden sollte, hängt von Blickwinkeln auf die Gegenwart und von Besorgnissen um die Zukunft ab. Für den einen sind Kinder die Transporteure von Sitte und Kultur über die Zeit. Andere sehen in ihnen die realen Erfüller eines monetären Rentenversprechens. Jedes Argument hat sein eigenes Gewicht. Der nationale Kulturtransport über die Zeit ist bei dauerhaft einbrechenden Zahlen der Demographie in der Tat gefährdet. Dies ist wohl der herausforderndste Aspekt des Themas „Kinder und Zukunft". Er gilt aber in Deutschland als politisch heikel. Deswegen wird meistens über die Rente debattiert, wenn es darum geht, mit Programmen und Haushaltsmitteln mehr für die Bereitstellung des „Zukunftsfaktors Kinder" zu tun. Hier ist eine ökonomische Verengung zu beobachten, für die die Ökonomen nicht verantwortlich zu machen sind.

Im Übrigen müsste sich die Politik am Rentenaspekt der Demographie nicht so erfolglos abarbeiten, wenn sie auf den Rat der Ökonomen hörte. Die fordern, die Altersvorsorge langfristig auf eine demographisch unabhängigere Basis zu stellen: auf die Leistungskraft des Weltkapitalmarktes.

Ökonomen haben sich des Paradigmas ihrer Profession nicht zu schämen. Auch dann nicht, wenn es um Kinder geht. Es geht nicht um platte Ökonomismen: Kinder und Enkel stehen nicht zum Verkauf oder zur Beleihung an. Aber es würde ein gutbürgerliches Erziehungsziel verfehlt, wenn sie nicht darauf vorbereitet würden, dass sie ihr Auskommen nur dann finden werden, wenn sie als Erwachsene bereit und fähig

Geburtenschwund

Zahl der Lebendgeborenen und der Einwohner seit 1840 in Millionen[1)]

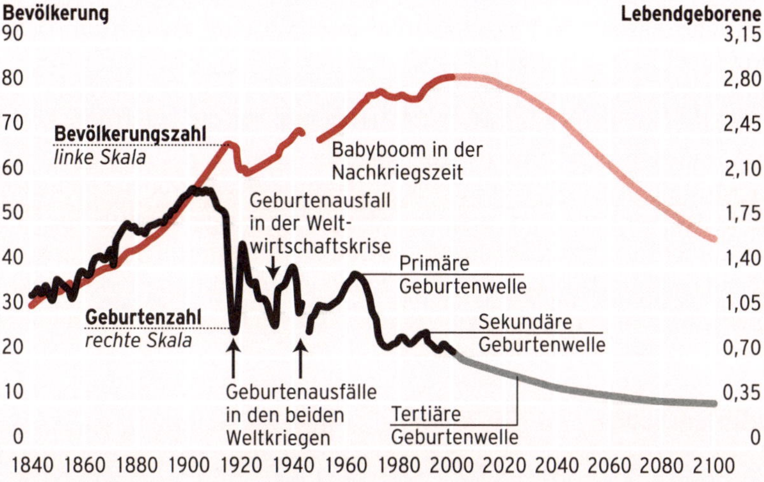

1) Mit Vorausberechnung. Bis 1999 Bevölkerung zum Jahresende, danach mittlere Bevölkerung eines Jahres. Bis 1943 Reichsgebiet, danach Deutschland insgesamt (bis 1990 Bundesrepublik und DDR). Bis 1999 Daten des Statistischen Bundesamtes, danach Daten von Birg/Flöthmann, Demographische Projektionsrechnungen, Universität Bielefeld 2001.

Quelle/Grafikvorlage: Herwig Birg, Die ausgefallene Generation, München 2005 (2. Auflage) / F.A.Z.-Grafik Heumann

sind, sich am Markt dienstbar zu machen. Die ökonomische Perspektive des Kinderkriegens und des Kindererziehens beginnt dort. Dazu muss man den Kindern nichts von Nachfrageelastizitäten auf dem Markt für Ingenieure oder Narkoseärztinnen erzählen. Man muss ihnen aber auch nicht verheimlichen, dass die Regel „Ohne Fleiß kein Preis" mehr ist als eine kleine Reimübung fürs Lesen und Schreiben in der Grundschule. Unter dem didaktischen Dach der von guten Menschen so gern geschmähten ökonomischen Perspektive lässt sich für die Lebensertüchtigung mehr unterbringen als Erläuterungen zur angebots- und nachfragegesteuerten Marktmechanik von Leistung und Gegenleistung.

Kinder darauf vorzubereiten, dass Verdienen mit dem Verdingen beginnt, heißt nicht, darauf zu verzichten, ihnen den Gedanken mit auf den Lebensweg zu geben, dass der Erwerb von Geld und Gut seine bürgerliche Würde gerade auch in der Solidarität mit denen findet, die bei allem Willen nicht leisten können. Kinder, denen die ökonomische Perspektive nie vermittelt wurde, werden sich als Erwachsene kaum eine befriedigende Begründung für das Besteuerungsrecht des Staates zur Erfüllung von Solidarleistungen für die Schwachen zurechtlegen können.

Man muss Kindern in den Erwartungen, die die Gesellschaft an sie knüpft, nicht „ökonomisch" kommen. Aber das Einüben der ökonomischen Perspektive liefert auch das Augenmaß für die Umverteilung. Es stützt damit den umverteilenden Staat, solange er selbst das Augenmaß nicht verliert.

Kinder, die im Geleit einer bürgerlichen Werteperspektive und auf dem Fundament einer guten Ausbildung heranwachsen, sind für ihre späteren Familien und für die Gesellschaft ein ökonomisches Gut. Private und staatliche Ausgaben für die Ausbildung sind eine Investition. Das ist heute noch das paradigmatische Erbe der Bildungsökonomie, die – in den Vereinigten Staaten formuliert – zu einer Disziplin der Ökonomie dann auch in Deutschland wurde und die die Bildungspolitik der sechziger und siebziger Jahre prägte. Über die Qualität der damals getätigten Bildungsinvestitionen mag man streiten. Ökonomie als Sichtweise jedenfalls kann auch da nicht schaden. Die heutige Debatte über Sinn und Gerechtigkeit von Studiengebühren deutet indessen eher nicht darauf hin, dass in Politik und Gesellschaft die ökonomische Perspektive gegenwärtig ist, wenn es darum geht, an einem Programm „Zukunft für Kinder, Zukunft durch Kinder“ zu arbeiten.

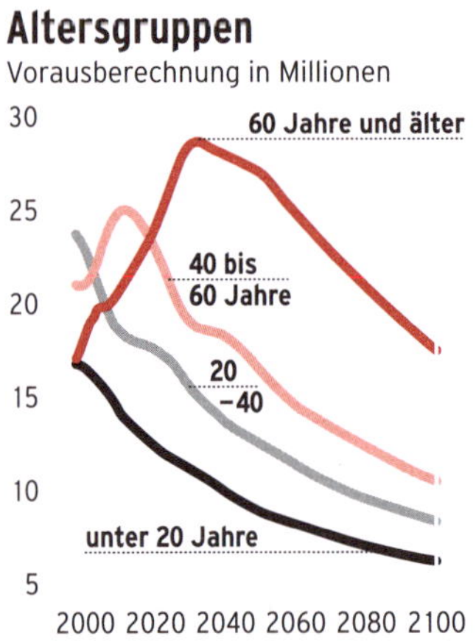

Quelle/Grafikvorlage: Herwig Birg, Die ausgefallene Generation, München 2005 (2. Auflage) / F.A.Z.-Grafik Heumann

Ja, Kinder sind ein ökonomisches Gut. Ihre Ausbildung ist eine Investition auch für die Gesellschaft. Ist also alles in Ordnung mit der Anwendung des ökonomischen Kalküls? Schon in der vergleichsweise kurzen Zeit, die seit der hochschießenden Welle der Bildungsökonomie der sechziger und siebziger Jahre vergangen ist, lässt sich ein erstaunlicher Wandel des Paradigmas der Ökonomisierung im Zusammenhang mit Kindern beobachten. Damals lautete die Frage: „Welche Bildungsinvestitionen muss die Gesellschaft tätigen, um den Kindern den Anschluss an Wohlstand und Aufstieg zu ermöglichen?“ Heute liegt die entsprechende Frage dicht bei der Formulierung: „Wie kommen wir an die Kinder, die den Wohlstand unseres Alters sichern?“

Das ist der Wandel von der ökonomisch formulierten Zukunftsperspektive einer Gesellschaft hin zur demographischen Produktionsstättenoptimierung durch die Familienpolitik von Frau von der Leyen. Ohne Fragezeichen und Klammer: So sollten Kinder nicht zum ökonomischen Gut werden.

83 Warum gibt es nur so wenige Kinder?

Ulrich van Suntum

Im vergangenen Jahr sind in Ost- und Westdeutschland so wenige Kinder geboren worden wie nie zuvor: 672.000. Das ist ein neues Rekordtief. 1990 waren es noch mehr als 900.000, ganz zu schweigen von den fünfziger Jahren. Damals kamen schon allein in Westdeutschland jährlich mehr als 1,1 Millionen Kinder zur Welt.

Um die Bevölkerung langfristig konstant zu halten, wären im Durchschnitt 2,1 Kinder pro Frau notwendig. Dies gelingt jedoch bereits seit 1973 nicht mehr. Inzwischen sind es nur noch 1,33 Kinder je Frau. Das ist auch im internationalen Vergleich sehr wenig. Wenn nichts geschieht, wird die Bevölkerungszahl in Deutschland bis 2050 von 82 Millionen auf weniger als 75 Millionen sinken. Es wird dann doppelt so viele 60-Jährige wie Neugeborene geben. Das hat fatale Folgen vor allem für die sozialen Sicherungssysteme: Immer weniger Beitragszahler müssen immer mehr ältere Menschen finanzieren.

Der Geburtenrückgang ist zwar in Deutschland besonders stark, aber er zeigt sich auch in vielen anderen Ländern. Dabei gilt mit wenigen Ausnahmen: Je höher der Lebensstandard ist, desto niedriger ist die Geburtenrate. Während eine Frau in den ärmsten Entwicklungsländern noch 4,8 Kinder gebärt, sind es in den Industrieländern im Durchschnitt nur noch 1,6 Kinder. Man bezeichnet diesen Zusammenhang auch als das demographisch-ökonomische Paradoxon. Ganz am Ende der Skala liegen neben Deutschland auch Italien und Spanien, während Frankreich, Amerika und Irland die bestanderhaltende Rate von 2,1 nur knapp verfehlen.

Es gibt verschiedene Erklärungsansätze für die Höhe der Geburtenrate. Sie ist zum Beispiel nachweislich höher bei religiösen Personen. Die Bereitschaft zum Kinderkriegen sinkt andererseits, wenn stark traditionalistische Familienmodelle in Konflikt mit den Anforderungen an eine ökonomisch aufstrebende, moderne Gesellschaft geraten. Auch ein Einfluss der Familienpolitik auf die Geburtenrate ist nachweisbar, aber er scheint geringer zu sein, als viele Politiker glauben. So hat die Einführung des Erziehungsgeldes und der Anrechnung von Erziehungszeiten in der Rentenversicherung im Jahr 1986 nur einen geringen und vor allem nur einen vorübergehenden Effekt auf die Geburtenrate gehabt.

Der Bevölkerungswissenschaftler Herwig Birg erklärt das damit, dass solche Leistungen schon bald als selbstverständlich gelten und dann keine Verhaltensänderung mehr bewirken. Es kann natürlich auch sein, dass die familienpolitischen Instrumente einfach nicht zielgenau oder nicht umfangreich genug gewesen sind.

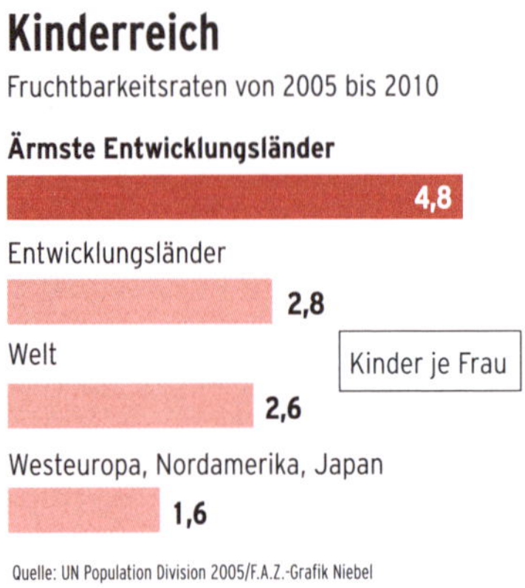

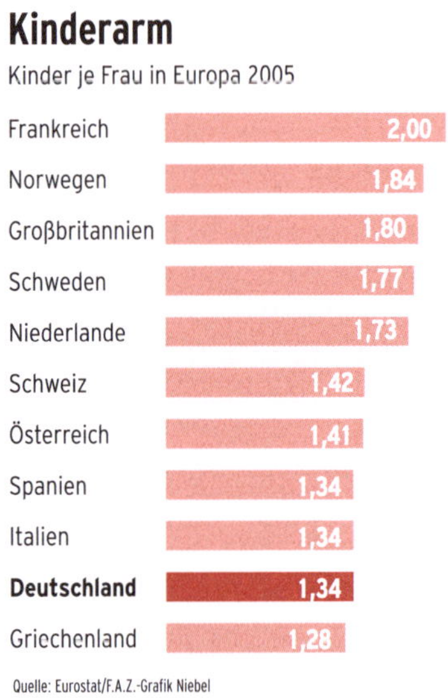

Der international enge und über mehr als ein Jahrhundert beobachtete negative Zusammenhang zwischen Wohlstand und Geburtenrate lässt allerdings darauf schließen, dass mehr hinter dem Paradoxon steckt. Hier setzt die ökonomische Theorie an, die Kinder ganz nüchtern als eine Art Investition der Eltern betrachtet.

Denn Kinder stiften ihren Erzeugern auf der einen Seite Nutzen, auf der anderen Seite kosten sie Zeit und Geld. Es ist plausibel anzunehmen: Umso weniger Kinder werden geboren, je ungünstiger sich das Verhältnis von Nutzen und Kosten entwickelt. Das klingt kühl, und die wenigsten Eltern werden bewusst solche Berechnungen anstellen. Aber intuitiv und im Durchschnitt spielen ökonomische Aspekte eben doch eine zentrale Rolle, wie die empirischen Zusammenhänge zeigen. Und das ist auch leicht erklärbar.

Es sind im Wesentlichen zwei Zusammenhänge, die den Geburtenrückgang erklären können. Zum einen sind die Kosten für das Aufziehen von Kindern deutlich stärker gestiegen als die Kosten für die meisten Konsumgüter. Es geht dabei nicht nur um die Kosten für Kleidung, Spielzeug und Ausbildung, sondern vor allem um die Opportunitätskosten. Darunter fällt in erster Linie der Einkommensverzicht, den eine Frau leisten muss, wenn sie allein die Kinder erzieht. Bei hoher Qualifikation kann das Einkommensverluste von 50.000 Euro und mehr pro Jahr bedeuten. Tatsächlich ist die Geburtenziffer von Akademikerinnen mit 0,9 Kindern nur halb so hoch wie jene von Frauen ohne Schulabschluss. Und die vergleichsweise hohe Geburtenrate in der früheren DDR hing auch damit zusammen, dass Kinder dort kaum ökonomische Nachteile mit sich brachten – man bekam sogar leichter eine Wohnung.

Vielleicht noch wichtiger ist ein zweiter Effekt. Früher hatte die Familie eine ganz entscheidende Rolle für die soziale Sicherung. Sie fing die Menschen bei Krankheit, Arbeitslosigkeit oder Erwerbsunfähigkeit auf, und insbesondere für das Alter waren eigene Kinder überlebensnotwendig. Das ist in vielen Entwicklungsländern noch heute so, während in den Industrieländern ab dem Ende des 19. Jahrhunderts gesetzliche Sozialversicherungen diese Rolle übernahmen.

Damit wurde die Familie für die soziale Absicherung weitgehend überflüssig, der Nutzen eigener Kinder sank. Das wirkte sich auf die Geburtenhäufigkeit aus. Sie begann in Deutschland schon bald nach den Bismarckschen Sozialreformen zu sinken, also lange vor dem „Pillenknick" der sechziger Jahre.

All dies spiegelt sicher nicht die ganze Wahrheit wider. Andere Gesichtspunkte wie die Möglichkeiten der Empfängnisverhütung, die Flexibilitätsanforderungen der Wirtschaft und der Wertewandel in der Gesellschaft mögen ebenfalls von Bedeutung sein. Sie lassen sich aber kaum oder nur sehr langsam beeinflussen und sind darum weniger interessant für eine Politik, welche die Geburtenrate steigern möchte. Am aussichtsreichsten erscheint es daher, das Nutzen-Kosten-Verhältnis von Kindern für ihre Eltern wieder zu verbessern.

Ein Anfang ist schon damit gemacht worden, dass die gesetzliche Rentenversicherung ihre früheren Versprechungen nicht mehr einlösen kann. Damit steigt automatisch die Bedeutung privater Vorsorge, wozu neben Kapitalbildung auch eigene Kinder gehören. Es wird wieder stärker darauf ankommen, ihnen eine gute Erziehung und Ausbildung zu geben, damit sie sich später um ihre Eltern kümmern können und auch werden.

Das ist zweifellos eine der besten Investitionen, die man für sein Alter tätigen kann. Sie ist vor allem auch denjenigen möglich, die mangels ausreichenden Einkommens nicht viel Erspartes auf die hohe Kante legen können. Es sollte alles dafür getan werden, dass das Bewusstsein für diesen Zusammenhang zunimmt und dass der Zusammenhalt des Solidarverbandes „Familie" gestärkt wird.

Auf der anderen Seite ist es auch sicher richtig, Beruf und Kindererziehung leichter miteinander vereinbar zu machen. Das ist nicht nur eine Aufgabe des Staates, sondern auch der Unternehmen. Flexible Arbeitszeiten, Kinderbetreuung, Karriereplanung für Frauen und anderes zahlen sich meist auch betriebswirtschaftlich aus.

84 Warum sollen Erbschaften steuerfrei sein?

Thomas Straubhaar

Zwar gibt es viele gute Gründe, Erbschaften zu besteuern. Es gibt aber noch bessere Gründe, auf eine Erbschaftsteuer ganz zu verzichten. Die negativen Folgen einer Erbschaftsteuer auf Wachstum und Beschäftigung mögen nicht größer sein als bei anderen Steuern. Das ändert aber nichts daran, dass die Erbschaftsteuer eine Vermögensteuer bleibt. Das heißt, es wird noch einmal besteuert, was bereits als Einkommen und Erträge vom Fiskus belastet wurde. Nun lassen sich sicherlich Gerechtigkeitsgründe finden, die eine Mehrfachbesteuerung rechtfertigen. Was aber sind die ökonomischen Folgen?

Wer Erbschaften besteuert, enteignet Eigentum. Ohne Eigentum gibt es keine Nachhaltigkeit. Das zeigt sich nirgendwo besser als in der Umweltzerstörung. Wenn die Wälder niemandem gehören, werden sie übernutzt. Wenn sich niemand für Gewässer verantwortlich fühlt, werden sie überfischt. Deshalb sind Eigentumsrechte so zentral für die dauerhaft sorgsame Verwendung knapper Ressourcen. Denn Eigentum verpflichtet im eigenen Interesse zu nachhaltigem Handeln. Enterbung und Enteignung führen dazu, dass die Ressourcen kurzfristig stark genutzt, aber nicht langfristig geschützt werden. Es wird weniger gespart und mehr konsumiert. Das schmälert das ökonomische Wachstum und verengt für kommende Generationen die gesellschaftlichen Handlungsspielräume. Deshalb wird es für die Kindeskinder schwieriger, die wirtschaftlich Schwächeren zu unterstützen. Die Erbschaftsteuer vermindert somit langfristig die wirtschaftlichen Chancen auch jener, die selbst nicht erben können.

Es mag sein, dass, wer erbt, nicht mehr so viel „Biss“ hat, sich weniger anstrengt und nicht mehr so große Risiken eingeht. Ist das aber ein guter Grund, jemanden zu enterben, um „Schlimmeres“ zu verhindern? Ist es nicht bevormundend, wenn man eine Enterbung mit dem Argument rechtfertigt, Menschen vor sich selber schützen zu wollen? Wer so denkt, muss noch weitergehen: Warum nur beim Erbe Vormund spielen und nicht gleich bei allen anderen Entscheidungen auch?

Natürlich gibt es die Beispiele, in denen die Erben aus lauter Dummheit das Vermögen ihrer Eltern in kurzer Zeit verspielt, verschwendet und verloren haben. Es gibt aber mehr Beispiele, in denen das Erbe gehegt, gepflegt und vermehrt wurde. Gerade die in Deutschland so erfolgreichen kleineren und mittelgroßen Familienbetriebe sind Zeugnis genug, wie sorgsam Besitz und Vermögen von Generation zu Generation weitergegeben werden.

Es ist doch paradox: Einerseits soll der Staat die Familien mit einem Bündel gutgemeinter Hilfen stärker fördern. Andererseits greift er mit der

Erbschaftsteuer in die Autonomie von Familien ein. Man beklagt die mangelnde Vereinbarkeit von verschiedenen Rollen in Familie und Beruf. Und dann vergisst man völlig, wie oft Ehepartner und Kinder ohne gesetzliche Vereinbarung zur Mehrung des Familienvermögens beitragen – zum Beispiel, indem sie Angehöriger wegen auf manches verzichten.

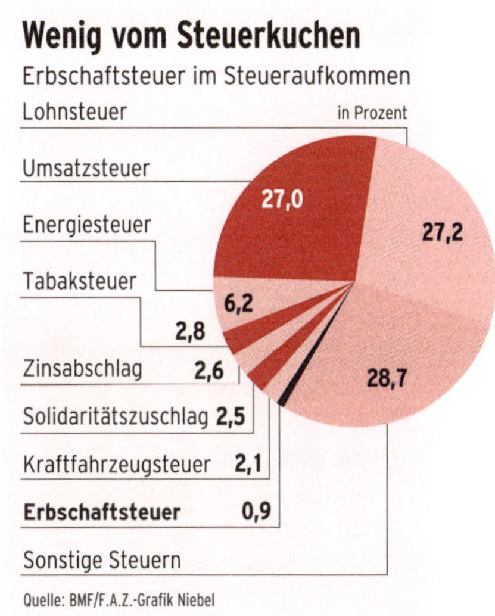

Das heißt nicht, dass Familienbetriebe beim Erben bevorzugt werden sollten. Es gibt keinen vernünftigen ökonomischen Grund, zwischen gutem und schlechtem, produktivem und unproduktivem oder in- und ausländischem Vermögen zu unterscheiden und daraus unterschiedliche Steuerregeln abzuleiten. Deshalb ist es reine politische Willkür, wenn der Staat Familienbetriebe, Betriebsvermögen oder Immobilienvermögen bei der Erbschaftsteuer gegenüber anderen Vermögensformen bevorzugt.

Der Zugriff des Staates auf das Erbe ist ein Angriff auf die bürgerliche Gesellschaft. Denn die Möglichkeit, den Kindeskindern über das eigene Leben hinaus etwas zu vererben, schafft die DNA-Ketten, die laut dem Historiker Harold James die kapitalistische Wirtschaftsordnung zusammenhalten. Denn Vererbung ist ein wichtiger Grund, Vermögen zu bilden und nicht alles selbst zu verprassen, sondern Apfelbäumchen für kommende Generationen zu pflanzen.

Wie wichtig Vererbung dafür ist, darüber haben Ökonomen schon heftig gestritten. Annette Reil-Held vom Mannheimer Institut für die Ökonomik vermutet, dass der „Wunsch, den Nachkommen nach dem Lebensende etwas zukommen zu lassen, für mehr als ein Drittel der Haushalte relevant zu sein scheint, vor allem in Verbindung mit Vorsorgemotiven". Ausgerechnet die wohlhabendsten Haushalte werden von ihren Daten allerdings nicht erfasst. Reil-Held kann jedoch trotzdem zeigen, dass Erbschaften gerade bei der reichsten Bevölkerungsschicht eine große Rolle spielen.

Das starke Band der Familie durch Erbschaftsteuern zu sprengen würde Karl Marx gefallen. Denn jede Schwächung des Privateigentums ist eine Stärkung des Sozialismus. Genau deshalb ist der Schutz des Privateigentums auch über den Tod hinaus die Grundlage einer kapitalistischen Wirtschaftsordnung, bei der Freiheit vor Gleichheit steht.

Mehr Einnahmen aus der Erbschaftsteuer

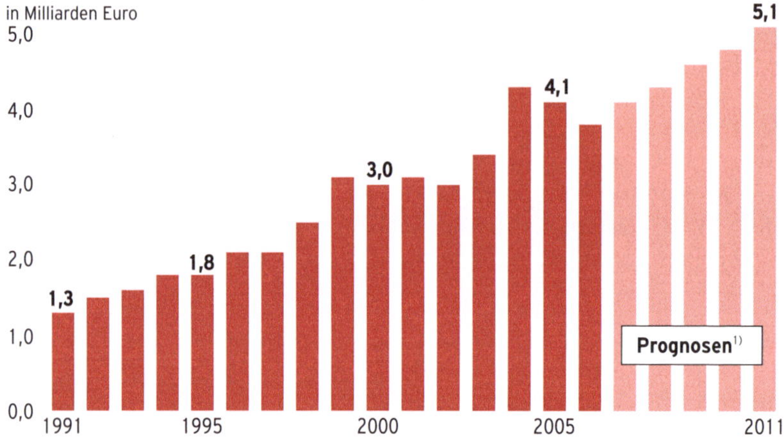

1) Nach gegenwärtigem Recht. Quellen: Arbeitskreis Steuerschätzung; Statistisches Bundesamt/F.A.Z.-Grafik Niebel/Brocker

Noch immer halten viele in Deutschland das Erbe für unverdientes Vermögen und damit für unverschämtes Glück. Deshalb sei es nichts als richtig, Erbschaften zu besteuern. Nun mag es auch für den Neid gute Gründe geben. Einer hängt mit der Chancengerechtigkeit zusammen. Es ist richtig: Wer erbt, wird ohne eigene Anstrengung bessergestellt als andere, die sich genauso ins Zeug legen, aber nicht das Glück haben, von ihren Vorfahren Vermögen zu erben. Das ist in der Tat ungerecht – und ist all jenen ein Dorn im Auge, die für Leistungsprinzip und Meritokratie plädieren. Dazu gehören auch jene Liberalen, die unter Berufung auf John Stuart Mill (und dessen „Zufälligkeiten der Geburt") Gerechtigkeit vor Freiheit stellen.

Freiheit sorgt zwar nicht für Gleichheit. Sie sorgt aber stärker als alles andere dafür, dass es einer Gesellschaft insgesamt bessergeht. Davon profitieren dann auch jene, die nicht das Glück haben, erben zu können. Es ist und bleibt eine Illusion zu glauben, dass eine Schwächung der Starken die Schwachen stärkt. Darauf hatte schon Abraham Lincoln hingewiesen. Der Misserfolg sozialistischer Experimente hat es eindrücklich bestätigt. Eine staatliche Enteignung privaten Eigentums führt nur scheinbar zu mehr Gerechtigkeit. In Wirklichkeit zerstört sie die Grundlagen einer marktwirtschaftlichen Ordnung und einer bürgerlichen Gesellschaft und damit die unabdingbaren Voraussetzungen eines Wohlstands für alle.

85 Warum verdient dein Papa mehr als meiner?

Winand von Petersdorff

Hübsche, groß gewachsene Söhne von Oberstudienräten haben eine höhere Wahrscheinlichkeit, gut zu verdienen, als fette, hasenschartige Sprösslinge von arbeitslosen Fliesenlegern. Studien belegen, dass soziale Herkunft beim Einkommen eine Rolle spielt, das Äußere und die Körpergröße. Das sind drei Kriterien, die mit Arbeitsleistung in der Regel nichts zu tun haben – mit wenigen Ausnahmen: Models sollten keine Hasenscharte haben, Basketballspielern hilft die Größe, und bei Maklern von Landsitzen mag adlige Herkunft manche Eichentür öffnen.

Im Normalfall aber sollte doch Leistung zählen bei der Entlohnung. Das wünschen sich die Menschen zumindest, und das entspricht auch der klassischen ökonomischen Theorie. Die stellt erst einmal die These auf, dass der Arbeitsmarkt im Prinzip den gleichen Regeln folgt wie die Märkte für Jeans, MP3-Player und Parfüms. Da bestimmt das Verhältnis von Angebot und Nachfrage den Preis. Auf dem Arbeitsmarkt heißt der Preis Lohn. Die Anbieter sind die Arbeitnehmer, die ihre Arbeitskraft gegen einen bestimmten Lohn zur Verfügung stellen. Die Einkäufer sind die Unternehmen, die die geforderten Löhne entweder akzeptieren oder nicht. Genau wie auf den Gütermärkten treibt Begehrtheit den Preis nach oben. Rare und zugleich nützliche Qualifikationen werden deutlich höher entgolten als Allerweltsfertigkeiten. Zurzeit sind Jungjuristen mit vorzüglichem Examen so begehrt wie nie. Sie können bei den ersten Adressen mit einem Anfängergehalt von 100.000 Euro rechnen. Unqualifizierte Arbeitslose über 55 Jahre können ungefähr mit einem Achtel kalkulieren.

Ökonomen haben sich auch Gedanken über die Grenzen der Zahlungsbereitschaft der Arbeitgeber gemacht. Theoretisch müssten die Unternehmen kalkulieren, wie hoch der Zusatzertrag der Neueinstellung ist. Diese Summe ist die Obergrenze dessen, was ein Arbeitnehmer herausschlagen kann in der Wirtschaftswelt, in der alle Informationen verfügbar und die Märkte flexibel sind.

In dieser Welt wäre der Lohn das Äquivalent der Nützlichkeit. Und die Eingangsfrage wäre dann so zu beantworten: Dein Papa verdient mehr Geld als meiner, weil dein Papa seinem Arbeitgeber mehr Erträge beschert als meiner. Der häufige Gebrauch des Konjunktivs in diesem Text lässt den Leser ahnen, dass die Wirklichkeit komplizierter ist. An dieser Stelle betreten die Vertreter der Gewerkschaften und der Arbeitgeberverbände die Szenerie. Sie versuchen, die individuelle Lohnverhandlung und Lohnfindung zu unterbinden.

Für einen großen Teil der Arbeitnehmerschaft wird die Entlohnung in Tarifgesprächen ausgehandelt. Diese Löhne sind dann Ausdruck der

Machtverhältnisse der Organisationen, ihrer wirtschaftlichen Vernunft und ihrer Kompromissfähigkeit. Gewerkschaften mit hohem Organisationsgrad bringen reichlich Drohpotential in die Gespräche. Sie können durch Streiks eine ganze Branche lahmlegen und den Unternehmen das Geschäft verderben. Hilflos sind die Unternehmen aber nicht. Sie können Fabriken verlagern, wenn die Kalkulationen aus ihrer Sicht zu ungünstig werden. Die neue Antwort auf die Eingangsfrage lautet: Dein Papa verdient mehr Geld als meiner, weil er in einer Branche mit starker Gewerkschaft arbeitet. Deiner ist Facharbeiter in der Metallindustrie und meiner ist zum Beispiel Kellner.

Hohe Führungskräfte unterliegen keinem Tarifvertrag. Sie handeln ihre Verträge individuell mit ihren Arbeitgebern aus, so dass eigentlich hier die klassische Theorie zum Zuge kommen könnte: Gehalt als Ausdruck der Knappheit und als Leistungsäquivalent.

Erklärt das aber wirklich, dass die Gehälter der Topmanager überproportional gewachsen sind? Vorstände werden deutlich schneller gefeuert als früher, weshalb sie womöglich nachdrücklicher und dreister um hohes Entgelt kämpfen. Das beantwortet aber noch nicht die Frage, warum die Arbeitgeber darauf eingehen. Aufsichtsräte, die mit den Vorständen über Gehalt reden, werden sich nachgiebig zeigen, wenn sie keine oder nur wenige Aktien des Unternehmens haben. Sie kämpfen für das Geld anderer Leute gegen einen Gegner, der für sein eigenes Geld kämpft. Keine Frage, wer der Leidenschaftlichere ist in diesem Disput. Noch ein Verdacht wird durch Studien erhärtet: Vorständen, die in anderen Unternehmen als Aufsichtsräte agieren, sind großzügig gegenüber den Vorständen, weil sie selbst großzügig behandelt werden wollen.

Ungleiche Einkommensverteilung

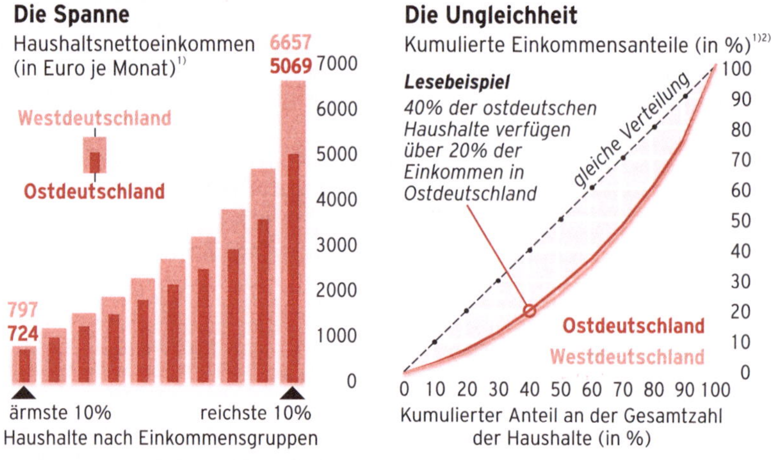

1) Medianeinkommen 2003 nach Verteilungsdezilen. 2) Haushaltsnettoeinkommen 2003. Quelle: Destatis/F.A.Z.-Grafik Brocker

Allerdings scheint auch die umgekehrte Verhaltensweise plausibel. Schlecht bezahlte Vorstände knausern in ihrer Rolle als Aufsichtsräte.

Beflügelt werden die Einkommen in Branchen, in denen Dienstleistungen durch Provisionen entgolten werden: Investmentbanking, Vermögensverwaltung, Private Equity zum Beispiel. Große Deals machen die unmittelbar beteiligten Einfädler reich. Damit andere ehrgeizige Manager des Dienstleisters Missgunst und Neid bezähmen, steigt ihr Gehalt tendenziell.

Eine eigene Einkommensklasse bilden die Superstars. Dein Papa verdient mehr als meiner, wenn er zum Beispiel Ronaldinho heißt. Ronaldinho kommt auf 31 Millionen Euro im Jahr. Der Durchschnittsarbeitnehmer mit Vollzeitjob bekommt in Deutschland ungefähr 40.000 Euro im Jahr. Ronaldinho und Herr Durchschnitt sind beide Angestellte: Ronaldinho vom Fußballclub Barcelona, Herr Durchschnitt bei einer ganz normalen Firma.

Dass Ronaldinho deutlich mehr arbeitet als der normale Arbeitnehmer, ist nicht gewiss. Er hat zwei bis drei Stunden Training am Tag, dann ein bis zwei Spiele in der Woche, und hinzu kommen noch Werbeveranstaltungen für Unternehmen wie Nike. Unwahrscheinlich, dass der Brasilianer mehr als die üblichen 40 Stunden in der Woche arbeitet. Und trotzdem verdient er Millionen. Warum sind die Arbeitgeber und Geschäftspartner bereit, mal mehrere Millionen auszugeben, mal 40.000 und mal gar nichts? Ökonomen würden kühl sagen: Das Gehalt von Ronaldinho ist angemessen, solange der zusätzliche Nutzen, den er stiftet, noch darüber liegt. Mit anderen Worten: Gewinnt seine Mannschaft dank seiner Spielkunst die Champions League und verkauft viele Fan-Artikel, dann verdient der Club viel, viel Geld – viel mehr Geld, als der Brasilianer kostet.

Allerdings: Vorhersagen können die Clubs das natürlich nicht. Und mancher Weltstar spielt auch mal länger schlecht. Der entscheidende Unterschied zwischen Herrn Durchschnitt und Ronaldinho liegt in der Mischung aus globaler Bekanntheit und Beliebtheit. Keiner kennt Herrn Durchschnitt. Aber fast alle kennen den Spieler mit der Zahnlücke. Die Bekanntheit verdankt Ronaldinho nicht nur seiner Spielkunst, sondern auch dem Fernsehen. In vielen Ländern wollen Leute Spiele mit ihm sehen, seine Trikots kaufen. Das ist super für die Sportartikelfirma, die Fußballschuhe in seinem Namen auf der ganzen Welt verkauft und damit etliche Millionen einnimmt.

Es könnte also sein, dass 31 Millionen Euro ein angemessener Lohn sind, weil Ronaldinho seinem Club und seinen Geschäftspartnern mindestens so viel Geld einbringt. Er bringt eine global akzeptierte Spitzenleistung.

Und die Moral von der Geschicht'

86 Warum ist Reichtum keine Sünde?

Ulrich van Suntum

Wer reich ist, hat es schwer mit der Anerkennung in unserer Gesellschaft. Schon in der Bibel heißt es: „Eher geht ein Kamel durch ein Nadelöhr, als dass ein Reicher das Himmelreich erlangt." Ehrliche Arbeit und ein bescheidener Lebenswandel, das sind schon immer die traditionellen Werte der christlichen Welt gewesen.

Es kommt auch nicht von ungefähr, dass die Kirchen in ökonomischen Streitfragen oft an der Seite der Gewerkschaften und der Sozialpolitiker stehen. Wer möchte schon Anwalt der Privilegierten sein, als welche die „Besserverdienenden" und „Vermögenden" wie selbstverständlich bezeichnet werden? Einen Minderheitenschutz können sie für sich nicht reklamieren, auch wenn sie sich ungerecht behandelt fühlen. Denn als gerecht gilt in unserer Gesellschaft meist das, was sozial ist. Und sozial ist es im Zweifel, wenn man den Reichen nimmt und den Armen gibt, und nicht etwa umgekehrt.

Derartige, tief verwurzelte Grundeinstellungen einer Gesellschaft haben durchaus konkrete ökonomische Folgen. Kaum noch hinterfragt wird etwa die progressive Einkommensteuer, die gerade erst durch die – in dankenswerter Klarheit so bezeichnete – Reichensteuer verschärft wurde. Dabei ist es eigentlich alles andere als selbstverständlich, dass man bei doppelt so hohem Einkommen weit mehr als das Doppelte an Steuern zahlen soll. Immerhin wird auf diese Weise mehr als die Hälfte des Aufkommens an Einkommensteuer von nur zehn Prozent der Steuerpflichtigen aufgebracht.

Auch die Erbschaftsteuer wird immer mehr zu einer Sondersteuer auf große Privatvermögen. Kleine Erbschaften – und demnächst auch Unternehmen – sind von ihr kaum betroffen. Deswegen regt sich auch kaum jemand darüber auf, dass es sich im Grunde um eine Steuer auf bereits vorher voll versteuerte Einkommen handelt, deren künftige Erträge natürlich auch wieder – progressiv – besteuert werden. Es trifft ja nur die Reichen, die mit den „breiten Schultern", die schließlich „auch ihren Beitrag leisten sollen".

Diese abschätzige Attitüde gegenüber den Wohlhabenden hat es nicht immer gegeben, und es gibt sie in dieser Form auch heute nicht in allen Ländern. Im Merkantilismus, dem Zeitalter der Sonnenkönige, galt die Schaffung von Reichtum als gesellschaftlich erstrebenswert. Die Anhäufung und Verausgabung von Geld wurde als nützlich für die gesamte Wirtschaft angesehen. Selbst der zügelloseste Luxuskonsum hatte noch sein Gutes, spornte er doch den „faulen und liederlichen Pöbel" dazu an, sich anzustrengen, um möglichst daran teilzuhaben. Eine vergleichs-

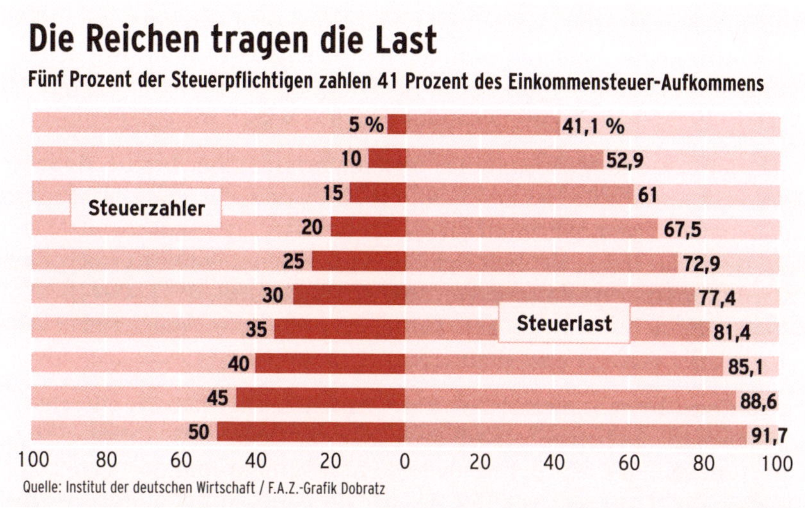

weise positive Sicht des Reichtums findet man heute noch in den angelsächsischen Ländern, namentlich in den Vereinigten Staaten. Anders als in Kontinentaleuropa zeigt man dort auch gerne, was man hat. Denn Reichtum gilt dort viel weniger als bei uns als unverdientes Privileg, sondern als Beweis von harter Arbeit, Klugheit und Erfolg.

Aus ökonomischer Sicht ist privater Reichtum unverzichtbar für den Wohlstand eines Landes. Schließlich stecken die Milliardenvermögen der Flicks, Mohns und Gettys zum allergrößten Teil in ihren Unternehmen, das heißt unmittelbar in den Arbeitsplätzen. Privat leben viele von ihnen vergleichsweise bescheiden, anders als manche Pop- und Fußballstars, denen wir ihren Wohlstand meist viel weniger neiden.

Am Ende eines erfolgreichen Kapitalistenlebens fließt das Geld zudem oft in gemeinnützige Stiftungen; so hat der erfolgreiche Spekulant Warren Buffett den Großteil seines Privatvermögens in Höhe von mehr als 30 Milliarden Dollar der Stiftung von Bill Gates geschenkt, die damit unter anderm gegen Hunger und Aids in Afrika kämpft.

Selbst diejenigen Reichen, die privat im Luxus schwelgen, geben anteilmäßig von ihrem Einkommen in aller Regel viel weniger für den Konsum aus als die Masse der Bevölkerung, vom Staat ganz zu schweigen. Würde man sie enteignen, so wäre das Kapital daher sehr rasch verbraucht und mit ihm die Arbeitsplätze. Alle historischen Experimente in dieser Richtung haben das immer wieder bewiesen.

Die soziale Katastrophe während der industriellen Revolution wurde nicht wegen zu viel, sondern wegen zu geringem Reichtum in der Gesellschaft verursacht. Es fehlte, ähnlich wie heute in vielen Entwicklungsländern, einfach an genügend Kapital, um die rasch wachsende Bevölkerung mit Arbeitsplätzen zu versorgen. Nicht die Gewerkschaften, sondern der aufblühende Kapitalismus mit seinen riesigen Investitionen hat das Problem schließlich gelöst. Sicher entstanden dabei riesige Privatvermögen, auch Prunk und Protz waren oft dabei. Aber verglichen mit den ungeheuren Werten, die in dem Produktivkapital steckten, waren das nur Peanuts.

Auch der heutige Mittelständler lebt materiell sicher besser als seine Beschäftigten. Dafür hat er allerdings viel weniger Freizeit und meist jede Menge Sorgen. Während für die Mitarbeiter Freitagnachmittag das Privatleben anfängt, grübelt der Chef am Wochenende oft noch über Kalkulationen und Bilanzen. Wer so betrachtet wirklich reicher ist, lässt sich darum nicht einfach sagen. Zumal der materielle Wohlstand besteuert wird, die Freizeit aber nicht.

Im übrigen ist ein großer Teil des Vermögens heutzutage gleichsam „unsichtbar". Es besteht nämlich gerade für den Normalbürger nicht zuletzt in seinen Ansprüchen an die Renten- und Krankenversicherung, die sich leicht auf sechsstellige Beträge addieren können. Zudem wird eine andere, ebenfalls oft übersehene Vermögensart immer wichtiger, nämlich die Ausbildung und das Wissen der Menschen. Dieses Humankapital ist im Zweifel viel wertvoller als etwa ein geerbtes Häuschen.

Die moralische Beurteilung des Reichtums hängt nicht zuletzt auch davon ab, was man mit seinem Wohlstand anfängt. So haben es jedenfalls ethisch sensible Ökonomen wie etwa John Stuart Mill gesehen. Es ist darum auch kein Zufall, dass in den Ländern mit niedriger Einkommensteuer das private Mäzenatentum meist hoch im Kurs steht. Auch die katholische Kirche war den Reichen gegenüber meist deutlich milder gestimmt, wenn diese reichlich spendeten. Denn auf diese Weise konnte selbst der Kaufmann nicht nur sündlos, sondern sogar gottgefällig handeln.

Die Vorstellung, man müsse nur das Geld der Wohlhabenden anders verteilen, damit es allen bessergeht, ist dagegen überaus naiv. Eher ist das Gegenteil der Fall: Nur wo privates Vermögen gebildet werden kann, entstehen in der Regel Wirtschaftswachstum und Wohlstand auch für die Masse.

Alle egalitären Wirtschaftsordnungen sind dagegen letztlich gescheitert, und zwar sowohl ökonomisch als auch moralisch. Die Menschen haben in ihnen weder mehr Wohlstand noch mehr Gerechtigkeit gefunden, sondern letztlich nur neue Herren, die sie unterdrückt und die sich auf ihre Kosten bereichert haben. Man sollte deshalb vorsichtig sein, gedankenlos den Reichtum als ein Schandmal des Kapitalismus anzuprangern. Im übrigen gehören nicht nur Völlerei und Geiz zu den sieben Todsünden, sondern auch der Neid.

87 Warum ist Kontrolle gut, Vertrauen aber besser?

Thomas Straubhaar

„Vertrauen ist gut, Kontrolle ist besser." Das Lenin zugeschriebene Zitat hat tödliche Sprengkraft, denn es zerstört die Grundlage menschlicher Beziehungen: das für eine Gesellschaft unverzichtbare Bindemittel jenseits von Macht und Zwang – Vertrauen.

Vertrauen ist eine unausgesprochene gegenseitige Vereinbarung. Es geht darum, freiwillig mehr zu tun, als Verträge einfordern und ökonomische Anreize nahelegen. Frauen bringen Kinder zur Welt und vertrauen darauf, dass die Väter einen größeren Beitrag zur Erziehung leisten, als per Gesetz einklagbar ist. Heranwachsende vertrauen auf elterliche Zuneigung jenseits von Alimenten. Freunde sind im blinden Vertrauen unkompliziert füreinander da. Nachbarn helfen im Vertrauen auf freiwillige Hilfe, falls sie selbst in Not geraten.

Vertrauen ist die unverzichtbare Voraussetzung zwischenmenschlicher Beziehungen. Es ist das Schmieröl jeder Gemeinsamkeit, denn es ersetzt formale Gesetze. Je größer das Vertrauen ist, desto größer kann der rechtsfreie Raum sein, und umso größer ist die Handlungsfreiheit der einzelnen Menschen. Diese Freiheit ist wiederum für Innovation unverzichtbar. Eine Gesellschaft ohne Vertrauen muss jedes Detail regeln und kontrollieren, deswegen geht sie irgendwann an den Kontrollkosten zugrunde.

Niemand weiß das besser als jene, die in der DDR oder der Sowjetunion unter dem Kontrollwahn totalitärer Regime gelitten haben. Stasi-Akten und Kreml-Geheimprotokolle offenbaren, in welch absurdem Ausmaß alle allem misstrauten, alle alles überwachten und wie die Kontrolleure sich am Ende selber kontrollierten. Der dramatische Kollaps kommunistischer Herrschaftsstaaten zeigt deutlich, wie fundamental falsch das Menschenbild Lenins war. Es ist gerade anders, als Lenin glaubte: Kontrolle ist bestenfalls gut, Vertrauen ist aber in jedem Fall besser.

Wer auf Vertrauen statt Kontrolle setzt, setzt auf private Vereinbarungen statt auf staatliche Vorschriften. Nicht die im Voraus gesetzte Norm bestimmt das Ergebnis, sondern der Praxistest entscheidet darüber. Das Mehr an Freiheit bedeutet natürlich auch eine größere Versuchung, die Freiheit zu missbrauchen. Es wird zu Monopolen und Marktmacht kommen. Es wird Betrüger und Spielverderber geben. Deshalb gehört zu Vertrauen auch Verantwortung.

Das Vertrauen in die Handlungsfreiheit der Einzelnen erfordert zwingend eine Haftung für die Folgen nach dem Verursacherprinzip. Heute wird in Deutschland dagegen versucht, schädliche Einzelfälle zu verhindern, indem im voraus Verbote oder Gebote erlassen werden. Temposünder, Schwarzarbeit oder Trittbrettfahrer sind dann nur die sichtbare Spitze des Eisbergs. Ökonomisch gravierender sind die Verlagerung von Gewerbebetrieben und Arbeitsplätzen ins Ausland. Sie kommt daher, dass in Deutschland Menschen einen schweren Stand haben, die Neues schaffen: Gründer und Erfinder, aber auch Biotechnologie, Gentechnologie und Kernenergie. Mehr Einzelfallregelungen („case law“) und etwas weniger Allgemeinverbindlichkeit („book law“) würde Deutschland in vielen Bereichen helfen, schneller voranzukommen.

Was fürs große Ganze gültig ist, gilt genauso im Kleinen. Vertrauen ist die Basis privater Beziehungen jenseits von Markt und Staat. Partnerschaften und Familien funktionieren nach informellen Gewohnheiten, nicht nach formalen Regeln. Wenn das Vertrauen zerrüttet ist und formales Recht die Automatismen des Alltags ersetzt, beginnt ein juristischer Kleinkrieg, dessen Kosten weit über das Materielle hinausreichen. Oft endet er vor dem Scheidungsrichter.

Der böse Fluch der Kontrolle gilt auch für den Sport. Wenn der Trainer das Vertrauen seiner Spieler verliert, muss er die Daumenschrauben straffer ziehen, mehr verlangen und deshalb auch immer mehr kontrollieren. Dann spielt die Mannschaft auf dem Platz nicht mehr für den Sieg, sondern gegen den Trainer. Wie wenig Erfolg das bringt, zeigen die Beispiele abstiegsbedrohter Bundesligaclubs Jahr für Jahr.

Vertrauen zwischen Unternehmensleitung und Belegschaft ist auch das Kennzeichen erfolgreicher Betriebe. Die Arbeitnehmer vertrauen darauf, dass die Chefs nicht nur an sich selber denken, sondern auch die Interessen der Firma und damit das Wohl der Angestellten verfolgen. Ein Arbeitgeber braucht das Vertrauen, dass die Mitarbeiter auch ohne Kontrolle zum Wohle des Betriebes handeln. Wer seiner Belegschaft nicht traut, wird unmotivierte Beschäftigte haben, die auf Kosten der Firma ihr eigenes Süppchen kochen.

Kontrolle ist nötig, wenn Menschen per Befehl gezwungen werden, etwas zu tun, das sie freiwillig nicht machen würden. Vertrauen fehlt, wenn Beziehungen als ungewollt oder unfair beurteilt werden. Bei einmaligen oder flüchtigen Kontakten lohnt es sich nicht, in Entstehung und Erhaltung gemeinsamen Vertrauens zu investieren. Denn wer sich nur einmal im Leben trifft, wird Versprechen ohne Scheu brechen. Deshalb braucht es in diesem Fall strikte Verträge, scharfe Kontrollen und starke Sanktionen. Damit aber wird eine Kostenlawine losgetreten.

Vertrauen entsteht nicht über Nacht. Es muss stetig wachsen, denn es entsteht aus einer langen Geschichte gemeinsamer Erfahrungen. An dieser Stelle zeigt sich, welche Gefahr entsteht, wenn Beziehungen beliebig werden und das gegenseitige Vertrauen schwindet.

Was geschieht mit einer Gesellschaft, wenn für Vermögende der schnelle Gewinn die Triebfeder wird? Wenn kurzfristige Gier das Handeln bestimmt? Wenn auf der Strecke bleibt, was sich nur langfristig bezahlt macht? Dann erodiert die gemeinsame Vertrauensbasis.

Was passiert, wenn jüngere Deutsche der Regierung nicht mehr zutrauen, die Probleme heute so zu lösen, dass die Herausforderungen von morgen gemeistert werden? Dann können Menschen leicht versucht sein, abzuwandern statt zu widersprechen. Anstatt zu bleiben und Konflikte zu bewältigen, verlassen sie Deutschland. Solidarität und Gemeinsinn lassen sich immer weniger durch Kontrolle und Zwang einfordern. Sozialer Druck und ökonomische Kosten des Wegziehens sinken – es ist einfach und billig geworden, Familie, Wohnort und Deutschland zu verlassen.

Was bedeutet es für das Vertrauen der Bevölkerung in berechenbare Rahmenbedingungen, wenn Regierungen des Machtstrebens wegen eine orientierungslose Politik der großen Versprechungen und kleinen Taten verfolgen? Dann verlieren Regierungen ihre Glaubwürdigkeit und verspielen das Vertrauen der Bevölkerung. Politischer Opportunismus mag kurzfristig helfen. Langfristig bewirkt er das Gegenteil. Vertrauen aufzubauen dauert Jahre. Vertrauen zu zerstören ist eine Sache des Augenblicks.

88 Warum ist Überalterung unser Glück?

Hans D. Barbier

Überalterung sei unser Glück, heißt es hier? Übervorteilung, Überforderung, Überbesteuerung – was dem Menschen unter der Herrschaft des „Über" geschehen kann, das löst im Allgemeinen keine Glücksgefühle aus. Und da soll Glück aus der Überalterung winken? Wer die Demographiedebatte so kennt, wie sie in Deutschland geführt wird, mit Ängsten und Endzeiterwartungen, der mag sich über diese Frage wundern.

Seit Jahrzehnten hat die Demographiedebatte in Deutschland nicht zu einem produktiven Gleichgewicht zwischen Sorge und der Vorsorge gefunden. Noch Bundeskanzler Helmut Schmidt konnte Prognosen von Geburtenrückgang und Bevölkerungsschwund politisch ungestraft mit der Bemerkung kommentieren: Das mache nichts, das gebe mehr Platz auf den Parkbänken. Der Nonchalance im Umgang mit Bevölkerungszahlen und Bevölkerungsbildern ist später die Panik gefolgt, dann aber ziemlich unvermittelt. Heute prägt die Panik einen beträchtlichen Teil der Publizistik. Und sie bestimmt weithin die Prozesse der Urteilsbildung und der politischen Willensbildung.

Alterung, Überalterung? Wessen oder von was? Einiges wäre schon gewonnen, wenn für die Folgenabschätzung genauer zwischen dem individuellen Älterwerden und der Veränderung des Bevölkerungsbildes unterschieden würde. Filme aus Altersheimen und Pflegestationen zeigen – bis auf die gewohnten Klagen über steigende Kosten – nichts über die gesamtwirtschaftlichen Probleme einer Gesellschaft, in der die Alten älter und die Kinder seltener werden. Sie zeigen unabhängig vom demographischen Bild etwas über das Schicksal des Alterns in einer Gesellschaft, die den Siebzigjährigen vom Krebs heilen, aber nicht den Neunzigjährigen gegen Demenz schützen kann. Der Greis, der uns in solchen Filmen aus dem Jenseits ansieht, verdämmert bei gutem körperlichem Zustand. So erschütternde Bilder sind geeignet, die finanziellen und die wissenschaftlichen Kräfte der Gesellschaft zu mobilisieren, um zu erforschen, wie es zu diesen Entwicklungen kommt und wie ihnen gegenzusteuern ist.

Die Ängste, die solche Bilder über die Perspektiven einer alternden Gesellschaft auslösen, sind berechtigt. Sie können als Anstoß zur Besserung wirken und so produktiv sein. Aber mit dem wirtschaftlichen Teil des sogenannten Demographieproblems haben sie so gut wie nichts zu tun. In der Demenz zu enden wäre auch dann eine erschreckende Aussicht, wenn die Gesellschaft ihre Alten selbst pflegen könnte und dafür nicht auf die sprichwörtlich gewordene Polin zurückgreifen müsste.

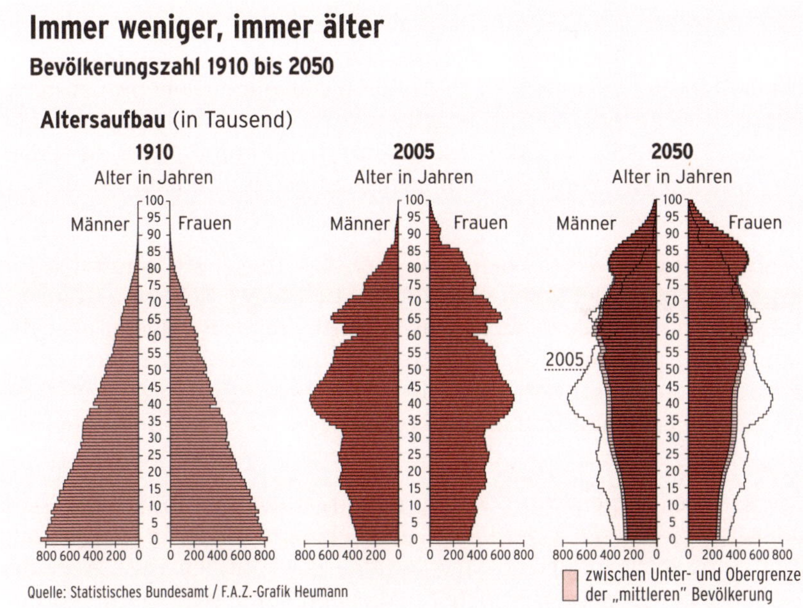

Das wirtschaftliche Demographieproblem der alternden Gesellschaft kommt nicht vom individuellen Älterwerden, sondern von der Veränderung der Altersklassen der Bevölkerung, ausgedrückt im Bild der Bevölkerungspyramide – oder der Bevölkerungszwiebel. Da geht es um Fragen wie diese: Wer zahlt den langlebigen Alten ihre Renten, wer backt ihr Brot, wer chauffiert sie in die Ferienressorts? Das sind Fragen, die sich an die Ökonomen richten. Und die werden gute Antworten geben, wenn sie gute Ökonomen sind. Es sind Antworten, die sich dadurch auszeichnen, dass sie den Markt nutzen, um den wirtschaftlichen Teil des Demographieproblems zu lösen.

Dass es, in Zahlen gemessen, ein Demographieproblem in Deutschland gibt, ist nicht zu bestreiten. Mit den heutigen Geburtenzahlen und bei unveränderter Zuwanderung wird die Bevölkerung bis zum Jahr 2050 von jetzt 82 auf dann 70 Millionen sinken. Und schon im Jahr 2030 wird jeder Dritte älter als 60 Jahre sein, jeder Zwölfte älter als 80 Jahre. In der Demographie können solche Fortschreibungen erkennbarer Trends als einigermaßen zuverlässig gelten. Doch wenn man Bevölkerungszahlen vorhersagt und daraus errechnet, wie stark verschiedene Altersgruppen in der Bevölkerung sind, dann sagt das noch nichts über die wirtschaftlichen Verhältnisse aus, die damit verbunden sein können.

Ob es zur relativen oder gar absoluten Verarmung kommt, ob es den Alten an nachwachsenden Jüngeren oder an Zuwandernden fehlt, die für sie Waren produzieren und sie pflegen: das hängt davon ab, wie die Altersvorsorge organisiert ist und wie offen das Land ökonomisch ist.

Eine Bevölkerung, die zügig auf ein höheres Durchschnittsalter zustrebt, wird ohne sozialen Schaden darüber nachdenken können, ob das Rentenalter sich nicht doch mit dem steigenden Lebensalter bewegen sollte, jedenfalls über eine gewisse Strecke. Im Übergang zur kapitalgedeckten Rente läge die Chance, mit dem Kapital etwas zu verdienen. Und das Kapital muss nicht zwingend in den Ländern arbeiten, in denen die Bevölkerung schrumpft.

In einer ökonomisch offenen Welt kann das angesparte Kapital gegen Zinsen in die Länder geschickt werden, die höhere Geburtenraten aufweisen und deren Bevölkerung im Schnitt jünger ist, denen aber das Kapital fehlt, um produktiver zu werden und schneller zu wachsen. So würden die alten Länder – teilweise jedenfalls – von den Zinsen leben, die die jungen Länder zahlen, und zwar für das Kapital, mit dessen Hilfe die jungen Länder wirtschaftlich schneller aufholen können.

Gewiss ist es keine schöne Vision, dass irgendwann einmal der letzte Deutsche die letzten Zinsen aus Asien bekommt und sich für das Geld eine letzte Ration Hartkeks aus Südamerika kommen lässt. Aber das Gespenst des letzten Mümmelns ist ja auch keine realistische Vorhersage.

Eine mental und ökonomisch offene Gesellschaft stirbt nicht einfach aus. Sie verhungert nicht im Wohlstand ihrer Kapitalbildung. Sie weiß sehr wohl die Ergebnisse von Forschung und Bildung in ihren Dienst zu stellen. Sie begrüßt leistungsfähige und arbeitswillige Zuwanderer auf unreglementierten Arbeitsmärkten.

Alt werden in einer Welt, in der Arbeits- und Kapitalleistungen zwischen den Jungen und den Alten ausgetauscht werden können, ohne dass sie an Grenzen aufgehalten werden – sei es zu Lande, zu Wasser oder in den Protokollen von Quotenvereinbarungen: Wäre das nicht in der Tat ein Stück vom Glück?

89 Warum lohnt es sich, fair zu sein?

Winand von Petersdorff

Der Akteur des Wirtschaftslebens ist ein materialistischer Eigennutzmaximierer. Oder anders ausgedrückt: eine Ratte. Das war die stillschweigende Übereinkunft der Ökonomen. Die Wahrheit ist komplizierter. So verhalten sich Menschen, selbst wenn sie ganz oben in der Hierarchie stehen, fair. Eine Schweizer Untersuchung aus den frühen neunziger Jahren zeigte, dass viele Arbeitgeber höhere Löhne zahlten als aufgrund der Angebotslage auf dem Arbeitsmarkt nötig. Die Arbeitgeber begründeten ihre Politik damit, dass niedrigere Löhne ungerecht seien und die Arbeitsmoral zerstören könnten.

Über Fairness lernt man eine Menge auf Fußballplätzen: In den untersten Fußballklassen übernimmt gelegentlich der Trainer der Auswärtsmannschaft die Rolle des Schiedsrichters. Er hätte alle Möglichkeiten, das Ergebnis im Sinne seiner Mannschaft zu beeinflussen. Er könnte gegnerische Spieler für harmlose Fouls vom Platz stellen, ungerechtfertigte Elfmeter geben und reguläre Tore aberkennen. Als rationaler Eigennutzmaximierer, der mit dem Ziel angetreten ist, mit seinem Team den Platz als Sieger zu verlassen, müsste er manipulieren. Die Erfahrung zeigt aber, dass die Trainer-Schiedsrichter in der Regel fair pfeifen.

Welcher Nutzen könnte dabei für sie herausspringen? Fußballclubs sind in gewissen Situationen auf die Kooperation mit anderen Fußballclubs angewiesen. So hätte der Trainer, der eine gegnerische Mannschaft zur Niederlage pfeift, Schwierigkeiten, andere Mannschaften zu Freundschaftsspielen zu bewegen. Das lässt sich aufs Wirtschaftsleben übertragen. Es gibt einen Anreiz, sich fair gegenüber Geschäftspartnern zu verhalten, auf deren Kooperation man später angewiesen sein könnte. Abgesehen davon müsste der Trainer erst einmal kurz nach dem Spiel die Anfeindungen aufgebrachter Soccer-Mums und Anhänger überstehen. Schließlich geht es dem Trainer vermutlich nicht nur um den Sieg, sondern auch um den Ruf als Sportsmann.

Fairness kann als eine Investition in Reputation gesehen werden. Allerdings ist diese Fairness einem Nutzenkalkül entsprungen und wirkt deshalb wie eine verfeinerte Form des Egoismus.

Interessanter ist die Frage, ob Menschen auch dann noch fair handeln, wenn damit gar kein unmittelbarer Nutzen verbunden ist. Erkenntnisse liefert dazu das sogenannte Ultimatum-Spiel: Spieler A bekommt 100 Euro. Von dem Geld muss er Spieler B etwas abgeben. Wenn B zufrieden ist mit seinem Anteil, dürfen beide das Geld behalten. Andernfalls geht die Summe komplett verloren. Rational wäre es, wenn A dem Kollegen B einen Euro abträte und selbst 99 behielte. Zahlreiche Studien belegen aber, dass A fairer teilt, oft gibt er 50 Prozent ab. Auch für diese Fairness gibt es einen Grund. Wenn B sich abgespeist vorkommt, zerstört er zornig den gesamten Deal. Beide bekämen nichts. Das wäre zwar irrational von B, weil ein Euro besser als nichts ist, aber gleichwohl wahrscheinlich.

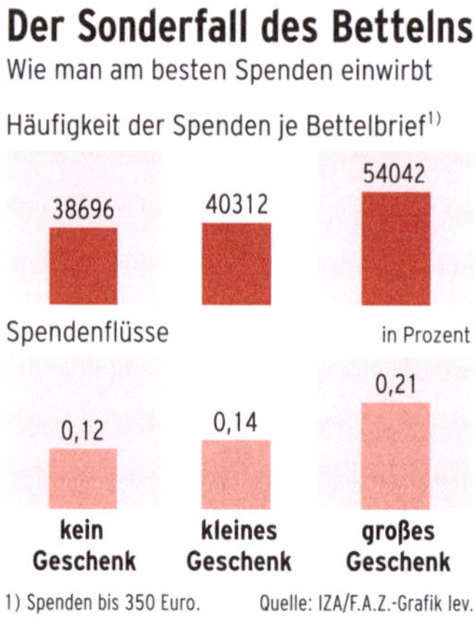

Eine Rolle spielen Gerechtigkeitsvorstellungen. Die Menschen wollen eine faire Verteilung und gehen erst dann davon ab, wenn sie häufig enttäuscht wurden, sprich mit Minisummen abgespeist wurden. Sie handeln fair in der Erwartung, fair behandelt zu werden (siehe Sonderfall Betteln).

A rechnet mit Bs Veto und bietet deshalb mehr als einen Euro an. Bei 30 bis 40 Euro Abfindung würde sich B ein Veto vermutlich überlegen, wie Ergebnisse zeigen. Trotzdem tritt in vielen dieser Ultimatum-Spiele Spieler A die Hälfte des Geldes ab. Besonders klar wird As Neigung zur Fairness aber bei einer Variante des Ultimatum-Spiels, bei der B nicht die Macht bekommt, den Deal zu zerstören. Selbst in diesen Fällen geben einige Spieler 50 Prozent und die meisten deutlich mehr als einen Euro. Wie kalkuliert A in diesem Fall? Auf den ersten Blick müsste er nicht teilen und tut es trotzdem. Eine mögliche Erklärung: A investiert in seine Reputation. Vieles deutet darauf hin, dass Menschen neben materiellem Erfolg auch andere Ziele anstreben, etwa ein akzeptiertes Mitglied einer Gemeinschaft zu sein. Fairness lohnt sich für Egoisten, denen daran gelegen ist, anständig dazustehen.

Dazu kommt noch ein Phänomen: In sozialen Gruppen agieren regelmäßig einige Leute als Tugendwächter. Sie lesen Egoisten die Leviten, wenn diese Fairness-Normen verletzen. Damit man von solchen Leuten nicht aufs Korn genommen wird, macht sich Fairness bezahlt. Möglich wäre aber auch eine andere Erklärung: dass man sich mit fairem Verhalten gegen schlechte Zeiten absichert, in denen man Freunde braucht. Fairness wird somit zu einem Instrument der Risikominimierung.

Solche sozialen Investments sind aus ethnologischen Studien bekannt. Darin wurde gezeigt, dass arme Menschen, die kaum Geld zum Überleben haben, einen überproportionalen Anteil ihrer Minieinkünfte in Familien- und Nachbarschaftsfeste investieren und dafür sogar Schulden in Kauf nehmen. Eine Erklärung: Die Armen eröffnen damit bei den Eingeladenen ein persönliches Guthaben, das sie wieder abrufen können, wenn es hart auf hart kommt.

Bemerkenswert ist, dass bei der Fairness Unterschiede gemacht werden. Personen, die nicht zur eigenen Gruppe gehören, können Opfer von Unfairness werden, ohne dass die Tugendwächter einschreiten. Der Teppichhändler zieht eher Touristen, die Prototypen des Außenseiters, über den Tisch als eigenen Nachbarn. Das 5. Buch Mose adelt diese Diskriminierung: „Du sollst deinem Bruder keinen Zins auferlegen, Zins für Geld, Zins für Speise, Zins für irgendeine Sache, die man gegen Zins ausleiht. Dem Fremden magst du Zins auferlegen, aber deinem Bruder darfst du nicht Zins auferlegen", heißt es dort.

90 Warum ist Sparen nicht immer eine Tugend?

Patrick Bernau

Was passiert nicht alles, um den Menschen klarzumachen: Sparen ist gut. „Spare in der Zeit, dann hast du in der Not“, sagt die Oma schon den kleinen Kindern. Bald danach setzen die Sparkassen ein: Am Weltspartag gibt es Buntstifte, wenn die Kinder den Inhalt ihres Sparschweins aufs Sparbuch einzahlen. Auch die Älteren bleiben nicht verschont. Ihnen schicken Banken und Fondsgesellschaften regelmäßig Briefe mit den neuesten Konten und Sparangeboten. Und ständig bekommen sie zu hören, dass sie fürs Alter selbst sparen müssen.

Die Spar-Lobbyisten haben ja nicht Unrecht. Das Sparen hat einige Vorteile. Wer heute etwas Geld zurücklegt, kann nächstes Jahr mehr Geld ausgeben. Denn die Bank zahlt Zinsen. Und wer zuerst Geld sammelt und dann sein Haus kauft, der muss weniger zahlen als derjenige, der erst kauft und dann abzahlt. Die Zinsen bekommt die Bank wiederum von anderen Leuten, an die sie das Geld in Form von Krediten weitergibt. Zum Beispiel zum Investieren: Firmen können mit dem Geld etwa eine Maschine kaufen und so im nächsten Jahr mehr produzieren. Auf diese Weise erhöht das Sparen den Konsum von morgen – dank der Zinsen gilt das auch für den Sparer, der nicht selbst investiert.

Dass es aber schlecht ist, wenn die Leute zu viele Kredite aufnehmen und zu wenig sparen, zeigt sich derzeit ganz deutlich: In Amerika konnten Hausbesitzer ihre Kredite nicht zurückzahlen. Dadurch haben sie eine Kettenreaktion ausgelöst, an deren Ende die Finanzmärkte Angst bekamen.

Doch so ist es nicht immer. Manchmal ist es auch gut für die Wirtschaft, wenn wir nicht zu viel sparen, sondern sofort konsumieren – und das deckt sich auch noch mit unseren Vorlieben. Wir wollen nämlich alles möglichst sofort haben. Nur wenn wir sowieso schon langfristig denken, warten wir gerne.

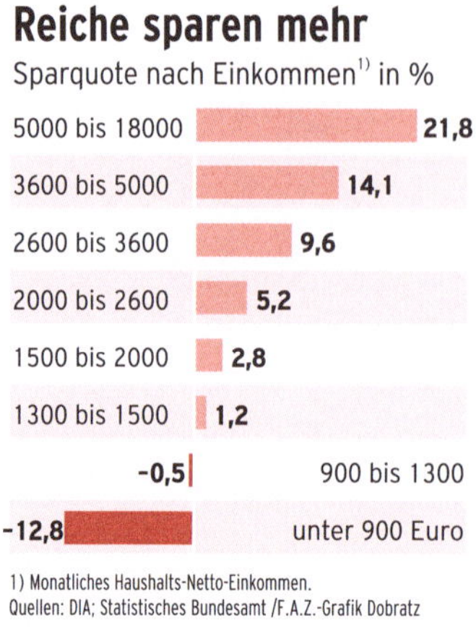

Das haben Experimente gezeigt. Wenn Probanden vor die Wahl gestellt wurden, in einem Jahr zehn Euro zu bekommen oder in einem Jahr und einer Woche elf, dann entschieden sie sich meist für die elf Euro. Wenn sie dagegen die elf Euro in einer Woche bekommen können, die zehn Euro aber sofort, greifen sie meist sofort zu. Denn wenn man etwas sofort haben kann, setzt sich im Gehirn leicht das „limbische System" durch, das sich besonders um Gefühle und Triebe kümmert – so ist diese Verhaltensweise von dem Psychologen Jonathan Cohen an der amerikanischen Princeton-Universität erklärt worden.

Am glücklichsten fühlen sich die Menschen also, wenn sie ihr Traumauto oder die neue Lieblings-CD gleich bekommen. Beispiel Auto: Ob man das Geld erst anspart oder das Auto sofort kauft – Geld muss man auf jeden Fall dafür zur Seite legen. Da ist es doch schöner, das Auto sofort zu kaufen, auch wenn das ein bisschen mehr kostet.

Dass vom Einkauf auch die restliche Wirtschaft profitiert, liegt an einem Grundprinzip der Ökonomie: Wer etwas kauft, macht damit nämlich nicht nur sich selbst eine Freude – sondern auch dem Verkäufer. Schließlich verdienen Metzger, Brauer und Bäcker Geld beim Verkaufen.

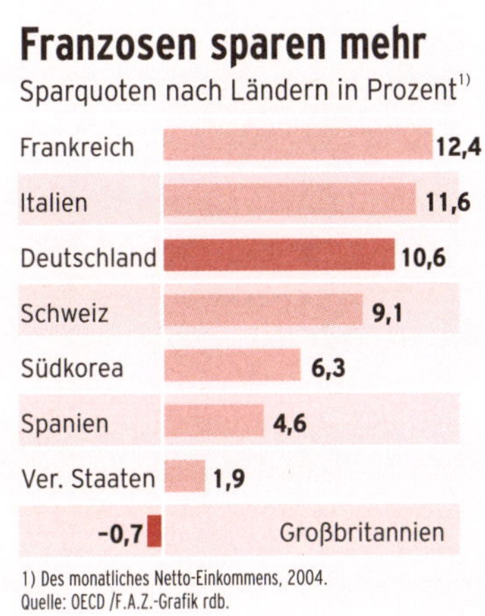

In den dreißiger Jahren des 20. Jahrhunderts dachte der britische Ökonom John Maynard Keynes einen Schritt weiter. Er fragte sich: Was passiert, wenn die Leute sparen, statt einzukaufen – und illustrierte seine Antwort mit einem kulinarischen Beispiel. „Eine individuelle Sparentscheidung bedeutet beispielsweise, dass man heute nicht essen geht", schrieb er. „Aber man muss darum noch nicht in einer Woche oder in einem Jahr essen gehen." Seine Folgerung: „Also beeinträchtigt das Sparen das Geschäft derjenigen, die das Essen für heute kochen – ohne das Geschäft derjenigen anzukurbeln, die das Essen für die Zukunft kochen." Die Folge: Wenn heute weniger Leute essen gehen, braucht es auch weniger Restaurants, weniger Kellner und weniger Köche. Die Wirtschaft kann darum in eine Rezession stürzen, wenn das in vielen Branchen passiert – wenn die Menschen also zu viel sparen und zu wenig Geld ausgeben.

Ganz so schematisch sehen das viele Ökonomen heute nicht mehr. Keynes' Grundgedanken halten seine Anhänger allerdings immer noch hoch: Ob die Leute konsumieren wollen und deshalb Waren nachfragen, spielt für die Konjunktur eine wichtige Rolle. Darum werden diese Ökonomen oft als „nachfrageorientiert" bezeichnet. Im Restaurant-Beispiel: Wenn die Menschen zu viel sparen und zu selten ins Restaurant gehen, lohnt es sich für die Wirte auch nicht, in neue Möbel oder eine neue Küchenausstattung zu investieren – auch wenn es auf der Bank noch so viel Geld

Wir sparen wieder mehr

Sparquote in Deutschland in Prozent[1]

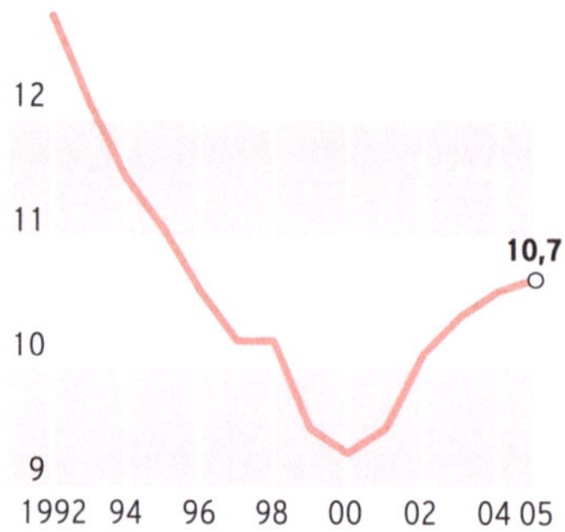

1) Des monatlichen Netto-Einkommens.
Quelle: OECD /F.A.Z.-Grafik Dobratz

zu leihen gäbe. „Für den Investor hat die Nachfrage häufig einen größeren Einfluss auf seine Entscheidung, ob er Geld ausgibt oder nicht, als die Finanzierung“, sagt Jürgen Kromphardt, der Vorsitzende der Keynes-Gesellschaft.

Auf die Mittel von der Bank setzen dagegen andere Ökonomen. Dieses Geld kommt ganz automatisch zusammen, es stammt nämlich von den Leuten, die weniger konsumiert und mehr gespart haben. „Das gesparte Geld ist nicht weg, sondern bleibt im Wirtschaftskreislauf“, sagt zum Beispiel Peter Westerheide am Zentrum für Europäische Wirtschaftsforschung in Mannheim. Ökonomen dieser Denkrichtung betonen: Über die Banken fließt das Geld wieder zu anderen Leuten oder Firmen, die es möglicherweise investieren. Ausgeben werden die Empfänger das Geld auf jeden Fall, sonst hätten sie es sich erst gar nicht geliehen. Und wenn sie bei schwacher Nachfrage keine Verwendung für teures Geld haben, wird das Kapital billiger – die Zinsen sinken, bis die Leute sich das Geld zum Ausgeben leihen.

Junge Ökonomen tendieren inzwischen dazu, beide Positionen zu kombinieren. Sie sehen, dass gespartes Geld nicht unbedingt im Land bleibt, investieren kann man schließlich auch in Asien. Für sie geht es darum, von dem gesparten Geld auf der Welt möglichst viel nach Deutschland zu bekommen, indem man es Unternehmen leicht macht zu investieren. Dies geht auf zwei Arten: einerseits dadurch, dass die Kosten niedrig sind, also die Steuern und Löhne. Andererseits kann Deutschland für Investitionen interessant werden, wenn die Leute viel Geld ausgeben und wenig sparen.

Vor allem wenn im Aufschwung viele Firmen schon investiert haben und dadurch neue Arbeitsplätze entstanden sind, fassen die Menschen Zuversicht, glauben viele Konjunktur-Experten. Dann kaufen die Leute mehr ein und sparen weniger. Und das ist auch ganz gut so. Denn die zusätzliche Nachfrage sorgt für noch mehr neue Stellen – und das hält wieder eine Weile die schlechten Zeiten ab, für die man sparen soll.

91 Warum ist Ungleichheit prima?

Rainer Hank

Das Leben beginnen wir nicht als Gleiche, sondern als Ungleiche. Menschen kommen mit schwarzer, gelber oder weißer Hautfarbe auf die Welt. Sie sind Frau oder Mann, haben reiche oder arme Eltern und einen höheren oder niedrigeren Intelligenzquotienten. Denn die genetische Ausstattung, das Erbe der Vorfahren, fällt ziemlich unterschiedlich aus und hat Einfluss auf Gesundheit, Lebenserwartung und Karrierechancen. Mag es auch sein, dass alle Menschen gleich erschaffen wurden, bereits bei der Geburt sind sie ziemlich ungleiche Geschöpfe.

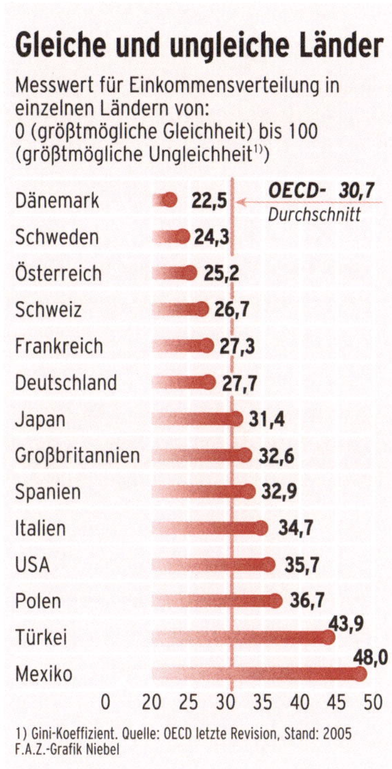

„Machen wir das Beste daraus", ließe sich als Auftrag aus dem Schicksal ungleicher Startbedingungen ablesen: jeder gemäß seinen Fähigkeiten und unter Nutzung aller relevanten Informationen. Der Reiche müsste höllisch aufpassen, dass er sein Erbe nicht verspielt. Der Arme könnte auf seine Talente setzen und, wenn er will und Glück hat, Vorstandsvorsitzender von Siemens in München oder Professor für Alte Geschichte in Oxford werden. Muss dafür eigens erst Chancengleichheit hergestellt werden? Eigentlich nicht. Die ungleiche Ausgangsposition selbst wäre Ansporn zu Kooperation und Wettbewerb mit den anderen. Eine einzige Bedingung müsste freilich gegeben sein: Vor dem Gesetz müssen alle Menschen gleich sein. Denn nur dann hätte jedermann die Chance, unter gleichen Regeln seinen Zielen zu folgen und aus seinem Streben den größten Nutzen zu ziehen, ohne dass vorher die natürlichen Ungleichheiten korrigiert werden müssten.

Doch von vielen Menschen wird der zufällige Ort, an dem einer ins Leben fällt, als kränkend erlebt. Zumindest am Start müssten die Bedingungen gleich sein, meinen sie und singen das Hohelied der Chancengleichheit. Viele plädieren darüber hinaus dafür, auch die Ergebnisse der Einkommensverteilung zu korrigieren und zu nivellieren. Wenn der Hedge-Fonds-Manager John Paulson in einem einzigen Jahr 3,7 Milliarden Dollar mit nach Hause nehmen kann, muss man so etwas nicht per

Gesetz untersagen? Immerhin verdient Paulson damit 70.000 Mal so viel wie der amerikanische Durchschnittsarbeitnehmer. Hat er das verdient?

Nicht erst seit Jean-Jacques Rousseaus „Diskurs über die Ungleichheit" (1755), sondern schon seit dem Urchristentum träumt die Menschheit von einer Aufhebung der Unterschiede, der Klassen und Schichten. Egalité, Gleichheit, gehört zum Grundbestand jener Ziele, welche die Französische Revolution oder die amerikanische Unabhängigkeitserklärung gleichermaßen ins Zentrum ihrer Utopie einer gerechten Welt gestellt haben.

Aber warum soll Ungleichheit ungerecht sein? Stellen wir uns vor, ein kleiner Glücksvogel brächte allen Lesern dieses Kapitels in diesem Augenblick 10.000 Euro. Das würde die Ungleichheit unter den Menschen gewiss vergrößern und wäre noch dazu völlig unverdientes Geld. Aber was wäre daran auszusetzen? Es käme zu einer Änderung der Vermögen, die einige besserstellt, ohne irgendjemanden schlechter zu stellen: eine sogenannte Pareto-Verbesserung. Gewiss werden jene Menschen, die der kleine Vogel nicht beglückt hat, jetzt ein bisschen unglücklich werden. Aber Glück und Neid sind keine moralischen Kategorien.

Tatsächlich ist das Beispiel des Glücksvogels kein reines Märchen. Seit Indien und China dank marktwirtschaftlicher Öffnung und Globalisierung (also aufgrund von Anstrengung, nicht von Glück) ihren Wohlstand dramatisch zu mehren verstehen, wachsen auch die Einkommensunterschiede insbesondere zwischen der städtischen und der ländlichen Bevölkerung Asiens dramatisch. Doch im selben Zeitraum ist die absolute Armut der Menschen in diesen Ländern (gemessen am Anteil jener, die täglich nicht mehr als zwei Dollar zur Verfügung haben) ebenfalls dramatisch zurückgegangen. Die Einkommensungleichheit wächst, aber die Armut nimmt ab. Was soll daran verwerflich sein?

Der Ökonom Simon Kuznets hat schon vor fünfzig Jahren gezeigt, dass wachsender Wohlstand und Einkommensungleichheit immer Hand in Hand gehen. In armen Ländern sind nämlich in der Regel die Einkommen gleichmäßig verteilt. Von einem beginnenden Wachstumsprozess (Kuznets dachte an die Industrialisierung der Vereinigten Staaten) profitieren zwar alle – aber nicht alle gleichermaßen: Die einen bleiben Baumwollpflücker, die anderen werden Facharbeiter in der Automobilindustrie, womöglich die Risikofreudigen. Und die Einkommensungleichheit nimmt zu.

Wirtschaftliche Revolutionen, bei denen der Wohlstandsgewinn gleichmäßig verteilt wird, hat die Geschichte bislang noch nicht erlebt. Aber meist finden die Menschen, nachdem sie es alle zu einem gewissen Wohlstand gebracht haben, die Ungleichheit untereinander unerträglich und sinnen auf Programme der Umverteilung. Sie verlierten den

Glauben, dass jeder, wenn er sich nur anstrengt, seines Glückes Schmied sein könnte, und trachten danach, die Zufälle des Lebens durch staatlichen Zwang auszugleichen. Je schwächer das Vertrauen in die soziale Mobilität, desto größer ist die Legitimation solcher Eingriffe. Steuern und Abgaben werden zu Transferinstrumenten der Umverteilung: Wer mehr einnimmt, muss auch mehr abgeben, damit die Einkommensunterschiede schrumpfen.

Doch die politische Strategie des Ausgleichs der Einkommensunterschiede ist riskant. Denn egalitäre Wohlstandsgesellschaften werden träge, lohnt sich doch die individuelle Anstrengung immer weniger, wenn die Früchte des Erfolgs an andere verteilt werden. Mehr noch: Sollte höhere Bildung sich in höheren Einkommen auszahlen, dann wäre es nicht sehr vernünftig, die Reicheren stärker zu besteuern. Denn Investitionen in ihr Humankapital lohnten sich künftig nicht mehr für sie. Das wäre kontraproduktiv für den Wohlstand eines Landes und zudem ungerecht: Denn Ungleichheiten, die aufgrund von Leistung und Bildung zustande kommen, sind sogar die schärfsten Gleichheitsfanatiker bereit zu tolerieren. Während aber meritokratisch, also durch Leistung verursachte Ungleichheit in den vergangenen zwanzig Jahren zugenommen hat, ist die Diskriminierung der Einkommen aufgrund von Geschlecht oder Nationalität geschrumpft. Der Abstand zwischen Frauen- und Männereinkommen nimmt ab. Keine schlechte Entwicklung für die Ungleichheit.

Ist Ungleichheit also wirklich prima? Ja. Sie ist unsere condition humaine, unter der wir leben: Voraussetzung für Individualität und Ansporn zum Leistungswettbewerb. Gleichheit wäre ziemlich lahm und langweilig.

92 Warum ist Geiz keine Sünde?

Hans D. Barbier

Dass Geiz geil sei, hat gewiss nicht zum Sprachschatz des Niederrheiners am Ausgang des 19. Jahrhunderts gehört. Aber Geiz als selbstauferlegte Askese des reichen Mannes konnte den Bürgern von Viersen durchaus imponieren. Josef Kaiser und die abgezählten Rosinen in der Milchreissuppe: Die Geschichte wird heute noch gerne und nicht ohne Hochachtung erzählt.

Der Gründer der „Kaisers Kaffee Geschäft AG" schätzte Milchreissuppe mit Rosinen. Und er hätte sich von den damals teuren Trockenfrüchtchen wahrlich viele leisten können. Doch er gab seinem Hauspersonal strikte Anweisung, die Rosinen sorgsam zu zählen und sparsam mit ihnen umzugehen. Für diese besondere Erscheinungsform des Geizes eines reichen Mannes haben ihn seine Hausangestellten geachtet. Zunächst mögen sie sich über die Sparmarotte des vermögenden Patrons gewundert haben. Dann aber haben sie wohl begriffen: Das Kapital ist für die Firma, der persönliche Aufwand wird gering gehalten. Das war dem Empfinden der damaligen Zeit durchaus geläufig. Der „Geizige" hatte in bürgerlichen Kreisen das höhere Ansehen als der „Verschwender". Der Geizige bekam den Bankkredit für die Kapitalbildung, der Hallodri nicht.

Geiz um der Sicherung der Zukunft willen verstößt nicht gegen den Geist der Bibel. In der Lehre der katholischen Kirche gehört die Avaritia als zweite zu den sieben Hauptsünden, die als Wurzeln der Todsünden gelten. Aber die Avaritia meint eben nicht die Verweigerung des Gebens aus im Einzelfall wohlerwogenem Grund, sondern die zur Charaktereigenschaft gewordene Verhärtung des Herzens. In der Verweigerung des Gebens kann sich der Respekt vor der Knappheit der irdischen Güter zeigen. Und sie kann durchaus dem Auftrag des Schöpfers entsprechen, der Mensch solle sich die Erde untertan machen. Das Paradigma der klassischen Ökonomie muss sich da nicht bibelfern sehen. Das ökonomische Prinzip fordert, den angestrebten Ertrag jeweils mit möglichst geringen Mitteln zu erreichen.

Der Erfüllungsgehilfe des Sparsamkeitsgebotes taucht auf den Märkten in den unterschiedlichsten Rollen auf: als Gründer, der nichts anders sein will als asketisch. Als Innovator, der neue Verfahren anwendet und dadurch Material spart, aber die Qualität und Sicherheit seiner Produkte nicht vernachlässigt. Als Investor, der auf Produktionsanlagen besteht, die aus den eingesetzten Materialien das meiste herausholen – und als Kreditnehmer, der einen wachen Sinn für knappe Kalkulationen hat.

Der Unternehmer handelt nach einem ebenso einfachen wie universalen Günstigkeitsprinzip: günstig für ihn und – im gelingenden Wettbewerb – für die Erde, die der Mensch sich mit der Erlaubnis der Bibel untertan machen darf. In der normativen Ökonomie des klassischen angelsächsischen Liberalismus – dort, wo es so häufig um die Gebote des Wirtschaftens mit möglichst sparsam eingesetzten Mitteln geht – hat die Figur des „spendthrift", der leichthändig Ausgaben tätigt und Kredite nimmt, keinen guten Klang.

Das änderte sich unter der Fragestellung des Keynesianismus in der Weltwirtschaftskrise der dreißiger Jahre des vorigen Jahrhunderts. Das Investieren auf Kredit wurde zur wirtschaftlichen Tugend und – was den Staat angeht – zur wirtschaftspolitischen Pflichtübung erhoben. In dem aus jenen Tagen überlieferten Theorem „Die Arbeiter geben aus, was sie verdienen; die Unternehmer verdienen, was sie ausgeben" geht es nicht nur um die strategische Rolle der Investitionen für Beschäftigung und Wachstum.

In der Reihenfolge des wirtschaftlichen Kalküls hat sich die Ausgabe vor die Einnahme geschoben. Kredite gewinnen ihre Dignität durch das hinter ihnen stehende Beschäftigungsversprechen einer Investition. Das gilt nicht zuletzt für den Staat, der zum Schuldenmachen nicht nur legitimiert, sondern verpflichtet ist, wenn die Investitionen der Unternehmen nicht ausreichen, um Vollbeschäftigung zu sichern.

In der Makroökonomik der dreißiger und vierziger Jahre des 20. Jahrhunderts liegen die Quellen wirtschaftlicher Prosperität nicht beim Sparen für eine Investition, sondern beim Ausgeben eines Kredites für eine Investition. Das ist – wenn man Geben und Nehmen erst einmal gedanklich in einen geschlossenen Kreislauf eingesperrt hat – die weltliche Interpretation der Bibelstelle bei Lukas Kapitel 6, Vers 38: „Gebt und es wird euch gegeben werden: ein gutes, gedrücktes und gerütteltes und überlaufendes Maß wird man in euren Schoß geben; denn mit demselben Maße, in welchem ihr messet, wird euch wieder gegeben werden." Die Unternehmer verdienen, was sie ausgeben.

Die ökonomische Belohnung des aller Kleinlichkeit fernen, geradezu unbesorgten Ausgebens hat Keynes – in Anlehnung an eine Begebenheit im ersten Buch der Könige des Alten Testamentes – das „Witwenkrug-Theorem" genannt: der Ölkrug der armen Witwe wurde nie mehr leer, weil sie einem hungernden Wanderer mit ihrem letzten Öl und von ihrem letzten Mehl einen Kuchen gebacken hatte.

Bei aller Dignität des Zeugnisses der Bibel für den ökonomischen und moralischen Wert hoffnungsfrohen Ausgebens ohne die Kleinheiten des vorsorglichen Nachrechnens: Unter den eingeschränkten Haftungsbedingungen moderner Demokratien bleibt Geiz eine schätzenswerte Eigenschaft von Regierungen und Parlamenten. Mit dem „spendthrift" feiert man einen lustigen Abend. Der geizende Rechner wird vielleicht zum Helfer in der Not.

GROSSE GEIZHÄLSE

Warren Buffett

Investorenlegende Warren Buffett hat ein Vermögen von schätzungsweise 62 Milliarden Dollar und ist damit der reichste Mann der Welt. Trotzdem lebt er nach wie vor in einem bescheidenen Einfamilienhaus, das er 1958 für 31.000 Dollar gekauft hat. Und als er 2006 heiratete, kaufte er den Ring beim Juwelier mit Rabatt. Die vierköpfige Hochzeitsgesellschaft aß bei einem Fischfilialisten im Einkaufszentrum. Und die Hochzeitsreise sparte Buffett sich auch.

Ingvar Kamprad

Auch Ikea-Gründer Ingvar Kamprad hat mit seiner Billigmöbelkette ein Vermögen verdient. Sein Obst kauft er aber immer noch auf dem Wochenmarkt, und zwar bevorzugt am späten Nachmittag, weil die Händler dann Rabatte einräumen. „Ich bin geizig und stolz darauf", sagt er selbst. Im Hotel öffnet er die Minibar grundsätzlich nicht. Außerdem reist er immer nur zweiter Klasse - auch in der Bahn, wo er den Preisnachlass für Senioren in Anspruch nimmt. Dafür hat er sich in einem Interview auch mal gerechtfertigt: „Mit 80 Jahren bin ich eindeutig Senior."

Ebenezer Scrooge

Ebenezer Scrooge ist ein böser Geizhals. Aber in Charles Dickens' Weihnachtsgeschichte „A Christmas Carol" wird er zum Guten bekehrt. Die Verdammnis droht Scrooge, weil er die Armen auspresst - anders als Warren Buffett, der große Teile seines Vermögens gespendet hat.

93 Warum macht Geld nicht wirklich glücklich?

Rainer Hank

Vielleicht sollten wir uns doch an „Hans im Glück“ halten. Ein Stück Gold, so groß wie sein eigener Kopf, hatte der junge Mann als Lohn erhalten für siebenjährigen treuen Dienst bei seinem Herrn. Aber dann kam der Reiter, und Hans gab den Goldklumpen weg, und dann kam der Bauer, und dann kam der Metzger. Und zum Schluss hatte Hans nur noch den Stein des Scherenschleifers, den er in den Brunnen wirft. Da weiß er: „So glücklich wie ich bin, gibt es keinen Menschen unter der Sonne.“

Die Lehre aus dem Märchen ist eindeutig. Geld macht nicht glücklich. Hans lebt konsequent den Gegenentwurf menschlichen Karrierestrebens. Denn die meisten Zeitgenossen wünschen sich mehr Geld. Sie tun sehr viel dafür, dieses Ziel zu erreichen. Denn sie wollen sich schicke Kleider kaufen, schnelle Autos fahren und eine Weltreise rund um den Globus machen.

Geld bringt Wohlstand, Macht und Status. Aber bringt Geld auch Glück? Nein, wusste schon Adam Smith, der Begründer der modernen Ökonomie. „In Blick auf das wahre menschliche Glück sind die Armen in keinster Weise denen unterlegen, die über ihnen zu sein scheinen“, schreibt der schottische Ökonom in seiner „Theorie der moralischen Gefühle“ (1759). Mehr noch: „Der Bettler, der sich am Wegesrand sonnt, hat eine Zufriedenheit, für welche die Könige kämpfen müssen.“ Obwohl die Menschen im Westen der Erdhalbkugel immer reicher werden, sind sie keineswegs glücklicher geworden. Dort hat sich in den vergangenen 50 Jahren das reale Durchschnittseinkommen mehr als verdoppelt. Aber die Zufriedenheit der Leute hat im selben Zeitraum keinen Deut zugenommen.

Doch was ist überhaupt Glück? Das ist eine Frage, welche die besten Denker der Welt seit Aristoteles und Augustinus bewegt. „Lieben und arbeiten können“ heißt nur eine, aber eine besonders schöne Definition des Glücks, die von Sigmund Freud stammt, dem Begründer der Psychoanalyse. Wer aber will sich anmaßen zu bestimmen, was jemanden glücklich macht? Das können die Menschen nur für sich selbst entscheiden. Die empirische Glücksforschung hat dazu in den vergangenen zehn Jahren eine Fülle von Daten gesammelt. Wem dabei der Begriff „Glück“ zu pathetisch klingt, der mag lieber von Zufriedenheit sprechen. Das Befragungskonzept ist relativ simpel: Die Versuchspersonen tragen auf einer Skala von 1 bis 10 ein, wie zufrieden sie mit ihrem Leben im Ganzen sind, und sie geben an, ob und wie glücklich sie durch Arbeit, Sex, Geld, Kinder und vieles andere werden.

Sex macht glücklich

Glücksempfinden (Skala 1 bis 10) und tägliche Dauer der Tätigkeit (in Stunden)

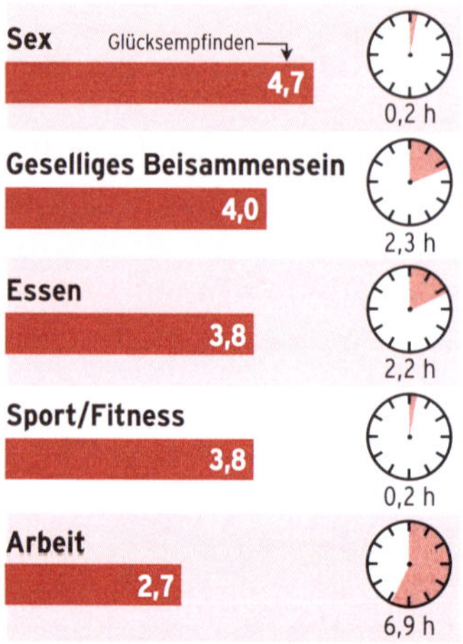

Quelle: R. Layard: Die glückliche Gesellschaft (2005)/F.A.Z.-Grafik Walter

Geld, so viel steht fest, ist kein besonders prominenter Glücksbringer. Vorausgesetzt man hat schon welches. Denn keine Frage: Wer in Armut lebt, der ist ziemlich unglücklich, allen romantischen Träumen vom einfachen Leben auf der Insel zum Trotz. Einmal angekommen in der Mittelschicht, steigert jeder weitere Euro das Glücksempfinden nicht mehr.

Schlimmer noch: Gefragt, ob sie lieber in Welt A leben möchten, in welcher das Durchschnittsgehalt bei 25.000 und das eigene Einkommen bei 50.000 Euro liegt, oder aber in Welt B, in der das Durchschnittseinkommen 250.000, das eigene Einkommen aber 100.000 Euro beträgt, entscheiden sich bei weitem die meisten Menschen für die Welt A, wiewohl sie dafür eine Einkommensverbesserung um satte hundert Prozent ausschlagen. Aber mit weniger Geld wären sie relativ besser dran im Vergleich zum Durchschnitt ihrer Mitmenschen, was offenbar mehr Befriedigung verschafft. Die Menschen vergleichen ihr Einkommen mit dem ihrer Nachbarn. Schneiden sie schlechter ab, fühlen sie sich elend. „Keeping up with the Joneses“ nennen die Amerikaner solchen Neid auf die Nachbarn, der die Wirtschaftswelt in Bewegung hält.

Aber warum, um alles in der Welt, macht Geld eigentlich nicht glücklich? Die Ökonomen bieten zur Erklärung die Theorie des abnehmenden Grenznutzens an. Das hört sich geschwollen an und meint in Wirklichkeit den jedermann vertrauten Umstand, dass Menschen, haben sie einmal die elementare Not hinter sich gelassen, sich an alles gewöhnen, sogar an die jährliche Gehaltserhöhung. Im Maße der Gewöhnung lässt das erwartete Glücksgefühl nach: das neue Auto, ein erstes Mal gefahren, löst bei vielen Männern einen Glückssprung aus; beim hundersten Mal hat sich alles abgenutzt. Die Psychologen sprechen von einer „hedonistischen Tretmühle“.

Bleibt eine letzte entscheidende Frage. Wenn mehr Geld und wachsender Wohlstand die Menschen nicht glücklich macht, warum streben die Leute dann rastlos nach immer mehr Geld? Wenn doch Könige nicht glücklicher sind als Bettler – warum wollen die Bettler Könige werden?

Adam Smith meint, die Menschen säßen einer ziemlich produktiven Selbsttäuschung auf. Sie glauben, dass wachsender Wohlstand sie glücklich macht, und streben deshalb nach immer mehr Geld und Reichtum. Würden alle Leute in der Gewissheit des trügerischen Glücks vermehrten Geldes Bettler bleiben, sähe die ganze westliche Welt ziemlich elend aus. Denn es gäbe keinen Anreiz für wirtschaftliches Handeln. „Es ist diese Irreführung, welche das produzierende Gewerbe kontiniuierlich in Bewegung hält“, schreibt Adam Smith: „Täuschung bringt uns dazu, das Land zu kultivieren, Städte zu gründen und Weltreiche zu errichten. Diese Fehleinschätzung hilft uns, Wissenschaft und Künste zu erfinden, die das menschliche Leben verschönern. Das hat den gesamten Globus vollständig revolutioniert.“

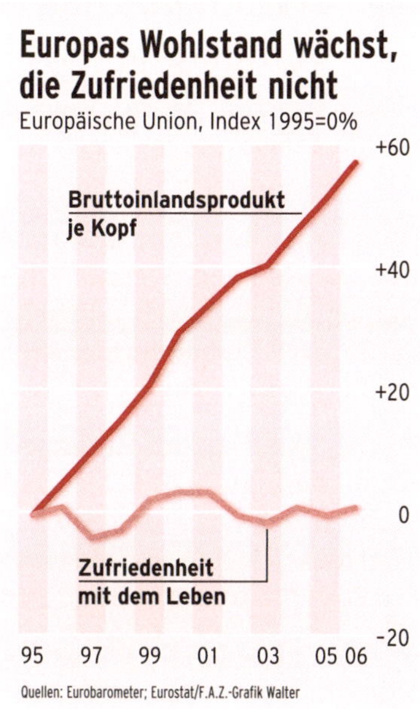

Es ist wie mit den kleinen Kindern. Obwohl die Balgen, sind sie einmal auf der Welt, nachweislich ihre Eltern ziemlich unglücklich aussehen lassen, glauben doch alle Paare felsenfest daran, dass Kinder die Erfüllung ihres Erdenglücks sind. Das ist gut so, denn andernfalls wäre die Menschheit längst ausgestorben. So ist es auch mit dem Geld: Die Anhäufung von Reichtum macht die Menschen nicht wirklich glücklich. Dass sie aber gleichwohl daran glauben, bringt eine Wirtschaft in Fahrt und hält eine Gesellschaft am Leben. Es sind keine fremden Mächte am Werk, welche sich hinterrücks zur Täuschung der Menschen verschworen haben. Es ist die Menschheit selbst, die listenreich ihr Überleben sichert.

94 Warum machen Frieden und Demokratie reich?

Gerald Braunberger

Hongkong, Singapur, Irland, Australien, Vereinigte Staaten von Amerika, Neuseeland, Kanada, Chile, Schweiz, Großbritannien: diese zehn Namen stehen in der jährlich von der amerikanischen Heritage Foundation erstellten Rangliste der Staaten mit der größten wirtschaftlichen Freiheit ganz vorne.

Zu den Kriterien der Heritage Foundation zählen unter anderem Investitionsfreiheit, Schutz von Eigentumsrechten, Größe des Staates und Verbreitung von Korruption. Mit Ausnahme Chiles und Irlands findet man diese Staaten auch in einer Rangliste der Staaten mit dem höchsten Pro-Kopf-Einkommen auf den vorderen Plätzen.

Nordkorea, Kuba, Zimbabwe, Libyen, Burma, Turkmenistan, Iran, Bangladesch, Venezuela, Guinea-Bissau: diese zehn Länder stehen in der Rangliste auf den hintersten Plätzen. In ihnen ist die wirtschaftliche Freiheit am geringsten ausgeprägt. Die meisten dieser Länder wird man auch in einer Rangliste nach den Pro-Kopf-Einkommen auf den hinteren Plätzen finden.

Ein Zusammenhang ist offensichtlich: Wirtschaftliche Freiheit und wirtschaftlicher Wohlstand gehören zusammen. Und ein zweiter Zusammenhang wird ebenfalls offensichtlich: Die wirtschaftlich erfolgreichsten Staaten sind demokratisch verfasst, wobei dies für Hongkong und Singapur nur mit Einschränkung gelten mag. Die ärmsten Staaten der Welt wiederum haben überwiegend keine demokratischen Staatsformen.

Das ist kein Zufall. Wirtschaftlicher Erfolg ist auf Dauer nur in einer Marktwirtschaft möglich. Eine Marktwirtschaft wiederum bedarf eines Ordnungsrahmens, zu dem unter anderem die Garantie von Freiheitsrechten zählt wie die Vertragsfreiheit, der Schutz des Privateigentums, eine unabhängige Justiz sowie die Garantie der inneren und äußeren Sicherheit. Aller Erfahrung nach vermögen Demokratien diesen Rahmen eher zu gewährleisten als totalitäre Systeme.

Dass Frieden dem wirtschaftlichen Wohlstand förderlicher ist als Krieg, lässt sich empirisch kaum widerlegen. Aber fraglos hatte das britische Empire seine politische und wirtschaftliche Weltmachtrolle auch militärisch erfochten, und ebenso fraglos verdanken die Vereinigten Staaten ihre heutige Stellung auch dem Ausgang der beiden Weltkriege. Man könnte auch argumentieren: Den relativen Erfolg des Römischen Imperiums begünstigten erst Feuer und Schwert, indem sie es schufen. Sie verhalfen ihm zu seiner Größe.

Ein zwingender Zusammenhang zwischen der Größe eines Landes und seinem Reichtum ist dagegen nicht nachweisbar. Karthago war niemals so reich wie nach seiner verheerenden Niederlage im Zweiten Punischen Krieg, bei dem es alle Besitzungen außerhalb Nordafrikas verlor. Insgesamt aber haben sich Kriege in den seltensten Fällen gelohnt, wie die Geschichte Deutschlands belegt. Deutschland stand wirtschaftlich nach zwei Weltkriegen 1945 weitaus schlechter da als 1914. Wohl aber steht es 2008, nach einer im historischen Vergleich ungeheuer langen Friedensperiode und trotz Gebietsverlusten gegenüber der Vorkriegszeit, wirtschaftlich ungleich besser da als 1945.

Die These, dass Demokratie mit wirtschaftlichem Wohlstand einhergeht oder ihn gar zu garantieren vermag, steht jedoch seit langer Zeit in der Kritik. Zweifel sind vor allem aus dem liberalen Lager zu vermelden, wo die Frage der Vereinbarkeit von Marktwirtschaft und Demokratie diskutiert wird. Manche halten beides für unvereinbar.

Die Grundthese der Kritiker lautet: In einer Demokratie können (möglicherweise durch Demagogen verführte und mit den Vorzügen der Marktwirtschaft nicht ausreichend vertraute) politische Mehrheiten die Beschränkung von Freiheitsrechten beschließen, gegen die sich die betroffenen Minderheiten nicht wehren können. Diese Beschränkung individueller Freiheitsrechte geht mit einem wachsenden Staat, einer Zunahme der Umverteilung und einer Aushöhlung der Marktwirtschaft einher – und führt damit am Ende in Unfreiheit und wirtschaftlichen Niedergang.

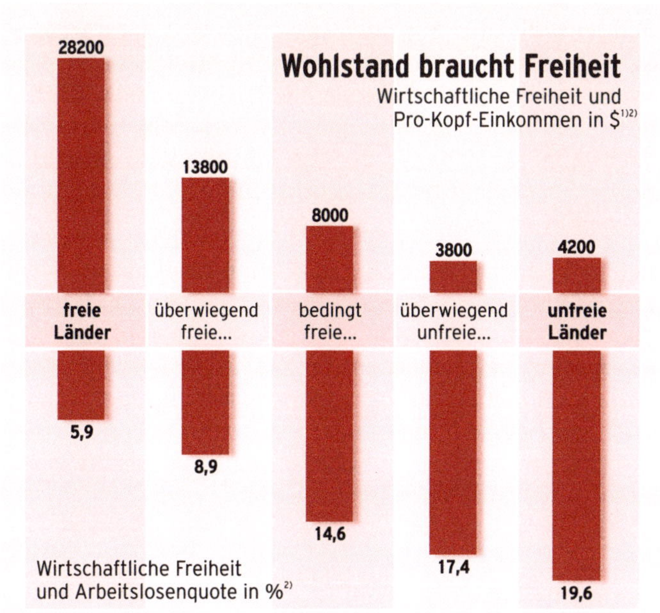

1) Jährliches Bruttoinlandsprodukt 2007 (gerundet). 2) Stand 2007. Quelle: The Heritage Foundation (2008)/F.A.Z.-Grafik Brocker

Ein aktuelles Beispiel wäre aus dieser Sicht die Einführung staatlicher Mindestlöhne, die einen Eingriff in die private Lohnfindung von Arbeitgeber und Arbeitnehmer darstellen und die, wenn sie zu hoch angesetzt werden, wirtschaftlichen Schaden anrichten. Gleichwohl ist der staatliche Mindestlohn in der Bevölkerung populär, und so entsteht ein Anreiz für politische Parteien, sich trotz aller fachlichen Bedenken für ihn auszusprechen.

Am konsequentesten hat Friedrich von Hayek in seinem „Weg zur Knechtschaft" ein solches Szenario beschrieben: Zuerst gibt es Freiheitseingriffe, wie sie auch mit der Konstruktion eines Wohlfahrtsstaats einhergehen. Sie haben unausweichlich weitere Eingriffe zur Folge – bis Unfreiheit einzieht. Auch wenn Hayeks Szenario weniger unausweichlich ist, als der Meister meinte (er schrieb vor Margaret Thatcher), lässt sich nicht bestreiten, dass zum Beispiel in Deutschland seit Jahrzehnten demokratisch legitimierte politische Mehrheiten jede Menge Gesetze beschlossen haben, die der wirtschaftlichen Entwicklung des Landes Schaden zugefügt haben. Deutschland liegt in der Rangliste der Heritage Foundation nur auf Platz 23, wobei sich die Größe des Staates als wichtigste Hürde auf dem Weg zu einer besseren Plazierung erweist.

Ob sich daraus ein allgemeines Verdikt gegen die Demokratie ableiten lässt, bleibt jedoch sehr fraglich. Die Neigung der Deutschen zu einem Interventions- und Sozialstaat ist keine Erfindung der Bonner Republik, sondern sie führt mindestens auf Bismarcks Kaiserreich und den Nationalsozialismus zurück.

Nicht zufällig aber befinden sich unter den zehn freiesten Ländern in der Liste der Heritage Foundation immerhin acht, deren politisches System britisch beeinflusst ist. Vielleicht ist ja das britische Mehrheitswahlrecht mit seiner Einparteienregierung dem wirtschaftlichen Wachstum förderlicher als das kontinentaleuropäische Verhältniswahlrecht, das häufig Koalitionen mehrerer Parteien und damit eine Verwässerung politischer Inhalte erfordert.

Nicht verschwiegen werden darf auch, dass es Länder mit mehr oder weniger autoritären Staatsformen gibt, die wirtschaftliche Erfolge feierten. Während der industriellen Revolution des 19. Jahrhunderts waren nicht alle europäischen Staaten Musterdemokratien – ebenso wenig wie alle rasch wachsenden „Tigernationen" Südostasiens in den vergangenen Jahrzehnten oder heute China. Wie die Geschichte zeigt, setzen mit wachsendem wirtschaftlichen Wohlstand aber Forderungen nach Demokratisierung ein.

95 Warum macht Globalisierung Angst?

Thomas Straubhaar

Sind die Folgen der Globalisierung positiv oder negativ? Wer gerade seinen Job verloren hat oder seit Jahren von Sozialhilfe lebt, ist mit seinem Urteil rasch zur Hand: Die Globalisierung sei schuld an dem persönlichen Unglück. Sie vernichte Arbeitsplätze und zerstöre den Wohlfahrtsstaat. Sie mache es möglich, dass Firmen Standorte in Billiglohnländer verlagern und vermögende Steuerzahler ins Ausland flüchten. Sie führe zu einem weltweiten Kampf um Wohlstand, bei dem die Reichen immer reicher und die Armen immer ärmer werden.

Das negative Urteil ist verständlich. Denn aller gesellschaftlichen Solidarität zum Trotz ist der Mensch vor allem ein Egoist. Was kümmert es den Einzelnen, der sich schlecht behandelt fühlt, dass es der Welt insgesamt besser geht? Ja, vielen bedeutet das Wohlergehen der eigenen Haustiere alles, das Massenelend der Menschen in fernen Welten jedoch nichts. Die Angst, den eigenen Arbeitsplatz an einen Konkurrenten im Ausland zu verlieren, überlagert alle anderen Effekte. Zwischen negativer persönlicher Betroffenheit und positiver gesamtwirtschaftlicher Wirkung der Globalisierung können riesige Lücken klaffen. Das macht es für eine Gesellschaft so schwierig, das tragische Schicksal Einzelner nicht zu verallgemeinern.

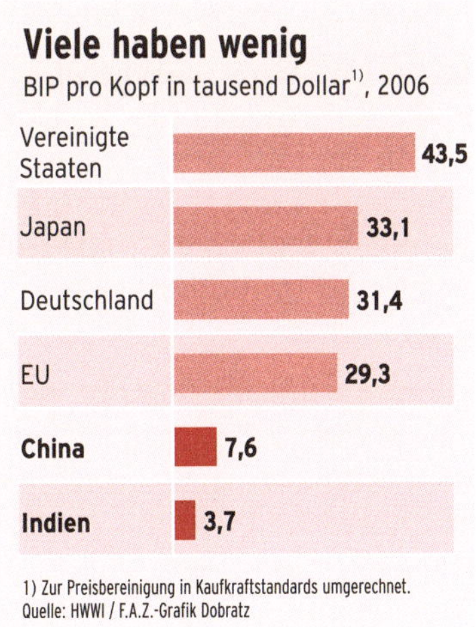

Die Zahlen sprechen eine klare Sprache. Die Globalisierung hat nicht alle Probleme der Welt gelöst. Sie hat im einen oder anderen Fall zu wirtschaftlichem Abstieg, zu mehr Unsicherheit, zu mehr Stress und zu Unzufriedenheit geführt. Sie hat aber in den letzten fünfzig Jahren den Lebensstandard der Massen insgesamt verbessert. Die meisten Menschen leben länger und gesünder als jemals zuvor in der Weltgeschichte. Der großen Mehrheit geht es materiell wesentlich besser als ihren Vorfahren. Das gilt ganz besonders für Deutschland. Trotzdem glauben viele, dass es ihnen schlechtergeht als in früheren Jahren – sie haben zwar nicht in absoluten Größen weniger, aber ihr Abstand zur Spitze ist gewachsen, ihre Besitzstände sind in Gefahr, und sie ziehen den bekannten Status quo der unbekannten Zukunft vor.

Globalisierung ist kein Nullsummenspiel, bei dem der eine nur das gewinnen kann, was der andere verliert. Sie hebt die Boote insgesamt, aber eben nicht alle mit derselben Welle. Deshalb ist die Feststellung richtig, dass sich in den letzten Jahren die Schere zwischen Reich und Arm weiter geöffnet hat. Aber in Asien und Lateinamerika haben gerade die Länder aufgeholt, die sich globalisiert haben. Afrika ist zurückgefallen, denn der Kontinent ist in weiten Teilen von der Globalisierung abgeschnitten.

Innerhalb der Länder sind die Wirkungen ähnlich. Profitiert haben jene Menschen, die sich rasch und erfolgreich angepasst haben. Verloren haben jene, die nicht reagieren wollten oder konnten.

Es besteht kein Zweifel daran, dass auf der Welt zu große Unterschiede im Wachstum bestehen. Es ist unbestritten, dass es noch immer viel zu viel Hunger und Unterdrückung gibt, auch in Deutschland gibt es zu viel Armut und Not. Dafür aber die Globalisierung verantwortlich zu machen heißt jedoch, Ursache und Wirkung durcheinanderzubringen. Die Globalisierung hat Armut und Not nicht verursacht.

Stellenverluste sind nämlich nicht Folge der Globalisierung, sondern die eines stetigen Strukturwandels, den keine Macht der Welt aufhalten kann. Auch die Globalisierung verhindert nicht, dass Menschen ihre Jobs verlieren. Sie hilft jedoch nachhaltiger als jede Alternative, neue Jobs zu schaffen. Richtig ist, dass sie das Tempo der Veränderungen beschleunigt hat. Das ist aber nicht neu. Der Strukturwandel war schon immer eine feste Konstante der Menschheitsgeschichte. Mal läuft er schneller, mal langsamer, immer aber vernichtet er alte Arbeitsplätze und schafft neue.

In der Landwirtschaft erzeugt eine kleine Zahl Beschäftigter heute viel mehr Nahrungsmittel als ganze Agrargesellschaften in früheren Zeiten. In der Industrie ersetzen Maschinen die einfache Massenarbeit an den Fließbändern. Dafür finden Millionen von Menschen eine Beschäftigung in der Informations- und Kommunikationsbranche, im Gesundheits- und im Bildungswesen oder bei haushaltsnahen Dienstleistungen.

Von dem höheren Tempo profitieren aber nicht alle Menschen gleichermaßen. Zu den Gewinnern gehören die Verbraucher. Sie freuen sich über billige Importe aus aller Welt: Textilien aus China, Fernsehgeräte aus Korea und Schuhe aus Lateinamerika. Dank des internationalen Handels müssen die Länder nicht alles selbst herstellen. Die globale Arbeitsteilung nutzt die Vorteile der Spezialisierung und der Massenproduktion aus. Die weltweite Konkurrenz sorgt dafür, dass geringere Kosten in Form tieferer Preise an die Kunden weitergegeben werden. Die Folge: Wir müssen immer kürzer arbeiten, um uns Waren, Dienstleistungen, Urlaub und Freizeitangebote leisten zu können. Ist das nicht wunderbar?

Für Arbeiter, vor allem wenn sie weniger gut qualifiziert sind, zeigt die Globalisierung ein dunkleres Gesicht. Asien und Lateinamerika haben in den vergangenen Jahren Milliarden von Arbeitskräften neu ins Spiel gebracht. Die machen den Beschäftigten in Europa das Leben schwer, und zwar in Form von Waren, die sie in Billiglohnländern herstellen und dann im Westen günstig zum Kauf anbieten.

Die Globalisierung macht vielen Deutschen Angst, weil in Asien und Lateinamerika fast immer billiger, gelegentlich besser und immer öfter schon besser und billiger als in Europa produziert wird. Das hat zur Folge, dass in Europa immer mehr Arbeitnehmer unter Wettbewerbsdruck kommen. Das gilt vor allem für jene, die einfache und standardisierte Tätigkeiten ausüben. Es gilt weniger für spezielle Fach- und Führungskräfte.

Was auf dem Arbeitsmarkt zwischen Gewinnern und Verlierern genau passiert, lässt sich mit dem Häuptling-Indianer-Modell veranschaulichen, Volkswirte kennen das als „Stolper-Samuelson-Theorem". Fach- und Führungskräfte sind die Häuptlinge, aber auch Firmen und deren Maschinen. Aber die Globalisierung hat viel mehr Indianer mit sich gebracht: wenig qualifizierte Arbeitskräfte für einfache, standardisierte Tätigkeiten. Indianerarbeit wird nun im Überfluss angeboten und ist dadurch billig geworden. Hingegen fehlt es an Häuptlingen, um die Masse der Indianer zu führen. Als Folge hat sich das Machtgleichgewicht weg von den Indianern hin zu den Häuptlingen verschoben. Die westeuropäischen Arbeitnehmer haben in wenigen Jahren verloren, was sie über viele Jahrzehnte von den Arbeitgebern an Rechten und Zusagen erstritten und erkämpft hatten. Manager, Fach- und Führungskräfte hingegen konnten ihre Ansprüche gewaltig nach oben schrauben und in der Regel auch durchsetzen, zum Beispiel beim Lohn.

Die Globalisierung beschleunigt wirtschaftliche und gesellschaftliche Veränderungen. Die Anpassungskosten können nicht vermieden, sondern nur verringert werden. Sie sind besonders hoch, wenn die nationale Wirtschaftspolitik zu lange an alten Strukturen festhält und nicht rasch und effizient auf geänderte Rahmenbedingungen reagiert. Dieses Staats- und Politikversagen lässt sich nicht dadurch korrigieren, dass man die Globalisierung zu verhindern sucht. Sich von der Welle mittragen zu lassen verspricht mehr Erfolg, als dagegen anzuschwimmen. Deshalb ist es sinnvoller, an die eigentlichen Wurzeln der Globalisierungskosten zu gehen: an verkrustete nationale Strukturen. Das gilt übrigens gleichermaßen für höher und weniger entwickelte Volkswirtschaften.

96 Warum mögen wir den Kapitalismus nicht?

Gerald Braunberger

Wer die typische Einstellung vieler Deutscher gegenüber dem Kapitalismus beschreiben will, kann noch heute auf Werner Sombarts Monumentalwerk „Der moderne Kapitalismus" zurückgreifen, das vor rund 100 Jahren erschienen ist. Darin brachte der berühmte Sozialwissenschaftler gegenüber seinem Beobachtungsobjekt eine ausgesprochen ambivalente Haltung zum Ausdruck.

Einerseits war Sombart von der Kraft der kapitalistischen Wirtschaftsdynamik schwer beeindruckt, und er wusste wohl, dass allein die industrielle Massenfertigung die Grundlage dafür bot, eine rasch wachsende Zahl von Menschen zu kleiden und zu ernähren. Die Funktion des Kapitalismus als materieller Reichtumsspender zog der Gelehrte nicht in Frage.

Andererseits aber betrachtete Sombart den Kapitalismus als ein wahres Unheil in kultureller und zivilisatorischer Hinsicht. Nach seiner Ansicht riss der Kapitalismus die Menschen aus vertrauten, stabilen Lebenswelten (er sprach idealisierend von „umfriedeten Hütten") in eine Welt der Unsicherheit. Bitter beklagte er die Ökonomisierung des Lebens und die übermäßige Bedeutung, die das Geld im Leben der Menschen einnahm. Die Wall Street erschien ihm als ein Tempel der Dekadenz. Man mag das für falsch oder für richtig halten, eines bleibt unbestreitbar: Viele moderne Kapitalismuskritiker sind über Sombart nicht hinausgekommen.

Sombarts Antwort auf das Dilemma könnte jeder moderne Christ- und Sozialdemokrat unterschreiben: Aufhalten lässt sich der Kapitalismus nicht, wohl aber kann ein Staat seine Auswirkungen auf die Menschen beeinflussen – durch Finanz- und Sozialpolitik.

Diese sehr deutsche Ambivalenz gegenüber dem Kapitalismus findet sich auch im Werk eines der führenden Ordoliberalen, eines Marktwirtschaftlers von Schrot und Korn: Wilhelm Röpke kannte in seinen Schriften außer dem Sozialismus nichts Schrecklicheres als die Großfabrik, die nun geradezu ein Symbol des Kapitalismus darstellt. Sie verwandele die Menschen in eine Masse kulturloser Amöben, die leicht von politischen Demagogen verführt werden können.

Dagegen schrieb Röpke verklärt von den überschaubaren und idyllischen Kleinstädten in seiner schweizerischen Wahlheimat, wo kernige Handwerker in Harmonie mit ihrer Umwelt und der Natur lebten und in ihrer Freizeit im Garten Tomaten züchteten. Folgerichtig vertrat der Ökonom eine Politik, die sich gegen die Macht von Großkonzernen wandte und den Mittelstand bewahrte. Er wütete gegen Reklameschilder an Straßen und gegen Skilifte auf den schweizerischen Bergen. An anderer Stelle trauerte Röpke der Zeit Goethes nach – die lag bekanntlich vor der Industrialisierung. Leicht spöttisch ließe sich behaupten, dass die deutsche Neigung zum Romantizismus auch die Besten nicht immer verschont.

Die Frage ist: Wo kommt das alles her? Die Antwort lautet: aus ferner Vergangenheit – jedenfalls, wenn man Röpke als Kronzeugen akzeptiert. Der sah die kritische Haltung der Deutschen gegenüber dem Kapitalismus und ihre Verklärung des Staates als ein verheerendes Resultat des „Luthertums", das über Jahrhunderte gewirkt habe.

Und da wir bei der Religion sind, darf natürlich Max Weber („Die protestantische Ethik und der Geist des Kapitalismus") nicht fehlen. Er sah im Protestantismus eine Quelle der kapitalistischen Entwicklung, aber eben weniger im Luthertum, sondern vor allem im asketischen Calvinismus. Webers These ist umstritten, aber Tatsache ist, dass die calvinistisch geprägten Amerikaner dem Kapitalismus weit vorurteilsloser gegenüberstehen als die Deutschen und andere Kontinentaleuropäer.

Kapitalismuskritik bedeutet aber nicht zwangsweise Unfähigkeit zum Kapitalismus. So kritisch die Deutschen dem Kapitalismus gegenüber eingestellt sein mögen, so haben sie ihn doch akzeptiert, ihren materiellen Wohlstand auf ihm gegründet und von ihm profitiert. Freilich auf eine deutsche Weise: durch eine starke Einbindung des Staates in das Wirtschaftsleben, und das über die einschneidendsten historischen Brüche hinweg. So hat der Berliner Wirtschaftshistoriker Albrecht Ritschl beschrieben, wie eine beachtliche Zahl von Regulierungen, die im Dritten Reich beschlossen wurden, von der jungen Bundesrepublik übernommen wurden. Kein Wunder auch, dass in Deutschland und in Nachbarländern wie Frankreich mehrere Konzeptionen des Kapitalismus erdacht oder ausprobiert wurden, die vom britischen und amerikanischen Modell weit entfernt sind.

Man kann die Neigung der Deutschen, den Kapitalismus mittels Staatseingriffen zu zähmen, als Versuch sehen, ihrer ambivalenten Einstellung gegenüber dem Kapitalismus eine politische Form zu geben. Die Erfahrungen der vergangenen Jahre zeigen indes: Die Deutschen müssen lernen, mit einem Kapitalismus zu leben, in dem der Staat eine kleinere Rolle spielt. Mögen werden sie ihn nicht.

97 Warum schadet Protektionismus?

Ulrich van Suntum

Jedes dritte Automobil ist ein Importwagen, rund zwei Drittel unserer Bekleidung stammen aus dem Ausland. Bei fossilen Energieträgern wie Kohle, Erdöl und Erdgas liegt unsere Importquote sogar bei mehr als 90 Prozent – während wir unsere eigene Steinkohle weitgehend ungenutzt im Boden lassen.

Viele Menschen verstehen das nicht. Wäre es für die Beschäftigung nicht besser, wenn wir mehr deutsche Produkte und weniger Waren aus dem Ausland kauften? „Protektionismus" heißt eine Politik, die darauf dringt. Sie will staatlich verordnen, dass die Bürger im Inland kaufen – oder ausländische Waren durch Zölle so weit verteuern, dass das gleiche Ergebnis herauskommt.

Kurz vor seinem Amtsantritt hat Wirtschaftsminister Michael Glos die Deutschen aufgefordert, ihren Urlaub doch öfter mal im eigenen Land zu verbringen. Er wollte damit „den Menschen den Zusammenhang zwischen Arbeitsmarkt und Kaufverhalten klarmachen". Es war allerdings ein denkbar schlechter Einstand, um das Erbe Ludwig Erhards anzutreten. Denn in Wirklichkeit verhalten sich die Dinge gerade umgekehrt: Letztlich kostet nicht der freie Warenverkehr mit dem Ausland Arbeitsplätze, sondern der Protektionismus.

Ein Blick in den deutschen Durchschnittshaushalt macht sehr schnell deutlich, wie es ohne Außenhandel wäre. Unsere Möbel könnten wir nicht mehr beim schwedischen Händler mit dem Elch kaufen, sondern nur noch bei deutschen Produzenten. Die Stereoanlage und der DVD-Player aus Südostasien wären tabu, auch hier müssten wir fortan aus heimischen Angeboten wählen. Das preiswerte T-Shirt aus China würde ebenso deutschen Produkten weichen wie das Auto aus Japan, das Spielzeug aus Korea und der Taschenrechner aus Taiwan. Vorbei wäre es auch mit frischen Apfelsinen und Bananen im Winter, dafür gäbe es wie früher vielleicht eingekochte Äpfel und Birnen aus eigenem Anbau. Manchem Leser aus den neuen Bundesländern kommen solche Verhältnisse vielleicht bekannt vor.

Nun wird man vielleicht sagen, dass wir es ja nicht gleich übertreiben müssen. Es gehe doch nur um ein bisschen mehr Schutz vor der Auslandskonkurrenz – zum Beispiel da, wo ganz konkrete Arbeitsplätze auf der Kippe stehen.

Das wäre jedoch ein höchst gefährliches Spiel. Denn dann würden bald alle Branchen den Schutz vor dem Ausland wollen. Der Protektionismus würde sich deswegen unaufhaltsam ausbreiten wie ein Ölfleck. Außerdem würden unsere Handelspartner dem Treiben wohl kaum tatenlos zusehen – ganz abgesehen davon, dass wir damit klar die Regeln der Welthandelsorganisation verletzten. Deswegen könnten wir über kurz oder lang auch nur noch weniger exportieren. Am Ende hätte niemand etwas von einem solchen Handelskrieg. Im Gegenteil, alle Länder verlören dabei Wohlstand und Arbeitsplätze. Das hat die Geschichte eindrucksvoll gezeigt: etwa in den dreißiger Jahren, als der Welthandel unter dem Einfluss des Protektionismus dramatisch schrumpfte.

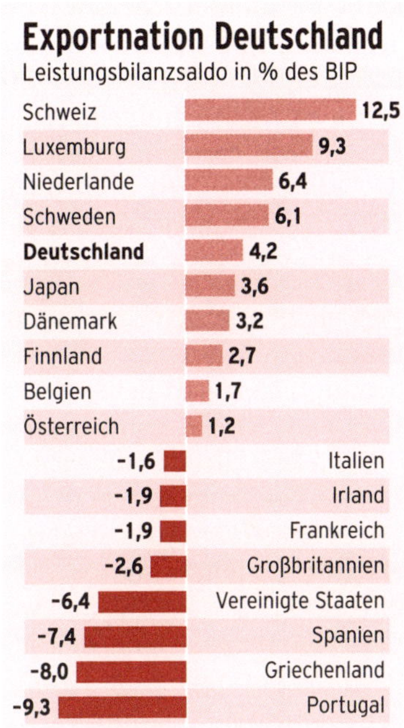

Quelle: Sachverständigenrat/F.A.Z.-Grafik Walter

Der internationale Handel ist kein Nullsummenspiel, bei dem der eine nur auf Kosten des anderen gewinnen kann. Er bringt vielmehr allen beteiligten Ländern Vorteile: zum einen, weil sie sich die Arbeit teilen und dadurch Kosten sparen können. Zum anderen, weil mehr Produkte angeboten werden.

Selbst eine relativ große Volkswirtschaft wie Deutschland kann ja unmöglich alle Güter gleichzeitig produzieren, die ihre Bürger nachfragen, schon gar nicht zu vertretbaren Kosten. Die deutsche Steinkohle muss zum Beispiel inzwischen aus mehr als tausend Meter Tiefe gewonnen werden. Sie kostet deshalb mehr als das Doppelte dessen, was wir am Weltmarkt dafür bezahlen müssen. Darum konzentriert man sich lieber auf das, was man besser und preiswerter herstellen kann als andere, und tauscht dann mit den anderen Ländern.

Das ist das Prinzip der „relativen Vorteile“, darauf hat schon der englische Ökonom David Ricardo aufmerksam gemacht. Wir nutzen es auch im Privatleben: Der Schreiner, der Elektriker und der Bäcker konzentrieren sich ja auch jeweils ganz auf ihre Sache und kaufen sich ihre Produkte dann gegenseitig ab. Das bringt viel mehr, als wenn der Schreiner auch seine Steckdosen anschließt und sein Brot backt. Auf diese Weise ist Arbeitsteilung auch zwischen verschiedenen Nationen sinnvoll, ihr verdanken wir letztlich unseren Wohlstand.

Dass Deutschland dabei erfolgreich ist, zeigen unsere hohen Exportüberschüsse. Wir verkaufen mehr Güter an das Ausland, als wir dort kaufen – allein im letzten Jahr machte der Unterschied rund 160 Milliarden Euro aus. Ohne den Außenhandel sähe es auf unserem Arbeitsmarkt daher schlechter aus, nicht etwa besser. Dass es unter dem Strich dennoch nicht genügend Arbeitsplätze gibt, hat ganz andere Gründe. Das hat mit den hohen Lohnkosten, den rigiden Arbeitsgesetzen sowie den hohen Steuern und Abgaben in Deutschland zu tun. Diese wirtschaftspolitischen Sünden verhinderten aber auch dann die Vollbeschäftigung, wenn es gar keinen Außenhandel gäbe.

Was bleibt von den Argumenten der Protektionisten? Letztlich geht es ihnen selten um das Wohl der Allgemeinheit, obwohl sie das meist behaupten. In Wirklichkeit steht praktisch immer der Versuch dahinter, sich selbst vor der Konkurrenz zu schützen. Das geht zu Lasten anderer. Geschickt verdrehen die Protektionisten dabei nicht nur die Tatsachen, sondern auch die Worte. Man sei natürlich für Wettbewerb, nur „fair" müsse er sein. Der angestrebte Schutz vor dem lästigen Wettbewerb wird als „internationale Wettbewerbsordnung" bezeichnet, preiswertere Konkurrenten aus dem Ausland werden als „Schmutzkonkurrenz" und „Billiganbieter" verunglimpft. Dabei prangert man umwelt- und sozialpolitische Missstände in den Konkurrenzländern an, obwohl diese oft nur Bruchteile der Preisdifferenzen ausmachen.

Niemand hat plastischer gezeigt, wie perfide und absurd die Protektionisten argumentieren, als der französische Ökonom Frédéric Bastiat. In seiner satirischen „Petition der Kerzenmacher" aus dem Jahr 1846 beschweren sich die französischen Kerzenmacher beim Minister über die unfaire Konkurrenz der Sonne. Ihr Vorschlag: Die Regierung solle anordnen, dass die Bürger in den Häusern alle Fenster, Luken und Ritzen verschließen, damit kein Tageslicht mehr hineindringt. Dadurch werde die Kerzenproduktion angekurbelt, letztlich gewinne die gesamte Volkswirtschaft: Die Metzger müssten zum Beispiel mehr Vieh zur Talggewinnung schlachten, die Hersteller von Bienenwachs und die Dochtproduzenten könnten mehr Personal einstellen. Die Marine würde durch den Walfang aufblühen, ebenso die Hersteller von Kerzenständern und so weiter.

Bei dem ganzen Unsinn wird übersehen, dass all diese Gewerbe auch andere, sinnvollere Produkte herstellen und damit ebenfalls ausgelastet sein könnten. Eshat ja wenig Sinn, etwas selbst mit hohem Aufwand herzustellen, das man woanders viel preiswerter oder – wie im Beispiel – sogar umsonst haben kann. Aber diese volkswirtschaftliche Sichtweise interessiert natürlich nicht die Kerzenmacher, die nur ihr eigenes Interesse im Auge haben. Diese Konstellation ist typisch für den Protektionismus bis in die heutige Zeit: Er nutzt in Wirklichkeit nur denjenigen, die sich hinter seinem Schutz vor der unliebsamen Konkurrenz verstecken.

98 Warum nützt Entwicklungshilfe nichts?

Heike Göbel

Seit einem halben Jahrhundert mühen sich die reichen Industrieländer mit viel Geld, immer neuen Hilfsprogrammen und guten Ratschlägen um die Entwicklung der armen Staaten. Nutzen bringt das vor allem den Geberländern: Unter der Flagge der Wohltätigkeit ist eine riesige Hilfsindustrie entstanden, die sich nahezu verselbständigt hat. Ein undurchschaubares Geflecht aus supranationalen, staatlichen, halbstaatlichen und privaten Organisationen und Unternehmen lebt von der Entwicklungshilfe, die in den Geberländern zahlreiche Arbeitsplätze schafft. Ihren Vertretern gelingt es, als Stimme der Armen aufzutreten, und immer höhere Hilfszusagen und Verpflichtungen der Reichen einzufordern.

Einen vorläufigen Höhepunkt markiert das Jahr 2000. Staats- und Regierungschefs aus 189 Ländern beschlossen vor den Vereinten Nationen in New York die Entwicklungsziele für das neue Millennium. An vorderer Stelle stehen die Halbierung der extremen Armut bis zum Jahr 2015 und eine Grundschulbildung für jedes Kind. In Deutschland hat man daraufhin den Etat des Bundesministeriums für wirtschaftliche Zusammenarbeit und Entwicklung, das für die Entwicklungshilfe verantwortlich ist, kräftig aufgestockt, zuletzt um mehr als 14 Prozent auf mittlerweile rund 5 Milliarden Euro. Entwicklungshilfe darf es freilich längst nicht mehr heißen, politisch korrekt ist nur noch von „Entwicklungszusammenarbeit" die Rede. Dies soll den nicht den Tatsachen entsprechenden Eindruck fördern, hier begegneten sich zwei Partner – Geber und Empfänger – gleichberechtigt, und nicht ein auf guten Willen angewiesener Bittsteller seinem Förderer.

An Statistiken der Not, die das Anliegen der Befürworter von Entwicklungspolitik eindrucksvoll stützen, fehlt es nicht. Das Entwicklungsministerium listet sie auf seiner Homepage auf: Elf Millionen Kinder sterben jährlich vor ihrem fünften Geburtstag. Eine Milliarde Menschen und damit jeder sechste hat weniger als einen Dollar am Tag zum Leben. Auch Umweltschäden als Folge mangelnder Wirtschaftskraft alarmieren den Westen, etwa die jährliche Rodung von 20.000 Hektar Waldflächen, zweimal der Fläche von Paris.

So gewaltig die Probleme, so fragwürdig sind die Versuche, ihnen mit Mitteln der Entwicklungshilfe beikommen zu wollen. Der enorme finanzielle Einsatz trägt allenfalls magere Früchte. Punktuellen oder zeitlich befristeten Erfolgen stehen grandiose Fehlschläge gegenüber. Das freilich bekümmert die Entwicklungspolitiker nicht. Weil die Lebenssituation der Menschen eines Landes von vielen Faktoren abhänge, ließen sich Entwicklungserfolge nur schwer messen und der Unterstützung einzelner Geber zuordnen, schreibt das Entwicklungsministerium. Im Klartext heißt dies: Rechenschaft über die sinnvolle Verwendung der Gelder ist gar nicht möglich.

Zu einem Synonym für das Versagen der weltweiten Entwicklungspolitik ist gleichwohl mittlerweile Schwarzafrika geworden: Hier geht es vielfach gerade den Ländern am schlechtesten, die über Jahrzehnte die meiste Hilfe bekommen haben. Die erfolgreiche wirtschaftliche Aufholjagd Chinas, Indiens oder der asiatischen Tigerstaaten in den vergangenen beiden Dekaden ist hingegen weder in erster noch in zweiter Linie Entwicklungshilfegeldern geschuldet, sondern der Einführung einer verhältnismäßig stabilen marktwirtschaftlichen Ordnung, der Öffnung für den Welthandel und der Einrichtung halbwegs tragfähiger Rechtssysteme, die das Eigentum schützen. All das sind Faktoren, die Ökonomen seit langem als zwingende Voraussetzung für wirtschaftlichen Erfolg identifiziert haben. Kapital- und Technologietransfer verpufft wirkungslos, wenn es an einem verlässlichen institutionellen Rahmen fehlt, der Investitionen schützt und Handel ermöglicht.

Bis heute versucht man in den Geberländern der Erkenntnis auszuweichen, dass die Entwicklungshilfe vielen Empfängern womöglich sogar mehr schadet als nutzt – weil sie abhängig macht, Passivität fördert und die Korruption blühen lässt. Seit 1990 ist beispielsweise der Lebensstandard in weiten Teilen Afrika südlich der Sahara, also in jenen Ländern, die bevorzugtes Ziel von Entwicklungsgeldern aus aller Welt sind, gesunken. Dennoch wird dies nicht zum Anlass genommen, den Sinn der Hilfe als solche in Frage zu stellen, sie ist politisch sakrosankt. Debattiert wird stattdessen über die Höhe der Zahlungen und die Qualität sowie Konditionen der Hilfsprogramme.

Dies obwohl heftige Kritik mittlerweile selbst aus den Empfängerländern kommt. Zu den schärfsten Gegnern gehört der liberale kenianische Wirtschaftswissenschaftler James Shikwati. Er wirft den Geberländern vor, dass ihre Hilfsgelder die Politik korrumpieren, den Staatssektor aufblähen und in fragwürdige Infrastrukturvorhaben fließen und so den Aufbau produktiver Industrien verhinderten. Die besten Köpfe des Landes wetteiferten um einen Anteil an der Hilfe. Die Nahrungsmittelprogramme zerstörten die Landwirtschaft, weil kein Bauer mit seinen Preisen gegen die kostenlosen Hilfslieferungen konkurrieren könne. Kleiderspenden vernichteten Arbeitsplätze in der Textilindustrie. Shikwati hält den Gebern auch vor, in erster Linie eigene Interessen zu verfolgen: den Zugang zu Rohstoffen und politischem Einfluss zu sichern und Arbeitsplätze für die eigenen Entwicklungshelfer zu schaffen. „Wer Afrika helfen will, darf kein Geld geben“, verlangt der Ökonom. Unglücklicherweise seien die Europäer in ihrem Eifer, Gutes zu tun, keinerlei Argumenten mehr zugänglich.

Auch der Friedensnobelpreisträger Mohamud Yunus, Begründer der Grameen-Bank, die Mikrokredite an Kleinunternehmer vergibt, macht eine bedrückende Rechnung auf: Drei Viertel der für sein Heimatland Bangladesch vorgesehenen Hilfen seien im Geberland hängen geblieben, der Rest in der öffentlichen Verwaltung seines Landes versickert.

In den Industrieländern dient die Entwicklungshilfe überdies dazu, Debatten über wirksamere Maßnahmen zur Förderung der Wirtschaft in den Entwicklungsländern zu verhindern. Gegen die subventionierte Agrarproduktion der Industrieländer hat die Konkurrenz aus Entwicklungsländern einen schweren Stand, zumal oft Handelsbarrieren hinzukommen. Die sichtbaren Entwicklungsgelder wiegen den Schaden nicht auf, den die Industrieländer über öffentlich kaum wahrgenommene Subventionen und Abschottung der Märkte den schwächeren Staaten zufügen. Doch Entwicklungsländer haben nur dann eine echte Chance aufzuholen und zu Partnern auf Augenhöhe zu werden, wenn es gelingt, sie in den Weltmarkt einzubinden und über die Arbeitsteilung Kapital und Wissen ins Land zu holen. Dann freilich werden sie den alten Industrieländern als Konkurrenten schnell bedrohlich – im Übrigen selbst in der Entwicklungspolitik. China macht es vor: In Afrika sichert sich China, obwohl es selbst noch bevorzugter Empfänger deutscher Entwicklungshilfe ist, mit Entwicklungsgeldern schon den Zugang zu Rohstoffen und Märkten.

99 Warum und wozu verpflichtet Eigentum?

Rainer Hank

„Mein“ und „Dein“ sind gar nicht so leicht auseinanderzuhalten. Wäre es einfach, würden die Kinder im Sandkasten nicht so laut brüllen. Und manche Leute meinen, die Welt wäre besser und gerechter, wenn es die Unterscheidung von „Mein“ und „Dein“ gar nicht gäbe. Dann stünde allen Menschen alles gleichermaßen zur Verfügung, gemäß ihren Bedürfnissen.

Historisch jedenfalls gehört die Vorstellung privaten Eigentums spätestens seit der jüngeren Steinzeit zu den Grundüberzeugungen vieler Völker. Kleider, Schmuck und Waffen, Dinge also, die für die persönliche Existenz eines Menschen unentbehrlich sind, stehen nicht beliebig jedermann zur Verfügung. Das persönliche Eigentum wurde für so wichtig angesehen, dass es den Menschen mit in ihr Grab gegeben wurde (was wiederum die Voraussetzung dafür ist, dass Archäologen etwas über die Geschichte des Eigentums wissen können).

Aber was ist eigentlich Eigentum? Der physikalische oder geistige Gegenstand selbst kann es nicht sein. Denn der Apfel in meiner Hand oder der Satz, den ich gerade schreibe, könnte ja von anderen geklaut sein. Und der Ring an meinem Finger könnte längst verpfändet sein. Der Begriff des Eigentums ist abstrakter, als er scheint. Die überzeugendste Definition stammt von dem französischen Ökonomen Frédéric Bastiat (1801 bis 1850). Danach ist Eigentum eine Rechtsbeziehung zwischen Personen in Bezug auf Sachen. In einem Haus, welches mir gehört, habe ich das Recht, zu beherbergen, wen ich will (oder nicht). Eine Aktie, die mein Eigentum ist, gibt mir das Recht, die Dividende zu kassieren, die sie abwirft. Und sie gibt mir zugleich die Möglichkeit, das Papier an andere zu verkaufen, wenn ich mit der Kursentwicklung nicht mehr zufrieden bin. Eigentum regelt Besitzansprüche und verleiht Anrechte. Was will man mehr in einem Rechtsstaat?

Kein Wunder, dass das Recht auf privates Eigentum sowohl den neuzeitlichen Staat begründet als auch den Kapitalismus ermöglicht. Nach John Locke (1632 bis 1704) vereinigen sich die Menschen nur deshalb zu einem Staat, um gegenseitig ihr Leben, ihre Freiheit und ihre Güter zu sichern. Wer, wenn nicht der Staat, sollte mittels Polizei und Gefängnissen eine Eigentumsordnung garantieren, wenn in einem Land Diebe und Plünderer umgehen? Das Privateigentum ist ein Recht menschlicher Freiheitsausübung, welches die Menschen selbst nur durch den Staat sichern können.

Doch es ist verflixt: Als Garant der freiheitlichen Eigentumsordnung nimmt der Staat sich zugleich das Recht heraus, in das Eigentum seiner

Bürger empfindlich und mit Zwang einzugreifen. Denn nichts anderes als eine (Teil-)Enteignung bedeutet es, wenn der Fiskus den Bürgern ihr Geld wegnimmt und diesen Gewaltakt verharmlosend Steuern nennt. Würde der Staat ihnen sämtliche Früchte des Erfolgs wegsteuern, hätte er sich freilich auch die eigene Existenzgrundlage untergraben. Jeder Anreiz der Menschen, ihr Eigentum zu mehren, wäre dahin.

Das zeigt: Die Erwartung, von seinem Kapital einen Profit zu erhalten, die wichtigste Triebfeder einer Marktwirtschaft, beruht auf dem Recht auf Privateigentum. Nur wo Eigentum rechtlich garantiert wird, sind Menschen bereit, Ideen umzusetzen, Geld zu investieren und Arbeitsplätze zu schaffen. Eigentum schafft Wohlstand, wusste schon Adam Smith (1723 bis 1790). Wo Eigentum nichts gilt, wäre unternehmerisches Handeln töricht.

Der peruanische Ökonom Herando de Soto fügt hinzu: „Privateigentum fördert per se das Gemeinwohl." Eine Marktwirtschaft braucht nicht nur Geld, sie braucht auch eine Rechtsordnung, sonst kommt sie nicht in Schwung. Zum Beweis deutet de Soto auf die Länder der Dritten Welt, wo zwar häufig Kapital in beträchtlichem Umfang vorhanden ist, aber das Vertrauen fehlt, dass unternehmerisches Handeln sich lohnt.

Eigentum verpflichtet die Menschen, ihre Freiheitsrechte aktiv umzusetzen. Doch der Satz „Eigentum verpflichtet" wird in Deutschland zumeist ganz anders gedeutet. Im Grundgesetz stehen in Artikel 14 jene Sätze, die jeder Schüler im Sozialkundeunterricht lernt: „Eigentum verpflichtet. Sein Gebrauch soll zugleich dem Wohle der Allgemeinheit dienen." Doch was ist damit gemeint? Ist dem Wohl der Allgemeinheit durch einen Spitzensatz der Einkommensteuer von 42 Prozent Genüge getan? Braucht es eine zusätzliche Reichensteuer? Müssen die Vorstandsgehälter durch ein Gesetz gekappt werden? Oder müssen gar Schlüsselindustrien sozialisiert werden?

Unter Berufung auf das Gemeinwohl ist alles möglich. Denn Gemeinwohl ist ein Wieselwort, in das sich alles hineininterpretieren lässt. Das Privateigentum konnte hierzulande noch nie ganz sicher sein. Immer drohte die Enteignung – vermeintlich im Interesse übergeordneter Gemeinwohlinteressen. Die Väter des Grundgesetzes stemmten sich gegen Vorstellungen der Kommunisten, wonach der Missbrauch des Eigentums zur Begründung wirtschaftlicher und politischer Macht bereits ein Anlass zur Enteignung hätte sein können. Aber den latenten Sozialismus der Gemeinwohlorientierung wollten 1948 auch die Konservativen nicht tilgen.

Auch das hat historische Gründe. Im Gegensatz zum römischen Recht, das einen strengen Begriff des Privateigentums kennt, hielten die nördlich der Alpen lebenden Germanen lange am Familieneigentum und Gemeindeeigentum fest. Im Familieneigentum stand die Hufe (huba), zu der die Wohngebäude mit Zubehör und Ackerfläche gehörten, während Brachland, Weide und Gewässer als Allmende im Eigentum der Gemeinde allen zugleich zur Verfügung standen.

„Die Kritik an einer liberalen Eigentumsordnung gehört in Deutschland zum Arsenal antiwestlicher Effekte“, sagt Verfassungsrichter Udo Di Fabio. Warum? Weil das Recht auf Privateigentum für viele Menschen die Sünde der Ungleichheit in die Wirtschafts- und Sozialordnung gebracht hat. Wer an die Utopien von Jean-Jacques Rousseau glaubt, wonach im Urzustand alle Menschen gleich waren, für den setzt mit der ungleichen Verteilung von Grund und Boden die Abstiegsgeschichte der Zivilisation ein. Kein Wunder, dass kommunistische Träume das abendländische Denken seit dem Urchristentum beherrschen. Wo die Menschen diese Utopien umsetzten, ging immer alles schief: Das Eigentum war nichts mehr wert, und der Wohlstand schwand dahin.

Die Deutschen haben ein gespaltenes Verhältnis zum Eigentum: Im Vergleich zu den europäischen Nachbarn mieten sie lieber ihre Wohnung, als sie zu kaufen. Im Zweifel schließen sie sich lieber einer Wohnungsgenossenschaft an, als dass sie ihr Haus selber bauen. Und ein Volk von Aktionären waren die Deutschen ohnehin noch nie: Die Aktienkultur ist wenig ausgeprägt, und das Trauma des New-Economy-Bubbles steckt vielen heute noch in den Knochen. Das alles hat historische Gründe. Während das römische Recht einen strengen Begriff des Privateigentums kannte, lieben die Germanen die Allmende: Auf der Dorfwiese gehört allen alles gemeinsam.

Stichwortverzeichnis

Aktien 16ff., 19ff., 22ff., 26f. 28f., 34ff, 75, 77, 97, 115, 164, 177, 217ff., 232f., 282, 318

Angebot 17, 24, 68f., 74f., 89, 113, 123f., 136, 144, 164, 179ff., 236, 238f., 246, 281, 295

Anleger 16ff., 19ff., 23, 26f., 59, 77, 97, 176ff., 202, 232

Anleihen 16, 26, 28f., 35f., 47

Arbeitslosigkeit 44, 49, 51f., 65ff., 77, 81f., 121, 136, 174, 196, 215, 276

Arbeitsmarkt 53, 62ff., 65ff., 80, 84f., 192, 281, 295, 315, 324, 326

Armut 9ff., 48, 93, 109, 138, 142, 154, 302

Ausländer 68

Beruf 62ff., 83, 85, 120, 124, 152, 254, 277, 279

Bodenschätze 151ff., 261

Börse 16ff., 20, 23, 34f., 75, 77f., 164, 176, 202f., 208, 217

Demokratie 38, 110, 261, 310ff.

Devisen 38, 110, 261, 310ff.

Egoismus 158ff., 295

Eigennutz siehe Egoismus

Eigentum 10f., 88, 91f., 115, 143, 196, 200f., 209, 217, 261, 278ff., 310, 324ff.

Energie 10f., 88,

Entwicklungshilfe 261, 321ff.

Erfindung 11, 43f., 129ff., 133, 144f., 155, 176

Familie 63f., 84, 94ff., 126, 152f., 240f., 272ff., 275ff., 278f.

Forschung 132f., 145, 294

Freihandel 162

Freiheit 88, 121, 131, 159, 180, 196, 197, 257, 279f., 289, 310ff., 324ff.

Fusionen 18, 35, 163, 200

Geiz 304ff.

Gemeinwohl 91f., 109ff., 112, 115, 159, 325

Gerechtigkeit 90, 91ff., 110, 122, 175, 274, 280, 288, 296

Gesundheit 101, 106ff., 143, 181, 189, 250, 301

Gewerkschaften 51, 53, 80ff., 83, 85, 109, 111, 191, 281f., 286f.

Gier 27, 186, 291

Globalisierung 28f., 31f., 52, 65, 67, 75, 123, 153, 162, 196, 219, 263f., 302, 313ff.

Glück 9, 109, 183, 190, 280, 292ff., 299,. 302, 307ff.

Gold 14, 32f., 46f., 141, 182, 237ff., 240

Inflation 15, 29, 31f., 37, 45ff., 48ff., 59, 123, 238

Innovation 54, 130, 135, 144ff., 147, 153, 168, 205

Insolvenz 214ff.

Internet 17, 28, 176, 178, 201, 211ff., 263

Kapitalismus 11, 14, 25, 77, 80, 83, 161ff., 217, 246, 288, 316ff.

Kaufkraft 25f. 45, 51ff., 68, 189, 192, 248

Klima 101, 179ff., 187

Konjunktur 17, 37f., 42f., 49, 51, 54ff., 105, 162, 173ff., 192, 299f.

Konkurrenz 65, 109, 130, 155ff., 168f., 171f., 211ff., 236, 248, 249ff., 314, 318ff., 323

Manager 11, 74ff., 116, 155, 176, 199ff., 208, 282, 283, 315

Monopol 89, 102, 126, 129ff., 142, 145, 155ff., 165, 167ff., 172, 205, 211ff., 248, 289

Moral 9, 47, 59, 68, 81, 91, 131, 156, 175, 185f., 189, 258, 266, 288, 295, 302, 305, 307

Nachfrage 11, 23, 34, 51f., 68f., 74, 77, 107, 113, 123, 156, 159, 164, 170ff., 179, 235f., 238, 241, 246, 249ff., 281, 289f.

Neid 93, 158, 280, 283, 288, 302, 308

Notenbank siehe Zentralbank

Öl 34f., 45, 135ff., 141, 236, 318

Patent 129ff., 15, 160, 168

Pleite 35, 52, 116, 155, 176, 214ff., 218, 224

Praxis 25f., 37, 51, 85, 114, 124, 144, 162, 168, 170, 182, 208, 230, 234, 248, 251, 263, 289

Profit 34f., 59, 69, 92, 96, 110, 120, 144f., 177, 229, 233, 326, 246, 253, 263, 270, 280, 299, 302, 314, 317, 325

Protektionismus 154, 318ff.

Reform 49, 67, 69, 97ff., 105, 121f., 126, 264, 277

Reichtum 9, 11, 141ff., 145, 185, 231, 233, 237, 286ff., 309, 311, 316

Rente 23f., 47, 83ff., 105, 123, 272, 275ff., 288, 293f.

Risiko 21ff., 34, 109, 115, 144f., 147ff., 202, 203, 205, 240f., 296

Rohstoffe 34, 139ff., 143, 152, 164, 179, 187, 237ff., 253, 263, 322f.

Schulden 51, 93, 103ff., 143, 172, 209, 257, 296, 305

Schule 23, 63, 89, 120ff., 123ff., 126ff.

Sparen 30, 44, 83, 108, 175, 253, 298ff., 305

Spekulation 25, 34ff., 164, 176, 233

Steuern 11, 24, 45, 51, 71ff., 81, 91ff., 94, 97, 100ff., 104, 115, 168, 172, 180, 191, 228f., 250, 257, 261, 278ff., 286, 300, 303, 320, 325

Umverteilung 90, 92, 112ff., 185, 190, 209, 264, 273, 302, 311

Umweltschutz 179ff., 239, 250

Ungleichheit 9, 67, 70, 127, 301ff., 320

Universität 85, 90, 125, 130

Verlust 19ff., 23, 58, 97, 115, 148f., 165, 176, 224f., 233, 247

Vertrag 10, 68, 85, 88, 92, 147, 196, 202, 259ff., 282, 289f., 310

Währung 25ff., 30, 31ff, 36, 37ff.

Wechselkurse 25ff., 30, 39

Werbung 68, 205ff., 236

Wissen 10f., 120ff., 123ff., 145, 170ff., 192, 253, 288, 323

Zentralbank 30, 37ff., 48ff., 59, 176, 238f.

Zins 11, 26, 51, 57ff., 101, 103f., 176, 217ff., 223, 294, 297, 298ff.

Die Autoren

Hans. D. Barbier, geboren 1937, promovierter Ökonom, ist Vorsitzender der Ludwig Erhard Stiftung in Bonn. Bis 2002 war er verantwortlicher Redakteur für Wirtschaftspolitik bei der Frankfurter Allgemeinen Zeitung.

Patrick Bernau, geboren 1981. Ausbildung zum Wirtschaftsjournalisten an der Kölner Journalistenschule für Politik und Wirtschaft, Studium der Volkswirtschaftslehre mit Politik an der Universität Köln. Seit 2006 Wirtschaftsredakteur bei der Frankfurter Allgemeinen Sonntagszeitung.

Norbert Berthold, geboren 1952, ist Inhaber des Lehrstuhls für Volkswirtschaftslehre, insbesondere Wirtschaftsordnung und Sozialpolitik, an der Universität Würzburg.

Gerald Braunberger, geboren 1960, Banklehre und Studium der Volkswirtschaft in Frankfurt. Seit 1988 bei der F.A.Z., davon fast 10 Jahre als Korrespondent in Paris und drei Jahre in der Wirtschaftsredaktion der F.A.S. Seit Juli 2007 Verantwortlicher Redakteur für Finanzmarkt der F.A.Z.

Heike Göbel, geboren 1959. Auf das Studium der Volkswirtschaftslehre in Heidelberg und wissenschaftliche Mitarbeit am Institut für Weltwirtschaft in Kiel folgt ein Volontariat bei den Stuttgarter Nachrichten. 1992 Wechsel in die Wirtschaftsredaktion der FAZ, für die sie aus Bonn und Berlin über Wirtschaftspolitik berichtet. Seit 2002 verantwortliche Redakteurin für Wirtschaftspolitik in Frankfurt.

Rainer Hank, geboren 1953, Studium der Germanistik, Philosophie und Kath. Theologie in Tübingen und Fribourg. Er leitet seit 2001 die Wirtschafts- und Finanzredaktion der Frankfurter Allgemeinen Sonntagszeitung.

Catherine Hoffmann, geboren 1969 in Memmingen. Besuch der Deutschen Journalistenschule und anschließendes VWL-Studium in München. Börsenboom bei diversen Finanzmagazinen miterlebt. Dann Wechsel zum Tagesspiegel, 2001 Wirtschaftsredakteurin der F.A.S., seit 2008 Finanzredakteurin der Süddeutschen Zeitung.

Karen Horn, geboren 1966, studierte Volkswirtschaftslehre in Saarbrücken. In Lausanne hat sie promoviert, war von 1995 bis 2007 Wirtschaftsredakteurin der F.A.Z. Heute leitet sie das Hauptstadtbüro des Instituts der Deutschen Wirtschaft in Berlin.

Inge Kloepfer, geboren 1964, studierte Volkswirtschaftslehre und Sinologie. 1992 wurde sie Mitglied der Wirtschaftsredaktion der F.A.Z. Seit

2001 schreibt sie für die Frankfurter Allgemeine Sonntagszeitung. Sie lebt mit ihrem Mann und ihren drei Kindern in Berlin.

Jan Pieter Krahnen, geboren 1954. Nach Studium von BWL und Politikwissenschaft in Frankfurt Assistententätigkeit an der FU Berlin, dort auch habilitiert. Seit 1995 Professor in Frankfurt, zugleich Direktor des Center for Financial Studies. Forschungsschwerpunkte auf den Gebieten Banken und Kapitalmarkt.

Lisa Nienhaus, geboren 1979. Nach dem Abitur studierte sie in Köln und Stockholm Volkswirtschaftslehre und Politik. Parallel besuchte sie die Kölner Journalistenschule. Seit 2007 Redakteurin im Wirtschaftsressort der Frankfurter Allgemeinen Sonntagszeitung.

Winand von Petersdorff-Campen, geboren 1963, Studium der Betriebswirtschaftslehre in Göttingen. Seit 2007 stellvertretender Leiter der Wirtschaftsredaktion der Frankfurter Allgemeinen Sonntagszeitung.

Thomas Straubhaar, geboren 1957. Studium der Volkswirtschaftslehre und Promotion in Bern. Nach einem Forschungsaufenthalt in Berkeley Habilitation in Bern. Professor der Universität Hamburg und Leiter des Hamburgischen WeltWirtschaftsInstituts HWWI.

Ulrich van Suntum, geboren 1954. Studium in Bochum und Münster. 1987/88 Generalsekretär des Sachverständigenrates. Lehrt seit 1995 Volkswirtschaftslehre an der Universität Münster. Dort ist er auch Direktor des Centrums für angewandte Wirtschaftsforschung Münster (CAWM).

Volker Reiche

STRIZZ

Das sechste Jahr – Rückblick 2007

308 Seiten. Hardcover.
19,90 € (D), 35,10 CHF*
ISBN 978-3-89981-167-4

Achim Greser & Heribert Lenz

Deutschland in Sorge

Die Chronik eines Jahres I [2005]

208 Seiten. Hardcover.
17,90 € (D), 31,70 CHF*
ISBN 978-3-89981-080-6

Achim Greser & Heribert Lenz

Deutschland packt's an

Die Chronik eines Jahres II [2006]

200 Seiten. Hardcover.
17,90 € (D), 31,70 CHF*
ISBN 978-3-89981-126-1

Achim Greser & Heribert Lenz

Wir sind eine Welt

Die Chronik eines Jahres III [2007]

232 Seiten. Hardcover.
17,90 € (D), 31,70 CHF*
ISBN 978-3-89981-142-1

** zzgl. ca. 3,– € Versandkosten bei Einzelversand im Inland.*
Sämtliche Titel auch im Buchhandel erhältlich.

Frankfurter Allgemeine Buch

Jürgen Fuchs

Das Märchenbuch für Manager

Gute-Nacht-Geschichten für Leitende und Leidende

7. Aufl. 256 Seiten.
Hardcover mit Schutzumschlag.
19,90 € (D), 35,10 CHF*
ISBN 978-3-89981-107-0

Wienand von Petersdorff

Das Geld reicht nie

Warum T-Shirts billig, Handys umsonst und Popstars reich sind.

Ein Wirtschaftsbuch für Jugendliche

176 Seiten. Hardcover.
19,90 € (D), 35,10 CHF*
ISBN 978-3-89981-150-6

Wolfgang Koch, Jürgen Wegmann

Tugend lohnt sich

232 Seiten.
Hardcover mit Schutzumschlag.
17,90 € (D), 31,70 CHF*
ISBN 978-3-89981-138-4

Rainer Hank

Der Sonntagsökonom

Geschichten aus dem prallen Leben

224 Seiten.
Hardcover mit Schutzumschlag.
17,90 € (D), 31,70 CHF*
ISBN 978-3-89981-128-5

** zzgl. ca. 3,– € Versandkosten bei Einzelversand im Inland.*
Sämtliche Titel auch im Buchhandel erhältlich.

Frankfurter Allgemeine Buch

Gerhard Schwarz, Gerd Habermann, Claudia Aebersold Szalay Hg.

Die Idee der Freiheit

Eine Bibliothek von 111 Werken der liberalen Geistesgeschichte

238 Seiten.
Hardcover mit Schutzumschlag.
*24,90 € (D)**
ISBN 978-3-89981-136-0

Günther Würtele Hg.

Machtworte

Wirtschaftslenker und Staatsmänner stellen sich den Fragen der Zukunft.

252 Seiten.
Hardcover mit Schutzumschlag.
24,90 € (D), 25,50 € (A), 44,00 CHF*
ISBN 978-3-89981-127-8

Gerald Braunberger

Airbus gegen Boeing

Wirtschaftskrieg der Giganten

224 Seiten.
Hardcover mit Schutzumschlag.
24,90 € (D), 44,00 CHF*
ISBN 978-3-89981-116-2

Daniel Schäfer

Die Wahrheit über die Heuschrecken

Wie Finanzinvestoren die Deutschland AG umbauen

2., akt. Auflage. 224 Seiten.
Hardcover mit Schutzumschlag.
24,90 € (D), 44,00 CHF*
ISBN 978-3-89981-119-3

** zzgl. ca. 3,– € Versandkosten bei Einzelversand im Inland.*
Sämtliche Titel auch im Buchhandel erhältlich.

Frankfurter Allgemeine Buch